टेलिविजन पत्रकारिता

टेलिविजन पत्रकारिता

विजय शर्मा

इशिका पब्लिशिंग हाउस
जयपुर दिल्ली

इशिका पब्लिशिंग हाउस

ए -25, "गणेश सदन", गली न. 4, आदर्श बस्ती,
बी.एल. हाउस के पास, टोंक फाटक,
जयपुर-302018 (राजस्थान) भारत
फोन : 0141-2761280, Mob. 9887532741
Email: ishikapublishinghouse@yahoo.in

दिल्ली कार्यालय : 102, प्रथम मंजिल, 'सत्यम हाउस'
4324/3, अंसारी रोड़, दरियागंज, नई दिल्ली - 110 002
फोन : 011-45652440

ISBN: 9788189471446

टाइपसेटिंग : बी.एस. कम्प्यूटर्स, जयपुर

मुद्रक : थॉमसन प्रेस, नई दिल्ली

प्रस्तावना

टेलीविजन प्रसारण के क्षेत्र में आरंभिक प्रयोग 1920 के दशक में संयुक्त राज्य अमेरिका और यूरोप में किए गए। इन प्रयोगों में यांत्रिक स्कैनिंग डिस्क का प्रयोग किया गया जो तस्वीर को पर्याप्त तेजी से क्रमवीक्षण नहीं कर पाता था। वर्ष 1923 में विद्युत टेलीविजन ट्यूब का आविष्कार किया गया। अगले कुछ वर्षों के दौरान ही पिक्चर ट्यूब, इलैक्ट्रॉनिक कैमरा और टीवी होम रिसीवरों का आविष्कार किया गया तथा 1930 के दशक में राष्ट्रीय प्रसारण निगम ने न्यूयॉर्क में एक टीवी स्टेशन की स्थापना की और बीबीसी ने लंदन में एक टीवी स्टेशन की स्थापना की जिसके द्वारा नियमित रूप से कार्यक्रम प्रसारित किए जाने लगे। इसी दौरान जर्मनी और फ्रांस में भी टीवी स्टेशन स्थापित किए गए।

15 सितम्बर, 1959 को भारत में टेलीविजन की शुरुआत हुई। आकाशवाणी भवन के एक हिस्से में बनाए गए छोटे स्टूडियो का उद्घाटन डॉ. राजेन्द्र प्रसाद ने किया। दूरदर्शन के प्रथम निर्देशक 'शैलेन्द्र शंकर' थे। प्रथम ट्रांसमीटर 500 वाट का था और यह बीस किमी. के दायरे में प्रसारण को सुनिश्चित कर सकता था। 1960 में स्वतन्त्रता-दिवस समारोह का सीधा प्रसारण दूरदर्शन से किया गया था। शुरुआत में टी. वी. को खरीद कर देख पाना असम्भव सा कार्य था क्योंकि उपकरण बहुत महंगे थे। ऐसे में सामुदायिक सेटों से दिल्ली व आस-पास के क्षेत्रों में कार्यक्रम देखे जाते थे। ये सेट यूनेस्को के अनुदान से मिले थे और इन सेटों के साथ दर्शकों के टेलीक्लबों की स्थापना की गई थी, जहाँ नियमित दर्शक सदस्य टेलीविजन कार्यक्रम का लाभ उठाते थे।

विजय शर्मा

अनुक्रमणिका

1

विषय-बोध

टेलीविजन तकनीक में विभिन्न वैज्ञानिक आविष्कारों के कारण वर्तमान समय में व्यापक बदलाव हो चुका है। वैसे भी संचार के विभिन्न माध्यमों से मिलकर टेलीविजन बना है। इसमें जहाँ रेडियो तकनीक के जरिये आवाज़ का प्रयोग किया जाता है, वहीं रंगीन तस्वीरों को भी प्रसारित किया जाता है। टेलीविजन के निर्माण में गतिमान तस्वीरों को कैमरे में कैद कर लेना और फिर उसे खुद के अनुसार संपादित करने की तकनीक भी काफी उपयोगी रही। अगर दूसरे दृष्टिकोण से देखा जाए तो टेलीविजन ने मल्टीमीडिया का रूप धारण कर लिया है। अनेक तकनीकों को समेटे होने के बावजूद यह सवाल भी बार-बार उठता है कि टेलीविजन की अपनी ऐसी क्या विशेषताएँ हैं जो इसे दूसरे माध्यमों—रेडियो, सिनेमा और प्रिंट मीडिया से अलग पहचान देती है।

टेलीविजन का दृश्य माध्यम होना रेडियो से अलग कर देता है। इसमें आवाज के रूप में बोले गये शब्द और संगीत दृश्यों के सहयोगी का काम करते हैं। उनका अलग से कोई वजूद अक्सर नहीं होता। उदाहरण—समाचारों में यदि कोई दृश्य नहीं दिखाया जाए तो दर्शकों के लिए वो लगभग रेडियो पर समाचार सुनने जैसा ही होगा, लेकिन अगर दृश्य हमारे पास मौजूद हैं और नैरेशन नहीं है तो भी दर्शक उस कहानी को समझ पाने में समर्थ होंगे। दृश्यों को विशेष अर्थ देने में शब्दों का महत्त्व अत्यधिक है। टेलीविजन की दृश्य तकनीकी इसकी सबसे बड़ी विशिष्टता है। इसी कारण

टेलीविजन अन्य संचार माध्यमों पर भारी पड़ता है। आज भी लोग सुनी-सुनाई बातों की अपेक्षा आँखों देखी बातों पर ज्यादा भरोसा करते हैं।

दृश्य श्रव्य साधन

मनुष्य की अंतर्चेतना तक को दृश्य प्रभावित करता है, यह इसकी सबसे महत्त्वपूर्ण विशेषता है। जबकि श्रव्य माध्यम (रेडियो) यह काम नहीं कर पाता है। टेलीविजन का सबसे ज्यादा फायदा उस वक्त होता है जब समाचारों में घटना के दृश्यों से तो रूबरू करवाया जा सकता है परन्तु उस घटना के बारे में तथ्यात्मक एवं विस्तृत जानकारी उपलब्ध नहीं है। यह कहना गलत नहीं होगा कि टेलीविजन की भाषा शब्द और दृश्य मिलकर बनाते हैं।

टेलीविजन की भाषा की व्याख्या अगर एक दृश्य माध्यम के आधार पर की जाए तो यह लगभग व्याकरण के नियमों से ही मेल खाती है। जिस प्रकार शाब्दिक भाषा में तैंतीस अक्षर और तेरह व्यंजन हैं जिनको व्याकरण के नियम से जोड़कर हम अलग-अलग शब्द बनाते हैं और शब्दों से वाक्य बनते हैं जो एक खास अर्थ देते हैं। ठीक इसी तरह एक विशेष क्रम में छोटे विजुअलों को जोड़कर एक विशेष मतलब दिया जा सकता है।

टेलीविजन का उपयोग सिर्फ संगीत श्रवण के लिए ही नहीं होता है बल्कि इसका प्रयोग गानों से सम्बन्धित फिल्मांकन देखने के लिए भी किया जाता है। जब-जब हमारी आँखें रोचक दृश्यों में खो जाती हैं वहीं हमारे कान संगीत को उतनी तन्मयता और ध्यान से नहीं सुन पाते जितना कि म्यूजिक सिस्टम में। टेलीविजन सेटों का मुख्य उद्देश्य संगीत की बारीकियाँ सुनना नहीं होता क्योंकि इसमें स्पीकर छोटा और साधारण होता है। यह भी उतना ही सही है कि टेलीविजन बनाने वाली कंपनियाँ दिनोंदिन आवाज पर भी पहले से अधिक ध्यान दे रही हैं।

सिनेमा के पर्दे टेलीविजन के पर्दे से बड़े होते हैं अर्थात् टेलीविजन का पर्दा छोटा होता है। टेलीविजन की इसी मजबूरी के चलते इसमें क्लोज अप शोट्स का भरपूर इस्तेमाल किया जाता है। इस कारण इसे 'क्लोज अप मीडियम' कहा जाता है। बोलते व्यक्तियों के क्लोज अप शोट्स यानी 'टॉकिंग हेड्स' की मदद से ही ढेर सारे धारावाहिक और समाचार कार्यक्रम बनाए जाते हैं। जबकि बड़ा पर्दा होने के कारण सिनेमा में लॉंग शोट्स अधिक प्रयोग किये जा सकते हैं। टेलीविजन के छोटे पर्दे पर लॉंग शोट्स में डिटेल खो जाती है। जैसे संजय लीला भंसाली कृत फिल्म देवदास देखें तो आपको पर्दे की भव्यता की कमी अवश्य महसूस होगी।

टेलीविजन की प्रमुख विशेषता यह है कि यह दृश्य प्रधान होती है। इस कारण टेलीविजन पर दिखाया जाने वाला कोई भी कार्यक्रम मनुष्य के मस्तिष्क को ही प्रभावित नहीं करता, अपितु इसकी दृश्य क्षमता मनुष्य के मस्तिष्क में ज्यादा समय तक रहती है। इसी शक्ति को पहचानते हुए समाचार पत्र भी आजकल अधिकाधिक विजुअल होते जा रहे हैं। बड़े-बड़े रंगीन फोटो आजकल समाचार पत्रों में सामान्य हो गये हैं। इसे पत्रों पर टेलीविजन का दबाव भी कहा जा सकता हैं। लेकिन विजुअल के इतने अधिक महत्त्व के बावजूद हम टेलीविजन में नैरेशन यानी वायस ऑवर को भी कम करके नहीं आंक सकते, क्योंकि शाब्दिक भाषा की तुलना में दृश्यों की भाषा उतनी सधी हुई नहीं होती। टेलीविजन पर दिखाया गया मात्र एक मूक दृश्य कई अर्थों को प्रकट करने में सक्षम होता है। दृश्यों के अर्थ बाँधने के लिए भी नैरेशन का उपयोग किया जाता है। इसके अलावा टेलीविजन दृश्यों की अपनी सीमा भी है, जिन्हें पूरा करने के लिए शब्दों की आवश्यकता पड़ती है। जैसे केबिनेट की बैठक के दृश्य से बताते हैं कि कौन-कौन लोग उपस्थित हैं। लेकिन बैठक कहाँ, कब और क्यों हो रही है ये नहीं बताते। बैठक में लिए गए फैसलों को विस्तार से बताने के लिए भी नैरेशन का ही सहारा लेना पड़ता है, लेकिन इस सबके बावजूद विजुअल शब्दों पर भारी पड़ते हैं।

भावना प्रधान माध्यम

टेलीविजन का भावना प्रधान होना इसकी सबसे बड़ी विशिष्टता होती है, क्योंकि कार्यक्रम से सम्बन्धित दृश्य मनुष्य की भावनाओं को प्रत्यक्ष तौर पर प्रकट करते हैं। वाचिक परंपरा के समय किस्सागो घटना का ब्यौरा गाँव-गाँव जाकर सुनाते थे और हर बार उसके विवरण में कुछ जोड़-घटा हो जाता था और फिर एक मुँह से दूसरे मुँह जाते-जाते कई बार तो तथ्यों के साथ अच्छा खासा खिलवाड़ भी हो जाता था। प्रिंट माध्यम आने के बाद मानकीकरण की संभावना बनी, अब समाचार एक ही रूप में हजारों लोगों के पास पहुँचने लगे। यही काम रेडियो से भी संभव हुआ। परन्तु इन माध्यमों की भी एक सीमा थी, तथ्यों को तो इनके द्वारा अच्छी तरह प्रसारित किया जा सकता था। लेकिन जहाँ एक भावनात्मक सुधार की बात है, उसमें कहीं ना कहीं कोई कमी अखरती थी। रेडियो में स्वर में परिवर्तन और पृष्ठभूमि संगीत आदि की सहायता ली जाती है तो शब्द चित्रों की सहायता मुद्रित माध्यम में ली जाती है।

वर्तमान समय में प्रिंट मीडिया एवं रेडियों की भावनाओं की संप्रेषण क्षमता खत्म

होती जा रही है, क्योंकि रंगीन टेलीविजन के प्रादुर्भाव से इसकी विजुअल्टी बहुत अधिक बढ़ गई है। भूकंप के बाद बाँटे जाने वाले खाने के दौरान लोगों का भोजन पर बुरी तरह टूट पड़ना अगर टेलीविजन पर दिखा दिया जाए तो सारे शब्द धरे के धरे रह जाते हैं या फिर युद्ध के दौरान बिलखती माँ और बच्चे के क्लोजअप किसी भी दर्शक को उद्वेलित करने के लिए पर्याप्त हैं। जैसे—अमेरिका के विश्व व्यापार केन्द्र पर हमला तथा भारत-कारगिल युद्ध तथा सुनामी तूफान से तबाही को देखा जाए तो इसकी विशिष्टता अपने आप प्रकट हो जाती है। धुआँधार लाइव कवरेज के कारण ही पूरे देश ने मानसिक तौर पर कारगिल युद्ध लड़ा और अत्यधिक आर्थिक सहायता दी। यही नज़ारा भूकंप के बाद राहत कार्यों में मदद के दौरान भी रहा।

वास्तविकता का माध्यम

मनुष्य के मस्तिष्क को शब्दों की संचार प्रक्रिया की अपेक्षा दृश्यों की संचार प्रक्रिया अधिक प्रभावित करने में सक्षम है। जब हम सेब शब्द समाचारपत्र में पढ़ते हैं तो हमारे मन में सेब के फल का ख्याल तुरंत ही आ जाता है। यहाँ सेब शब्द और वास्तविक फल में कोई तार्किक सम्बन्ध नहीं है। मनुष्य ने सभ्यता विकास के समय संचार की सुविधा के लिए वस्तुओं को अलग-अलग पहचान देने के लिए उन्हें अलग-अलग ध्वनि और लिखित संकेत दे दिये हैं परंतु यहाँ एक बात ध्यान देने योग्य है कि सुने और पढ़े हुए सेब शब्द से हमारे मानस पटल पर सेब की वही आकृति आती है जिसे हमने इससे पहले कभी देखा होगा; अन्यथा उसके लिए कल्पना करना काफी मुश्किल होगा। अर्थात् सिग्नीफाइड एवं सिग्नी फाइल की वजह से विचार प्रक्रिया में समस्या आती है। शाब्दिक भाषा की एक मुश्किल यह है कि इसको समझने के लिए उस भाषा की एक न्यूनतम समझ होना आवश्यक है, जबकि दृश्यों की भाषा सार्वभौमिक है जो किसी ट्रेनिंग की माँग नहीं करती। दृश्य संचार से ये प्रक्रिया अलग है क्योंकि वास्तविक चीज या तो छपी हुई दिखा दी जाती है या फिर उसका मूविंग विजुअल टेलीविजन पर दिखा दिया जाता है। टेलीविजन की इस विशेषता के कारण हम इसे वास्तविकता के करीब मीडियम मानते हैं। यानी इसमें सिग्नीफायर वास्तविक सिग्नीफाइड के पूरी तरह ना भी करें तो काफी करीब होता है। बहरहाल टेलीविजन वास्तविकता को दिखाने का दावा तो नहीं कर सकता, लेकिन सिनेमा के अतिरिक्त अन्य माध्यमों की तुलना में वास्तविकता को दिखाने में टी.वी. महत्त्वपूर्ण है।

टेलीविजन में हम कैमरे को आँख से देखते हैं। ये देखना अपनी आँखों से

देखने से अनेक अर्थों में भिन्न है। आँखों की तुलना में कैमरे के पास कई सुविधाएँ हैं तो वहीं कुछ सीमाएँ भी हैं। जिस गति से हम आँखों से ऊपर नीचे, दायें-बायें देख पाते हैं या फिर अँधेरे-उजाले भी देख पाते हैं, उतने मुक्त रूप में कैमरा घटनाओं को रिकॉर्ड नहीं कर पाता। कैमरे को धीरे-धीरे पैन और टिल्ट शोट्स बनाने पड़ते हैं। वहीं, चीजों पर जम्प करके क्लोज अप में देखने की कैमरे की विशेषता हमारी आँख में नहीं होती। विभिन्न प्रकार के रिकोर्डिड विजुअल को एक खास क्रम में हम टेलीविजन पर देखते हैं और उस क्रम को रखने का भी अपना एक विशेष व्याकरण हैं। इसलिए टेलीविजन - यथार्थ का अपना एक मिथक गढ़ता है, जो वास्तविक दुनिया से अलग होता है। टेलीविजन के विभिन्न चैनलों पर समाचार के लाइव प्रसारण ने यह सिद्ध कर दिया है कि मात्र टेलीविजन ही वास्तविकता को दिखाने में ज्यादा सक्षम है।

क्लोज अप माध्यम

दृश्य के माध्यम से टेलीविजन द्वारा ली गयी संचार की सभी तकनीक सिनेमा की देन है। लेकिन समयाँतर में टेलीविजन ने इस कला में अपना योगदान भी किया और इसे अधिक समृद्ध बनायाँ छोटे स्क्रीन की अपनी कमजोरी को छुपाने के लिए टेलीविजन ने अपने विजुअल का साइज बड़ा कर दिया और क्लोज अप शोट्स की संख्या बढ़ा दी। वहीं सिनेमा की तुलना में टेलीविजन ने बोलते हुए शब्दों का अधिक प्रयोग करना उचित समझा। इसके अतिरिक्त सिनेमाई एडिटिंग के नियमों को थोड़ा ढीला करते हुए उन्हें ज्यादा आसान बनायाँ टेलीविजन में क्लोज अप शोट्स की बहुलता के कारण कई बार इसे क्लोज अप मीडियम भी कहा जाता है।

सभी तरह के शोट्स का अपना विशिष्ट महत्त्व एवं स्थान है। इसी प्रकार क्लोज अप शोट्स भी हम तभी दिखाते हैं जब हम किसी बात पर अधिक बल देना चाहते हैं या फिर दर्शक का ध्यान वस्तु-विशेष की ओर आकर्षित करना चाहते हैं। क्लोजअप शोट्स टेलीविजन की जरूरत है। टेलीविजन कई बार घटनाओं को विस्तृत रूप में न दिखाकर वास्तविकता के एक पहलू को ही दिखा पाता है क्योंकि इसमें क्लोजअप शोट्स अधिक होते है या कई बार क्लोज अप में चीजों को दिखाकर उन्हें जरूरत से ज्यादा बड़ा करके दिखाता है। इसका सबसे बुरा प्रभाव समाचारों पर पड़ता है।

उदाहरण के लिए दुर्घटना की रिपोर्टिंग में अगर किसी व्यक्ति की चोट से निकलते खून का क्लोजअप लगातार या अत्यधिक देर तक दिखाया जाए तो दर्शकों

को लगता है कि बहुत बड़ी दुघर्टना हुई है। इसी प्रकार समाज में बुरी घटनाओं के क्लोजअप अधिक दिखाने से यह भाव उभरता है कि सारा समाज खराब हो गया है जो कि आधा सच है पूरा नहीं।

टेलीविजन की सीमाएँ

टेलीविजन की सीमाएँ आधुनिक तकनीकी विकास के फलस्वरूप वर्तमान समय में प्रत्यक्ष हो रही हैं। टेलीविजन की सबसे बड़ी ताकत विजुअल होती है तथा सबसे बड़ी कमजोरी भी यही है, क्योंकि अनेक ऐसी घटनाएँ हैं जिनको हम दृश्यों की मदद से नहीं दिखा सकते जैसे अगर किसी संगठन ने शहर में लड़कियों के पैंट पहनने पर रोक लगाने की घोषणा कर दी है तो इसके घटना के दृश्य उस संगठन के नेता के केवल बयान ही हो सकते हैं। आमतौर पर यह देखने को मिलता है कि कामचलाऊ अथवा घटिया स्तर की विजुअल बाजार में बिक रही है। इसके कारण आम दर्शकगण समाचारों को ठीक प्रकार से नहीं देख पाते हैं। भारत में ये बात इसलिए भी महत्त्वपूर्ण है, क्योंकि यहाँ अभी चैनलों के पास सीमित कैमरा टीम ही है और हर तरह के विजुअल इकट्ठा कर पाना काफी महंगा होने के साथ-साथ मुश्किल भी हैं। इसी कारण से टेलीविजन समाचारों में दूरदराज की घटनाओं या ग्रामीण अंचलों के विजुअल अल्प ही देखने को मिलते हैं और टेलीविजन पर घूम-फिरकर चंद बड़े शहरों की खबरें छायी रहती हैं। इस कारण हमें आकस्मिक घटनाओं के विजुअल भी नहीं मिल पाते और ज्यादातर विजुअल घटना घट जाने के बाद के ही होते हैं। इसका एक कारण यह भी है कि भारत में विदेशों की तरह शौकिया कैमरा रखने वालों की संख्या भी ना के बराबर है।

टेलीविजन में नई-नई रोचक फूटेज की माँग वर्तमान समय में बढ़ती जा रही है और टेलीविजन पर जाने-अनजाने जिस समाचार में सनसनीखेज और रोचक विजुअल होते हैं उसे अधिक महत्त्व दिया जा रहा है और विजुअल के मामले में कमजोर घटना महत्त्वपूर्ण होते हुए भी कम समय शामिल की जाती है। परिणामस्वरूप फिल्म और फैशन जैसे मुद्दे टेलीविजन पर छाये रहते हैं। इस संदर्भ में भारतीय विमान के कंधार अपहरण कांड का उदाहरण गौर करने लायक है। इससे सम्बन्धित घटनाएँ विजुअल पर उपलब्ध नहीं थीं जो कि ये महत्त्वपूर्ण घटना थी। ऐसे में टेलीविजन चैनल खासकर उस समय मुश्किल में पड़ गये जब उन्होंने सारी खबर रोककर केवल कंधार मामले को दिखाना शुरू कर दियाँ इस घटना के जो दो-तीन मिनट के जो विजुअल थे वो एक विदेशी कैमरापर्सन ने कंधार एयरपोर्ट पर लिये

थे। ये भारतीय विमान और उससे उतरते एक आतंकवादी के शोट्स थे। मात्र इन्हीं दो-तीन दृश्यों को कितनी बार दोहराया जाता। इसके बदले ज्यादातर चैनलों ने मेहमानों को स्टूडियो में बुलाकर इस मुद्दे पर चर्चा शुरू कर दी, जबकि दर्शक घटना देखना चाहते थे। इसके अतिरिक्त अपहृत विमान यात्रियों के रिश्तेदारों द्वारा किए गए प्रदर्शनों को भी अत्यधिक फुटेज दिया गया। जिस वजह से सरकार भी दबाव में आ गयी और यात्रियों को छुड़ाने के लिए खूंखार आतंकवादियों को छोड़ दिया गया। इस घटना की टेलीविजन कवरेज की बाद में काफी आलोचना की गयी।

इसी तरह उल्काओं के पृथ्वी के पास से गुजरने का दृश्य का लाइव प्रसारण का निर्णय किया गया तो चैनल दर्शकों को आधा घंटे भी नहीं बाँध सके, क्योंकि अँधेरे आसमान के लाइव प्रसारण को दर्शक कितना झेल पाते। बाद में टेलीविजन पत्रकारों को अपनी गलती का अहसास हुआ कि इस प्रकार की घटना का प्रसारण लाइव करने का कोई खास औचित्य नहीं है। निवर्तमान पाकिस्तानी राष्ट्रपति परवेज मुशर्रफ की भारत यात्रा के दौरान भी इसी प्रकार की घटना घटी। लाइव प्रसारणों के दौरान जब विजुअल की कमी पड़नी शुरू हुई तो एँकरों और विशेषज्ञों ने उन दोनों नेताओं के चेहरे पर किस प्रकार की भाव भंगिमा दिखायी दे रही है, उसका विश्लेषण करना प्रारम्भ कर दियाँ

टेलीविजन चैनल्स का प्रबंधन

दूरदर्शन के क्षेत्र में भी प्रबंधन के मूल सिद्धांतों का महत्त्व उसी तरह है जिस तरह से विभिन्न क्षेत्रों में प्रबंधन के मूल सिद्धांतों को अपनाया जाता है। भारत में दूरदर्शन का प्रसार निजी तथा सरकारी दोनों विधियों से हो रहा है—

निजी तौर पर स्थापित चैनल्स के संस्थानों में प्रबंधन प्रक्रिया को विभिन्न भागों में विभाजित किया जा सकता है जिनमें जनसंपर्क विभाग, कार्यालय, प्रबंधन अनुभाग, विज्ञापन अनुभाग, प्रसारण अनुभाग, स्टूडियो तथा प्रोडक्शन अनुभाग प्रमुख हैं। अतः इन सभी भागों व खण्डों पर संक्षिप्त प्रकाश नीचे निक्षेप किया जा रहा है—

(1) कार्यालय—इस अनुभाग में नौकरी, लेखा, भुगतान, सेवा शर्तें, प्रक्रियाएँ, कागजी कार्यवाही, अभिलेख संबंधित कार्यों का संचालन होता है। समस्त लेन-देन, चैक, रजिस्टरों का संधारण आदि भी कार्यालय माध्यम से ही होता है।

(2) स्टूडियो—सभी प्रकार के टेलीविजन संस्थानों में यह विभाग कार्यक्रम के निर्माण से सम्बन्धित सभी तकनीकियों की व्यवस्था करता है। कार्यक्रम निर्माण से सम्बन्धित दो प्रकार की आंतरिक एवं बाह्य शूटिंग प्रणाली होती है।

स्टूडियो में आंतरिक शूटिंग हेतु कैमरा, रिकार्डिंग उपकरण, ध्वनि एवं प्रकाश, शूटिंग फ्लोर, एडिटिंग टेबल जैसी सभी आवश्यक व्यवस्थाएँ यहाँ उपलब्ध होती हैं। किसी भी कार्यक्रम की शूटिंग (फिल्मांकन) व उसे सटीक कार्यक्रम का रूप देने के लिए संपादन की व्यवस्था यहाँ उपलब्ध होती है।

(3) प्रसारण अनुभाग—इस अनुभाग में निर्मित कार्यक्रम हेतु प्रसारण की व्यवस्था के लिए आवश्यक तकनीकी संसाधन और मशीनरी उपलब्ध रहती है। वर्तमान में अधिकांश निजी चैनल्स अपने प्रसारणों में डिजिटल तकनीक का इस्तेमाल करते हैं। इससे दृश्य एवं ध्वनि में गुणात्मक परिवर्तन दिखाई देता है।

(4) जनसंपर्क विभाग—इस विभाग के द्वारा किसी भी संस्थान, जहाँ एक ओर अपने से संबंधित सभी दूसरे विभागों से संपर्क बनाए रखता है वहीं दूसरी तरफ मीडिया के समक्ष अपने कार्यक्रमों, योजनाओं, कृतियों आदि की जानकारी पेश करता है।

भारत सरकार के विभिन्न विभागों में कार्यक्रम निर्माताओं, लेखकों, अभिनयकर्त्ताओं, तकनीशियनों, विषय-विशेषज्ञों आदि से भी यही अनुमान अपनी रीति-नीति के क्रम में सम्पर्क साधता है। संस्थान की जनसामान्य में छवि कार्यक्रमों व प्रसारणों की सूचना, जनसामान्य को योजनाओं की जानकारी, विशिष्टताएँ, प्रतियोगिताएँ, परिणाम आदि का समन्वय भी यहाँ से ही होता है। सामान्यतः एक कुशल जनसंपर्क अधिकारी समस्त कार्यों का संचालन वैज्ञानिक रीति-नीति व संस्थान की अभिकल्पना के अनुरूप करता है। उसकी सहायता के लिए सहायता-जनसंपर्क अधिकारी, मीडिया विशेषज्ञ, प्रवक्ता आदि भी होते हैं।

समाज में किसी भी संरचना की छवि कैसी है, निर्धारण जनसंपर्क करता है। यह जनसंपर्क विभाग ही है जो संस्थान की उपलब्धियों को सकारात्मक रूप में प्रस्तुत करने और नकारात्मक को कम से कम करने हेतु सार्थक प्रयासों में लगा रहता है।

(5) विज्ञापन अनुभाग—इस प्रभाग में कार्यक्रम के मध्य प्रसारित होने वाले विज्ञापनों हेतु संबंधित सभी व्यवस्थाएँ संचालित होती हैं। विज्ञापनों की आमद, उनका प्रसारण, भुगतान, प्राप्ति समय, अवधि, आवृत्ति जैसे समस्याओं का निदान किया जाता है।

(6) प्रोडक्शन अनुभाग—दूरदर्शन के सभी कार्यों के निर्माण के लिए मुख्य रूप से प्रोडक्शन अनुभाग जिम्मेदार होता है। इसी विभाग में दूरदर्शन चैनल माध्यम से विविध कार्यक्रम उनकी समीक्षा परिप्रेक्ष्य व प्रस्तुति के प्रश्न हल किए जाते हैं। वस्तुतः देखा जाए तो किसी भी चैनल का यह विभाग ही कार्यक्रम की प्रस्तुति एवं परिकल्पना के लिए मूलतः आधार होता है।

(7) प्रबंधन अनुभाग—इस अनुभाग में संबंधित चैनल की समस्त प्रशासनिक व्यवस्थाएँ संचालित होती हैं। मालिक व कर्मचारी के मध्य समस्त तालमेल, क्रियान्वयन यहीं से किए जाते हैं। सभी प्राशासनिक निर्णय, नीतिगत पहलू, प्रक्रियाएँ भी इसी विभाग की देन हैं। सभी संबंधित विभागों के आपसी समन्वय, कहाँ क्या करना है? किससे वह कार्य करवाना है? उस कार्य की क्या प्राथमिकताएँ होंगी? जैसे प्रश्नों का हल इस विभाग के निर्णय हैं। इसके बाद किए गए कार्यों की क्वालिटी की जाँच-परख एवं सम्बन्धित नीतिगत निर्णय भी यहीं सम्पन्न किये जाते हैं।

टेलीविजन चैनल का संगठनात्मक स्वरूप

टेलीविजन चैनल का संगठनात्मक स्वरूप को निम्न बिंदुओं में स्पष्ट किया गया है—

(1) चेयरमैन—सभी प्राइवेट कम्पनी में सबसे उच्च पद पर आसीन व्यक्ति चेयरमैन कहलाता है। चेयरमैन वह वरिष्ठ व्यक्ति होता है, जिसका कार्य केवल पूरे संस्थान पर नजर रखकर महत्त्वपूर्ण निर्णय लेना होता है। वह सिर्फ आदेश देता है। यह निर्भर करता है कि संस्थान या कम्पनी कितनी बड़ी है। बड़ी कम्पनी चलाने के लिए एक व्यक्ति सही ढंग से कभी पूरे काम नहीं कर सकता है जबकि छोटी आकार वाली कम्पनियों में सम्पादक/प्रकाशक/चेयरमैन एक ही व्यक्ति होता है। प्रायः जिन कम्पनियों के एक से अधिक मालिक होते हैं, उनमें चेयरमैन बनाया जाता है। जैसे—प्राइवेट लिमिटेड कम्पनी का नियम यह है कि जिस व्यक्ति के पास उस कम्पनी के सबसे ज्यादा शेयर होंगे, वह उस कम्पनी का चेयरमैन होगा।

(2) सी.ई.ओ.—चेयरमैन के नीचे का पद सी. ई. ओ. है। इस पद पर कार्य करने वाले व्यक्ति का कार्य विभिन्न विभागों से संबंधित नीतियाँ बनाना तथा महत्त्वपूर्ण निर्णय लेना होता है। यह चेयरमैन के द्वारा माँग किए गए सभी जानकारियाँ उपलब्ध कराता है। यदि किसी कारणवश कम्पनी में पुराना चेयरमैन नहीं है और नये की नियुक्ति नहीं हुई है तो ऐसी स्थिति में वह चेयरमैन की जिम्मेदारी भी सम्भालता है।

(3) मैनेजिंग डायरेक्टर—प्रत्येक संस्थान में मैनेजिंग डायरेक्टर का पद बहुत ही महत्त्व का होता है। प्रशासन में सभी नियम-नीतियाँ लागू करना, समय-समय में उनमें परिवर्तन करना मैनेजिंग डायरेक्टर का ही काम होता है। वह कम्पनी के लाभ-हानि को ध्यान में रखकर कम्पनी के हित में कार्य करता है। कम्पनी के कार्यरत अन्य सभी सहयोगियों की रिपोर्ट भी मैनेजिंग डायरेक्टर के पास आती

है। M.D. or C.E.O. में आपसी तालमेल रहता है। चेयरमैन आपसी परामर्श के माध्यम से विभिन्न नीतियों एवम् नियमों पर कार्य करते हैं।

(4) प्रेसीडेन्ट—कम्पनी में कौन-कौन से लोग कार्य कर रहे हैं, उनकी प्रतिक्रिया कैसी है, किन-किन लोगों की नई नियुक्तियाँ की जानी हैं, वेतनमान के संदर्भ में सभी जानकारियाँ तथा लेखा-जोखा रखना प्रेसीडेन्ट का कार्य होता है। आमतौर पर ये सभी लोग पर्दे के पीछे के लोग होते हैं, जिनका कार्य प्रशासनिक कार्य देखना होता है। फिर भी कई बार परिचर्चाओं में इनकी सहभागिता होती हैं

(5) सीनियर वाइस प्रेसीडेंट—प्रेसीडेंट को उसके दिन प्रतिदिन के कार्यों में सहयोग करने के लिए सीनियर वाइस प्रेसीडेंट होते हैं। सीनियर वाइस प्रेसीडेंट के अधीन वाइस प्रेसीडेंट होते हैं, जो अपने-अपने क्षेत्र का कार्य संभालते हैं।

प्रथमतः वाइस प्रेसीडेंट कार्यक्रमों से प्रत्यक्ष रूप से जुड़ा होता है। अब कार्यक्रम भी दो प्रकार के होते हैं— एक तो न्यूज बुलेटिन और दूसरा मनोरंजनात्मक कार्यक्रम, इसके वाइस प्रेसीडेन्ट एक ही होते हैं।

(6) समाचार निदेशक—समाचार निदेशक का कार्य बहुत ही जिम्मेदारी भरा होता है। समाचार निदेशक को निश्चित अवधि पर समाचारों का प्रसारण करना होता है। समाचार निदेशक का कार्य समाचार से संबंधित सारी जानकारी रखना होता है कि उसके चैनल से अन्य चैनल कैसे अच्छा है और उसके चैनल पर किस तरह का समाचार प्रसारित हो रहा है। वह अपने सहयोगियों को समय-समय पर आवश्यक सुझाव देता रहता है। समाचार निदेशक के कमरे में विभिन्न टी.वी. रखे होते हैं, जिसमें विभिन्न चैनल के समाचार चल रहे होते हैं। यदि उसके चैनल में कोई न्यूज आने में छूट जाती है तो न्यूज डायरेक्टर को अन्य वरिष्ठ अधिकारियों के समक्ष जवाबदेही देनी होती है।

(7) समाचार सम्पादक—समाचारों का चयन उसकी महत्ता के अनुसार कवरिंग का काम समाचार निदेशक का होता है। किसी भी प्राइवेट चैनल में नित्य प्रति 10:00 बजे होने वाली बैठक में समाचार सम्पादक विभिन्न रिपोर्टर को उनके क्षेत्र विशेष के हिसाब से कार्य वितरित करता है। अगर कोई रिपोर्टर अपनी कोई एक्सक्लूसिव स्टोरी भी करना चाहता है तो भी उसे समाचार सम्पादक के सामने प्रस्ताव रखकर उससे अनुमति लेनी होती है। यदि वह चाहे तो पत्रकार को स्टोरी के कोण को बदलने का आदेश भी दे सकता है।

(8) समाचार सहसंयोजक—न्यूज रूम का इंचार्ज समाचार सहसंयोजक होता है। जब कोई भी रिपोर्टर स्टोरी कवर करने जाता है तो उस समय न्यूज

कोर्डिनेटर के समक्ष उसके जाने व आने का समय और कौनसी स्टोरी वह कवर करने जा रहा है, उससे सम्बन्धित विवरण को लिखना पड़ता है। इसके अलावा बाहर के रिपोर्टर द्वारा भेजे गए समाचार का पूर्ण ध्यान समाचार सहसंयोजक ही रखता है तथा कार्यालय में आए फैक्स, प्रेस रिलीज, महत्त्वपूर्ण निमन्त्रण सभी की जानकारी समाचार सम्पादक को देता है। न्यूज सम्पादक व कोर्डिनेटर हमेशा एक-दूसरे के सम्पर्क में रहते हैं।

(9) ब्यूरो—उच्च ज्ञान-योग्यता एवं अति-वरिष्ठ व्यक्तियों को ब्यूरो में शामिल किया जाता है। उनका मुख्य कार्य अपने पत्रकारों को स्टोरी के संदर्भ में सभी प्रकार की जानकारी व सुझाव देना होता है। आमतौर पर किसी भी प्राइवेट चैनल में ब्यूरो के व्यक्ति विशेष विचार-विमर्श, परिचर्चा, साक्षात्कार आदि कार्यक्रमों में पर्दे के सामने के व्यक्ति होते हैं।

(10) रिपोर्टर—किसी संस्थान में समाचार आधारित कार्यक्रम की महत्त्वपूर्ण कड़ी रिपोर्टर होता है। पत्रकारों को घटनास्थल पर जाकर रिपोर्टिंग करना एवम् स्टोरी को प्रसारित करना होता है। पत्रकारों की भी कई श्रेणियाँ होती हैं जो अपने-अपने स्तर के अनुसार कार्य करते हैं।

(11) उप-सम्पादक—रिपोर्टरों की भाँति उप-संपादक घटनास्थल पर नहीं जाते, अपितु इनकी महत्ता कार्यालय के अंदर अत्यधिक होती है। पी.टी.आई., यू.एन.आई, भाषा, वार्ता से अंग्रेजी में आने वाली खबरों को तैयार करने का कार्य इन्हीं लोगों का होता है। अनेक बार रिपोर्टर की अनुपस्थिति में स्टोरी आ जाने पर इन्हें घटनास्थल पर भी भेज दिया जाता है। इसके अतिरिक्त यदि कोई उप-सम्पादक एक्सक्लूसिव स्टोरी करना चाहे तो समाचार सम्पादक की स्वीकृति प्राप्त करनी पड़ती है। तत्पश्चात् वह रिपोर्टिंग पर जा सकता है।

(12) अनुवादक—जिन व्यक्तियों का कार्य सिर्फ अनुवाद करना होता है, वह हमारे अनुवादक कहलाते हैं।

अनुसंधानकर्त्ता—अनेक संदर्भों से जुड़ी जानकारियों को एकत्र करने का कार्य अनुसंधानकर्त्ता अथवा रिसर्चर का होता है। प्रत्यक्ष रूप से यह रिपोर्टर को उसकी स्टोरी बनाने में सहायता प्रदान करते हैं। कई बार स्टोरी में पृष्ठभूमि और संदर्भ संकेत देने की आवश्यकता होती है, रिसर्चर उससे संबंधित विभिन्न तथ्यों एवं आंकड़ों को तथा अन्य महत्त्वपूर्ण सामग्री को एकत्रित करते हैं।

(14) समाचार वाचक—समाचार वाचक पर्दे के पीछे भिन्न-भिन्न व्यक्तियों के सहयोग से तैयार की गई रिपोर्ट का वाचन करता है। समाचार वाचक यदि प्रभावशाली

नहीं होगा तो रिपोर्टर की सारी मेहनत पर पानी फिर जाता है। इसलिए वाचक को हमेशा स्फूर्तिभरा, तन्दुरुस्त तथा ताजा-तरीन दिखना चाहिएँ साथ ही साथ उसे विभिन्न विषयों की जानकारी भी होनी चाहिएँ

(15) एँकर—इसकी जरूरत तब होती है जब कभी भी परिचर्चाएँ होनी होती हैं। इसमें किसी एक मुद्‍दे को लेकर, उससे संबंधित विशेषज्ञों को बुलाकर विषय पर बातचीत की जाती है तथा उनके विचार जाने जाते हैं। वाद-विवाद में बैठने से पूर्व इन एँकर के लिए बहुत जरूरी होता है कि वे विषय को पहले भली-भाँति समझ लें, उसकी पृष्ठभूमि को अच्छी तरह जान लें ताकि किसी तरह की जानकारी से संबंधित परेशानियाँ ना हों।

(16) प्रस्तुतकर्त्ता—किसी भी कार्यक्रम को कौन प्रस्तुत कर रहा है, स्टोरी का उद्‍देश्य क्या है किस आधार पर प्रसारित किया जाएगा यह सब कार्य प्रस्तुतकर्त्ता के होते हैं।

(17) एक्जीक्यूटिव प्रोड्यूसर—प्रस्तुतकर्त्ता को उसके कामों में सहायता के लिए होता है। वह स्टोरी या थीम से संबंधित विभिन्न सुझाव भी देता है।

(18) निर्देशक—सभी कामों का आयोजन निर्देशक की देखरेख में किया जाता है। कितना व्यय किया जाना है, इन सबकी निगरानी निर्देशक को करनी होती है।

(19) सहायक निर्देशक—निर्देशक को उसके सभी कामों में मदद के लिए सहायक निर्देशक होता है। सहायक निर्देशक, निर्देशक के आदेशानुसार कार्य करता है।

(20) स्क्रिप्ट संपादक—कार्यक्रम का उद्देश्य व प्रस्तुतीकरण निर्धारित करने के बाद निर्देशक तथा प्रस्तुतकर्त्ता सभी परिस्थिति की जानकारी स्क्रिप्ट सम्पादक को देता है ताकि वे स्क्रिप्ट राइटर से पूरा आलेख या संवाद लिखवा सकें। स्क्रिप्ट सम्पादक, स्क्रिप्ट लेखक से यह कार्य करवाता है।

(21) कला निर्देशक—कला निर्देशक उन सब चीजों की जानकारी देता है, जिससे कार्यक्रम को बेहतर बनाने में सुविधा होती है या फिर संवाद में कैसी परिस्थिति रहेगी, किन-किन तत्त्वों का समावेश किया जाएगा, यह सब कला निर्देशक देखता है।

(22) फ्लोर मैनेजर—फ्लोर मैनेजर को कला निर्देशक के निर्देशानुसार कार्य करना पड़ता है। यदि शूटिंग स्टूडियो के अन्दर होती है तो स्टूडियो सेटअप तैयार करना फ्लोर मैनेजर का कार्य होता है। सभी चीजों को ठीक तरह से व्यवस्थित कर लेने के बाद फ्लोर मैनेजर कला निर्देशक हो दिखाता है।

(23) मेकअप मैन—चुने हुए कलाकारों की परिस्थिति के अनुसार मेकअप करना, मेकअप मैन का कार्य होता है।

(24) कस्ट्यूम डिजाइनर—कौन-कौन से कलाकार कैसे-कैसे कपड़े पहनेंगे, यह सब कस्ट्यूम डिजाइनर देखता है।

(25) म्यूजिक कम्पोजिशन—किस स्थिति में कितना और कैसा संगीत दिया जाएगा, वह सब म्यूजिक कम्पोजिशन का कार्य होता है।

(26) प्रोडक्शन मैनेजर—शूटिंग के दौरान सभी कैमरामैनों को निर्देश देना, साउंड व लाइट मैन को जानकारी देना, निर्देश देने का कार्य प्रोडक्शन मैनेजर का होता है।

(27) एसिस्टेन्ट प्रोडक्शन मैनेजर—प्रोडक्शन मैनेजर को उसके कामों में मदद के लिए असिस्टेंट प्रोडक्शन मैनेजर होता है।

यह तो हमारे निजी चैनल में समाचार आधारित तथा मनोरंजनात्मक कार्यक्रम से जुड़े हुए लोगों की विस्तृत जानकारी थी। आज निजी संस्थानों में अन्य लोग भी इन कार्यक्रमों की पूर्ति हेतु जुड़े होते हैं।

(28) मुख्य इंजीनियर—संस्थान से सम्बन्धित तकनीकी जानकारी मुख्य इंजीनियर को रखनी होती है। उदाहरण—कम्प्यूटर कितने चाहिएँ तथा किस कम्प्यूटर में कैसा प्रोग्राम चाहिएँ कितने एडिटिंग इक्विपमेंट चाहिएँ, रिकार्डर, मिक्सर, माईक्रोफोन, कैमरा लाइट आदि सभी की देखरेख चीफ इंजीनियर के अधीन होती है। यह वाइस प्रेसीडेंट से निरन्तर इन तकनीकों की प्रगति व नई-नई तकनीक लाने पर विचार करता रहता है।

(29) वीडियो इंजीनियर—इसके अन्तर्गत दो श्रेणियाँ आती हैं। एक तो कैमरा मैन और दूसरा विजन कन्ट्रोलर/मिक्सर स्विचर।

(30) कैमरा मैन—प्रमुख रूप से सामान्य एवं विशिष्ट दोनों ये दो प्रकार के कैमरा मैन होते हैं जो किसी भी प्रकार की शूटिंग का कार्य करते हैं। कैमरा मैन को बहुत ही प्रभावशाली होना चाहिए क्योंकि उसकी जरा सी लापरवाही के कारण पूरी रिकॉर्डिंग खराब हो सकती है।

(31) उप-कैमरामैन—कैमरा मैन को उसके कामों में मदद करने के लिए उप-कैमरा मैन होता है।

(32) अटेंडेंट—शूटिंग करते समय कैमरामैन को एक अटेंडेंट की आवश्यकता पड़ती है। साउण्ड रिकॉर्डिस्ट, लाईट इंजीनियर, लाईट बॉय आदि।

इसी के तहत हमारी दूसरी श्रेणी विजन मिक्सर/स्विचर और कन्ट्रोलर की आती है। जब कार्यक्रम का पोस्ट प्रोडक्शन (पूर्वोत्तर निर्माण के सोपान) का कार्य प्रारम्भ किया जाता है तो इन सब व्यक्तियों की आवश्यकता होती है। ये प्रस्तुतकर्त्ता और निर्देशक के निर्देशानुसार शूट किए गए भाग को किस प्रकार कार्यक्रम का स्वरूप देना है और कौन-कौन से शॉट लेने हैं, किस शॉट के बाद कौनसा शॉट लगाना है, यह सब कार्य हमारे विजन/कन्ट्रोलर/मिक्सर/स्विचर करते हैं।

(33) स्पेशल इफेक्ट—किसी भी कार्यक्रम में स्पेशल इफेक्ट की प्रभावशाली भूमिका होती है। ये विशेषज्ञ भी हो सकते हैं तथा प्रस्तुतकर्त्ता या निर्देशक भी निर्देश दे सकते हैं ताकि किस प्रकार विशेष प्रभाव उत्पन्न किया जा सके। सामान्यतः सिलहुट लाइट के द्वारा स्पेशल इफेक्ट डाला जाता है। इसके अतिरिक्त कैमरे की मदद से भी स्पेशल इफेक्ट डाले जाते हैं।

(34) ग्राफिक्स डिजाइनर तथा आर्टिस्ट—पर्दे पर लेखन से जुड़े सभी कार्य ग्राफिक्स विभाग के माध्यम से किए जाते हैं। सामान्यतः समाचार और कार्यक्रम का ग्राफिक्स विभाग एक ही होता है। समाचारों के बीच में जब विभिन्न व्यक्तियों के वक्तव्य होते हैं, उनका परिचय तथा कार्यक्रम से जुड़े लोगों का परिचय कराना सब ग्राफिक्स विभाग का काम होता है। वर्तमान में जो कम्प्यूटर एनिमेशन किया जाता है, यह सब भी ग्राफिक्स डिजाइनर तथा आर्टिस्ट का काम होता है।

इसके बाद हमारे तीसरे प्रकार के वाइस प्रेसीडेंट में मार्केटिंग डिपार्टमेन्ट आता है। सामान्यतः किसी भी संस्थान में यह बहुत ही महत्त्वपूर्ण स्थान रखता है क्योंकि किसी भी कार्य को करने के लिए पैसे की आवश्यकता होती है एवं एक सीमा तक पैसा भी लगाया जा सकता है। लेकिन जब तक लाभ नहीं होगा, तब तक चैनल की सफलता नहीं कही जा सकती है। इसलिए समाचार व कार्यक्रम के लिए प्रायोजक व विज्ञापन ढूँढने के लिए मार्केटिंग डिपार्टमेंट की जरूरत होती है। इसमें सर्वप्रथम हमारा असिस्टेन्ट वी.पी. मार्केटिंग होता है, जो वाइस प्रेसीडेंट मार्केटिंग की सहायता करता है। इसका कार्य कार्यालय के अन्दर ही होता है। यह देखता है कि उसके कार्यक्रम किस-किस वर्ग से संबंधित हैं तथा किस समय दिखाये जा रहे हैं। इन सबकी जानकारी वह वाइस प्रेसीडेंट मार्केटिंग को देता है।

(35) जी.एम. मार्केटिंग—इसका काम वी. पी. मार्केटिंग V.P. Marketing के

माध्यम से एकत्रित की गई जानकारी को क्रियान्वयन करना होता है विज्ञापन प्राप्त करने के लिए भिन्न-भिन्न उत्पादों के उत्पादकों से बातचीत करता है।

(36) मैनेजर—मैनेजर जनरल मैनेजर का उप-सहायक होता है, जो व्यक्तिगत रूप से जाकर प्रायोजकों से मिलता है तथा विज्ञापन इकट्ठे करता है।

(37) मार्केटिंग एक्जीक्यूटिव—विज्ञापन एकत्रित करने के लिए मार्केटिंग एक्जीक्यूटिव अपने कार्यक्रम की जानकारी विभिन्न स्त्रोतों को देता है।

इस प्रकार कहा जा सकता है कि एक संस्थान के सुचारु संचालन के लिए प्रबन्ध यानि विभिन्न लोगों का होना बहुत जरूरी है, जो अपने-अपने स्तर पर कार्य करते हैं। मौजूद संसाधनों का समुचित तरीके से उपयोग किया जा सके एवं कम्पनी को किसी तरह की क्षति न पहुँचे इसलिए न्यूज और मनोरंजनात्मक कार्यक्रमों के संदर्भ में कोई भी कार्य सीधा व्यवहार में नहीं लाया जाता, इसके लिए पहले पूरा स्टोरी बोर्ड बनाया जाता है, कागजों पर पूरी योजना तैयार की जाती है, तत्पश्चात् व्यावहारिक कार्य होता है।

टेलीविजन कार्यक्रमों की शैली

टेलीविजन कार्यक्रमों की शैली को निम्न तरह से स्पष्ट किया गया है—

(1) समाचार बुलेटिन और ताजा घटनाक्रम—सामान्य समाचार बुलेटिन, तथा जनता के हित से जुड़े मामलों पर विचार गोष्ठियाँ दूरदर्शन पर आयोजित कुछ लोकप्रिय कार्यक्रम हैं। राष्ट्रीय नेटवर्क पर अधिकांश अन्य कार्यक्रमों के समान ही ये सभी कार्यक्रम हिन्दी या अंग्रेजी में टेलीकास्ट किए जाते हैं। दूरदर्शन के कार्यक्रमों में दृश्य चित्र, फिल्मों की झलकियों, नक्शे, डायग्राम चार्ट और अन्य दृश्य सामग्रियों का प्रदर्शन किया जाता है। पीटीआई-टी.वी और यूएनआई इसके राष्ट्रीय और स्थानीय समाचारों और रिपोर्टों के प्रमुख स्त्रोत हैं। दूरदर्शन के माध्यम से विदेशों में बहुत कम संख्या में संवाददाता और कैमरामेन हैं जिनके कारण यह विदेशों में घटित घटनाओं के दृश्य और समाचार प्राप्त करने के लिए बहुत हद तक रायटर और एशिया-विजन पर निर्भर करता है। एशियन ब्रॉडकास्टिंग यूनियन इसे अपने अंतर्राष्ट्रीय समाचारों की विनिमय प्रणाली की सहायता से उपलब्ध कराता है। एशिया न्यूज इंटरनेशनल भी इसके समाचारों का एक महत्त्वपूर्ण स्रोत है।

(2) टेलीविजन समाचार—रेडियो समाचारों के भाँति टी.वी न्यूजकास्ट व्यापक कवरेज और रिपोर्ट प्रस्तुत नहीं कर सकता है। दृश्य सामग्रियों में प्रस्तुतीकरण में व्यतीत समय को देखते हुए किसी अनुसंधान या पृष्ठभूमि सूचना प्रदान करना संभव

नहीं होता। वास्तव में टी.वी समाचार प्रसारण द्वारा समाचारों को अत्यधिक रोचक और महत्त्वपूर्ण अंशों को प्रस्तुत नहीं किया जा सकता क्योंकि जहाँ कहीं भी घटनाएँ होती हैं। उदाहरण के लिए किसी तख्ता-पलट की कोशिश, किसी आक्रमण, युद्ध या मंत्रिमंडल की बैठक स्थल प्रत्येक ऐसी जगह पर कैमरा नहीं पहुँच सकता।

किसी भी समारोह कार्यक्रमों के प्रस्तुतीकरण के संदर्भ में टी.वी समाचार की भूमिका अति महत्त्वपूर्ण है। राज्यारोहण, शपथ ग्रहण समारोह, अति महत्त्वपूर्ण व्यक्तियों का आगमन या प्रस्थान, समझौतों पर हस्ताक्षर, परडों का आयोजन, उद्घाटन समारोह और क्रीड़ा आदि ऐसे ही समारोहों के उदाहरण हैं। दुर्भाग्यवश इन घटनाओं को सीधे प्रसारित किए जाने के बाद भी इन घटनाओं के प्रसारण में कोई उल्लेखनीय सूचना उपलब्ध नहीं कराई जाती। इसके अतिरिक्त टी.वी प्रसारणों द्वारा उपलब्ध कराये जाने वाले समाचार दैनिक समाचारों का मात्र कुछ प्रतिशत ही होते हैं।

हमारे देश में समाचार वाचन के लिए रेडियो तकनीक का प्रयोग किया जाता है तथा किसी कार्ड या इलेक्ट्रॉनिक टाइपराइटर पर लिखे समाचारों को एक औपचारिक रूप में पढ़ा ज़ाता है और बीच-बीच में किसी चित्र, नक्शा या वीडियोग्राफी को दिखाने के लिए समाचार को रोक दिया जाता है तथा इस बीच दिखाये जा रहे दृश्य के अनुरूप सूचनाएँ प्रदान की जाती हैं। इलेक्ट्रानिक न्यूज गैदरिंग और नवीनतम कम्प्यूटरीकृत ग्राफिक्स उपकरणों की उपलब्धि से दूरदर्शन पर ग्राफिक्स, फिल्म आदि के प्रदर्शन की गुणवत्ता और आवृत्ति दोनों में वृद्धि हुई है। वस्तुतः वर्तमान समय में दूरदर्शन चैनलों के साथ ही अनेक उपग्रह चैनलों के समाचार बुलेटिनों का स्वरूप में पत्रिंका कार्यक्रम के समान हो गया है।

(3) साक्षात्कार कार्यक्रम—विश्व के विभिन्न क्षेत्रों से जुड़े हुए चर्चित हस्तियों का साक्षात्कार टी.वी वृत्तचित्र द्वारा आयोजित किया जाता है। साक्षात्कार कार्यक्रमों में साहित्यिक विभूतियों के साथ चर्चा की जाती है, उनके साक्षात्कार आयोजित किए जाते हैं। दूरदर्शन पर एक ऐसा ही कार्यक्रम "परिक्रमा" शीर्षक से टेलीकास्ट किया जाता है जिसमें कोई संदेश पहुँचाने के बजाय जाने माने व्यक्तियों के व्यक्तित्व को अधिक महत्त्व दिया जाता है। टेलीविजन पर सामूहिक साक्षात्कार कार्यक्रमों का भी आयोजन किया जाता है जैसे—मीडिया से जुड़े लोगों के समूह द्वारा प्रेस कांफ्रेस का आयोजन किया जाता है जिसमें किसी ताजा घटना से संबंधित प्रश्न प्रधानमंत्री, केन्द्रीय मंत्री, मुख्यमंत्री या संबंधित वरिष्ठ पदाधिकारी से पूछा जाता है।

(4) गेम शो एवं क्विज कार्यक्रम—दिनों दिन इन कार्यक्रमों की आम जनता

के बीच लोकप्रियता बढ़ती जा रही है क्योंकि क्विज (प्रश्नोत्तरी) कार्यक्रम और गेम शो स्टूडियो उन्मुख होते हैं और ऐसे कार्यक्रमों में विज्ञापनदाता विजेताओं को इनाम के बगैर अपना उत्पाद भेंट करते हैं। "वाइल्ड एनकाउन्टर" और "कुदरतनामा" कुछ प्रश्नोत्तरी कार्यक्रमों के उदाहरण हैं जबकि "फैमिली फॉर्चुन्स", "अंत्याक्षरी" और "क्लोज एनकाउन्टर्स" लोकप्रिय गेम शो हैं।

(5) टी.वी वृत्तचित्र या फीचर—टी.वी वृत्तचित्रों की की सहायता से अति महत्त्वपूर्ण कार्यक्रम जैसे प्रदूषण, निर्धनता, अकाल, सांस्कृतिक परिदृश्य, निर्माण कार्य से जुड़े श्रमिकों की दुरावस्था आदि का फिल्मांकन बहुत से दर्शकों के लिए किया जाता है और जनता को इस संबंध में अवगत कराया जाता है। वृत्तचित्रों का मुख्य उद्देश्य जनता को केवल मनोरंजन करना नहीं बल्कि उन्हें जानकारी प्रदान करना जागरूक बनाना तथा अभिप्रेरित करना है। इसमें वास्तविक परिस्थितियों और उन परिस्थितियों में रह रहे लोगों और उनके क्रियाकलापों को चित्रित किया जाता है। वृत्तचित्रों में परिस्थितियाँ तथा लोगों की दशाएँ फिल्म तकनीक का सहारा लेकर लोगों की परिस्थितियों पर दशाओं को निर्देशित किया जाता है। वास्तविकता का चित्रण करने के लिए इन वृत्तचित्र फिल्मों का प्रयोग किया जाता है न कि वास्तविकता की तस्वीरों को कैमरामैन या एडीटर कितना आकर्षक बना सकता है, इसे दर्शाने के लिएँ समाज में व्याप्त वास्तविकता का चित्रण वृत्तचित्र है।

टी.वी वृत्तचित्र के द्वारा किसी भी घटना एवं समस्या का वास्तविक एवं सीधा प्रसारण किया जा सकता है तथा टी.वी पर आयोजित "परिचर्चा" से इस रूप में भिन्न है कि इसमें किसी परिस्थिति या समस्या का विवरण प्रायः सापेक्षिक रूप में, संक्षेप में किया जाता है और मुख्य बल उसके संबंध में तुलनात्मक रूप से औपचारिक चर्चा पर दिया जाता है।

(6) बच्चों के कार्यक्रम—बच्चों के कार्यक्रमों में कार्टून फिल्में, कठपुतली का नाम, बालकथाएँ और नाटक, शैक्षिक कार्यक्रम आदि प्रस्तुत किए जाते हैं। बच्चों के लिए आयोजित किए जाने वाले कतिपय कार्यक्रमों में प्रश्नोत्तरी कार्यक्रम भी आयोजित किए जाते हैं। समय-समय पर बच्चों के लिए हिन्दी में फीचर फिल्में भी दिखाई जाती हैं।

(7) नृत्य एवं संगीत कार्यक्रम—दूरदर्शन के राष्ट्रीय कार्यक्रमों में नृत्य एवं संगीत कार्यक्रम प्रमुख है। इस कार्यक्रम के माध्यम से भारत के प्रमुख कलाकारों को छोटे पर्दे से जोड़ा जा रहा है। ऐसे कार्यक्रमों का एक मानक रूप यह है कि इनमें पहले कार्यक्रम प्रस्तुत करने वाले कलाकार के बारे में हिन्दी एवं अंग्रेजी में विस्तृत

विवरण प्रस्तुत किया जाता है। जिसमें उसकी शैली आदि का भी उल्लेख किया जाता है जिसके बाद विभिन्न कार्यक्रमों का संक्षिप्त विवरण प्रस्तुत किया जाता है ताकि कार्यक्रम में अधिकाधिक लोग रुचि लें। कार्यक्रम मुख्य रूप से क्लासिकल और लोक नृत्य-संगीत से संबद्ध होता है।

सुगम संगीत के विभिन्न कार्यक्रम जैसे आरोही, शाम-ए-गजल, और बज्म-ए-कव्वाली दूरदर्शन के कार्यक्रम में काफी लोकप्रिय हुए हैं। इन्हें जाने-माने कलाकारों और उच्च कोटि के गायक-गायिकाओं द्वारा प्रस्तुत किया जाता है। फिल्म आधारित संगीत कार्यक्रम छायागीत अपने-आप में एक अनूठा कार्यक्रम है और यह पुराने और नए फिल्मी गीतों का संगम है। मराठी, गुजराती, तमिल और अन्य भाषाओं में भी ऐसे ही कार्यक्रम काफी लोकप्रिय साबित हुए हैं।

(8) टी.वी पर वाणिज्यिक कार्यक्रम—टेलीविजन पर विभिन्न तरह के वाणिज्यिक कार्यक्रम प्रसारित किये जाते हैं। उदाहरण के लिए केवल स्लाइडों द्वारा विज्ञापन जिनमें तस्वीरें दिखाई जाती हैं और शब्द लिखे होते हैं, ध्वनि तुकबंदियों या सशक्त संदेशों से युक्त स्लाइड जैसे कि, ध्वनि प्रभावों और अन्य आकर्षणों से युक्त लघु फिल्म आदि प्रसारित संदेश सरल और समझने योग्य होते हैं जिसे आम जनता आसानी से समझ सकें, जैसे कि एक मृदु पेय बनाने वाली कंपनी का संदेश "ठंडा-ठंडा कूल-कूल" शब्द काफी आकर्षक भी है और आसान भी है। जिन कार्यक्रमों में संदेश जितने छोटे एवं प्रभावशाली होते हैं उनकी लोकप्रियता बढ़ती जा रही है।

विज्ञापन अगर शब्दों और दृश्यों के बेतरकीब तालमेल की जगह यदि तार्किक आधार पर विज्ञापन किया जाए तो वह लोगों को अधिक समझ में आता है। ऐसे विज्ञापन जिन पर लोगों को सहज ही विश्वास हो जाए, लोगों की तत्काल आकर्षित करने का सबसे अच्छा उपाय है। व्यावसायिक विज्ञापनों के शुरुआती शब्दों का बहुत अधिक आकर्षक होना ज्यादा महत्त्व रखता है।

इसके अतिरिक्त विज्ञापनों की समस्या-समाधान के संदर्भ में महत्त्वपूर्ण भूमिका है। यदि हम इनका अनुसरण करें तो कई समस्याओं का हल होना संभव है। "वम्ता ढाँचा" में किसी उत्पाद के बारे में प्रचार करने के लिए किसी प्रसिद्ध नाम का सहारा लिया जाता है। दूसरी ओर "प्रदर्शन ढाँचा" में उत्पादों के संबंध में अपील करने के लिए सार्थक और सुसंगत प्रदर्शन किया जाता है ताकि उत्पादों की स्वीकार्यता में वृद्धि हो सकें। विज्ञापनों में सामान्यतः असामंजस्य या अनिश्चय की स्थिति उत्पन्न करके प्रचार करने का कार्य किया जाता है। इनमें विज्ञापन का अत्यधिक तीव्र गति से एक ऐसे मोड़ पर अंत कर दिया जाता है कि आम उपभोक्ता

उसके बारे में अधिकाधिक सोचता रहे। ऐसे विज्ञापनों में प्रायः परिहमन उल्लेखनीय घटक होता है।

टी.वी कार्यक्रमों में आम प्रारूपों में फिल्म, रिकॉर्डेड संगीत और पुस्तक, शैक्षिक टी.वी कार्यक्रम, सिटकाम विभिन्न समूह के हास-परिहास के कार्यक्रमों में एक ही समूह के पात्रों को बार-बार दिखाने वाले टी.वी कार्यक्रम, पारिवारिक नाटक आदि शामिल हैं। सिटकॉम एवं पारिवारिक टी.वी धारावाहिक कार्यक्रम सर्वाधिक लोकप्रिय हैं। सिटकॉम के उदाहरणों में काका जी काहिन, फ्लॉप शो, जवान रूमाल के भियोगी दिल्लगी, क्या बात है और तू-तू मैं-मैं जैसे धारावाहिक शामिल हैं जिसमें परिहास, प्रहसन, व्यंग्य, हल्के-फुल्के उपहास हल्के-फुल्के रूप में शामिल होते हैं। भारतीय टेलीविजन पर पारिवारिक धारावाहिकों का चलन काफी बढ़ा है।

(9) औद्योगिक मजदूर एवं कृषकों हेतु कार्यक्रम—इस प्रकार के कार्यक्रम शहरी और ग्रामीण श्रमिकों के विशेष हित को ध्यान में रखकर तैयार किए जाते हैं और काफी हद तक अनुदेशात्मक होते हैं। 'आमचि अति आमचि मन से' और 'कामगार विश्व' ऐसे दो नियमित साप्ताहिक कार्यक्रम हैं।

टेलीविजन पर सिनेमा का प्रभाव

सिनेमा जगत् के अनेक निर्देशक एवं कलाकार टेलीविजन की ओर धीरे-धीरे आकर्षित हो रहे हैं। जिन निर्देशकों के पास कम बजट था जैसे कि बासु चटर्जी, सत्यजीत रे, बेनेगल, सईद निरजा, गोविंद निहलानी आदि, ने अपनी सोच को अभिव्यक्त करने के लिए टेलीविजन स्कीन का सहारा लियाँ बासु चटर्जी की निर्भीक रजनी ने छोटे पर्दे पर धूम मचा दी। ऐसा ही करिश्मा मिर्जा के नुक्कड़ ने किया जो राजनीतिक और सामाजिक क्षेत्र के लिए एक चुनौती लेकर आया था। गोविंद निहलानी की फिल्म 'तमस' देश के विभाजन के पश्चात् लोगों की आशाओं, आकांक्षाओं का बेहतर ढंग से जीवन्त प्रस्तुतीकरण करती है। हालाँकि बेनेगल अपनी रविवार सुबह भी "भारत एक खोज" (जो नेहरू की डिस्कवरी इंडिया पर आधारित था) से भारतीय दर्शकों को अपनी ओर खींचने में सफल नहीं हो सकें।"

बड़े दुर्भाग्य की बात है कि व्यावसायिकता के दलदल में सिनेमा जगत समाता जा रहा है। लेकिन इस समस्या से टेलीविजन जगत् आंशिक रूप से अछूता रहा है। धार्मिक महाकाव्यों के कार्यक्रम का भारतीय टेलीविजन पर प्रसारित होने से भारतीय दर्शकों का एक बहुत बड़ा समूह टेलीविजन कार्यक्रमों की ओर आकर्षित होता चला गया। टेलीविजन दर्शन महान धार्मिक महाकाव्यों में तिलस्म से बँधे

थे लेकिन इसी समय उन्हें कुछ वास्तविक आयु भूमियों से भी परिचित कराया गया (जैसे कि अस्पाताल के अनुभवों पर आधारित जीवनरेखा, डॉक्टर साहेब आदि) तथा राजनीतिक व्यंग्य (जैसे कि मामाजी कहिन) तथा दक्षिण भारतीय रचना मालगुड़ी डेज पर आधारित धारावाहिकों का भी टेलीविजन पर प्रसारण किया जाने लगा।

वीडियो सिनेमा और टेलीविजन—भारत में वीडियो कैसेट रिकॉर्डरों एवं वीडियो कैसेट प्लेयरों की संख्या भारत में लगातार बढ़ती जा रही है। एक समय था जबकि सिंगापुर की उड़ान वी सी आर उड़ान के नाम से जानी जाती थी। इंडिया टुडे पत्रिका 1984 में भारत में करीब तीन लाख वी.सी.आर. सेटों की संख्या का अनुमान लगाया था जिसमें प्रतिमाह 20,000 से वृद्धि हो रही थी। वर्ष 1985 में भारतीय जनसंचार संस्था नई दिल्ली द्वारा वर्ष 1985 में किए गए एक अध्ययन में यह आँकड़ा लगभग पाँच लाख (आधा मिलियन) बताया गया। वीडियो एडवरटाइजिंग एजेंसियों ने इनकी संख्या और भी अधिक होने का दावा कियाँ मोडसर्विस फॉर प्राइम टाइम द्वारा 1987 में किए गए एक सर्वेक्षण में इनकी सख्या 1.8 मिलियन बताई गई। कॉन्ट्रास्ट एडवर-टाइजिंग का मानना था कि बीसीआर सेटों की संख्या एक मिलियन से अधिक नहीं है। वीडियो कंपनियों ने 1989 में दावे किए कि प्रत्येक फिल्म के दर्शक लगभग 2.4 मिलियन होते हैं।

नई दिल्ली में 1982 में एफ. एफ. आई के अधिकारियों द्वारा आयोजित एशियाड के दौरान देश के लगभग 400 से भी अधिक नगरों-कस्बों में वीडियो का प्रसार हो गया। 1984 में कंज्यूमर इलेक्ट्रॉनिक्स पर गठित अध्ययन दल ने बताया कि संगठित क्षेत्र के 11 यूनिटों और लघु क्षेत्रों के 60 यूनिटों को प्रतिवर्ष 500 वीडियो कैसेट रिकॉर्डरों-को निर्मित करने की अनुमति प्रदान की गई थी।

बहुराष्ट्रीय निर्माताओं के रिकॉर्डिंग क्षेत्र में प्रवेश करने के कारण रिकार्डरों का मूल्य बहुत अधिक बढ़ गया जिसके परिणामस्वरूप वीडियो सेटों के गैर कानूनी आयात और तस्करी को बढ़ावा मिला है। जहाँ तक वीडियो कैमरा, एडीटिंग, उपालीकेटिंग और अन्य संबंधित प्रौद्योगिकियों का संबंध है, स्थिति कमोबेश एक जैसी बनी हुई है।

भारत को वीडियो सम्बन्धित तकनीकी मामलों में आत्मनिर्भर होना होगा क्योंकि आयात की गई सामग्रियों से भारत पर बोझ पड़ता है। भारत में आज प्रतिदिन वीडियो देखने वाले लगभग एक मिलियन से अधिक कुछ ऐसे व्यक्ति हैं जो एक साथ मिलकर किराये पर एक वीडियो प्लेयर ले आते हैं या फिर वीडियो देखने के

लिए वीडियो पार्लरों, वीडियो रेस्टोरेंटों, वीडियो क्लबों में जाते हैं या वीडियो लगी बसों में यात्रा करते हुए वीडियो देखते हैं।

एक अनुमान के मुताबिक चारों महानगरों में से प्रत्येक में वीडियो किराये पर देने वाली कम से कम एक हजार कंपनियाँ काम कर रही हैं। अनेक महानगरों में एक सौ से दो सौ तक ऐसी कंपनियाँ/दुगने हैं। इसके अतिरिक्त पचास हजार वीडियो पार्लर भी बहुत अधिक संख्या में वीडियो कैसेटों का व्यापार करते हैं। इसमें वीडियो, रेस्तराओं, वीडियो क्लबों और वीडियो बसों की संख्या भी जुड़ जाने से इस संबंध में सम्मिलन संख्या का परिकलन करना असंभव हो गया है। (तथापि, केबल और उपग्रह टेलीविजन से वीडियो व्यापार में काफी गिरावट आई है)।

आजकल वीडियो चल चित्र सिनेमा घरों का काम करने लगा है। प्रदर्शनी हेतु आउटलेटों (स्थानों) की कमी इस उद्योग के प्रसार में हमेशा से एक बड़ी बाधा रही है। अस्सी के दशक के मध्य में दूरदराज के जिलों में सुदूर गाँवों तक भी वीडियो की पहुँच थी। मध्य प्रदेश में 2000 से भी कम आबादी वाले छोटे-छोटे गाँवों में भी वीडियो की सुविधा उपलब्ध थी। अकेले छत्तीसगढ़ राज्य में 150 होटलों में नियमित वीडियो शो आयोजित किए जाते थे जिनमें प्रवेश शुल्क प्रति व्यक्ति 5 रु. था। देश में विंध्य और मालवा क्षेत्रों में भी वीडियो की सुविधा उपलब्ध थी। पंजाब, उड़ीसा, कर्नाटक, केरल और यहाँ तक कि दूरस्थ पूर्वोत्तर राज्यों में भी रेस्तराँ मालिक लोगों के वीडियो क्रेज को भुना रहे थे। अस्सी के दशक के मध्य में बीडियो नक्कालों पर कानून का शिकंजा कस जाने से वीडियो के क्षेत्र में अधिक उछाल में कुछ हद तक मंदी आई। आज भी संपूर्ण वीडियो व्यवसाय गैरकानूनी धंधे की चपेट में है क्योंकि अधिकांश कैसेट फिल्म प्रिंट से चोरी-छिपे तैयार किए जाते हैं। भारत में नकली कैसेटों की खेप मुख्यतः दुबई और हांगकांग से पहुँचती है। एन.एफ.डी. सी एवं भारतीय सिनेमा के निर्देशकों की मदद से चलचित्र अधिनियम में संशोधन करके वीडियो टेप पर दिखाए जाने वाले फिल्मों को शामिल कर दिया गया है। इस संशोधन द्वारा केन्द्रीय फिल्म प्रमाणन बोर्ड से प्रमाणपत्र प्राप्त किए बिना वीडियो या केबल पर फिल्में दिखाना गैरकानूनी घोषित कर दिया गया है। इसके अतिरिक्त कुछ राज्यों में वीडियो पार्लर और वीडियो रेस्तराओं के लिए यह अपेक्षित है कि वे अपने क्रियाकलापों के लिए सरकार को सूचित करें।

आज़कल अवैध रूप से चलने वाली वीडियो सीड़ी करोबार पर पुलिस द्वारा छापा मारने के कारण ब्यूटी पार्लर मालिकों द्वारा ऐसे गैरकानूनी और समाज विरोधी कार्य करने से रोकना संभव हुआ है। पहले जहाँ सिनेमा प्रोड्यूसर विदेशों मे वितरण

अंतर्राष्ट्रीय वीडियो अधिकतम केवल एस्क्वाचर को दिए जाते थे वहीं अब सिनेमा प्रोड्यूसरों द्वारा घरेलू वितरण हेतु भी वीडियो "आंतक" का सामना करने के लिए प्रोड्यूसर किसी फिल्म को प्रायः अधिकाधिक सिनेमाघरों में एक साथ जारी करते हैं और बाद में फिल्म को वीडियो कैसेट पर दिखाने के लिए वीडियो कंपनियों को इस मूल्य पर इसके अधिकार बेचते हैं। उदाहरण के तौर पर गोल्ड वीडियो द्वारा शहंशाह फिल्म की 900 वीडियो प्रतियाँ 135 रुपये की दर से बेची गईं।

सामाजिक और राजनीतिक शिक्षा में वीडियो कैसेट का प्रयोग—भारत में राजनीतिक दलों द्वारा क्षेत्रीय और राष्ट्रीय चुनावों के समय अपने-अपने दलों के प्रचार के लिए वीडियो कैसेटों का काफी अधिक प्रयोग किया जाता है। जैसे—90 के दशक में चुनाव प्रचार के दौरान भारतीय जनता पार्टी द्वारा अयोध्या राम जन्म भूमि से संबंधित वीडियो कैसेट व्यापक रूप से वितरित की गई। इसी तरह 2004 के लोकसभा चुनाव के दौरान कांग्रेस पार्टी द्वारा तहलका (रक्षा सौदा घोटाला) विरोधी दल इस माध्यम का भरपूर प्रयोग किया गया। अमेरिका के एक अस्पताल में इलाज करवा रहे तमिलनाडु के पूर्व मुख्यमंत्री एम जी राम चंद्रन पर बनाए गए वीडियो फिल्म की 100 से भी अधिक प्रतियाँ दक्षिणी राज्यों में प्रचार के लिए वितरित की गईं। भारतीय जनता पार्टी, काँग्रेस और शिव सेना द्वारा अपने राजनीतिक प्रचार के लिए ऑडियों वीडियो कैसेटों का व्यापक उपयोग किया गया है। आजकल आम चुनावों के दौरान वीडियो कैसेटों का आमतौर पर उपयोग किया जाने लगा है। 1993 के अंतिम महीनों में मनोरंजन और राजनीति का सम्मिलन जिसे अंग्रेजी में इन्फोटेनमेंट कहा जाता है, प्रदान करने के लिए जैन टी.वी चैनल शुरू किया गया।

अहमदाबाद एवं दिल्ली में अनेक सामाजिक संगठनों की मदद से सेवा एवं सेन्डिट संस्था का निर्माण किया गया है। अस्सी और नब्बे के दशक में इसके अतिरिक्त अतिरिक्त समाचार और फिल्मी पत्रिकाओं जैसे कि इंडिया टुडे, हिन्दुस्तान टाईम्स, और स्टारडस्ट ने वीडियो वितरण व्यवसाय शुरू कियाँ इंडिया टुडे के मासिक 'न्यूजट्रेक', हिंदुस्तान टाईम्स के 'आई विटनेस' और स्टार डस्ट के स्टार बज ने वीडियो समाचार पत्रिका में एक नई दिशा प्रदान की।

एकनाथ मूवी मैजिक सितारों की दुनिया और बुश फिल्म ट्रक्स का नाम उस समय वीडियों फिल्मों में अत्यधिक लोकप्रिय था। स्पोर्ट सेवीक ने "स्पोर्ट स्टाइल" नाम से खेल वीडियो पत्रिका की शुरुआत की। विभिन्न वीडियो पत्रिकाओं का उत्पादन 1993 के दिसम्बर महीनों तक केबल और सीमा पर उपग्रह चैनलों द्वारा

शोषण की वजह से बंद हो गया। तब न्यूजट्रेक और आई विटनेस जैसी कुछ वीडियो समाचार पत्रिकाओं ने किसी न किसी टेलीविजन चैनल पर टाईम स्लॉट प्राप्त करके अपना कार्यक्रम प्रस्तुत करना जारी रखा।

केबल टेलीविजन

भारत में जब तक विदेशी उपग्रह टेलीविजन चैनलों का प्रारम्भ नहीं हुआ था तब तक केबल टेलीविजन का एकमात्र अर्थ था किसी एक केन्द्रीय कंट्रोल रूम में केबल की सहायता से भारतीय और अमेरिकी लोकप्रिय फिल्मों के चोरी-छिपे तैयार किए गए कैसेटों से उन फिल्मों को रिले करना। केबल टेलीविजन में प्रत्येक टेलीविजन रिसीवर अपने निजी ऐन्टेना से सिग्नल नहीं लेता बल्कि उसमें एक उपयुक्त स्थान पर रखे गए कॉमन ऐन्टेना से सभी केबल द्वारा जुड़े सभी टेलीविजन रिसीवरों तक कार्यक्रम पहुँचाए जाते हैं। यह पुनः वितरण (redistsibution) की व्यवस्था भारत के शहरी और ग्रामीण क्षेत्रों में अब काफी लोकप्रिय हो गई है।

सर्वप्रथम केबल टेलीविजन का प्रारम्भ उत्तरी अमेरिका में किया गया। अमेरिका के दूर-दराज पर्वतीय क्षेत्रों में टेलीविजन सिग्नलों के अभिग्रहण में सुधार लाया जा सके। केबल टी.वी द्वारा स्थानीय ट्रान्समीटरों की सहायता से अभिग्रहण में सुधार लाया जा सकता है तथा इससे घरेलू ऐन्टेना की पहुँच से दूर स्थित ट्रान्समीटरों से सेवाएँ रिले की जा सकती है। इसके अलावा केबल टी.वी का उपभोग लाखों उपभोक्ताओं द्वारा किया जाता है। उदाहरण के लिए केबल टी.वी की सहायता से टी. वी सेट से अब हम कुछ अधिक बुनियादी चैनलों को देख सकते हैं (कुछ उपलब्ध चैनलों के नाम हैः दि डिज्नी चैनल, एम टी.वी, समाचार चैनल, शॉपिंग चैनल, मुवी चैनल, सामुदायिक और शैक्षिक चैनल)। केबल टी.वी का शुल्क व किराया काफी कम है। भारत में, होटल उद्योग, सार्वजनिक और निजी क्षेत्र की कंपनियाँ, आवासीय कालोनियाँ, गगनचुंबी इमारतें और सहकारी आवासीय समितियाँ केबल टी.वी के वितरण में बढ़-चढ़ कर आगे आ रही हैं। केवल संस्थापना के कार्य में अस्सी के दशक के मध्य में काफी तेजी आई। उदाहरणतया ऊँची-ऊँची बहुमंजिली इमारतों में एक निकटवर्ती-कंट्रोल रूप से भारतीय और विदेशी फिल्मों के वीडियो टेप कार्यक्रम प्रसारित किए जाने लगे। अब मुंबई और देश के विभिन्न शहरों में अनेकानेक आवासीय कॉलोनियों में केबल की सहयता से टी.वी कार्यक्रम पहुँचाएँ जा रहे हैं। मुंबई उच्च न्यायालय द्वारा केबल मालिकों द्वारा फिल्म के कॉपीराइट रखने वालों से अनुमति प्राप्त किए बिना भारतीय फिल्मों के प्रसारण पर रोक लगा दी गई है। फिल्म प्रोड्यूसरों के अनुसार केबल की सहायता से

घर के भीतर टी.वी पर फिल्में देखना सिनेमाघरों में सार्वजानिक तौर पर फिल्में देखने से भिन्न है। देश भर में केबल नेटवर्कों ने उपग्रह डिश स्थापित किए हैं जिनकी सहायता से स्टार टी.वी और दूरदर्शन के टी.वी चैनलों के कार्यक्रम को पिक अप करके उन्हें केबल के माध्यम से 20 मिलियन सेभी अधिक घरों में पहुँचाया जाता है।

भारत में 1990 के दशक के उत्तरार्द्ध में लगभग 2 लाख केबल नेटवर्क थे। उनमें से लगभग आधे नेटवर्क बहुमंजिली इमारतों में थे और एक-तिहाई नेटवर्क एकल-इमारत प्रणालियों में लगे थे। एक-तिहाई से अधिक नेटवर्क 250 से 750 उपभोक्ता घरों में तथा 20% नेटवर्क 1000 से 1500 उपभोक्ता घरों में उपलब्ध थे। केबल व्यापार में सीटी केबल (जी.टी.वी नेटवर्क का) और उन केबल नेट (हिन्दीया ग्रुप का) दो बड़े संघ हैं। और ज्यादातर केबल प्रचालक इनमें से किसी एक समूह से जुड़े है। जिससे इन दोनों समूहों में हमेशा प्रतिस्पर्धा बनी रहती है। केवल मुंबई में कुल 1,2,00,000 केबल कनेक्शनों में से इन केबल के नियंत्रणाधीन 600,000 और सीटी-केबल के नियंत्रणाधीन 400,00 केबल कनेक्शन हैं। अन्य छोटे केबल प्रचालकों का नियंत्रण केवल 200,000 कनेक्शनों पर ही है।

डाइरेक्ट टू होम (डी. टी. एच.) सर्विस प्रौद्योगिकी के प्रादुर्भाव से टेलीविजन जगत में केबल प्रचालकों के व्यवसाय को काफी क्षति उठानी पड़ रही है। डी.टी. एच टेलीविजन डिजिटल और इंटरऐक्टिव है जो उपभोक्ताओं को 100 तक की संख्या में टी.वी चैनलों को दिखाने की पेशकश कर रहा है। डी.टी.एच. क्राँति का अगुवाई स्पर्ट मंडोक का न्यूजकोर्प कर रहा है। जिसने पहले ही यूरोप में बी-स्काई बी और जापान में जे स्काई बी की शुरुआत की है और अब इसकी योजना भारतीय उप-महाद्वीप में आई स्काई बी तथा उत्तरी अमेरिकी उप-महाद्वीप में स्काई बी शुरू करने की है।

वीडियो और केबल टी.वी पर विज्ञापन—भारतीय वीडियो एवं केबल टी. वी से सम्बन्धित उद्योगों में 1980 के दशक में बहुत तेजी आई। उसका अत्यधिक सकारात्मक प्रभाव दूरदर्शन पर पड़ा, जिसने विज्ञापन और सामाजिक-पारिवारिक धारावाहिकों तथा अन्य मनोरंजक कार्यक्रमों के प्रयोजन के लिए अपना मार्ग प्रशस्त कियाँ इसके अतिरिक्त देश में वीडियो क्रांति का प्रारंभ रंगीन टेलीविजन की शुरुआत होने और आयातित टेलीविजन सेटों और वी.सी.आर/वी.सी.पी पर सीमा शुल्क में कमी करने से आई। मई 1983 तक भारत में लगभग 5.5 मिलियन टी.वी सेट और कम से कम आधा मिलियन वीडियो रिकॉर्डर/प्लेयर थे।

विज्ञापन एजेंसियों ने भारतीय वीडियो उद्योग में बहुत असंगठित होने के बाद भी अपने व्यवसाय में वीडियो का बहुत तीव्र गति से उपयोग कियाँ वास्तविकता यह है कि विज्ञापन उद्योग अन्य उद्योगों के समान नहीं था। विज्ञापनदाताओं को वीडियो ने अपनी तरफ आकर्षित कियाँ फिल्मों में भी बहुत अधिक संख्या में चोरी-छिपे वीडियो कैसेट बनाए जाने से मजबूर होकर कई फिल्म प्रोड्यूसरों ने अपने पुराने और नए फिल्मों का वीडियो अधिकार गावेयर, बोम्बिनो शैयारू, सुपर कैसेट्स, एस्क्वाचर, ईगल और अन्य कंपनियों को बेचना शुरू कर दियाँ

राष्ट्रीय फिल्म विकास नियम की मदद से विदेशी एवं भारतीय फिल्म निर्माताओं ने वीडियो अधिकार प्राप्त करने के लिए समझौता किया और यह तय किया गया कि वीडियों अधिकारों का प्रयोग विज्ञापन के जरिए उपभोक्ता उत्पादों को बढ़ावा देने के लिए नहीं किया जाएगा और ऐसा करना वीडियो अधिकारों का दुरुपयोग माना जाएगा। जो विज्ञापन एजेंसियाँ उत्पादों की बिक्री को बढ़ाने में लगी थीं एवं रियायती मूल्य पर उत्पादों को बिक्री हेतु प्रस्तुत करती हैं, बाद में वीडियो पर श्रृव्य-दृश्य प्रस्तुति हेतु अपनी उपस्थिति दर्ज कराने के लिए बढ़-चढ़ कर सामने आने लगीं। बाजारों का उदारीकरण होने के कारण वीडियो एवं विज्ञापन का बाजार निरंतर बढ़ता जा रहा है। अस्सी के दशक के अंतिम वर्षों में केबल नेटवर्क के पहले मुंबई की बहुमंजिली इमारतों में और बाद में महानगरीय क्षेत्रों के आस-पास फैली कॉलोनियों में फैल जाने से वीडियो बाजार और विस्तृत हुआ। कुछ प्रमुख वीडियो समूह संगठित हुएँ संभवतः सबसे बड़ा समूह केबल वीडियो (इंडिया) प्रा.लि॰ है जिसके पास 3000 से भी अधिक फिल्मों के घरेलू प्रदर्शन और केबल के अधिकार सुरक्षित हैं। अनेक कम्पनियाँ इन फिल्मों के वीडियो कैसेटों का प्रमुख वितरक है। डालमिया ग्रुप की कंपनी शोटाईम कम्युनिकेशन दिल्ली में इस कंपनी के नियंत्रणाधीन वीडियो फिल्मों का वितरण करती है। केबल उद्योग से जुड़ी अन्य कंपनियों/समूहों में दि स्टेट वीडियो और मिजोरम, केरल व पश्चिम बंगाल भी सरकारों तथा टाईम्स टेलीविजन के नाम उल्लेखनीय हैं।

नेस्ले-इंडिया कैडबरीज, आईटीसी यूनाइटेड ब्रेवरीज जैसी कारपोरेट कम्पनियाँ वीडियो एवं केवल टी.वी पर प्रभुत्व जमाए हुए हैं। देश भर में 5000 से भी अधिक केबल प्रचालक काम कर रहे हैं। केबल टी.वी और वीडियो पर सभी विज्ञापनदाता अपने उत्पादों को प्रसारित कर सकते हैं, विशेषकर वे सभी इन पर अपना विज्ञापन देते हैं, जिनका विज्ञापन दूरदर्शन पर नहीं आता। ऐसे कुछ उत्पादों में मादक पेयों, बेबी फूड, पान मसाला, सिगरेट, अंग-वीन्त्रों आदि के नाम शामिल हैं। वर्ष 1991

में केबल टी.वी पर विज्ञापन से एक करोड़ रुपये की आय हुई थी जबकि दूरदर्शन को इस दौरान 253 करोड़ की आय हुई।

आजकल विज्ञापनदाता को पूरक माध्यम के रूप में प्रयोग कर रहे हैं जिसकी वजह से केबल बाजार को काफी लाभ पहुँच रहा है।

वीडियो और केबल विज्ञापन में आसानी से और शीघ्र धन अर्जित करने के उन्माद में सर्वाधिक नुकसान फिल्म प्रोड्यूसरों, दूरदर्शन और वीडियो केबल को हुआ है। प्रमुख कार्यक्रमों में कभी-कभी इतने ज्यादा विज्ञापन आ जाते हैं कि दर्शकगण काफी निराश हो जाते हैं। आज सभी चैनलों पर विज्ञापनों का हस्तक्षेप बढ़ता जा रहा है। अब इन्फैक्ट (INFACT) और वीडियो राइट्स ऑनर्स ऑफ इंडिया के एसोसिएशन जैसे संगठनों ने सरकार पर कॉपीराइट अधिनियम लागू करने के लिए प्रत्येक राज्य में विशेष एँटीपाइरेसी सेल (Antipiracy Cell) गठित करने पर दबाव डाला है। इस अधिनियम को लागू करने के प्रभावी तरीकों पर विचार करने के लिए कॉपीराइट इन्फोर्समेंट एडवाइजटी काउंसिल का गठन किया गया है। इस परिषद ने कॉपीराइट काउंसिल की स्थापना का सुझाव दिया एवं यह भी सुझाव दिया गया कि भारतीय तकनीकी अधिनियम (1885), भारतीय तकनीकी अधिनियम (1933), कॉपीएइट अधिनियम, 1957 में संशोधन करके वीडियो, केबल और उपग्रह टेलीविजन के क्षेत्र में हुई प्रगति को स्थान दिया जाएँ

समाज पर वीडियो एवं विज्ञापन का अत्यधिक दुष्प्रभाव पड़ रहा है इससे चिंतित होकर अनेक संगठनों ने इस पर नियंत्रण लगाने की माँग की। इनकी माँग है कि दर्शको के लिए अधिकारों की रक्षा के लिए टी.वी, वीडियो और केबल पर विज्ञापन हेतु एक नियमावली बनाय जाएँ उनका मानना है कि ASCI द्वारा तैयार की गई विषय सूची वीडियो और केबल को नियंत्रित करने के लिए पर्याप्त है। भारतीय केबल प्रचालक संघ तथा सूचना और प्रसारण मंत्रालय के बीच नवंबर 1993 में केबल टेलीविजन नेटवर्क (विनियम) विधेयक पर सहमति बनी जिसके अनुसरण में नवंबर 1994 में जारी अध्यादेश द्वारा इस अधिनियम को लागू किया गया जिसके अंतर्गत केबल कंपनियों का पंजीकरण कराना अनिवार्य हो गया। इसके सभी प्रचालकों के लिए यह अनिवार्य कर दिया कि वे दूरदर्शन का कम से कम एक चैनल अवश्य प्रसारित करें तथा जो वाणिज्यिक और विदेशी उपग्रह चैनलों के कार्यक्रम भारत सरकार द्वारा निर्धारित नियमों और दिशा-निर्देशों के अनुरूप न हों उनका प्रसारण नहीं करें। प्रसार भारती अधिनियम लागू होने के पश्चात् प्रसारण सम्बन्धी अनेक समस्याओं का समाधान हो गया है।

दूरदर्शन का भारतीय स्वरूप

सूचना और प्रसारण मंत्रालय ने प्रसिद्ध समाज शास्त्री डॉ. पी.सी. जोशी की अध्यक्षता में 6 दिसम्बर 1982 को 13 सदस्यीय कार्यदल की स्थापना की घोषणा की गई। इस समिति का लक्ष्य दूरदर्शन से सम्बन्धित योजना तैयार करना। समिति ने अपनी रिपोर्ट सरकार को 12 अगस्त 1985 को प्रस्तुत कर दी। इस समिति के अन्य सदस्य थे—फिल्म निर्देशिका श्रीमती सई परांजपे, मैसर्स लिटास इंडिया लिमिटेड के श्री अलीकु पद्मी, भारतीय जनसंचार संस्थान के विकास संचार के प्रोफेसर श्री जी. एन. एस. राघवन, नई दिल्ली की श्रीमती रामी छाबड़ा, स्पेस एप्लीकेशन सेंटर, अहमदाबाद के डॉ. विनोद सी. अग्रवाल, नई दिल्ली की कुमारी रीना गिल, जवाहरलाल नेहरू विश्वविद्यालय के प्रो. योगिन्द्र सिंह, राष्ट्रीय नाट्य विद्यालय के श्री मोहन उप्रेती, कलकत्ता के श्री भूपेन हजारिका, पंजाब कृषि विश्वविद्यालय लुधियाना के डॉ. के. एस. गिल, दूरदर्शन के मुख्य इंजीनियिर श्री आर. बी. एल. श्रीवास्तव तथा श्री मंजरुल अमीन (सदस्य सचिव)।

डॉ. पी. सी. जोशी की अध्यक्षता वाली समिति की रिपोर्ट तीन खण्डों में विभक्त है। पहला खण्ड पाँच भागों में जिनमें दूरदर्शन किसके लिए और किसलिए? हमारे सपनों के भारत का निर्माण, चैनलों का सवाल, संगठनात्मक ढांचे और कार्मिक प्रबन्ध-व्यवस्था में सुधार तथा अनुसंधान और मूल्याँकन शीर्षकों में विभाजित है। दूसरे खण्ड में इन विषयों से सम्बन्धित सिफारिशों का सारांश दिया गया है तथा तीसरे खण्ड में परिशिष्ट और अनुलग्नक दिए गए हैं।

भारत में टेलीविजन के विस्तार में समाज में दुश्चरित्र संस्कृति का प्रभाव अत्यधिक बढ़ रहा है। इन परिस्थितियों में जोशी समिति की सिफारिशें विशेष महत्त्व रखती हैं। दूरदर्शन में भारतीय जन समुदाय की मूल आवश्यकताओं और समस्याओं के प्रति जागरूकता की कमी की तरफ इंगित करते हुए समिति ने कहा कि दूरदर्शन को भारत में रहने वाले बुनियादी सामाजिक वर्गों की जीवन पद्धति और समस्याओं को उजागर करना चाहिएँ

1938 में राष्ट्रीय नियोजन समिति का गठन हुआ जिसका नेत्तृतत्व पंडित जवाहरलाल नेहरू कर रहे थे। इस समिति ने संचार व्यवस्था पर विचार करने के लिए एक उप समिति बनाई थी। इस समिति ने हालाँकि रेडियो प्रसार पर ही विचार किया था किन्तु जोशी समिति ने उन सिफारिशों तथा अध्ययन को टी. वी. हेतु भी उपयोगी मानते हुए इसे सिफारिश कियाँ इस रिपोर्ट के अनुसार आधुनिक विकास के लिए

प्रसारण, विलासिता से बदलकर आवश्यकता बन गया। औद्योगीकरण का स्तर किसी देश का जितना ऊँचा होगा, सन्देशों के आदान-प्रदान की जरूरत उतनी ही अधिक होगी और विस्तृत संचार-सुविधाओं की माँग बढ़ेगी।

राज्य द्वारा प्रचार, मनोरंजन, समाचार और उपयोगी सूचनाओं का संकलन इत्यादि करना प्रसारण का प्रमुख काम है।

इस समिति के अनुसार, "प्रसारण बहुसंख्यक समाज के जो अब तक निरक्षर हैं और महिलाओं का एक बहुत बड़ा समूह, जो घर से बाहर नहीं निकलता, के लिए सम्पर्क सूत्र है तथा दूसरी ओर भारत की प्रगति का व्याख्याता है।" "प्रसारण से उम्मीद की जाती है कि कृषि, पशुपालन, मौजूदा राजनीतिक विचारों आदि के सम्बन्ध में लोगों को महत्त्वपूर्ण सूचनाएँ पहुँचाई जाएँ।"

इस समिति की यह भी सिफारिश थी कि भारत के विकास एवं निर्माण में प्रसारण के महत्त्वपूर्ण स्थान को ध्यान में रखते हुए यह अनुभव किया गया कि अपनी नीति तैयार करने का दायित्व एक समान उत्तरदायी सार्वजनिक संस्था को सौंप दिया जाए जिसमें देश का विश्वास हो। जोशी समिति का यह मानना है कि इन प्रस्तावों की प्रासंगिकता आज भी है। राष्ट्रीय नियोजन समिति ने स्वाधीनता संघर्ष के समय में जो अवधारणा और अधार सुझाया था, शायद उसने आकाशवाणी को भारतीयता प्रदान करने में एक महत्त्वपूर्ण योग दियाँ

जोशी समिति की यह स्पष्ट राय है कि कार्यक्रम निर्माण हेतु उत्तरदायी व्यावसायिक प्रशासक को राजनीतिक और प्रशासनिक क्षेत्रों की ओर से दिन-प्रतिदिन के हस्तक्षेप या दबाव से अपने आपको मुक्त अनुभव करना चाहिएँ हम रचनात्मक की धारणा और भी अधिक विस्तार तथा समृद्धि के भी पक्षपाती हैं।

जोशी समिति ने यह भी सुझाव दिया है कि संगठनात्मक व्यवस्था एवं प्रबन्ध पद्धति में सुधार सरकारी नियंत्रण एवं देखरेख में होनी चाहिएँ सम्भव है कि कोई ढांचा सरकारी नियन्त्रण से पूरी तरह से मुक्त हो और फिर भी उसके द्वारा सर्जनात्मकता का प्रवाह एकदम अवरुद्ध होता रहे और कोई ऐसा भी संगठन हो सकता है जिस पर सरकारी नियन्त्रण हो। फिर भी उसका गठन इस प्रकार किया गया हो कि वह सर्जनात्मकता और उपक्रम में सहायक हो, जैसे परमाणु ऊर्जा एवं अन्तरिक्ष अनुसंधान केन्द्र।

जोशी समिति ने सामाजिक शिक्षा तथा विकास को प्रोत्साहन देना अपना ध्येय बनाया है। जोशी समिति ने दूरदर्शन प्रणाली के प्रत्येक ट्रांसमीटर के अन्तर्गत दिल्ली से कार्यक्रम रिले करने की सुविधा के अलावा यह व्यवस्था भी होनी चाहिए कि वह

स्थानीय तौर पर कार्यक्रम तैयार और प्रेषित कर सके तथा उन कार्यक्रमों को भी प्रसारित कर सके जो इसके अनेक महत्त्वपूर्ण सिफारिशें इस समिति ने दूरदर्शन के भावी विकास के बारे में की हैं। जोशी समिति ने दूरदर्शन पर यह टिप्पणी दी है कि किसी भी देश का दूरदर्शन उसका सामाजिक दर्पण होता है। लेकिन दूरदर्शन अभी भी व्यक्तित्व विहीन अथवा ऐसा माध्यम है, जो विकृत मुखड़े को सामने लाता है। उसे भारतीय मुखाकृति को प्रस्तुत करने का काम अभी करना है। जोशी समिति ने दूरदर्शन के वास्तविक स्वरूप पर टिप्पणी देते हुए कहा कि—टेलीविजन शहरी केन्द्र और जाग्रत ग्रामों के मध्य वर्ग के जीवंत एवं रचनात्मक तत्वों को भी वास्तविक एवं प्रामाणिक ढंग से प्रस्तुत नहीं करता। ऐसा प्रतीत होता है कि वह भारतीय समाज के उस नव धनाढ्य वर्ग की जरूरतों की ओर अधिकाधिक उन्मुख हो रहा है, जो पुराने अभिजात्य वर्ग का स्थान लेने की कोशिश कर रहा है। पश्चिमी संस्कृति ने भारत में जड़ें गहरी कर ली हैं। वर्तमान भारत की आंशिक, विकृत और कटी-फटी तस्वीर इसी तरह दूरदर्शन पेश कर रहा है। वह वैज्ञानिक और औद्योगिक युग वाले सर्जनशील, जीवंत और विकासोन्मुख भारत को प्रतिबिंबित नहीं करता जबकि बीते दिनों के औपनिवेशिक और अर्ध सामंती भारत का स्थान ग्रहण करता जा रहा है।

भारत को चाहिए कि अपने देश की जरूरतों को पूरा करने के लिए प्रयत्नशील हो जिसके अन्तर्गत देश की समस्याओं तथा विकास की ओर ध्यान दिया गया हो और जो मनोरंजन के साथ-साथ जीवन को समृद्धि प्रदान करने वाला हो।

दूरदर्शन समाचारों के बारे में जोशी समिति ने तीखी प्रतिक्रिया व्यक्त की। नई दिल्ली में 9 दिसम्बर, 1983 को आयोजित गुट निरपेक्ष राष्ट्रों के संचार माध्यमों के सम्मेलन को संबोधित करते हुए भूतपूर्व प्रधानमन्त्री स्व. श्रीमती इन्दिरा गांधी ने कहा था—

संचार माध्यमों में, "विकास के विशाल कार्य को हमारे गाँवों और शहरों के अलावा महिलाओं-मजदूरों तथा अन्य लोगों के जीवन में आ रहे बदलाव को कोई जगह नहीं दिया जाता। लगता है कि संपादन तथा माध्यम प्रबन्धक नार्थविलफ सिद्धान्त के प्रति आस्थावान हैं, जिसके अनुसार अच्छाई, सामान्य स्थिति, परिश्रम तथा विनम्रता नहीं बल्कि सत्ता, पद, धन और सेक्स समाचार के विषय होते हैं। पूरी पृथ्वी का मालिक कमजोर व्यक्ति भले बन जाए किन्तु समाचारों की सुर्खियों में उनके लिए कोई स्थान नहीं हो सकता।"

समाचार पत्र ही सिर्फ इस समस्या से पीडित नहीं है बल्कि टेलीविजन एवं रेड़ियो भी इस समस्या से पीड़ित है। दूरदर्शन की आम आदमी तक पहुँच का

महत्त्वपूर्ण प्रश्न उठाते हुए जोशी समिति ने कहा है कि भारत में गरीबी की रेखा से नीचे जीवन बिताने वाले लोगों का अनुपात (लोकसभा में 18 अप्रैल, 1983 को दिए गए एक प्रश्न के उत्तर के अनुसार) 48.18 प्रतिशत है। क्या दूरदर्शन के समाचार तथा सामयिक विषयों के कार्यक्रम देश की आधी आबादी के लिए होते हैं और क्या उनकी पहुँच इन तक है? यह प्रश्न इसलिए प्रासंगिक है क्योंकि देश में गरीबी दूर करने में टेलीविजन कार्यक्रमों की भूमिका नहीं के बराबर है। यह बात आश्चर्यजनक किन्तु सत्य है कि इस मामले में निजी स्वामित्व वाले और लाभ हेतु चलाए जाने वाले समाचार-पत्रों की भूमिका उस टेलीविजन से बेहतर रही है, जो करदाताओं के धन से प्रकट रूप से जनहित हेतु चलाया जाता है। अन्य प्रेस आयोग के अनुसार–

"भारतीय प्रेस को इस बात का श्रेय है कि प्रमुख रूप से शहरी तथा मध्यम आय वर्ग के लोगों तक इसकी पहुँच होने के बावजूद यह किसानों, खेतिहर मजदूरों, कारीगरों, जनजातीय लोगों तथा ग्रामीण आबादी के अन्य वर्गों के प्रति रुचि जगाने में सफल रही है। हालांकि पाठक संख्या अथवा स्वामित्त्व को देखते हुए अधिकतर समाचार-पत्रों के लिए गरीबी की रेखा से नीचे रहने वालों को उनकी स्थिति की याद दिलाकर और सत्तारूढ़ मध्य तथा उच्च वर्गों को शर्म का एहसास कराकर इस दिशा में महत्त्वपूर्ण योग दिया है।"

जोशी समिति का यह बयान अत्यधिक महत्त्वपूर्ण है–अपने निकृष्टतम समाचार प्रस्तुतीकरण की संकीर्ण मूल्य रचना के भीतर भी टेलीविजन व्यावसायिक दृष्टि से कार्य नहीं कर पाता।"

दूरदर्शन द्वारा प्रस्तुत समसामयिक कार्यक्रम और समाचार को रोचक एवं लोकप्रिय बनाने हेतु जोशी समिति ने निम्नलिखित सुझाव ये हैं–

1. समाचार कर्मचारियों को व्यावसायिक दृष्टि से सामूहिक रूप से कार्य करना चाहिएँ
2. कर्मचारियों के काम करने के लिए परिवहन आदि तथा उपकरण और कर्मचारियों के रूप में पर्याप्त साधन।
3. उच्च स्तर के प्रबन्धक, जो उपर्युक्त दोनों जरूरतों को भली प्रकार समझते हों तथा एक विशाल, लोकतान्त्रिक, विकासशील तथा विविध भाषाओं और जीवन-पद्धतियों वाले देश के अनुरूप समाचार और सामयिक विषयों की नीति का पालन कर सकते हों।

इसके अतिरिक्त जोशी समिति ने समाचारों के प्रति व्यावसायिक दृष्टिकोण, दूरदर्शन पत्रकार, नियुक्ति और प्रशिक्षण, व्यावसायिक निर्देश, समाचार प्रस्तुतीकरण

तथा समाचार बुलेटिनों की समाचार सामग्री आदि पर भी महत्त्वपूर्ण अध्ययन-निष्कर्ष तथा सुझाव प्रस्तुत किए हैं।

जोशी समिति ने भारतीय जनमानस का व्यापक अध्ययन किया था। उनका कहना था कि भारतीय जनता को शिक्षित करने में टेलीविजन जगत को महत्त्वपूर्ण भूमिका निभानी पड़ेगी। महिलाओं और बच्चों, विकास, परिवार कल्याण, व्यावसायिक विज्ञापन आदि के क्षेत्र में दूरदर्शन कार्यक्रमों पर भी इस समिति ने महत्त्वपूर्ण सुझाव दिये हैं। इसके अतिरिक्त चैनलों के प्रश्न तथा संगठनात्मक ढांचे के सुधार की समस्याओं पर भी इस समिति ने विचार किया है।

2

टेलीविजन एँकर

टेलीविजन समाचार में एँकर की महत्त्वपूर्ण भूमिका होती है। इसके बिना समाचार की प्रस्तुति संभव नहीं है। एँकर की भाव-भंगिमाएँ, उच्चारण की शुद्धता के ऊपर टी.वी समाचार की प्रभावशीलता निर्भर करती है। सामान्य तौर पर एँकर शब्द एँकर धातु के उस विशाल वजन वाले काँटे को कहते हैं जिस काँटे को लंगर डालते समय समुद्र में जहाज के चारों तरफ लटका दिया जाता है। परिणामस्वरूप ये एँकर समुद्र की सतह में मौजूद पत्थरों में फँस जाते हैं और जहाज को समुद्र में नियत स्थान पर टिकाये रखने में सहायता करते हैं। एँकर शब्द का प्रयोग रिले रेस में भी होता है। रेस में जब अंतिम धावक छड़ी या झंडे को लेकर मंजिल तक दौड़ता है एँकर रनर कहलाता है। लगभग इसी तरह का कार्य टेलीविजन कार्यक्रम में एँकर भी करता है। वह कार्यक्रम और दर्शकों के मध्य कड़ी का काम करता है एवं संपूर्ण कार्यक्रम को अपने भाषा शैली और वाकपटुता से बाँधे रखता है।

विगत कुछ वर्षों पहले न्यूज रीडर दूरदर्शन कार्यालय में समय से पहले आकर मेकअप कमरे में चले जाते थे। जहाँ मेकअप के दौरान ही प्रोड्यूसर उन्हें बुलेटिन के समाचार पकड़ा देता था, जिसे कुछ देर बाद उन्हें पढ़ना होता था। समाचार पढ़ने के पश्चात् एँकर घर चले जाते थे तथा उनका भुगतान प्रति

बुलेटिन की दर से किया जाता था। उन दिनों समाचार वाचक, न्यूज टीम के नियमित सदस्य नहीं होते थे और उनका काम मात्र समाचार वाचन तक सीमित रहता था। जबकि आजकल समाचार टीम का ही एक सदस्य होता है या कहें कि वह फील्ड में रिर्पोटिंग करता दिखता है तो कभी स्क्रीन के पीछे रहकर भी काम करता है। एँकर से बढ़कर वह एक टेलीविजन पत्रकार होता है और एँकरिंग की जिम्मेदारी तो उसके विशेष दायित्व में शुमार होती है। एँकर को समाचार लेखन, वॉयस ओवर, रिपोर्टिंग जैसे सभी काम करने पड़ते हैं।

1980 के दशक के अखबारों की तुलना में आज के एँकर अधिक सहज हैं। ये समाचारों का क्रम विशेष में परिचय देने के अलावा स्टूडियो में मेहमानों के साथ चर्चा-विमर्श करते हैं, ब्यूरो चीफ स्थित रिपोर्टरों से सवाल-जवाब करते हैं और यहाँ तक कि दूर बैठे लोगों के फोन से इंटरव्यू भी लेते हैं। इस तरह वर्तमान एँकरों का कार्य पहले की तुलना में अधिक दुष्कर है। विभिन्न अवसरों पर तो उन्हें लाईव कमेंट्री भी करनी पड़ती है। ऐसे मौकों पर पहले से लिखी गई स्क्रिप्ट एँकर के पास नहीं होती। काफी अनौपचारिकता के बाद आज के एँकर अपने दर्शकों को समाचार सुनाने के बजाय उनसे वार्तालाप करते प्रतीत होते हैं। समाचार प्रस्तुत करने वाला प्रस्तुतकर्त्ता कहलाता है।

एँकर की भूमिका

समाचार में एँकर निम्न रूपों में योगदान देते हैं–

(1) चैनल का चेहरा–एँकर या प्रस्तोता किसी भी समाचार चैनल के चेहरे का काम करता है। बिना एँकर के समाचार बुलेटिन या अन्य किसी कार्यक्रम की कल्पना करना कठिन होता है। इसीलिए चैनल एँकरों को अपने कार्यक्रमों के प्रचार में प्रयोग करता है।

(2) चैनल की विश्वसनीयता–दीर्घ अवधि से एक एँकर से समाचार सुनते-सुनते दर्शकों का उससे जुड़ाव बढ़ जाता है। दर्शक कुछ एँकरों के प्रस्तुतीकरण का तरीका, उनकी आवाज, अंदाज, चेहरा और पहनावा पसन्द करने लगते हैं। कुछ एँकरों पर दर्शकों का भरोसा दूसरों की तुलना में अधिक होता है। जैसे–स्व. सुरेन्द्र प्रताप सिंह, विनोद दुआ, और प्रणव राय भारत के सर्वाधिक विश्वसनीय एँकर कहे जाते हैं। इस तरह एँकर की पहचान और साख का लाभ टेलीविजन चैनलों को मिलता है।

(3) चैनल की सम्पादकीय टिप्पणी—चैनल को किन खबरों पर टिप्पणी देना जरूरी है। इसका निर्धारण सम्पादकीय टिप्पणी में होता है, विचारों को नहीं। लेकिन एँकर की मदद से चैनल अपने संपादकीय विचार भी प्रस्तुत कर सकता है। अनेक बार खबर के बाद एँकर टैग के रूप में चैनल घटनाक्रम पर अपनी संपादकीय टिप्पणी पेश करता है।

एँकर एवम् समसामयिक कार्यक्रम

एँकर की प्रमुख भूमिका समाचार बुलेटिन तथा समसामयिक कार्यक्रमों के आयोजन के समय होती है। नमस्कार के बाद दर्शकों का स्वागत करता है, मेहमानों के स्वागत के बाद वह उनका परिचय देता है फिर कार्यक्रम के विषय को खोलता है, बहस शुरू होती है और एँकर से पूरे विमर्श को बहुत सलीके से पटरी पर रखने की उम्मीद की जाती है। उस वक्त कई बार कोई मेहमान अत्यधिक बोलने वाला होता है तो एँकर बीच में हस्तक्षेप करके दूसरों को भी बोलने का मौका देता है। एँकर के ही ऊपर बहस को गर्म बनाये रखने की पूरी जिम्मेदारी होती है। एँकर चर्चा को ब्रेक के दौरान शालीनता से रोकता है और ब्रेक के बाद दुबारा दर्शकों का स्वागत करके कार्यक्रम को शुरू करता है।

कार्यक्रम को किस दिशा में ले जाना है यह पहले ही निर्धारित कर लिया जाता है तथा उसकी तैयारी जरूरी तथ्यों और सवालों के रूप में पहले कर ली जाती है। ये प्रश्न और तथ्य एँकर के पास रहते हैं। एँकर जानता है कि कार्यक्रम का फॉर्मेट और समय सीमा क्या है। एँकर ही निर्देशक के आदेशों का पालन करते हुए कार्यक्रम को अन्तिम मंजिल तक पहुँचाता है।

एँकर का महत्त्व

टेलीविजन पर पेश किये जाने वाले कार्यक्रम का ज्ञान एँकर को होता है। वह टेलीविजन प्रस्तुति को सजीव बनाता है। एँकर की इसी उपयोगिता को निम्नलिखित बिन्दुओं के तहत स्पष्ट किया जा रहा है—

1. एँकर को राष्ट्रीय-अन्तर्राष्ट्रीय मसलों की व्यापक समझ होनी चाहिए और इसके लिए जरूरी है कि उसकी व्यापक अध्ययन करने की आदत हो। समकालीन घटनाओं पर पैनी नजर रखने के लिए एँकर का पिछला लम्बा अनुभव भी काफी काम आता है।

2. एक ऍंकर अच्छा संचारक होता है। उसमें मुश्किल विषयों, मुद्दों, समस्याओं और घटनाओं को सरल और सुलझे तरीके से समझा सकने की क्षमता होनी चाहिएँ

3. सर्वोत्कृष्ट समाचार ऍंकर बनने से पहले एक अच्छा टेलीविजन पत्रकार बनना जरूरी है।

4. ऍंकर का व्यक्तित्व आकर्षक होना चाहिए क्योंकि उसे स्क्रीन पर दिखना होता है। इस संदर्भ में उसके कपड़े, बाल, भाव-भंगिमायें और शरीर की मुद्राओं का विशेष ध्यान रखना पड़ता है।

5. ऍंकर भाषा के मामले में समृद्ध होना चाहिएँ यानी सही समय पर विचार विमर्श और सवाल-जवाब के दौरान उचित शब्दों का प्रयोग कर पाना और अपने लिए अच्छी स्क्रिप्ट खुद लिख पाना।

6. ऍंकर के अंदर टीम भावना का होना आवश्यक है क्योंकि जो समाचार बुलेटिन वह पढ़ता है उसे तैयार करने में काफी लोगों की भूमिका होती है और खबर पढ़ने से पहले उसे पूरी टीम के साथ मिलकर काम करना होता है।

7. जब ऍंकर टेलीविजन प्रस्तुतीकरण करता हो तो उसके भीतर अपार आत्मविश्वास होना चाहिएँ लेकिन इसका मतलब यह नहीं है कि ऍंकर अति आत्मविश्वास में भरकर तथ्यों के साथ खिलवाड़ करें या फिर स्टूडियो में आये मेहमानों के साथ व्यवहार में कोताही बरते।

ऍंकर का ध्वनि मूल्याँकन

मनुष्य द्वारा उच्चारित ध्वनियों को हम मुख्य तौर पर दो भागों में बाँट सकते हैं– प्रथम वाणी और दूसरा वाक्। वाणी मनुष्य के स्वर उत्पादक यंत्रों यानी टेटूए और कंठ से निकली हुई ध्वनि है। इसमें उच्चारण शामिल नहीं होता और इसे निकालने में केवल फेफड़ों से आने वाली हवा और वोकल कोर्डस् का योगदान होता है। जबकि वाक् इस ध्वनि को अनेक रूप देने से पैदा होता है। वोकल कोर्डस् द्वारा उत्पन्न ध्वनि को मनुष्य जीभ, दाँत, होंठ, तालू आदि से विभिन्न रूप देता है और ये रूप स्वर और व्यंजन के रूप में भाषा का आधार तैयार करता है।

एँकर का वाक् मूल्याँकन

एँकर का वाक् मूल्याँकन हम निम्नलिखित बिन्दुओं के तहत कर सकते हैं–

(1) पिच–ध्वनि श्रोत से उत्पन्न ध्वनि मोटी है या बारीक इस बात की जानकारी पिच के द्वारा होती है। जैसे–पुरुषों की ध्वनि प्रायः मोटी तथा बच्चों तथा महिलाओं की ध्वनि बारीक होती है।

हॉरमोनियम के प्रथम पर्दे को दबाने पर बहुत मोटी ध्वनि निकलती है। परन्तु जैसे-जैसे दाईं ओर के पर्दों को दबाते जाते हैं वैसे-वैसे बारीक ध्वनि निकलती जाती है। मोटी ध्वनि को नीचे पिच की एवं बारीक ध्वनि को ऊँचे पिच की कहा जाता है।

ध्वनि श्रोत के कम्पन्न की आवृत्ति पर ध्वनि की पिच आधारित होती है। किसी ध्वनि श्रोत की कम्पन्न आवृत्ति जितनी अधिक होती है उसकी पिच उतनी ही अधिक होती है।

जैसे–हाथी की चिंघाड़ने की आवृत्ति मक्खी की भिनभिनाहट की आवृत्ति से बहुत कम होती है। अतः हाथी के चिंघाड़ने की पिच नीची तथा मक्खी की भिनभिनाहट की पिच ऊँची होती है इसलिए हाथी की चिंघाड़ने की ध्वनि मोटी तथा मक्खी की भिनभिनाहट की ध्वनि बारीक सुनाई देती है।

(2) टेम्पो–उच्चारण यंत्रों द्वारा शब्द उत्पादन की गति होती है। यह समय-सीमा विशेष में बोले गये शब्दों से तय होती है।

उद्घोषक जब सामान्य स्थिति में रेडियो तथा टेलिविजन में उद्घोषणा करता है तब उसका टेम्पो नीचा होता है किन्तु क्रिकेट की लाइव कमेंट्री करते कमेंटटरों का टेम्पो बहुत अधिक ऊँचा होता है क्योंकि उसे बहुत कम समय में पूरे घटनाक्रम की विवेचना करनी होती है।

(3) वाल्यूम–इससे आशय है कि कोई ध्वनि हमें कितनी तेज या मंद सुनाई देती है। यह तथ्य गति की अपेक्षा ऊर्जा से जुड़ा है।

यह गुण, ध्वनि स्रोत से उत्पन्न ध्वनि की प्रबलता से निर्धारित होता है।

जब कोई व्यक्ति शान्त वातावरण में सहज रूप से बात करता है तब उस की ध्वनि का वाल्यूम कम होता है जबकि तेज शोर एवं भीड़-भाड़ वाले क्षेत्र में वह जोर से बोलता है तब उसकी ध्वनि का वाल्यूम अधिक होता है।

(4) वाइटैलिटी–इससे आशय कथ्य एवं उच्चारण में परिलक्षित होने वाले उत्साह एवं जीवंतता से है।

भ्रमवश वाइटैलिटी को उच्चारण की गति एवं प्रबलता से अविच्छिन्न कर दिया जाता जाता है। यद्यपि ज्यादातर वाइटैलिटी की गति और प्रबलता की सहायता से व्यक्त किया जाता है किन्तु ऐसा अनिवार्य नहीं है। हम धीरे बोलकर भी अपनी अभिव्यक्ति में वाइटैलिटी ला सकते हैं। कई बार ऐसा होता है कि ज्यादा तेज बोलने पर बात प्रभावहीन हो जाती है।

वाइटैलिटी किसी कथन की जान होती है। यह उस कथन में अंतर्निहित भाव को शब्दों की अपेक्षा ध्वनि की गुणवत्ता से संप्रेषित करती है।

एँकर के वाक् संबंधी दोष

कुछ लोग ऐसे होते हैं जो आवश्यकता से अधिक वायु नाक से छोड़ते हैं और उनके उच्चारण में अनुनासिक ध्वनियों की बहुलता रहती है। इस समस्या को Narality की समस्या कहते हैं इस प्रकार की समस्या का एक कारण आदत हो सकती है तो दूसरी शारीरिक समस्याँ आदत को निरंतर अभ्यास से सुधारा जा सकता है जबकि शारीरिक समस्या को चिकित्सकीय परामर्श से दूर किया जा सकता है। फेफड़ों से निकलने वाली हवा वोलक कोर्ड्स से गुजरने के बाद वाणी का रूप ले लेती है। इसके पश्चात् इसका कुछ हिस्सा मुँह से और कुछ हिस्सा नाक से निकलता है। उच्चारण सही हो इसके लिए जरूरी है कि उचित मात्रा में ही वायु, नाक या मुँह से गुजरे। जैसे— जुकाम के कारण यदि नाक बंद है तो उच्चारण सही नहीं हो सकता। कई बार नाक की हड्डी बढ़ने के कारण नाक से वायु उचित मात्रा में नहीं गुजरती ऐसा कई बार साइनस, या अन्य नाक की बीमारी के कारण भी होता है। इसे देनास्लिटी समस्या कहते हैं।

अनेक बार उच्चारण यंत्रों- जीभ, तालू, दाँत आदि से आवश्यकता से अधिक घर्षण पैदा करने के कारण कुछ लोग ज और श की ध्वनियाँ अधिक निकालते हैं, इस की समस्या है और माइक्रोफोन इसे तीव्रता से ग्रहण करता है। श्रोतागण इस प्रकार की आवाज से बहुत ज्यादा मानसिक रूप से विचलित हो जाते हैं। वाणी की सबसे बड़ी समस्या कर्कशता है। लेरिंजाइटिस, रमोकर्स, थ्रोट और संक्रमित साइनूसाइटिस इसके कारण हो सकते हैं। इसे चिकित्सा के द्वारा भी सही किया जा सकता है तथा गर्म तरल पीकर भी कुछ हद तक इस पर काबू पा सकते हैं। लेकिन यदि यह कर्कशता गले के कैंसर, अत्यधिक धूम्रपान और मदिरा सेवन के कारण है तो इसका इलाज कठिन हो सकता है।

उच्चारण संबंधी दोष

टेलीविजन पत्रकार की उच्चारण की शैली का सही होना बहुत आवश्यक है क्योंकि बिना शुद्ध उच्चारण के वह सफल पत्रकार नहीं बन सकता। चाहे एँकर हो या फिर रिपोर्टर, उच्चारण दोष तुरन्त दर्शकों की पकड़ में आ जाता है। भाषा में टेलीविजन पत्रकार नये-नये प्रयोग भी करते रहते हैं। इसलिए उनकी यह भी जिम्मेदारी है कि भाषा की उचित संरचना और स्वरूप का सम्मान करें और उसे बनाये रखें क्योंकि टेलीविजन चैनलों से ही आम लोग नये-नये शब्दों के साथ उनका उच्चारण भी सीखते हैं। बच्चों में भाषा संस्कार डालने में टेलीविजन की भूमिका काफी महत्त्वपूर्ण हो गई है।

हिन्दी वैसी ही बोली जाती है जैसी लिखी जाती है। हर अक्षर का एक निश्चित उच्चारण होता है। यूँ तो वृहद् हिन्दी पट्टी में विविध बोलियाँ प्रचलित हैं, या कहीं खड़ी बोली बड़े पैमाने पर, कहीं आम लोगों द्वारा बोली ही नहीं जाती। फिर भी टेलीविजन समाचार चैनल सबको समझ में आने वाली आम हिन्दुस्तानी भाषा का उपयोग करते हैं। बोलियों का प्रभाव कई स्थानों पर अत्यधिक है तो कहीं दूसरी भाषाओं का प्रभाव हिन्दी पर साफ दिखता है। उच्चारण संबंधी दोषों को नीचे निम्नलिखित बिंदुओं में स्पष्ट किया गया है–

1. भारत के हिन्दी प्रदेशों की श्रेणी में उत्तर प्रदेश, बिहार, उत्तराखण्ड, मध्यप्रदेश राजस्थान, झारखण्ड, छत्तीसगढ़, दिल्ली, हरियाणा और हिमाचल प्रदेश आते हैं। कुछ इलाकों को छोड़कर लगभग सभी राज्यों में आम लोग श के स्थान पर स का उच्चारण करते हैं। यह स्वाभाविक भी है, आम बोलचाल में उच्चारण को बिगाड़ने में मुख-सुख की बड़ी भूमिका है और स बोलने में आसानी होती है। इसीलिए आम लोग देश-देस, शहर-सहर और कृष्णा-किसना हो जाता है। कुछ क्षेत्र ऐसे भी हैं जहाँ पर स कोश बोलते हैं।
2. पंजाबी भाषा में आधे व्यंजन जैसे श्, न्, त् नहीं होते। इसीलिए पंजाबी और उसके प्रभाव वाले हरियाणा के लोग प्रकार को परकार बोलते हैं। इसी तरह छत्रपति-छतरपति श्री-सिरी, स्कूल-सकूल बोलते हैं।
3. राजस्थान, हरियाणा और पंजाब की बोलियों में ट वर्ग (ट, ठ, ड, ढ, ण) के वर्णों का काफी प्रयोग होता है। इसीलिए यहाँ खाणा, पाणी, रोणा बोला जाता है।

4. बाँगला भाषा में केवल ब होता है व नहीं होता। अतः पश्चिम बंगाल से सटे बिहार के मिथिलांचल में लोग व का उच्चारण ब के रूप में करते हैं इसीलिए वे प्रणव को प्रणब बोलते हैं। मिथिलांचल में भी ड को र और र को ड़ भी बोलने का चलन है। जैसे–सड़क को सरक तथा दौड़ता को दौरता आदि।
5. बिहार, झारखण्ड के कुछ इलाकों में शब्दों के लिंग भेद को लेकर गलतियाँ की जाती है बाँगला भाषा के शब्दों में लिंग भेद नहीं होते हैं। जबकि हिन्दी में निर्जीव वस्तुओं को भी स्त्रीलिंग, पुल्लिंग या उभयलिंगी के रूप में वर्गीकृत किया गया है। जैसे-ग्रंथ पुरुषवाचक है, पुस्तक स्त्रीवाचक है। लिंग भेद की समझ न होने से काफी अजीब गलतियाँ होती हैं। जैसे–मुझे भूख लगा थी।
6. मध्य प्रदेश के कुछ क्षेत्रों में बिना आवश्यकता के ही शब्दों में अनुस्वार लगाने का उच्चारण दोष देखा जाता है। उदाहरण–गरीब- गरींब, जल- जंल इत्यादि। विशेषकर भोपाल और आसपास के इलाकों में ऐ व्यंजन के प्रयोग में भी दोष देखा जाता है। उदाहरण–सैनिक- सेनिक, जेल- जैल।
7. कई ऐसे व्यक्ति हैं जो द्य को ध उच्चारित करते हैं। जैसे–विद्यालय- विधालय अक्सर ऋ का उच्चारण भी गलत तरीके से किया जाता है। उदाहरण के लिए ग्रह को गृह बोलना।
11. बोलचाल में अशुद्धियों का एक प्रमुख कारण शब्दों के उच्चारण के दौरान एक हिस्से पर जरूरत से ज्यादा जोर देना भी है। इस कारण बाकी के वर्ण गौण हो जाते हैं और शब्द का सही उच्चारण बिगड़ जाता है। इसी तरह वाक्यों के बोलने में भी अक्सर कुछ शब्दों को मिलाकर बोला जाता है।

    जैसे– मैं खाना खा रहा हूँ।

    मैं खाना खारा हूँ।

    मैं खाना खारिया हूँ।
12. ज्यादातर बोलियों में ड, ड़ और ढ, ढ़ के उच्चारण को भी गलत बोला जाता है। बड़े पैमाने पर ओ, औ, ए, ऐ के उच्चारण में भी भ्रम रहता है। उदाहरणार्थ–दौड़ा को दोड़ा, शोर को शौर बोलते हैं।

13. पश्चिमी उत्तरप्रदेश के भोजपुरी क्षेत्रों में लोगों ने स के उच्चारण को सुविधा के मुताबिक बदल दिया है। जैसे– स्टेशन-इस्टेशन आदि।

प्रायः आम बोलचाल की भाषा में वाक्य के अंत तक पहुँचते-पहुँचते उत्साह में गिरावट आ जाती है या फिर उस हिस्से की आवाज गुम हो जाती है।

10. कुछ लोग रु और रू के उच्चारण में भी भेद नहीं कर पाते। जैसे-रूप-रुप और रुपया-रूपयाँ

12. शब्द के अंत में इ की मात्रा को ई की मात्रा के रूप में भी गलत तरीके से बोला जाता है। जैसे-घड़ी को घड़ि बोलना।

13. क्ष, त्र और ज्ञ का उच्चारण भी अशुद्ध तरीके से किया जाता है। उदाहरण के लिए– ज्ञान को ग्यान, छत्र को छतर, कक्ष को कछ।

14. नुक्ते का उच्चारण-विस्तृत हिन्दी क्षेत्र की सामान्य समझ को ध्यान में रखते हुए टेलीविजन चैनल **हिन्दुस्तानी भाषा** का प्रयोग करते हैं, जिसमें फारसी, अरबी मूल के शब्दों का प्रयोग पर्याप्त मात्रा में होता है। प्रायः हम इन्हें उर्दू शब्दों के रूप में जानते हैं नुक्ते का उर्दू के उच्चारण में विशेष महत्त्व है। समाचार-पत्र उर्दू के प्रयोग के समय नुक्ते नहीं लगाते। कुछ बुद्धिजीवियों का मानना है कि जब उर्दू के शब्द हिन्दी में ग्रहण कर लिये हैं तो उनका हिन्दीकरण कर देना उचित होगा और हिन्दी में नुक्ते नहीं होते। लेकिन उच्चारण की दृष्टि से नुक्ते का विशेष महत्त्व है। दिल्ली, लखनऊ, कानपुर, अलीगढ़, आगरा, भोपाल आदि ऐतिहासिक रूप से मुस्लिम पृष्ठभूमि वाले शहरों को छोड़ दें तो नुक्ते के शुद्ध उच्चारण की समझ कम ही देखने को मिलती है। नुक्तों की उपयोगिता इस बात से समझी जा सकती है कि अनेक शब्दों में नुक्ता लगाने या न लगाने से अर्थ बदल जाते हैं। जंग (लोहे का जंग)- जंग (लड़ाई), जलील (पूज्य)- जलील (घटिया), हल्का (कम वजन का)-हलका (परिधि), ताक (टोह लेना), ताक (छोटा सामान रखने का स्थान), कदम (एक वृक्ष का नाम), कदम (पग) आदि।

उर्दू के पाँच वर्णों में नुक्ता लगता है–

क़– क़ानून, क़त्ल, क़ाबिल, क़ुरान, क़लम, क़बूल, क़ब्जा।

ख़– ख़बर, ख़ास, ख़त्म, ख़तरनाक, ख़फ़ा, ख़रीददार, ख़र्च, ख़िताब, ख़िलाफ, ख़त।

ग़– ग़ज़ल, ग़म, ग़लत, ग़ैर, गुज़ारा, ग़ज़ब, ग़नीमत, ग़दर, ग़रीब, ग़बन, नग़मा।

ज़– ज़िला, ज़हर, ज़ख्म, ज़ंज़ीर, रोज़ाना, ज़िद, ज़िंदगी, ज़मीन, ज़माना, ज़रूरत, ज़ोर।?

फ़–फ़ल, फ़ारसी, फ़रमान, फ़र्ज़ी, फ़र्क़, फ़ितरत, फ़ौज, हफ़्ता, फ़तूर, फ़तह।

महत्त्वपूर्ण तथ्य

1. यह जरूरी है कि भाषा का सही उच्चारण सुना जाएँ क्योंकि सबसे महत्त्वपूर्ण अपनी कमियाँ पकड़ना है। इसके लिए रेडियो समाचारों का सुनना उपयोगी रहेगा।
2. ऊँची आवाज में पढ़ने का अभ्यास करें आम बोलचाल की भाषा में सब लोग कम प्रयत्न से बिना जबड़ा पूरी तरह खोले बोलते हैं जिससे उच्चारण दोष आ जाता है। ऊँची आवाज में पढ़ने से शब्दों के सही उच्चारण में मदद मिलेगी।
3. हिन्दी में आधे वर्णों वाले शब्दों के उच्चारण में विशेष ध्यान रखा जाना चाहिएँ इन शब्दों में आधे वर्ण के बाद वाले वर्ण पर जोर दिया जाता है। जैसे-हत्या और प्रत्येक में य पर यदि बलाघात नहीं देते हैं तो सही उच्चारण नहीं हो पाता।
4. हिन्दी शब्दकोष की मदद से लिंग भेद की समस्या का हल करना बेहतर होगा। शब्दकोष में हर शब्द के स्त्रीवाचक, पुरुषवाचक और उभयलिंगी होने की जानकारी दी जाती है। इस परिप्रेक्ष्य में ऐसे सहयोगी जिनकी हिन्दी उच्चारण की समझ अच्छी है तो वे बेहतर मदद पहुँचा सकते हैं।
5. जिन शब्दों के उच्चारण में समस्या होती है, स्क्रिप्ट लेखन के दौरान उनसे बचा जाये। उदाहरण के लिए श और स के उच्चारण दोष से बचने के लिए श और स से शुरू और अन्त होने वाले शब्दों से बचना चाहिएँ जैसे- शीर्षासन और शीर्षस्थ में तीनों स, श, ष हैं। इसलिए उनके उच्चारण में दिक्कत होती है।
6. बोलने की गति धीमी रखें ताकि श्रोताओं को समझने में कठिनाई न हो।

7. कोई खाद्य पदार्थ मुँह में रखकर बोलने से उच्चारण बिगड़ता है। लम्बे समय तक इस आदत से बिना पान और खैनी के भी उच्चारण सही नहीं हो पाता।
8. जीभ ढीली करके बोलने और ओठों को कम चलाने की आदत छोड़ें।
9. हर अक्षर पर बराबर जोर देकर बोलें और वाक्य के अंत में अक्षर का लोप करने की आदत छोड़ दें।
10. मुख-सुख छोड़कर बोलना प्रारंभ करें। पूरा जबड़ा खोलकर बोलें।
11. स्वयं की ध्वनि रिकॉर्ड करके स्वयं सुनें। इससे अपनी कमियाँ खुद पकड़ने में आसानी होगी।
12. बेहतर उच्चारण करने के लिए जरूरी है कि नियमित अभ्यास किया जाएँ

3

टेलीविजन पत्रकारिता का उद्भव एवं विकास

टेलीविजन प्रसारण में प्रारंभिक प्रयोग

संयुक्त राज्य अमेरिका और यूरोप में 1920 के दशक में टेलीविजन के क्षेत्र में प्रारंभिक प्रयोग किये गये। इन प्रयोगों में याँत्रिक स्कैनिंग डिस्क का प्रयोग किया गया जो तस्वीर को पर्याप्त तेजी से क्रमवीक्षण नहीं कर पाता था। विद्युत टेलीविजन ट्यूब का आविष्कार वर्ष 1923 में किया गया। अगले कुछ वर्षों के दौरान ही पिक्चर ट्यूब, इलैक्ट्रॉनिक कैमरा और टी.वी होम रिसीवरों का आविष्कार किया गया तथा 1930 के दशक में राष्ट्रीय प्रसारण निगम (एन.बी.सी.) ने न्यूयॉर्क में एक ट़ी.वी स्टेशन की स्थापना की और बीबीसी ने लंदन में एक टी.वी स्टेशन की स्थापना की जिसके माध्यम से कार्यक्रम का प्रसारण नियमित रूप से होने लगा। इसी दौरान जर्मनी और फ्रांस में भी टी.वी स्टेशन स्थापित किए गएँ

इसी दौरान द्वितीय विश्वयुद्ध छिड़ जाने से टेलीविजन में आगे विकास की गति अवरुद्ध हो गई हालांकि नाजियों के कब्जे वाले जर्मनी में राजनीतिक प्रचार के उपकरण के रूप में टेलीविजन का व्यापक प्रयोग जारी रहा। टेलीविजन पर नाजी पार्टी के कार्यक्रमों को प्रसारित किया जाता रहा किन्तु जर्मन टेलीविजन के इतिहास के प्रथम अध्याय की महत्त्वपूर्ण घटना 1936 के बर्लिन ओलंपिक का टेलीविजन प्रसारण

था। अधिकतर विकसित देशों में 1940 के दशक की समाप्ति एवं 1950 के देश का आंरभ होने तक टेलीविजन आम जीवन का हिस्सा बन चुका था। जैसे—1948 में, संयुक्त राज्य अमेरिका में लगभगम 41 टी.वी केन्द्र थे जिनको प्रसारणों का अभिग्रहण करके लगभग 5 लाख से भी अधिक रिसीविंग सेट पूरे अमेरिका के 23 शहरों में टी.वी कार्यक्रम पहुंचा रहे थे। इस आंकड़े में एक दशक के अंदर ही बहुत वृद्धि हुई और संयुक्त राज्य अमेरिका में टी.वी केन्दों की संख्या बढकर 533 तथा घरेलू रिसीवरों की संख्या 55 मिलियन तक पहुंच गई। कनाडा, जापान और यूरोपीय देश इस संबंध में कोई अधिक पीछे नहीं थे।

उपग्रह संचार युग का आंरभ वर्ष 1962 में हुआ। क्योंकि इसी वर्ष प्रथम संचार उपग्रह अर्ली बर्ड छोड़ा गया। दो बड़ी अंतर्राष्टीय उपग्रह प्रणलियों इंटेलसैट और इंटरस्पुतनिक का क्रमशः 1965 और 1971 में प्रचालन आरंभ हुआ जिसके बाद टेलीविजन की दुनिया में अभूतपूर्व प्रगति होती चली गई। आज दुनिया में लगभग सभी देशों के पास अपना स्वयं का भूकेन्द्र है जो ट्रान्समीशन और रिसेप्शन हेतु उपग्रहों से जुड़े है। कनाडा के मीडिया समाजशास्त्री मार्शल मैकलुहन के अनुसार संचार उपग्रह के कारण आधुनिक विश्व 'वैश्विक ग्राम' में बदल गया है।

कम्प्यूटर प्रौद्योगिकी और ऑप्टिकल फाइबर का उपयोग 1970 के दशक में करके अपेक्षाकृत अधिक परिष्कृत ट्रान्समीशन तकनीकों का आविष्कार किया गया जापान में एक कंप्यूटर नियंत्रित नेटवर्क विकसित किया गया जिसकी सहायता से घर से बाहर और घरों तक द्वि-दिशिक वीडियो सूचनाओं का वहन किया जा सकता था। ऑडियो-विजुअल कैसेट (श्रव्य दृश्य कैसेट) और वीडियो टेप रिकॉर्डर, क्लोज्ड सर्किट टी.वी, केबल टेलीविजन, पे-टेलीविजन और डीटीएच (डायरेक्ट टूहोम) टेलीविजन से टेलीविजन श्रेत्र से नवीनतम ओर अप्रत्याशित प्रगति हुई है। चैनलो की संख्या में अत्यधिक वृद्धि डीटीएच और डिजिटल कम्प्रेशन प्रौद्योगिकी के कारण हुई तथा साथ ही तस्वीर और ध्वनि ट्रान्शमिशन की गुणवत्ता में भी सुधार हुआ है।

किन्तु यह तीव्र विकास एकतरफा हुआ है। अफ्रीका और एशिया के अधिकांश निर्धन देशों के पास अभी भी अपना स्वयं कर संचार उपग्रह नहीं है तथा इन देशों में पर्याप्त संख्या में उत्पादन और ट्रान्समीशन केन्द्र तथा रिसीविंग सेट उपलब्ध नहीं है। संयुक्त राष्ट्रसंघ द्वारा घोषित विश्वसंचार वर्ष (1985) के दौरान विश्व के संपन्न और निर्धन देशों के बीच प्रौद्योगिकीय अंतराल को कम करने के प्रयास किए गए किन्तु सूचना प्रौद्योगिकी में और नवीनतम विकास हो जाने (जैसे कि इंटरनेट की शुरुआत होने) से इस अंतर में और अधिक वृद्धि हुई है।

भारत में टेलीविजन का इतिहास

15 सितम्बर, 1959 को भारत में टेलीविजन की शुरुआत हुई। आकाशवाणी भवन के एक हिस्से में बनाए गए छोटे स्टूडियो का उद्घाटन डॉ. राजेन्द्र प्रसाद ने कियाँ दूरदर्शन के प्रथम निर्देशक 'शैलेन्द्र शंकर' थे। प्रथम ट्रांसमीटर 500 वाट का था और यह बीस किमी. के दायरे में प्रसारण को सुनिश्चित कर सकता था। 1960 में स्वतन्त्रता-दिवस समारोह का सीधा प्रसारण दूरदर्शन से किया गया था। शुरुआत में टी. वी. को खरीद कर देख पाना असम्भव सा कार्य था क्योंकि उपकरण बहुत महंगे थे। ऐसे में सामुदायिक सेटों से दिल्ली व आस-पास के क्षेत्रों में कार्यक्रम देखे जाते थे। ये सेट यूनेस्को के अनुदान से मिले थे और इन सेटों के साथ दर्शकों के टेलीक्लबों की स्थापना की गई थी, जहाँ नियमित दर्शक सदस्य टेलीविजन कार्यक्रम का लाभ उठाते थे।

यूनेस्को के तत्वावधान में ही 23 दिसम्बर, 1960 से 5 मई, 1961 तक की अवधि में सामाजिक शिक्षण का प्रयोग किया गया। विकासमूलक उपयोग की दिशा में यह पहला कदम रहा। यह प्रयोग लोगों को सूचित करने और उन्हें विभिन्न विषयगत् सूचना उपलब्ध कराने को लेकर था। साथ ही इसका यह उद्देश्य भी था कि इससे समाज के लोगों को जहाँ एक ओर नया दृष्टिकोण मिल सकेगा वहीं यह भी आकलन हो सकेगा कि व्यक्तियों व समाज के मध्य वे कौन से तत्व या दृष्टिकोण हैं जो लोगों को न केवल प्रभावित करते हैं बल्कि उनके सामूहिक व्यवहार व कार्यों पर भी असर डालते हैं।

विकास की शृंखला में 15 अगस्त, 1965 को आल इंडिया रेडियो का एक बड़ा हाल टेलीविजन स्टूडियो में बदला गया। कार्यक्रम निर्माण व प्रसारण की गुणवत्ता को सुधारा गया। समाज, संस्कृति, शिक्षा, समाचार के पक्षों को इससे जोड़ा गया। 26 जनवरी, 1967 को इंदिरा गांधी ने कृषि-दर्शन कार्यक्रम की शुरुआत की। 2 अक्टूबर, 1972 को मुम्बई में व 26 जनवरी, 1973 की श्रीनगर में दूरदर्शन केन्द्र शुरू किया गया। 29 सितम्बर, 1973 को अमृतसर केन्द्र शुरू हुआ। 27 अप्रेल, 1975 में जालंधर केन्द्र स्थापित हुआ। 9 अगस्त, 1975 को कोलकाता केन्द्र, 14 अगस्त, 1975 को मद्रास केन्द्र तथा नवम्बर, 1975 में लखनऊ केन्द्र शुरू हो गएँ अप्रेल, 1976 में दूरदर्शन रेडियो से स्वतन्त्र एवं अलग प्रभाग बना और इसका अपना अलग से महानिदेशालय बना।

भारत की राष्ट्रीय प्रसारण सेवा में समय में जनसेवार्थ प्रसारण के लिए दूरदर्शन

विश्व के सबसे बड़े स्थलीय प्रसारण संगठनों में से एक है। आज दूरदर्शन का प्रमुख चैनल डी. डी. 1 विभिन्न क्षमताओं के 1042 स्थल ट्रांसमीटरों के तन्त्र के जरिए 87% से ज्यादा आबादी तक अपने कार्यक्रम पहुँचाता है। 65 अन्य ट्रांसमीटर दूसरे चैनलों को स्थल समर्थन देते हैं। भारतीय राष्ट्रीय उपग्रहों (इनसेट) और अन्य उपग्रहों के ट्रांसमीटरों का उपयोग दूरदर्शन बड़ी संख्या में स्थलीय ट्रासमीटरों के संचालन और कवरेज बढ़ाने के लिए करता है। देश के 49 नगरों में दूरदर्शन ने कार्यक्रम उत्पादन सुविधाएँ स्थापित की हैं। भारत में उपग्रह टेक्नॉलाजी से सम्बन्धित पहला प्रयोग था 'सेटेलाइट इंस्ट्रक्शनल टेलीविजन एक्सपेरिमेंट' (Settellite Instructional Television Experiment) 'साइट' (SITE) जो सत्र 1975-76 में किया गया। सामाजिक शिक्षा के लिए यह अपने आप में अभिनव प्रयोग विश्वभर में पहला प्रयास था। 'राष्ट्रीय प्रसारण' की शुरुआत 1982 में दिल्ली व अन्य ट्रांसमीटर के मध्य उपग्रह द्वारा नियमित सम्पर्क के साथ हुई। साथ ही दूरदर्शन ने रंगीन प्रसारण की शुरुआत भी की। दिल्ली में आयोजित हुए एशियाई खेलों के मद्देनजर ये प्रयास शीघ्र व अपूर्व स्वरूप में लागू हुएँ टेलीविजन सुविधाओं में 1992 से लगातार विकास हो रहा है। दूरदर्शन ने तीन स्तरों वाली बुनियादी सेवा चलाई है जो राष्ट्रीय, प्रादेशिक व स्थानीय स्तर पर कार्य करती है। राष्ट्रीय कार्यक्रम में उन घटनाओं, मुद्दों और समाचारों पर बल दिया जाता है जिसमें समूचे राष्ट्र की दिलचस्पी होती है। इन कार्यक्रमों में समाचार, सामयिक वार्ताएँ, विज्ञान, सांस्कृतिक पत्रिकाएँ, वृत्तचित्र, सीरियल, संगीत-नृत्य के कार्यक्रम, नाटक व फीचर फिल्म शामिल होती हैं।

क्षेत्रीय कार्यक्रम राज्यों की राजधानियों से प्रसारित होते हैं और सम्बन्धित राज्य के सभी ट्रांसमीटरों से रिले किए जाते हैं। क्षेत्रीय कार्यक्रमों में राज्य की दिलचस्पी के कार्यक्रम क्षेत्र विशेष की भाषा व मुहावरों, बोली आदि में प्रस्तुत किए जाते हैं। स्थानीय कार्यक्रम किसी खास स्थान से सम्बन्धित होते हैं और इनमें स्थानीय विषय व स्थानीय लोगों को शामिल किया जाता है। देश की प्रमुख भाषाओं में चौबीसों घंटे उपग्रह चैनल कार्यक्रम प्रसारित किए जाते हैं। इन कार्यक्रमों में सूचनापरक मनोरंजन, लोकविकास व साक्षरता के विषय शामिल होते हैं। साथ ही देश की एकता और अखंडता तथा संस्कृति के सकारात्मक पक्षों का समावेश भी व्यापक रूप से होता है। दृश्य-श्रव्य प्रस्तुति होने के कारण दर्शकों पर इनका व्यापक (Wide) प्रभाव होता है।

1984 में दिल्ली में दूसरे चैनल 'मेट्रो' का प्रसारण शुरू हुआ जिसका उद्देश्य महानगर के विविध वर्गों को कार्यक्रम देखने का एक अन्य विकल्प उपलब्ध कराना

था। बाद में यह सुविधा मुम्बई, कोलकाता व चेन्नई के दर्शकों को भी सुलभ कराई गई। 1993 में इन चार क्षेत्रों में भू-स्थित ट्रांसमीटरों को उपग्रह से जोड़ा गया ताकि शहरी दर्शकों को मनोरंजन का बेहतर विकल्प उपलब्ध हो सके। देश के अन्य भागों के दर्शकों के लिए भी यह सुविधा वर्तमान में सीधे प्रसारण के रूप में सुलभ कराई गई है। दूरदर्शन ने अपने अन्तर्राष्ट्रीय स्वरूप को भी निखारा है। अन्तर्राष्ट्रीय चैनल, दूरदर्शन इंडिया 1995 से कार्यरत है। इसके प्रसारण एशिया, अफ्रीका व यूरोप के 50 देशों तक पहुँच रहे हैं। अमेरिका व कनाडा हेतु इसके प्रसारण पी. ए. एस.-1 और पी. ए. एस. -4 से किए जा रहे हैं। इसके कार्यक्रम 24 घंटे प्रसारित होते हैं। वर्तमान में दूरदर्शन के दर्शक भी प्रचुर मात्र में हैं। 8 करोड़ के लगभग घरों में वर्तमान में टी. वी. सेट हैं। साथ ही केन्द्र व राज्य स्कूलों, कॉलेजों, हॉस्टलों आदि जगह में लगाए गए हैं। देश की जनसंख्या के एक तिहाई भाग तक दूरदर्शन अपनी पहुँच स्थापित कर रहा है।

टेलीविजन और राष्ट्रीय विकास

भारत में सरकारी टेलीविजन के निम्नलिखित सामाजिक उद्देश्य हैं :

सामाजिक परिवर्तन के उत्प्रेरक अर्थात् सामाजिक परिवर्तनों की गति में वृद्धि करने के एक कारक के रूप में कार्य करना, राष्ट्रीय अखंडता को बढ़ावा देना, लोगों में एक वैज्ञानिक सोच विकसित करना, जनसंख्या नियंत्रण और परिवार कल्याण के माध्यम के रूप में परिवार नियोजन का संदेश प्रसारित करना, पर्यावरण संरक्षण और पारिस्थितिकीय संतुलन को बढ़ावा देना तथा उन्हें बनाए रखने में सहायता प्रदान करना, महिलाओं, बच्चों और अन्य सुविधा विहीन वर्गों के कल्याण सहित सामाजिक कल्याण उपायों की आवश्यकता को जन-जन तक पहुँचाना, खेलों और क्रीड़ाओं में रुचि विकसित करना तथा कला और सांस्कृतिक विरासत के मूल्याँकन हेतु उचित मूल्य विकसित करना जैसे महत्त्वपूर्ण सामाजिक उद्देश्य हैं।

सैटेलाइट चैनल्स एवं केबल प्रसारण

टेलीविजन प्रकारान्तर की दृष्टि से सेटेलाइट चैनल व केबल एक दूसरे के पर्याय ही हैं। वर्तमान समय में क्राँति संपूर्ण विश्व में चरम पर है। टी. वी. भी इससे अछूता नहीं है। दुनिया भर के सैकड़ों चैनल आज सेटेलाइट व केबल के माध्यम से दर्शकों के लिए उपलब्ध हैं।

सेटेलाइट चैनल्स में तकनीकी पक्ष यह है कि विभिन्न चैनल्स जैसे जी. टी.

वी., स्टार प्लस, सोनी, सहारा, डिस्कवरी आदि के कार्यक्रम उनके प्रसारण-स्टूडियो से एक निश्चित फ्रीक्वेंसी पर निश्चित उपग्रह व उसके ट्रांसपोंडर के माध्यम से प्रसारित किए जाते हैं। इन कार्यक्रमों को आम घरों में प्रयोग किए जाने वाले साधारण टी. वी. एन्टीना की मदद से दूरदर्शन-1 व दूरदर्शन- 2 की तरह नहीं देखा जा सकता है।

सेटेलाइट-प्रसारणों के लिए लाइसेंस शुदा केबल ऑपरेटर निर्धारित प्रक्रिया के अनुसार उपकरण व संचार व्यवस्था के तकनीकी व मशीनी उपकरण स्थापित करता है। इसमें मूलतः एक डिस्क व विभिन्न चैनल्स हेतु ट्रांसपोंडर होते हैं। प्रत्येक चैनल अपनी निर्धारित स्थिति, फ्रीक्वेंसी व ट्रांसपोंडर के जरिए केबल आपरेटर को प्राप्त होता है। वह इन सिग्नलों को प्राप्त करके उन्हें अपने यहाँ से आप्टिकल फाइबर केवल या अन्य प्रकार की केबल से उपभोक्ता के घर तक पहुँचाता है। पूरी प्रक्रिया के लिए बिजली वितरण की तारों की व्यवस्था की तरह घर-घर कनेक्शन किया जाता है। उपभोक्ता टी. वी. सेट को केबल से जोड़कर अपने पसंद के कार्यक्रम को चैनल बदलकर देख सकते हैं। केबल आपरेटर उपलब्ध कराए जा रहे चैनल्स के आधार पर निर्धारित शुल्क उपभोक्ता से वसूलता है। वर्तमान में मनोरंजन, सूचना, समाचार, फैशन, खेल आदि के सैकड़ों चैनल्स बाजार में है। विभिन्न प्रकार की उपग्रह प्रणालियाँ इन्हें बाजार में दिन-रात उतार रहे हैं। सैकड़ों केबल ऑपरेटर अपने-अपने क्षेत्र में केबल जाल को फैला रहे हैं और अनगिनत टी. वी. उपभोक्ता इनसे जुड़े हुए हैं।

सेटेलाइट व केबल टेलीविजन का प्रभाव यह पड़ा है कि इन्होंने उपभोक्ताओं को एक वृहद् परिप्रेक्ष्य उपलब्ध कराया है। आज संसार भर की दृश्य-श्रव्य सामग्री टेलीविजन चैनल्स पर परोसी जा रही है। खेल से राजनीति तक और समाचार से मनोरंजन तक हर पहलू इनके माध्यम से उपलब्ध है। व्यक्ति की स्वयं की इच्छा व आवश्यकता के अनुरूप वह इन चैनल्स को अपनी प्रायिकता के क्रम में प्रयोग कर सकता है। साथ ही वक्त व परिस्थिति के अनुरूप कार्यक्रमों व उनकी प्रस्तुति में भी बदलाव आया है। आज व्यक्ति चाहे तो केवल खेलों पर ही कई चैनल प्राप्त कर सकता है। समाचारों के लिए ही इतनी विविधता है कि घटना के कुछ ही अर्से में देश के चप्पे-चप्पे पर ये चैनल्स सक्रिय हो जाते हैं। डिस्कवरी (Discovery) जैसा चैनल दुनिया के अजूबे व अनबुझे विषयों पर मनोरंजक सामग्री प्रस्तुत करता है। फिल्मों (Films), गानों (Songs), फैशन (Faishon), स्वास्थ्य (Health), धार्मिक (Religious) पक्षों पर भी काफी तादाद में उपलब्ध हैं।

आज केबल टी. वी. प्रसारण क्षेत्र में नामी कम्पनियाँ एवं घराने कार्य कर रहे हैं। निरन्तर बदलते और आधुनिक होते समाज में यह आवश्यक हो गया है कि कम कीमत में अधिकाधिक सुविधाएँ दर्शकों को परोसी जाएँ। यही कारण है कि सेटेलाइट टेलीविजन व केबल टी. वी. एक उद्योग की तरह पनप रहा है। कार्यक्रमों की बाढ़ में उनकी लोकप्रियता व पहुँच के समीकरण भी बदल रहे हैं। आज उपभोक्ता जहाँ नवीनता की माँग को लेकर आक्रामक हैं वहीं चैनल्स इस प्रभाव में कोई कमी नहीं छोड़ रहे हैं। वे दिन-रात अन्य चैनल्स से शीत-युद्ध में लगे हैं। एक से एक विज्ञापन व प्रसारण नीतियाँ, डिजिटल प्रसारण, स्टीरियों से लेकर डॉल्बी डिजिटल तक ध्वनि प्रसारण, क्षेत्रीय भाषाओं में राजस्थानी, पंजाबी, असमिया, बांग्ला, मलयाली भाषाओं के प्रसारण व मनोरंजन की नस-नस में रचा-बसा यह संसार उपग्रह से उतर कर केबल के जरिए समाज में चारों ओर छा गया है।

शैक्षिक टेलीविजन

शैक्षिक कार्यक्रम विभिन्न स्तरों पर होते हैं। इनमें अल्पशिक्षित लोगों के लिए प्राथमिक स्वास्थ्य शिक्षा से लेकर उच्च शिक्षा तक के कार्यक्रम सम्मिलित होते हैं। भारत में पहली स्कूल टेलीविजन सेवा 1961 में दिल्ली नगर निगम द्वारा चलाई जा रही संस्थाओं के लिए शुरू की गई। विभिन्न क्षेत्रीय केन्द्रों से स्कूली बच्चों के लिए शैक्षिक टेलीविजन कार्यक्रम प्रसारित किए जाते हैं। ये विभिन्न भाषाओं में औपचारिक व अनौपचारिक दोनों तरह की शिक्षा के लिए प्रसारित किए जाते हैं। ये कार्यक्रम दिल्ली स्थिति केन्द्रीय शिक्षा तकनीकी संस्थान तथा विभिन्न राज्यों में स्थित प्रान्तीय शिक्षा तकनीकी संस्थानों द्वारा तैयार किए जाते हैं। विश्वविद्यालय अनुदान आयोग राष्ट्रीय नेटवर्क पर देशभर के लिए अपनी कक्षा के पाठ प्रसारित करता है जिससे दूर-दराज के इलाकों के भीतर स्तरीय शिक्षा लायी जा सके। इसके अलावा, राष्ट्रीय नेटवर्क पर इंदिरा गांधी मुक्त विश्वविद्यालय के छात्रों के लिए भी पाठ्यक्रम पर आधारित कार्यक्रम प्रसारित किए जाते हैं।

शैक्षिक चैनल्स की शुरुआत 26 जनवरी 2000 को हुई। इस चैनल का 'ज्ञान दर्शन' नाम रखा गया। यह उपग्रह चैनल मानव संसाधन विकास मंत्रालय के सौजन्य से इंदिरा गांधी राष्ट्रीय मुक्त विश्वविद्यालय द्वारा संचालित किया जाता है। भारत जैसे निरन्तर विकासशील देश में जहाँ साक्षरता का स्तर कम है। वहाँ दृश्य व श्रव्य माध्यम के रूप में दूरदर्शन की उपयोगिता को सहज ही आंका जा सकता है। शैक्षिक परिप्रेक्ष्यों को दूरदर्शन अपनी शुरुआत के साथ ही आयाम देना शुरू कर दिया था। ग्रामीण

भारत को उजाले की ओर ले जाने, सरकार की योजनाओं की जानकारी व जनचेतना जगाने, कृषि, शिक्षा, स्वास्थ्य की नवीनतम जानकारी व उपादेयता के लिए टेलीविजन की भूमिका निःसन्देह उपयोगी रही है। दूरदर्शन शुरुआत से ही ग्रामीण व विकासात्मक कार्यक्रमों के लिए सचेष्ट रहा। इस दिशा में शिक्षा के प्रसार के लिए दिल्ली से 1961 में स्कूल टी.वी. कार्यक्रम और 26 जनवरी, 1967 से ग्रामीण कार्यक्रमों की शुरुआत हुई। इन कार्यक्रमों का उद्देश्य शिक्षा, सामाजिक शिक्षा, कृषि जानकारी, स्वास्थ्य, सहकारिता, पंचायती राज्य, विकास आदि को आम दर्शकों तक पहुँचाना था।

शैक्षिक कार्यक्रम विभिन्न स्तरों पर होते हैं। इसमें अल्पशिक्षित लोगों से लेकर प्राथमिक शिक्षा से होते हुए विश्वविद्यालय के छात्रों के लिए उच्च शिक्षा तक के कार्यक्रम शामिल हैं। शैक्षिक टेलीविजन कार्यक्रम स्कूली बच्चों के लिए अनेक क्षेत्रीय केन्द्रों से प्रसारित किए जाते हैं। ये विभिन्न भाषाओं में औपचारिक व अनौपचारिक शिक्षा को प्रसारित करते हैं। अक्षर ज्ञान से शुरुआत करके, वैज्ञानिक, पर्यावरण, भाषा-दक्षता तक के पहलुओं को इसमें सम्मिलित किया जाता है। इसमें प्रस्तुति इस प्रकार की होती है जिससे बालमन पर अमिट प्रभाव पड़ता है और वे विषयों को आसानी के साथ आत्मसात् कर सकते हैं। शिक्षण के प्रभावी पक्षों, प्रस्तुति और बाल-मनोविज्ञान तक का इनमें विशेष रूप से ध्यान रखा जाता है। खेल-खेल में शिक्षण की अवधारणा इनमें सर्वाधिक महत्त्वपूर्ण पहलू होता है। इन कार्यक्रमों का निर्माण दिल्ली स्थित केन्द्रीय शिक्षा तकनीकी संस्थान तथा विभिन्न राज्यों में स्थित प्रान्तीय तकनीकी संस्थानों द्वारा तैयार किए जाते हैं।

छोटे गाँवों व दूर-दराज के क्षेत्रों के लिए छात्रों की पहुँच के भीतर स्तरीय शिक्षा को लाने के लिए विश्वविद्यालय अनुदान आयोग राष्ट्रीय नेटवर्क पर देशभर के लिए अपनी कक्षाओं की पढ़ाई प्रसारित करता है। पत्राचार से विभिन्न धाराओं में अध्ययन कर रहे विद्यार्थी इनसे घर बैठे लाभ उठा सकते हैं। इंदिरा गाँधी राष्ट्रीय मुक्त विश्वविद्यालय के विभिन्न कोर्सेज के छात्र भी इन कार्यक्रमों में अपने अध्ययन की विषय-वस्तु इनमें सम्मिलित किए जाते हैं। दूरदर्शन के इस माध्यम में यह विशेषता है कि जटिल से जटिल विषय दृश्य व श्रव्य स्वरूप में होने के कारण कमोबेश कक्षा का सा ही आभास देता है। बहुत से स्तरों पर यह क्लास-रूम टीचिंग को भी पीछे छोड़ देती है क्योंकि छाया चित्रों, कम्प्यूटर तकनीकों, आरेखों, समीकरणों, गणनाओं आदि की सहायता से विषय को बहुत ही सरलीकृत स्वरूप में स्पष्ट किया जाता है।

26 जनवरी, 2000 को 'ज्ञान दर्शन' के नाम से अलग से एक विशेष शैक्षिक चैनल शुरू किया गया। यह उपग्रह चैनल मानव संसाधन विकास मंत्रालय के

सहयोग से इंदिरा गांधी राष्ट्रीय मुक्त विश्वविद्यालय द्वारा संचालित किया जाता है। दूरदर्शन समसामयिक विषयों पर अनेक कार्यक्रम प्रसारित करता है। स्वास्थ्य, स्वरोजगार, कृषि, परिवार नियोजन, ग्रामीण कल्याणकारी योजनाएँ आदि इसके मुद्दे होते हैं। सूचना कार्यक्रमों में उपभोक्ता अधिकार पर्यावरण, महिलाओं, बच्चों, युवाओं को भी सम्मिलित किया जाता है। कार्यक्रमों के स्वरूप में वार्ताएँ, साहित्यिक, सांस्कृतिक पत्रिकाएँ, वृत्तचित्र, सीरियल, नृत्य, नाटक, फिल्में चर्चाएँ व बहस के मुद्दे होते हैं। आवश्यकता व परिस्थिति के अनुरूप ये राष्ट्रीय, प्रादेशिक व स्थानीय स्तरों पर लागू होते हैं। दूरदर्शन के 11 क्षेत्रीय भाषाओं के हाल ही में शुरू हुए उपग्रह चैनलों व मुख्य चैनल डी. डी.-1 व डी. डी.-2 पर भी इन कार्यक्रमों की प्रस्तुति निरन्तर की जाती है। इस प्रकार शैक्षिक दूरदर्शन के स्वरूप में यह प्रक्रिया निरन्तर जारी है।

व्यावसायिक टेलीविजन

दूरदर्शन ऐसा सरकारी उपक्रम है जो स्थापना के समय से वर्तमान समय तक लगातार लाभ की स्थिति में रहा है। दूरदर्शन की व्यापकता और लोकप्रियता के चलते यह स्वाभाविक है कि व्यक्ति इससे जुड़ता है और यही जुड़ाव दूरदर्शन को लाभ की स्थिति में पहुँचाता है। दूरदर्शन को होने वाली प्रमुख आय का स्रोत है कार्यक्रमों के मध्य प्रसारित किए जाने वाले विज्ञापन। दर्शकों की संख्या जनरुचि के कार्यक्रमों में बहुत अधिक होती है। ऐसे में विज्ञापनदाताओं को अपने उत्पादों का विज्ञापन करने से उन्हें एक ओर अपने विज्ञापन के प्रचार में लाभ पहुँचता है वहीं दूसरी ओर उनकी बिक्री में इजाफा होता है फलतः वे दूरदर्शन की ओर खिंचे चले आते हैं। ऐसे में दूरदर्शन का व्यावसायिक स्वरूप और निर्माताओं व विज्ञापन एजेन्सियों की बाढ़ दूरदर्शन के लोकप्रिय कार्यक्रमों में उभरती है। यही कारण है कि विश्व के सबसे बड़े स्थानीय प्रसारण संगठनों में से एक दूरदर्शन की राष्ट्रीय प्रसारण सेवा है। देश की आबादी के 90% क्षेत्र तक दूरदर्शन की पहुँच है। दूरदर्शन बड़ी संख्या में इनसेट और अन्य उपग्रहों के ट्रांसपोंडरों का प्रयोग स्थानीय ट्रांसमीटरों के संचालन व कवरेज बढ़ाने के लिए करता है। दूरदर्शन ने देश के 50 नगरों में कार्यक्रम उत्पादन की सुविधाएँ स्थापित की हैं। यही कारण है कि दूरदर्शन ने वित्त वर्ष 2000-2001 के दौरान व्यापारिक विज्ञापनों से छह अरब, 37 करोड़ रुपए अर्जित किए हैं।

वर्ष 2002-2003 और 2003-2004 के आँकड़े देखें तो पाएँगे कि इस मद में लगभग दुगुनी वृद्धि हुई है। यह व्यावसायिक टेलीविजन की कार्यकुशलता और समाज में उसकी व्यापकता का एक आँकड़ा प्रस्तुत करता है। आज कोई भी क्षेत्र

क्यों न हो प्रत्येक स्तर पर उसमें परिवर्धन-संवर्धन क्यों न हो, पर हर ओर स्पर्धा बढ़ी है। यही वजह है कि दूरदर्शन के लगभग सभी कार्यक्रम वर्तमान समय में प्रायोजित होते हैं। यहाँ तक कि राष्ट्रीय समाचार के मध्य भी विज्ञापन दिखाए जाते हैं। ऐसे में दूरदर्शन का व्यावसायिक स्वरूप स्वयंसिद्ध होता है। टेलीविजन पर विज्ञापन के जरिए पल भर में पूरे देश के कोने-कोने तक अपनी पैठ स्थापित की जा सकती है। भारत जैसे ग्रामीण प्रधान देश में जहाँ साक्षरता का घनत्व बहुत व्यापक नहीं है वहाँ भी दूरदर्शन के दृश्य-श्रव्य प्रभाव के चलते बाजार के विस्तार की जितनी सामर्थ्य दूरदर्शन में है वह अन्यत्र नहीं मिलती है। दृश्य-श्रव्य प्रस्तुति दूरदर्शन पर चमत्कार बन जाती है। कॉमर्शियल टेलीविजन के रूप में उपभोक्तावाद की एक पूरी परम्परा टेलीविजन के माध्यम से समाज के हर घर तक उतर रही है। यदि इनके सकारात्मक पक्ष ही इस्तेमाल किए जाएँ तो कोई कारण नहीं कि यह अपनी उपादेयता को साबित कर सके।

टेलीविजन प्रसारण के नवीन आयाम

जन-सेवा प्रसारण के प्रति समर्पित दूरदर्शन भारत की राष्ट्रीय प्रसारण सेवा विश्व के सबसे बड़ी जमीन से किए गए प्रसारण में नम्बर एक पर है। दूरदर्शन का प्रमुख चैनल डी. डी. -1 विभिन्न क्षमताओं के 1042 स्थल ट्रांसमीटरों के जाल के साथ 87% से ज्यादा आबादी तक अपने प्रसारण पहुँचाता है। 65 अन्य ट्रांसमीटर दूसरे चैनलों को जमीनी समर्थन देते हैं। दूरदर्शन से बड़ी संख्या में इनसेट व अन्य उपग्रहों के ट्रासपोंडरों का उपयोग जमीनी ट्रांसमीटरों के संचालन और कवरेज बढ़ाने के लिए करता है। दूरदर्शन ने देश के 49 नगरों में कार्यक्रम उत्पादन सुविधाएँ स्थापित की हैं।

भारतीय राष्ट्रीय उपग्रह प्रणाली (Indian National Sattellite System) 'इनसेट' दूरदर्शन के क्षेत्र में एक क्रान्तिकारी कदम है। इससे दूरदर्शन के कार्यक्रम देशभर में प्रसारित किए जाते हैं। सन् 1983 में इनसेट 1-B के काम करने के साथ ही इनसेट प्रणाली की स्थापना हुई। इस समय इसरो निर्मित उपग्रह इनसेट 2-C, इनसेट 2-E व इनसेट-3B काम कर रहे हैं। इनसेट-2DT 'अरबसैट' से अक्टूबर, 1997 में लिया गया था। इनसेट-2-सी में इनसेट-2 ए व 2 बी की भाँति संचार ट्रांसपोंडरों के अतिरिक्त व्यावसायिक संचार के लिए के. यू. बैंड़ ट्रांसपोंडर वृहद् परिधि वाले दो सी बैंड ट्रांसपोंडर जिनसे टेलीविजन कार्यक्रम भारतीय सीमाओं के बाहर दक्षिण-पूर्व एशिया व मध्य-पूर्व की जनता तक पहुँच सके तथा सचल उपग्रह सेवाओं के लिए ट्रांसपोंडर शामिल हैं।

दूरदर्शन के तेजी से विकास में इनसेट प्रणाली का सहयोग दिखाई देता है। दूरदर्शन के 1079 ट्रांसमीटर इनसेट से जुड़े हैं। इनसेट का दूरदर्शन तंत्र भारत की 85% से अधिक जनसंख्या तक अपने कार्यक्रम पहुँचाता है। इनसेट-2 सी ने भारतीय दूरदर्शन को सीमा पार दूर-दूर तक पहुँचाया है। दक्षिण-पूर्व एशिया और मध्य एशिया तक के दर्शकों को भी इनसेट की मदद से दूरदर्शन कार्यक्रम उपलब्ध हो रहे हैं। राष्ट्रीय नेटवर्क पर विश्वविद्यालय स्तरीय शैक्षणिक कार्यक्रम दूरदर्शन द्वारा इनसेट की मदद से ही शुरू हो पाए हैं। कई राज्यों द्वारा प्राथमिक स्तर की शिक्षा के कार्यक्रम भी दूरदर्शन द्वारा दिखाए जा रहे हैं। शिक्षा प्रशिक्षण विकास गतिविधियों के लिए इनसेट का एक चैनल खासतौर पर रखा गया है। मध्य प्रदेश के झाबुआ जिले में उपग्रह आधारित विकासात्मक संचार और प्रशिक्षण क्षमता दिखाने के लिए दो साल की पायलट परियोजना शुरू की गई है। इसे 1000 गाँवों व अन्य क्षेत्रों तक विस्तृत किया जा रहा है।

दूरदर्शन अपने प्रसारण में वर्ष 2004 में अभिनव आयाम लाने जा रहा है और इसकी शुरुआत डी. टी. एच. के माध्यम से हो रही है। इसमें उपभोक्ता मामूली शुल्क देकर अपने घर पर ही डिश एँटीना लगा कर दूरदर्शन के निर्धारित चैनल्स एवं लगभग 30 फ्री टू एयर चैनल्स देख सकेगा। अतिरिक्त व्यावसायिक चैनल्स के लिए उसे शुल्क राशि पैकेज के अनुरूप चुकानी होगी। इस प्रसारण सुविधा का यह लाभ होगा कि–

उन्हें अपने केबल ऑपरेटर पर आश्रित नहीं होना पड़ेगा। डिश को घर के अंदर, आस-पास या सुविधाजनक जगह पर आसानी से लगाया जा सकता है। पहाड़ी क्षेत्रों, दूरदराज के क्षेत्रों, रेगिस्तानी इलाकों, जंगलों से घिरे क्षेत्रों में भी डी.टी.एच के द्वारा प्रसारण देखे जा सकेंगे। ध्वनि व दृश्य दोनों ही (डिजिटल) होने के कारण प्रसारण उच्च गुणवत्ता की होगी। सामुदायिक केंद्रों, स्कूलों-कॉलेजों, पंचायत भवनों में इन्हें डी.टी.एच को बिना शुल्क या नाममात्र के शुल्क पर लगाया जाएगा। इससे दूरदराज के क्षेत्रों व गरीबी रेखा के नीचे के तबकों को भी प्रसारण देखने की सुविधा होगी साथ ही वे सरकारी योजनाओं, उत्थान के प्रयासों व जीवन सुधार की कार्यविधि को आसानी से समझ व उपयोग कर सकेंगे। गुणवत्ता युक्त प्रसारण हेतु प्रसारण केंद्रों व रिले टावर्स की स्थापना की समस्या व बड़े खर्चे से बचा जा सकेगा।

टेलीविजन प्रसारण सुधार के प्रयास

नवंबर 1997 तक सूचना और प्रसारण मंत्रालय के इकाई के रूप में ऑल इंडिया रेडियो (आकाशवाणी) की भाँति दूरदर्शन भी रहा। भारत सरकार हमेशा यह

दावा करती रही कि दूरदर्शन को कार्यक्रम निर्धारण और प्रशासन में "कार्यात्मक स्वायत्तता" से प्राप्त है, किंतु चाहे कुछ भी किए जाते रहे हों, वास्ताविक निर्णय सूचना और प्रसारण मंत्रालय के नियंत्रण में ही रहा। मनोरंजन विषयक कार्यक्रमों के चयन और निर्माण में कुछ हद तक स्वतंत्रता दी गई थी। किन्तु समाचार और ताजे घटनाक्रमों से जुड़े कार्यक्रमों पर मंत्रालय की कड़ी निगरानी रहती थी। यह स्थिति आजादी के बाद से ही बनी रही चाहे केन्द्र में शासन किसी भी राजनीतिक दल का रहा हो।

भारत में प्रसारण पर स्वामित्त्व और नियंत्रण का प्रश्न सर्वप्रथम संविधान सभा में एक चर्चा के दौरान उठाया गया। हालाँकि पंडित नेहरू ने अपने इन शब्दों द्वारा मामले को खारिज कर दिया—"प्रसारण के संबंध में निर्धारित की जाने वाली व्यवस्था के बारे में मेरी अपनी निजी राय यह है कि हमें यथासंभव ब्रिटिश मॉडल बीबीसी के अनुसार अपनी प्रसारण नीति विकासित करनी चाहिएँ अतः यह बेहतर होगा यदि इस संबंध में हमारे पास सरकार के नियंत्रणाधीन एक अर्ध स्वायत्त संगठन कार्य करें जिसकी नीतियों पर सरकार का नियंत्रण हो या फिर जो एक सरकारी विभाग के रूप में काम करें किन्तु जिसकी स्थिति एक अर्धस्वायत्त निगम के समान हो। अभी मैं ऐसा नहीं समझता कि ऐसा करना तत्काल संभव है। हालाकिं यह हमारे प्रथम प्रधानमंत्री की व्यक्तिगत राय थी, कितु वर्ष 1964 में सभी मामलों पर नए सिरे से विचार करने के लिए चंद्रा समिति गठित होने तक सरकारी तंत्र पर यही स्थिति बनी रही।

चंद्रा समिति

इस समिति ने सिफारिश भी कि संसद के एक अधिनियम द्वारा एक प्रसारण निगम स्थापित किया जाए जिसमें उसके उद्देश्यों का स्पष्टतः उल्लेख किया जाएँ समिति ने इस बात पर बल दिया कि "सरकार के प्राधिकार क्षेत्र का स्पष्टतः उल्लेख किया जाए और इस संबंध में किसी प्रकार दुविधा की स्थिति न रहे।" कतिपय कार्यक्रमों को प्रसारित करने के संबंधों में अधिकार तथा किसी कार्यक्रम से वीटो करने का अधिकार सरकार के पास सुरक्षित रखा जाएँ यह अवश्य समझ लिया जाए कि ऐसे अधिकारों का कभी भी प्रयोग तभी किया जाए जबकि ऐसा करना राष्ट्रहित में हो। इन प्रतिबंधों से संबंधित मंत्रालय के मंत्री का संसद में उत्तरदायित्वय स्वतः परिभाषित होती है। हम यह भी विचार करते हैं कि अधिनियम में स्वतः ही संभावित अधिक्रमण पर गर्वनरों के अधिकार और शक्तियाँ निर्धारित होती हैं।

तदनुसार, यह सिफारिश की गई कि एक अध्यक्ष की अध्यक्षता में एक बोर्ड ऑफ गवर्नर गठित किया जाए जिसमें सदस्यों की संख्या सात से अधिक न हो। इस बोर्ड कर अध्यक्ष कोई जाना-माना व्यक्ति हो जिसकी सत्यनिष्ठा, योग्यता और क्षमता पर कोई संदेह न हो तथा दूसरे सदस्य देश सेवा के विभिन्न कार्यों में लगे लोगों को बनाया जाए जिन्हें संबंधित क्षेत्र में ख्याति प्राप्ति हो। समिति ने दूसरा सरकार के हाथ में छोड़ा तथा गवर्नरों का कार्यकाल छह वर्ष नियत किया गया जिसके दो सदस्य प्रत्येक दूसरे वर्ष बारी से सेवानिवृत्त होंगे। यह कहा गया कि सृजना-व्यक्ता की शर्तें प्राधिकार के क्षेत्रीय और स्थानीय स्तरों तक विकेद्रित करने पर ही पूर्ण हो सकती हैं।

वर्गीज समिति—वर्गीज समिति ने एक राष्ट्रीय प्रसारण ट्रस्ट या आकाश भारती स्थापित करने की सिफारिश की जिसके अधीन एक अत्यधिक विकेंद्रित ढाँचा काम करेगा। इससें स्वायत्त निगमों या राज्य सरकार के निगमों के संघ की परिकल्पना नहीं की गई थी। इसके अतिरिक्त, उस समिति द्वारा रेडियो और टेलीविजन के लिए दो पृथक् निगमों की भी परिकल्पना नहीं की गई। तथापि, इस बात पर बल देने के अतिरिक्त कि परिकल्पित ट्रस्ट एक स्वतंत्र, निष्पक्ष और स्वायत्त संगठन होगा, समिति ने यह भी सिफारिश की कि निगम की स्वायत्तता और सरकारी नियंत्रण से उसकी स्वतंत्रता को विशेष महत्त्व दिया जाएँ

समिति ने यह सिफारिश की कि उक्त ट्रस्ट की निगरानी एक बोर्ड ऑफ ट्रस्टीज (न्यासी मंडल) द्वारा किया जाए जिसमें 12 सदस्य हों और जिनकी नियुक्ति पर नाम-नामित करने वाले चैनल जिसमें भारत के मुख्य न्यायाधीश, लोकपाल और संघ लोक सेवा आयोग के अध्यक्ष शामिल होंगे द्वारा अग्रेषित नामों की सूची से प्रधानमंत्री द्वारा एवं स्तुत नामों में से राष्ट्रपति द्वारा की जाएँ इसमें अध्यक्ष और तीन सदस्य पूर्णकालिक सदस्य होंगे जबकि शेष आठ सदस्य अंशकालिक होंगे। प्रसारण महानियंत्रक, निदेशक और अन्य वरिष्ठ अधिकारियों की नियुक्ति न्यासी मंडल द्वारा की जाएगी। महानियंत्रक केन्द्रीय एक्जीक्यूटिव बोर्ड का प्रमुख होगा। केन्द्रीय एक्जीक्यूटिव बोर्ड क्षेत्रीय एक्जीक्यूटिव परिरषदों के सहयोग से न्यासी मंडल की नीतियों और निर्देशों को क्रियान्वित करेगा। कार्यक्रम निर्धारण निश्चित रूप से विकेंद्रित होगा और स्थानीय स्तरों पर प्रोड्यूसर को काफी हद तक स्वयन्त्रता प्राप्त होगी।

शिक्षण हेतु सॉफ्टवेयर पर जोशी कार्य-दल

प्रसारण की स्वायत्तता प्रदान करने के प्रश्न पर जोशी कार्य-दल को अध्ययन करने का काम नहीं सौंपा गया था किन्तु उस कार्य-दल ने यह स्पष्ट किया कि दूरदर्शन में कार्यात्मक स्वंतत्रता की स्थिति मौजूद नहीं है हालाँकि सरकार उसका दावा करती है। तथापि, उसने यह उल्लेख किया कि महत्त्वपूर्ण मुद्दा "स्वायत्तता बनाम सरकारी नियंत्रण" नहीं है बल्कि सर्जनात्मक को समर्थन देने के लिए ढाँचे और प्रबंधन की शैली में तत्सल सुधार लाने की है। संस्थागत व्यवस्था सृजित करने की जोशी कार्य-दल ने जिससे नीतिगत दिशा निर्देशों और सॉफ्टवेयर के मूल्याँकन हेतु राजनैतिक, प्रशासनिक और संचार के क्षेत्रों में तालमेल और अन्योन्य संबंध विकसित हुआ। इसके अतिरिक्त, इसने व्यापक सामाजिक उद्देश्यों और टी.वी, पर कार्यक्रम-निर्धारण के तरीकों पर मंत्रालय को सलाह देने के लिए एक राष्ट्रीय दूरदर्शन परिषद स्थापित करने की सलाह दी। सूचना और प्रसारण मंत्रालय के नियंत्रण से प्रसारण को मुक्त करने की सिफारिश जोशी कार्यदल ने नहीं की। उसे दूरदर्शन द्वारा सूचना और प्रसारण मंत्रालय से या दूरदर्शन द्वारा सूचना और प्रसारण मंत्रालय से या उसके द्वारा प्रतिनियुक्त अभिकरण से निर्देश प्राप्त करने में कोई आपत्ति नहीं थी।

प्रसार भारती विधेयक, 1989

जनता पार्टी सरकार द्वारा मई 1979 में संसद में पेश प्रसार भारती विधेयक 1979 और वर्गीज समिति के रिपोर्ट पर प्रसार भारती विधेयक, 1989 पूरी तरह आधारित है। इनमें कुछ मूलभूत अंतर भी हैं। जबकि प्रसार भारती विधेयक-संसद के अधिनियम के जारिए प्रसारण निगम सृजित करने के पक्ष में था, वर्गीज समिति की रिपोर्ट में स्पष्ट रूप से कहा गया कि प्रसारण स्वायत्तता भारतीय संविधान का हिस्सा है इसलिए यह सुनिश्चित करना आवश्यक होगा कि कोई भी भावी सरकार इस निगम की स्वतंत्रता और स्वतयत्तता से छेड़-छाड़ न कर सकें। इसके अतिरिक्त जैसा कि वर्गीज रिपोर्ट में परिकल्पना की गई, जनता की सेवा में समर्पित एक ट्रस्ट का स्वरूप प्रदान करते हुए वर्तमान विधेयक में एक निगम की स्थापना का प्रस्ताव किया गया जिसके पास सांविधिक गरिमा और अधिकार न हो। वर्तमान विधेयक द्वारा निगम के जिन उद्देश्यों भी परिकल्पना की गई है वे वर्गीज समिति की राष्ट्रीय प्रसारण ट्रस्ट को स्थापित करने के उद्देश्यों से भिन्न हैं।

किन्तु यह वर्गीज रिपोर्ट जितना व्यापक नहीं है जिसमें यह अपेक्षा की गई

है कि सूचना और प्रसारण मंत्रालय प्रसारण के उत्तरदायित्व से पूर्णतः मुक्त हो जाए। विधेयक में मंत्रालय के प्रतिनिधि को अंश मालिक गवर्नर के रूप में कार्य करने का प्रावधन किया गया है। यह वर्गीकरण समिति द्वारा परिकल्पित "पूर्ण स्वायत्तता"से भिन्न स्थिति है।

पाश्चात्य प्रसारण संस्थाओं के ढाँचे और संगठन के अंधानुकरण के प्रति वर्गीज समिति ने चिंता व्यक्त की। नए विधेयक में जो ढाँचा प्रस्तुत किया गया था वह काफी हद तक बी.बी.सी के अनुरूप था। इसके अतिरिक्त, वर्गीज समीति ने विकेन्द्रीकृत ढाँचे की आवश्यकता को कोई अधिक महत्त्व नहीं दिया जिसमें शक्तियाँ क्षेत्रीय और स्थानीय स्तरों पर प्रत्यायोजित हों। मौजूदा विधेयक में केन्द्र सरकार और एक्जीक्यूटिव बोर्डों की शक्तियों के अंतरण के विषय में कोई विशेष उल्लेख नहीं किया गया है। विधेयक में शैक्षिक संस्थाओं के लिए "फ्रैन्चाइज स्टेशनों" के बारे में भी कुछ नहीं कहा गया है। विधेयक में बोर्ड ऑफ गवनर्स के चयन के बारे में वर्गीज समिति की सिफारिशों का ध्यान नहीं रखा गया है। भारत के मुख्य न्यायाधीश, लोकपाल और संघ लोक सेवा आयोग के अध्यक्ष और राष्ट्रपति द्वारा नामित एक व्यक्ति को रखा जाएगा। उसी प्रकार यह विधेयक प्रसारण परिषद/शिकायत परिषद् के गठन का भी समर्थन नहीं करता। वास्तव में, मौजूदा विधेयक की सामग्री रूप और आत्मा काफी हद तक प्रसार भारती विधेयक (1979) के सदृश है न कि वर्गीज समिति की सिफारिशो के सदृथ थी।

बीजी वर्गीज, उमाशंकर जोशी और अन्य समिति में सदस्यों में 1979 के विधेयक का पुरजोर विरोध किया वर्गीज और जोशी दोनों ने यह महसूस किया कि तत्कालीन सरकार जनता के प्रति वफादार नहीं है और विधेयक में उल्लिखित स्वायत्तता काफी हद तक क्षीण है तथा प्रस्तावित प्रसारण निगम के कार्यकरण के किसी भी प्रकार के विकेंद्रीकरण के लिए कोई प्रावधान नहीं किया गया है। ऐसी ही आपत्तियाँ 1989 के विधेयक के संबंध में भी उठाई जा सकती हैं। इस विधेयक को लोकसभा और राज्यसभा में सभी राजनीतिक दलों द्वारा अनुमोदन प्राप्त हो जाने के बाद इसने अधिनियम का रूप ग्रहण कर लिया।

प्रसार भारती अधिनियम (1990)

विदेशी उपग्रह टेलीविजन के आक्रमण से बचाव के लिए सत्तासीन कांग्रेस सरकार द्वारा उठाया गया पहला कदम था वर्ष 1991 में "वर्धन समिति" गठित किया जाना जिसे प्रसार भारती अधिनियम (1990) की पुनरीक्षा का काम सौंपा गया। वर्धन

समिति ने सलाह दी कि, "दूरदर्शन को प्रत्येक चैनल पर कुल प्रसारण समय का कम से कम 20% समय सामाजिक रूप से वांछनीय कार्यक्रमों के प्रसारण को दिया जाए"। इसके अतिरिक्त "कार्यक्रम प्रसारण के समय का दस प्रतिशत से अधिक समय उपलक्षित नहीं किया जाना चाहिएँ" इसने यह सिफारिश भी की कि किसी प्रकार से विवादास्पद मामले में कार्यक्रम सभी बिन्दुओं पर स्पष्ट और निष्पक्ष राय व्यक्त की जाएगी।

संयुक्त मोर्चे की सरकार इससे भी एक कदम आगे बढ़ गई। उसने एक व्यापक राष्ट्रीय मीडिया नीति तैयार की जिसका आशय टेलीविजन के विकेंद्रीकरण, विलियन, क्रॉस-मीडिया स्वामित्व, विदेशी मीडिया घरानों द्वारा भागीदारी, विज्ञापन की भूमिका और भारतीय क्षेत्र से अपलिंकिंग जैसे प्रश्नों पर सम्यक् विचार करना था। इसके लिए रामविलास पासवान समिति 1995 में गठित की गई। इस समिति ने 104 पृष्ठों का दस्तावेज और 46 सिफारिशें प्रस्तुत कीं जो सार्वजनिक और निजी इलेक्ट्रोनिक मीडिया समाचार पत्रों, समाचार एजेंसियों और फिल्म से संबंधित थीं। समिति ने राष्ट्रीय मीडिया, नीति पर सर्वसम्मति तैयार से करने पर बल दिया था। मई 1997 में संसद में पेश किए गए प्रसारण विधेयक में इसकी कुछ सिफारिशें शामिल की गई थीं। प्रसार भारती अधिनियम की एक बार फिर से समीक्षा करने और सिफारिशें देने के लिए वर्ष 1996 में नीतिश सेन गुप्ता समिति गठित की गई। समिति ने उसी वर्ष अगस्त में अपनी सिफारिशें प्रस्तुत कर दीं।

प्रसारण विधेयक (1997)

संसद में मई 1997 में प्रसारण विधेयक पेश किया गया। कुछ विवादास्पद मुद्दों जैसे कि क्रॉस मीडिया स्वामित्व, लाइसेंसिंग प्रक्रिया, विदेशी इक्विटी की सीमा और निजी उपग्रह चैनलों से अपलिंकिंग सेवाओं आदि पर पुनर्विचार करने के लिए कांग्रेस (आई) के श्री शरद पवार की अध्यक्षता में एक संयुक्त संसदीय समिति गठित की गई।

भारतीय या विदेशी सभी चैनलों के लिए विधेयक द्वारा अनिवार्य कर दिया गया कि भारत की भूमि से ही अपने कार्यक्रमों का ट्रान्समिशन करें। उपग्रह चैनलों के लिए लाइसेंस केवल भारतीय कंपनियों को प्रदान किए जाएँगे और उन्हें 49% तक विदेशी इक्विटी की अनुमति प्रदान की जाएगी। स्थानीय चैनलों के लिए विदेशी इक्विटी की अनुमति नहीं होगी।

क्रॉस मीडिया स्वामित्व पर विधेयक द्वारा पूरा प्रतिबंध लगा दिया गया। (समाचार प्रकाशन गृहों की टेलीविजन या केबल कंपनियों में 20% से अधिक इक्विटी नहीं हो सकती) तथा साथ ही विदेशी स्वामित्व पर रोक लगाई गई है। इसके अलावा टी.वी कंपनी चलाने का लाइसेंस किसी भी विज्ञापन एजेंसी, धार्मिक निकाय, राजनीतिक दल या सार्वजनिक निधि से वित्तपोषित निकाय को प्रदान नहीं किया जाएगा। डायरेक्ट टु होम (डी.टी.एच) सेवाओं कर लाइसेंस बोधी प्रक्रिया पूर्ण होने पर केवल दो कंपनियों को ही दिया जाएगा।

केबल टेलीविजन नेटवर्क (विनियमन) इस विधेयक के लागू होने के पश्चात् खत्म हो जायेगा। प्रसारण विधेयक उच्चतम न्यायालय द्वारा केन्द्र सरकार को फरवरी 1995 में "वायु तरंगों के प्रयोग को नियंत्रित और विनियमित करने के लिए समाज के सभी वर्गों और हितबद्ध समूहों का प्रतिनिधित्व करने वाले एक स्वतंत्र स्वायत्त सरकारी प्राधिकरण स्थापित करने के लिए तत्काल कदम उठाने" का निर्देश दिये जाने के बाद संसद में पेश किया गया। यह प्रसारण क्षेत्र के निजीकरण को लेकर उच्चतम न्यायालय के खिलाफ था क्योंकि उसका यह मानना था कि "यदि प्रसारण में निजी क्षेत्रों के प्रवेश की अनुमति दी जाती है तो यह सुनिश्चित करने के लिए कि इसमें विभिन्न वर्गों के हितों को ध्यान में रखते हुए कार्यक्रम प्रसारित किए जाएँगे, इसे बाजार की शक्तियों के हाथ में नहीं छोड़ा जा सकता।" न्यायालय के नजरिए से प्रसारण/टेलीकास्ट के अधिकार किसी केन्द्रीय एजेंसी या कुछ निजी प्रसारण कर्त्ताओं के हाथ में केंद्रित होने के परिणाम काफी गंभीर हो सकते हैं।

उपग्रह टेलीविजन का विकास

भारत के शहरी क्षेत्रों में उपग्रह टेलीविजन क्राँति बंबई और दिल्ली के पाँच सितारा होट्लों द्वारा लाई गई जिन्होंने अटलांटा, जॉर्जिया के सी.एन.एन (केबल न्यूज नेटवक) के जरिए छोटे पर्दे पर खाड़ी युद्ध का सीधा प्रसारण दिखाना शुरू कियाँ स्टार टी.वी जिसमें चार चैनल थे कि शुरुआत वर्ष 1991 में की गई जबकि पूरे देश में लगभग 11,500 केबल नेटवर्क काम कर रहे थे। अकेले दिल्ली में ही उस समय लगभग 45000 घरों में केबल टी.वी का कनेक्शन था। स्टार टी.वी से 14 अक्तूबर 1991 को "बी बी सी वर्ल्ड सर्विस" नामक नया चैनल जुड़ा। बाद में केबल नेटवर्क की संख्या लगातार बढ़ती रही क्योंकि तब यह स्पष्ट हो चुका था कि बुनियादी केबल से जुड़े घरों में स्टार टी.वी चैनलों को पहुँचाने के लिए केवल डिश ऐन्टेना आवश्यक

होगा। केबल कनेक्शन वाले लगभग 78% घरों में अब स्टार टी.वी के कार्यक्रम पहुँच रहे हैं।

मई 1992 में ए आर के द्वारा देश के दस शहरों/ महानगरों (दिल्ली, बंबई, मद्रास, कलकत्ता, हैदराबाद, बंगलौर, लखनऊ, नागपुर, जयपुर और कटक) में अध्ययन किया गया। इन शहरों/ महानगरों में जनसंख्या का आकार भिन्न-भिन्न है, केबल पहुँच का स्तर भिन्न-भिन्न है तथा इसमें रहने वाले लोगों के हिंदी/अंग्रेजी ज्ञान का स्तर भी भिन्न-भिन्न है। अध्ययन से यह परिणाम निकला कि किसी भी उपग्रह टी.वी कार्यक्रम के दर्शकों की संख्या 8% से अधिक नहीं है और बहुत कम ही ऐसे उपग्रह टी.वी कार्यक्रम हैं जिसके दर्शकों की संख्या पाँच प्रतिशत तक पहुँच पाती है। पाँच प्रतिशत से अधिक दर्शक संख्या वाले कार्यक्रमों में फीचर फिल्म, धारावाहिक, कार्टून शो और समाचार शामिल थे। अध्ययन का निष्कर्ष था कि "ऐसा प्रतीत होता है कि अधिकांश दर्शक उपग्रह टी.वी कार्यक्रम संयोगवश ही देखते हैं। इन कार्यक्रमों से अपने दशकों की संख्या में वृद्धि करने की दिशा में अभी बहुत कुछ किया जाना है। इनके दर्शकों की संख्या बहुत कम होने के सुस्पष्ट कारण हैं। ये कार्यक्रम अंग्रेजी में हैं तथा अंग्रेजी जानने वाले बहुतायत लोगों के लिए भी अंग्रेजी धारावाहिकों व फिल्मों में जिसे पहले से उच्चारण किया जाता है वह समझ पाना सरल नहीं है।"

अध्ययन में यह भी कहा गया कि स्थानीय दृश्यों /घटनाओं पर आधारित वी. सी.आर कार्यक्रमों के दर्शक काफी अधिक संख्या में हैं और इन कार्यक्रमों को 24% तक समय आवंटित किया जाता है। इन कार्यक्रमों में प्रायः फीचर फिल्में प्रदर्शित की जाती है तथा वर्ष में कुछ नए-पुराने लोकप्रिय हिट गाने दिखाये जाते हैं। स्थानीय सर्वाधिक लोकप्रिय कार्यक्रम दोपहर में और रात्रि 10.00 बजे के बाद टेलीकास्ट किए जाते हैं जबकि केंवल नेटवर्क पर स्थानीय भाषाओं में फीचर फिल्में प्रदर्शित की जाती है। दिल्ली में ए.आई.एम.सी (AIMC) द्वारा जनवरी 1992 में 300 व्यक्तियों से की गई एक पूछताछ सर्वेक्षण का भी यही परिणाम निकला था।

उपग्रह और केबल टेलीविजन में बहुत अधिक वृद्धि हुई है जिसका प्रमुख असर दूरदर्शन और प्रिंट मीडिया द्वारा अर्जित किये जाने वाले विज्ञापन राजस्व पर पड़ा है। दूरदर्शन पर पान मसाला, सैनिटरी नैपरिन, मादक पेयों, आभूषण और अन्य कुछ विज्ञापन प्रतिबंधित हैं। ऐसे विज्ञापनों से स्टार टी.वी के पाँचों चैनल राजस्व अर्जित कर रहे हैं। अन्य विज्ञापनदाता भी विशेषकर प्रीमियम ब्रांड के साबुनों, उपभोक्ता वस्तुओं और टिकाऊ उपभोक्ता वस्तुओं के विज्ञापनदाता स्टार टी.वी और

जी.टी.वी के अपेक्षाकृत सस्ती विज्ञापन दरों का लाभ उठाने में पीछे नहीं रहे हैं। बड़े विज्ञापनदाताओं को अपनी तरफ आकर्षित कर राजस्व प्राप्ति के लिए दूरदर्शन ने भी एक मेट्रो चैनल और चार अन्य चैनलों को शुरू किया है जिसे उपग्रह की सहायता से देश के किसी भी भाग में देखा जा सकता है। दूरदर्शन का यह प्रचालन रंग ला रहा है क्योंकि विज्ञापनदाताओं और विज्ञापन एजेंसियों को मेट्रो और राष्ट्रीय नेटवर्कों पर कार्यक्रम तैयार करने के अवसर उपलब्ध हो रहे हैं।

उपग्रह टेलीविजन का प्रभाव जनसंचार के अन्य माध्यमों जैसे कि सिनेमा, रेडियो, रिकॉर्डेड संगीत और यहाँ तक कि समाचार पत्रों पर भी पड़ा है। हालांकि फिल्मों का निर्माण पूर्व के वर्षों की दर (प्रतिवर्ष लगभग 800 फिल्में) पर ही किया जा रहा है, किंतु विशेषकर बंबई और पश्चिमी भारत के अन्य शहरों में अनेक सिनेमाघर मालिकों को अपने सिनेमाघर बंद कर देने लिए बाध्य होना पड़ा है। उपग्रह और केवल टी.वी की विस्तृत पहुँच का नतीजा है कि महानगरों में एफ एम रेडियो का निजीकरण किया गया तथा स्टार टी.वी पर एम टी वी चैनल भी लोकप्रियता के कारण मिल रही चुनौती का सामना करने का एक प्रयास है। रिकॉर्डेड म्युजिक इंडस्ट्रीज को भी एम टी.वी के दर्शकों और श्रोताओं के हितों के अनुकूल अपनी कार्यनीति (कार्यक्रम निर्माण नीति) में बदलाव लाने के लिए मजबूर होना पड़ा है।

समाचार पत्र भी इसमें प्रभाव से नहीं बचा है। बी.बी.सी. वर्ल्ड, सी.एन.एन (केबल न्यूज नेटवर्क), जी न्यूज, स्टार न्यूज, इंडिया न्यूज, आज तक पर चौबीसों घंटे समाचार प्रसारित होते रहने से भारतीय समाचार पत्रों की स्थिति यह हो गई है कि उनकी रिपोर्टें उपग्रह नेटवर्कों की तात्कालिकता का सामना नहीं कर पा रहे हैं क्योंकि उपग्रह नेटवर्क द्वारा जैसा कि वे दावा करते हैं, घटनाओं के घटित होते ही संबंधित समाचार प्रस्तुत कर दिया जाता है। इस परिस्थिति का सामना करने के लिए भारतीय समाचार पत्रों और पत्रिकाओं ने अपने पाठकों को अपनी ओर आकर्षित रखने के लिए रंग और दृश्य का संगम और रोचक प्रसंगों का विवरण प्रस्तुत करना शुरू कर दिया है। इसके अतिरिक्त समाचार पत्रों और पत्रिकाओं दोनों ने टुकड़ों में कहानियाँ प्रस्तुत करना तथा संक्षिप्त कहानियाँ और खोजी व विवेचनात्मक स्वरूप की कथाएँ प्रस्तुत करने लगे हैं। इसका अनुसरण नहीं करने वाले अनेक प्रकाशन जैसे कि बॉम्बे (लिविंग मीडिया ग्रुप रा) और इल्युस्ट्रेटेड वीक ली ऑफ इंडिया (टाइम्स ऑफ इंडिया ग्रुप) अपनी प्रासंगिकता खोते चले गए हैं।

इसमें कोई संदेह नहीं है कि केबल और उपग्रह चैनलों तक पहुँच रखने वाले शहरी और ग्रामीण वर्गों के सामाजिक-सांस्कृतिक परिवेश पर उपग्रह टेलीविजन का

कुछ प्रभाव पड़ा है। जो अमेरिकी, ब्रिटिश और ऑस्ट्रेलियाई नेटवर्क के पारिवारिक पृष्ठभूमि के धारावाहिक सिटकॉम (Sitcom), वार्ता कार्यक्रम और खेल कार्यक्रमों की प्रासंगिकता भारतीय समाज के संदर्भ में न के बराबर है। फिर भी इन कार्यक्रमों को बहुत से लोगों द्वारा देखा जाता है। जी.टी.वी के कार्यक्रम अमेरिकी शैली के हू-ब-हू नकल हैं। छोटे पर्दे पर जिस खुलेपन से सेक्स और हिंसा से संबंधित दृश्य दिखाए जाते हैं, उसकी छाप धनाढ्य तबकों में पहुँच रही है किंतु ऐसा अधिकांश प्राच्य संस्कृतियों में विद्यमान नहीं है। प्रभावी और शक्तिशाली संस्कृति से "छवियों" और "विचारों" की निरंतर छाप से मीडिया और सांस्कृतिक साम्राज्य का जन्म होता है। "सत्तर और अस्सी" के दशकों में निर्गुट देशों ने उस मुद्दे को यूनेस्को (UNESCO) और संचार व्यवस्था (New World Information and Communication Order, NWICO) स्थापित करने की बात की जिसमें उत्तर और दक्षिण के देशों की बीच सूचना का उचित, समान और संतुलित प्रवाह हो न कि केवल अधिकाधिक उत्तर से दक्षिण की ओर ही सूचना का प्रभावी प्रवाह हो। संयुक्त राज्य अमेरिका और ब्रिटेन ने इस संघर्ष को "साम्यवादी षड्यंत्र" की संज्ञा दी और उन देशों में यूनेस्को के माध्यम से किए जा रहे इस प्रयास का बहिष्कार कर दियाँ

उपग्रह चैनलों में सांस्कृतिक और राजनीतिक रूप से संवेदनशील मुद्दों पर बी. बी. सी., सी.एन.एन और ए.बी.सी समाचार सेवाओं की रिपोर्टिंग किसी भी दृष्टि से प्रशंसनीय नहीं रहा है। स्पष्टताः वे अपने को बार-बार उकसाने वाले उत्तेजक दृश्यों और रिपोर्टों की संभावित प्रतिक्रिया या अप्रत्यक्ष के प्रति निश्चित रहे हैं। इस संबंध में कुछ राष्ट्रीय सरकारों का कहना है कि ऐसा करना विश्व समाचार प्रदान करने के नाम पर एशियाई देशों के "आंतरिक मामलों में हस्तक्षेप" करने के समान है।

केबल और उपग्रह टेलीविजन का प्रभाव

भारतीय जनसंचार संस्थान ने जनवरी 1992 में नई दिल्ली में एक सर्वेक्षण किया जिससे पता चले कि केबल और उपग्रह टेलीविजन से सामाजिक और सांस्कृतिक प्रभाव पड़ता है। उस सर्वेक्षण के कुछ निष्कर्ष निम्नलिखित थेः

(i) सर्वेक्षण के दौरान 84% व्यक्तियों ने कहा कि एम.टी.वी के 60% मनोरंजक कार्यक्रमों का युवा पीढ़ी पर सामाजिक-सांस्कृतिक प्रभाव पड़ता है। दी गई प्रतिक्रियाओं में यह राय व्यक्त की गई कि युवा पीढ़ी पाश्चात्य जीवन शैली अपना लेगी और उनका अध्ययन एम. टी. वी से प्रभावित होगा और वे पाश्चात्य सभ्यता

संस्कृति अपनाने पर अधिक बल देंगे। तथापि, कुछ व्यक्तियों का यह कहना था कि युवा पीढ़ी अधिक स्मार्ट और अधिक जागरूक बनेगी।

(ii) 58 प्रतिशत व्यक्तियों ने कहा कि बी.बी.सी. न्यूज का "व्यापक, गहरा और संतुलित कवरेज" है जबकि आश्चर्यजनक रूप से 42 प्रतिशत व्यक्तियों का यह मानना था बी.बी.सी न्यूज द्वारा "भारत से संबंधित घटनाओं और विवरणों में तथ्यों को कभी-कभी गलत एवं पक्षपातपूर्ण तरीके से पेश किया जाता है।

(iii) विदेशी धारावाहिकों के बारे में लगभग 80% लोगों का विचार था कि ये मनोरंजक होते हैं। इतने ही लोगों की यह राय थी कि दूरदर्शन की तुलना में स्टार चैनल के धारावहिक अधिक कल्पनात्मक और सर्जनात्मक हैं। तथापि, 35% व्यक्तियों का यह मानना था कि हमारी सांस्कृतिक, इतिहास, धर्म और समाज के अनुरूप विदेशी धारावाहिक नहीं होते हैं। 42% व्यक्तियों का यह मत था कि विदेशी धारावाहिक हमेशा पाश्चात्य समाज और पाश्चात्य संस्कृति को महिमामंडित करते हैं जिसका हमारे बच्चों और युवाओं पर प्रतिकूल प्रभाव पड़ेगा।

(iv) जिन व्यक्तियों से साक्षात्कार किया गया उनमें से ऐसे व्यक्तियों का एक पर्याप्त प्रतिशत (45 से 62%) था जो बच्चों पर केबल टी.वी के नकारात्मक प्रभाव से चिंतित थे। बहुसंख्यक व्यक्तियों (57%) का यह मानना था कि केबल टी.वी से "बच्चों पर प्रतिकूल प्रभाव पड़ेगा।" 62 प्रतिशत का यह मानना था कि बच्चों के खेलकूद का समय कम हो जाएगा जबकि 52% का मानना था कि बच्चों की पढ़ाई-लिखाई और अन्य सर्जनात्मक क्रियाकलापों पर प्रतिकूल प्रभाव पड़ेगा।

(v) केबल प्रणालियों के "बी सी आर चैनल" पर दिखाई जाने वाली फिल्मों के संबंध में दर्शक करीब-करीब ऐसे लोगों में विभाजित थे जिनमें से एक समूह का यह मानना था कि "दिखाई जाने वाली फिल्मों की संख्या बहुत अधिक होती है"। लगभग 70% दर्शकों का यह मानना था कि फिल्मों के अधिकाधिक प्रदर्शन से हमारे सामाजिक और नैतिक मूल्यों पर प्रतिकूल प्रभाव पड़ेगा। हालाँकि कुछ लोगों द्वारा फिल्मों में सेक्स और हिंसा प्रदर्शित करने पर चिंता व्यक्त की गई किन्तु कुछ लोगों का यह भी मानना था कि अन्य स्रोतों से इस संबंध में इतना कुछ परोसा जा रहा है कि केबल टी.वी का कोई अधिक प्रभाव नहीं पड़ेगा।

टेलीकास्टिंग की नैतिकता के नियम

टेलीविजन, केबल और उपग्रह टी.वी प्रोड्यूसरों ने इस व्यवसाय में विनिमयात्मक क्रियाकलापों के लिए कोई नैतिकता के नियम तैयार नहीं किए है। जबकि

टेलीविजन प्रोड्यूसरों के लिए (और दूरदर्शन के लिए कार्यक्रम तैयार करने वाले स्वतंत्र प्रोड्यूसरों के लिए भी) ऑल इंडिया रेडियो के लिए निर्धारित नियमावली और केन्द्र सरकार द्वारा जारी अन्य दिशा-निर्देशों का पालन अपेक्षित है वहीं केबल और उपग्रह टी.वी प्रोड्यूसर कमर्शियलिज्म की नीति का पालन करते है। वस्तुतः ऐसा कोई भी कार्यक्रम जो विज्ञापनदाताओं को आकर्षित करता है और कुछ दर्शकों को अपने से जोड़ता है वह टेलीकास्ट के योग्य कार्यक्रम है। ऐसा प्रतीत होता है कि व्यावसायिक मीडियाकर्मियों में नैतिकता और नीति विषयक प्रश्नों पर कुछ उदासीनता विद्यमान है।

जबकि स्टार-टी.वी एशियाई दर्शकों पर काफी हद तक पाश्चात्य किस्म के मनोरंजक और समाचार कार्यक्रम थोप रहा है। वहीं दूरदर्शन संपूर्ण देश पर उत्तर भारतीय दिल्ली केंद्रित कार्यक्रम संस्कृति थोप रहा है। इस बात की भी पूरी संभावना है कि मैट्रो चैनलों और अन्य राष्ट्रीय चैनलों द्वारा भी कुछ ऐसा ही अनैतिक व्यवहार अपनाया जाएँ दूरदर्शन या अन्य टी.वी चैनलों पर भारत की सामाजिक सांस्कृतिक कार्यक्रमों का प्रसारण नहीं किया जाएगा क्योंकि कार्यक्रम-निर्माण पर विज्ञापनदाताओं का प्रभाव है और दूरदर्शन "जन सेवा" की भूमिका ग्रहण करने के प्रति अनिच्छुक है।

दूरदर्शन, केबल और उपग्रह चैनलों का प्रमुख प्रतिद्वंद्वी मुख्यतः वाणिज्यिक सिनेमा है। इसके अतिरिक्त विचारों के लिए बने फिल्मों और सामाजिक पारिवारिक धारावाहिकों का प्रसारण ऐसे समय किया जाता है जबकि बच्चों को इसे देखने से बचाया नहीं जाता। इस तरह की फिल्मों में सेक्स और हिंसा के दृश्य प्रमुख संघटक हैं। जरा सोचिए कि ऐसे टेलीविजन प्रसारण में कितनी नैतिकता है।

इसके अतिरिक्त, समाचार कार्यक्रमों में हिंसा के दृश्यों के प्रस्तुतीकरण में कितनी नैतिकता है। समाचार कार्यक्रमों में युद्ध की हिंसा, नागरिकों पर पुलिस की बर्बरता, अकाल की विभीषिका, सूखा या बाढ़ को दिखाने में कितनी नैतिकता है? घोर गरीबी भी विभीषिका को सचित्र दिखाना कहाँ तक नैतिकता है? बी.बी.सी सूडान और सोमालिया में भूख के शिकार कुशराय लोगों को दिखा कर खुश होता है, तो इसमें कितनी नैतिकता है?

टेलीविजन पर्दे पर मौत के दृश्यों को देखने की इच्छा किसे होती है। किन्तु टेलीविजन में बार-बार मृत व्यक्ति का निस्तेज चेहरा दिखाया जाता है या उसकी विधवा या निकट संबंधियों का दुःख से भरा चेहरा। ऐसे दृश्यों का वास्तविक समाचार मूल्य क्या है?

भारतीय निवासी जिस दिन सांप्रदायिक उन्माद से तनाव में रहता है उस दिन बी. बी. सी. वर्ल्ड सर्विस की रुचि अयोध्या में त्रिशूल मांजते हुए संतों का फाइल चित्र प्रसारण करने में होता है। क्या प्रसारणकर्त्ता समाचारों से समुदाय पर पड़ने वाले परिणामों के प्रति चिंतित हुए बिना समाचार को जैसा घटित होता है उसी रूप में टेलीकास्ट करने में अपनी नैतिकता के प्रति सजग हैं? इसके अतिरिक्त, अयोध्या की घटना के बाद भारत में छिड़े दंगों को सिर्फ सांप्रदायिक रंग देकर प्रस्तुत करना बीबीसी की स्थाई उपनिवेशी मानसिकता के प्रति विश्वासघात करना है।

(यह एक ध्यातव्य तथ्य है कि बीबीसी अपने उकसाऊ दृश्यों के उपयोग में अत्यधिक सजग है जबकि वह आकर्षक ए–बंबिंग और अल्सटर ढंग से संबंधित समाचार प्रस्तुत करता है।)

उपग्रह चैनलों पर किसी सरकार के विनियम लागू नहीं होते। एशियाई देशों की सरकारों के विरोध पर कोई ध्यान नहीं देता। दूरदर्शन और अधिकांश एशियाई देशों के टेलीविजन नेटवर्क पर मादक पेय पदार्थों और तंबाकू के विज्ञापन पर रोक हैं किन्तु हांगकांग के कुछ उपग्रह चैनलों ने विभिन्न ब्रांडों के मादक पेय पदार्थों और पान मसालों का विज्ञापन दिखाना शुरू कर दिया है। विज्ञापन की नैतिकता हम ऐसा भी कह सकते हैं कि प्रसारण की नैतिकता के प्रति जागरूकता के बराबर है। टी. वी दर्शक उसे स्वीकार कर सकता है या अस्वीकार, विज्ञापन उसके सूचना के अधिकार और स्वस्थ मनोरंजन प्राप्त करने के अधिकार में प्रत्येक कुछ मिनटों पर हस्तक्षेप करता है किन्तु वह इसका विरोध नहीं करता और इस प्रकार वह शोषण का शिकार होता रहता है।

इस क्षेत्र में कुछ नैतिक मानदंड और सामाजिक उत्तरदायित्व की भावना के समावेश की दिशा में भारत सरकार और विज्ञापन व्यवसाय के प्रयास ऑल इंडिया रेडियो (आकाशवाणी) और दूरदर्शन पर विज्ञापन हेतु दिशा निर्देश, दूरदर्शन द्वारा जारी वाणिज्यि के विज्ञापन हेतु निर्धारित नियमावली में परिलक्षित होते हैं।

भारतीय मानव परिषद (Indian Human Council)

भारतीय मानव परिषद द्वारा विज्ञापन के लिए निर्धारित दिशा-निर्देश और नियमावली नीचे उल्लेख की गई है–

(क) सिगरेट, बीड़ी या तंबाकू युक्त किसी भी अन्य उत्पाद, पान मसाला,

मादक पेयों और अन्य मादक पदार्थों, सोने और चाँदी के आभूषणों, बहुमूल्य पत्थरों के विज्ञापन के प्रसारण की अनुमति नहीं है।

(ख) वातित जल (मृदु पेयों) की बोतलों पर इस आशय की सांविधिक घोषणा लिखी होनी चाहिए कि इस पेय पदार्थ में कोई फल का रस। फल का गूदा नहीं है और इसमें कृत्रिम सुगंध डाला गया है तथा इसमें ब्रोमिन युक्त वनस्पति तेल नहीं मिला हुआ है।

(ग) औषधीय विषयक जानकारियाँ निश्चित तथ्यों से युक्त होनी चाहिएँ

(घ) औषधीय उत्पाद के विज्ञापन जारी करने से पहले उसके साथ संपूर्ण संबंधित जानकारियां की (हिंदी या अंग्रेजी भाषा में) पाँच प्रतियाँ और एक नमूना उत्पाद औषधि नियंत्रक के पास उसकी अनुमति प्राप्त करने के लिए भेजी जानी चाहिएँ

(ङ) विज्ञापनों में कोई अतिरंजित, अतिशयोक्तिपूर्ण या ग्रामादावा नहीं होना चाहिएँ

देश में विज्ञापन को विनियमित करने वाले सभी कानूनों से विज्ञापन जगत से जुड़े सभी लोगों को पूरी तरह अवगत होना चाहिएँ इस संदर्भ में औषधि एवं प्रसाधन सामग्री अधिनियम, 1940, औषधि नियंत्रण अधिनियम, 1950, औषधि और चमत्कारिक उपचार (आक्षेपणीय विज्ञापन) अधिनियम 1954, प्रतिलिपाधिकरण अधिनियम, 1957, व्यापार और पुण्य वस्तु चिह्न अधिनियम, 1958, खाद्य अपमिश्रण निवारण अधिनियम, 1954, भेषजी अधिनियम, 1948, पुरस्कार प्रतियोगिता अधिनियम, 1955, संप्रतीक और नाम (अनुचित प्रयोग निवारण) अधिनियम, 1950, उपयोगिता संरक्षण अधिनियम, 1990, स्त्री अशिष्ट रूपण (प्रतिषेध) अधिनियम, 1986, भारत में विज्ञापन हेतु भारतीय विज्ञापन परिषद द्वारा जारी नैतिकता संबंधी नियमावली, औषधियों और उपचारों के विज्ञापन के बारे में मानव संबंधी नियमवली, विज्ञापन एजेंसियों के लिए व्यवहार संबंधी मानव वाणिज्यिक प्रसारण हेतु नियमावली इत्यादि अधिनियमों का विशेष उल्लेख किया जा सकता है।

(च) विज्ञापन इस प्रकार तैयार किया जाना चाहिए कि वह देश के कानूनों के अनुरूप हो तथा लोगों की नैतिक, धार्मिक और सामाजिक भावनाओं को ठेस न पहुँचाता हो।

(छ) ऐसे किसी भी विज्ञापन के प्रसारण की अनुमति नहीं दी जाएगी जो

(i) किसी वंश, जाति, रंग, धर्म-सिद्धांत और राष्ट्रीयता का उपहास करता हो।

(ii) भारत के निर्देशक संविधान में निहित किसी भी नीति-निर्देशक सिद्धांतों या उपबंध के विरुद्ध हो

(iii) लोगों को अपराध के लिए हो, समाज में अव्यवस्था या हिंसा या कानून के उल्लंघन का कारण बनता हो या किसी भी रूप में हिंसा अथवा अश्लीलता को दिखाता हो।

(iv) अपराधिता को प्रस्तुत करता हो;

(v) विदेशी राष्ट्रों के साथ मैत्री संबंधों पर प्रतिकूल प्रभाव डालता हो;

(vi) राष्ट्रीय प्रतीक, या संविधान के किसी हिस्से या व्यक्ति या राष्ट्रीय स्तर के किसी नेता या प्रतिरिक्त व्यक्ति के व्यक्तित्त्व का दुरुपयोग करता हो।

दूरदर्शन पर वाणिज्यिक विज्ञापन हेतु नियमावली

यह नियमावली संसद में वर्ष 1987 के मध्य में प्रस्तुत की गई। इसमें महिला अधिनियम और उपयोगिता अधिनियम जिन्हें 1986 में संसद द्वारा पारित किया गया है, के अनुचित उपयोग को रोकने से संबंधित नियमावली निहित है। इसमें विज्ञापनदाताओं के लिए करने योग्य और नहीं करने योग्य 33 बिंदु निहित हैं। इनमें से कुछ नीचे वर्णित किये गये हैं।

विज्ञापनदाताओं को कानून के अनुरूप काम करना चाहिए तथा नैतिकता, औचित्य और लोगों की धार्मिक भावना को ठेस नहीं पहुँचानी चाहिए।

विज्ञापन की सफलता लोगों के विश्वास पर निर्भर करती है और इस विश्वास का हनन करने वाले किसी भी कार्य की अनुमति नहीं दी जानी चाहिए।

इस नियमावली का एकमात्र व्याख्याकार या निर्णयकर्त्ता महानिदेशक के पद पर तैनात अधिकारी है।

निम्नलिखित श्रेणियों के विज्ञापन की अनुमति नहीं दी जानी चाहिए—

(i) ऐसा विज्ञापन जो लोगों को अपराध के लिए उकसाता हो, समाज में अव्यवस्था का कारण बनता हो या विदेशी राष्ट्रों के साथ मैत्री संबंधों पर प्रतिकूल प्रभाव डालता है।

(ii) ऐसा विज्ञापन जो किसी वंश, जाति, रंग, धर्म-सिद्धांत और राष्ट्रीयता का उपहास करता हो या नीति निर्देशक तत्त्वों-या संविधान के विरुद्ध हो।

(iii) ऐसा विज्ञापन जिसका किसी धार्मिक, राजनीतिक या औद्योगिक विवाद से संबंध हो।

(iv) ऐसे विज्ञापन जो राष्ट्रीय प्रतीक या संविधान के किसी हिस्से या व्यक्ति या राष्ट्रीय स्तर के किसी नेता या प्रतिष्ठित व्यक्ति के व्यक्तित्व का दुरुपयोग करता हो।

(v) किसी भी विज्ञापन को समाचार के रूप में प्रस्तुत नहीं किया जाएगा।

(vi) गारंटी शुदा वस्तुएँ आवश्यकता पड़ने पर दूरदर्शन महानिदेशक को निरीक्षणार्थ प्रस्तुत की जाएँगी।

(vii) ऐसा विज्ञापन जो चिटफंड, साहूकारी, विदेशी माल और निजी बचत स्कीमों को बढ़ावा देता हो।

(viii) ऐसे विज्ञापन जिनसे दर्शकों के चौंक जाने की संभावना हो जैसे कि बंदूक से गोली दागना, सायरन की आवाज, बमबारी, चीखने की आवाज और भयानक हँसी।

(ix) विज्ञापनों में महिलाओं का बेजा अंग-प्रदर्शन नहीं किया जाएगा और उन्हें वंशवर्ती नहीं दर्शाया जाएगा।

(x) किसी अन्य उत्पादन के प्रति निंदापूर्ण या अप्रतिष्ठाजनक टिप्पणियाँ नहीं की जाएँगी या विज्ञापनदाता द्वारा अपना उत्पाद प्रस्तुत करते हुए किसी अन्य उत्पाद से तुलना नहीं की जाएगी।

4

टेलीविजन साक्षात्कार

मनुष्य प्रायः खुद के बारे में बताने तथा दूसरों के बारे में जानने की उत्सुकता रखता है। मनुष्य सामाजिक प्राणी है इसलिए मनुष्य का यह स्वाभाविक गुण है। शायद इसी कारण भाषा का जन्म हुआ। साधारणतः देखा गया है कि किसी के बारे में जानने की जिज्ञासा का समाधान संवादात्मक शैली में होता है। वह शैली अधिकतर प्रश्नाश्रित होती है। उदाहरण—"आप कहाँ से आ रहे हैं?" "संभवतः आप दिल्ली गये थे।" "आपका क्या नाम है?" "क्या आप ही अधिकारी महोदय हैं?" "मुझे मनोज कुमार से मिलना था" आदि ज्यादातर देखा गया है कि सीधे वाक्य भी उच्चारण विधि (एक्सेन्ट) से प्रश्नवाचक बन जाते हैं। वर्तमान युग सूचना विस्फोट का युग है। प्रतिदिन नई-नई जानकारियाँ मालूम होती हैं व्यक्तित्त्व उभरकर सामने आता है। इन खोजपूर्ण जानकारियों को जनता के समक्ष प्रस्तुत करने, उनसे संबंधित व्यक्तियों को जनता से परिचित कराने और उनकी कार्यशैली की जानकारी देने हेतु सम्प्रति साक्षात्कार (इन्टरव्यू) विधि का प्रयोग आज खूब लोकप्रिय है। **"साक्षात्कार"** शब्द अंग्रेजी **"इन्टरव्यू"** के शब्दार्थ के रूप में प्रयोग किया जाता है। हिन्दी "साक्षात्कार" शब्द का आशय होता है—**साक्षात् कराना अथवा करना** अर्थात् वह प्रक्रिया जो साक्षात् करा दे। अब प्रश्न उठता है किसको और क्यों? इस संदर्भ में आगे साक्षात्कार का अंग्रेजी शब्दार्थ "इन्टरव्यू" से अधिक संवेदनशील शब्द है। उसके आधार पर

साक्षात्कार से अभिप्राय है किसी के अन्त के अन्तस का अवलोकन करना अर्थात् जो जानकारी उसे देखने से प्राप्त नहीं हो सकती और जिस प्रक्रिया द्वारा वह अदृश्य मूर्तिमान हो जाये, उसी को "इन्टरव्यू" या "साक्षात्कार" कहते हैं। किसी भी व्यक्ति को पहचान करने, किसी कृतित्व को उभारने या किसी व्यक्ति अथवा कृति/कार्य के अंतस् को टटोलने हेतु प्रयुक्त प्राश्निक विधि को "साक्षात्कार" अथवा "इंटरव्यू" कहते हैं।

साक्षात्कार के दो स्वरूप वर्तमान समय के संदर्भों में दृष्टिगोचर है—एक माध्यमोपयोगी दूसरा-प्रतियोगितात्मक। हमारा अभीष्ट माध्यमोपयोगी साक्षात्कार है, परन्तु सम्प्रति सामान्य जनजीवन में, जीविकोपार्जन और शिक्षा के क्षेत्र में होने वाले प्रतियोगात्मक लिखित परीक्षा के पश्चात् अभ्यर्थी के व्यक्तित्व, योग्यता, उपयोगिता, विश्वास जीवन-शैली हाजिरजवाबी इत्यादि को जाँचने हेतु आयोजित साक्षात्कार प्रणाली अधिक विख्यात है।

ज्ञात हो कि प्रतियोगात्मक साक्षात्कार का प्रयोजन उचित अभ्यर्थी का चयन होता है। इस साक्षात्कार में असफल होने पर प्रतियोगी के भविष्य को अंधकार एवं निराशा में डूबो देती है। इसलिए अभ्यर्थी को इसमें खरा उतरने की कला से अच्छी तरह परिचित होना चाहिये। साक्षात्कार देने वाले मनुष्य को इस बात की पूर्ण जानकारी होनी चाहिये कि उसे किस तरह अभिवादन करना है? प्रश्नों के उत्तर किस प्रकार देने हैं, किस तरह के वस्त्र पहनने हैं? भाव भंगिमाएँ कैसी बनानी हैं—यानी अभ्यर्थी किस प्रकार श्रेष्ठतम ढंग से अपने व्यक्तित्व को साक्षात्कार बोर्ड के समक्ष प्रस्तुत करता है इसकी जानकारी आवश्यक है।

अभ्यर्थी को साक्षात्कार की तैयारी से पूर्व यह बात अच्छी तरह से समझ लेना चाहिये कि वह व्यवसाय, पद या प्रतियोगिता हेतु साक्षात्कार दे रहा है, चूँकि व्यवसाय तथा पदानुरूप साक्षात्कार प्रविधि परिवर्तित हो जाती है। जैसे कि संघ लोक सेवा आयोग के साक्षात्कार में प्रश्न ज्यादा विचारात्मक होते हैं। इसलिए अभ्यर्थी को विश्लेषणात्मक उत्तर देने हेतु अपने ऐच्छिक विषय, राष्ट्रीय-अन्तर्राष्ट्रीय, सामाजिक गतिविधियों की पूरी जानकारी होनी चाहिये। लिपिकीय या अन्य सामान्य परीक्षाओं के साक्षात्कार में तथ्यपरक सवाल अधिक पूछे जाते हैं।

1. साक्षात्कार कक्ष में प्रवेश करते समय शरीर सीधा रखते हुए (अनावश्यक तना हुआ नहीं) मुस्कराते हुए प्रवेश करना चाहिये।
2. साक्षात्कार से जुड़े व्यवसाय, उसके कार्य-क्षेत्र उसके उत्पादन, उसके कार्य, बाजार, सामाजिक स्थिति इत्यादि का पूर्वाभास तथा ज्ञान।

3. वेशभूषा स्वच्छ और सुरुचिपूर्ण हो।
4. प्रमुख राष्ट्रीय, अन्तर्राष्ट्रीय घटनाचक्रों, वर्तमान मुश्किलों की जानकारी और अपना स्पष्ट विचार।
5. आज्ञा प्राप्त होने पर कुर्सी पर बैठना चाहिये, झुककर बैठना, सुसंगत नहीं लगता। जल्दी-जल्दी पहलू बदलना भी ठीक नहीं, पैरों को फँसाकर नहीं बैठना चाहिये।
6. साक्षात्कार लेने वालों का स्वागत करना है।
7. अभ्यर्थी को अपने सम्बन्ध में पूरी जानकारी होनी चाहिये यानी जन्म निवास शैक्षिक योग्यता विशेष उपलब्धियाँ, अभिरुचियाँ तथा सम्बन्धित साक्षात्कार का रूप अर्थात् व्यवसाय तथा पद की गरिमा तथा कार्य।
8. प्रश्न का जवाब देते समय प्रश्न के प्रति नकारात्मक रवैया अपनाते समय आत्मविश्वास होना चाहिये जहाँ तक संभव हो "शायद या हो सकता है जैसे संदेहास्पद वाक्यों के उपयोग से बचना चाहिये।
9. प्रश्नों के असली को समझने के पश्चात् ही उत्तर अति शांत भाव से सुविचारित, विषयानुकूल एवं स्पष्ट उच्चारण के साथ देना चाहिये।
10. "यदि आपका चयन नहीं हुआ है" जैसे नकारात्मक शैली के प्रश्न से घबराना नहीं चाहिये वरन् विश्वास के साथ आत्मविश्लेषण पुनः प्रयास, अन्य मार्ग खोजने का करना चाहिये। इस तरह के प्रश्न अभ्यर्थी के धैर्य की परीक्षा है।
11. सिर खुजलाना पेन खोलना-बन्द करना, मेज थपथपाना/हिलाना, बिना जरूरत के हाथ-पैर हिलाना, चेहरे की भाव-भंगिमाएँ बदलना इत्यादि आपके क्षीण आत्मविश्वास की सूचना देते हैं।
12. साक्षात्कार अंत में मुस्कराते हुए साक्षात्कारकर्त्ता को धन्यवाद देकर यदि हाथ बढ़ाए तो हाथ मिलाकर बिना पीछे मुड़कर देखे कमरे से बाहर जाना चाहिये।

यह तो थी प्रतियोगितापरक साक्षात्कार की बात अब आइए करते हैं। माध्यमोपयोगी साक्षात्कार की। आकाशवाणी दूरदर्शन या प्रिन्ट माध्यम (समाचार पत्र-पत्रिकाएँ) इत्यादि में किए जाते रहते हैं।

साक्षात्कार के माध्यम से किसी व्यक्ति के व्यक्तित्व, कृतित्व, कार्यशैली को जाँचा-परखा जाता है एवं प्रचारित किया जाता है। प्रश्न यह उठता है कि माध्यमों द्वारा किसी व्यक्ति का साक्षात्कार क्यों लिया जाए, किस तरह परिस्थिति में लिया जाये? क्योंकि जिन साधनों की जनता के प्रति प्रतिबद्धता होती है और उनका लक्ष्य समूहगत हित को देखना है। ऐसी स्थिति में किसी व्यक्ति उसके व्यक्तित्व उसके

विचार, उसकी जीवन शैली इत्यादि को जनता पर थोपना कहाँ तक उपरोक्त है? वास्तव में यह प्रश्न छोड़े गए प्रश्न कि साक्षात्कार किसका और क्यों?" को दोहराता है। यह ध्यान देने योग्य है के किसी भी समय, किसी भी व्यक्ति का साक्षात्कार जनसंचार माध्यमों पर नहीं किया जाता और न ही किया जाना चाहिये। आवश्यकता है–साक्षात्कार की प्रासंगिकता को जानने की, समझने की। इसमें सबसे प्रमुख तथ्य है–जन प्रतिनिधित्व यानी व्यक्ति नहीं, समूह अभिरुचि जरूरी है यानी जब कोई व्यक्ति सामान्य जीवन से हटकर कोई ऐसा कार्य करता है जिसके पीछे समूहगत हित है या उसकी संभावना है तो वह जनसाधारण में चर्चित हो जाता है, वह व्यक्ति मीडिया हेतु खास बन जाता है और इस खास को जानना और पहचानना मीडिया का कर्त्तव्य बन जाता है।

सर्वस्व विदेश से आकर अपना जीवन गरीबों, कोढ़ियों, बीमारों हेतु समर्पित कर देने वाली मदर टेरेसा "नोबेल पुरस्कार" या "भारत रत्न" पाकर विशेष बन जाती हैं मतलब यह है कि जनता के बीच लोकप्रिय होना, जनता की रुचि, व्यक्ति खास में होना, उसे मीडिया हेतु लोकप्रिय होना, जनता ही रुचि, व्यक्ति विशेष में होना, उसे मीडिया हेतु विशेष बना देता है। कहने का आशय यह है कि साक्षात्कार उसका लिया जाये जो विशेष हो।

किन्तु किसी भी विशेष व्यक्ति का साक्षात्कार कभी भी लेना प्रासंगिक नहीं होता। यह विशेष अवसर आता है–उसके जीवन की किसी खास उपलब्धि से। जैसे कि "मदर टेरेसा" को जब नोबेल या भारत रत्न पुरस्कार प्रदान किया गया तो उनका साक्षात्कार आवश्यक हो गया। उसी तरह "द सेटेनिक वर्सेज", "लज्जा", "द स्युटेबिल बॉय" पुस्तकों के लोकप्रिय होने पर क्रमशः सलमान रशदी, तसलीमा नसरीन, विक्रम सेठ के साक्षात्कार की जरूरत दिखाई पड़ती है। इसी तरह किसी लोकप्रिय व्यक्ति के जीवन में विशेष परिवर्तित मौके के समय साक्षात्कार लिया जा सकता है जैसे–प्रथम महिला लोकसभा स्पीकर बनने के बाद मीरा कुमार का साक्षात्कार प्रासंगिक है। वहीं राष्ट्र की संवेदना तथा अर्थव्यवस्था से जुड़े घोटालों, विविध प्रकरणों में चर्चित लालू यादव, आडवाणी, पवार, सुरेश कलमाडी, ए-राजा इत्यादि का भी, चूँकि यह सभी जनप्रतिनिधि हैं और उनकी जवाबदेही जनता के प्रति है। इसलिए मीडिया का दायित्व बनता है कि जनता के समक्ष इनके व्यक्तित्व विचारों को उजागर करे।

इनके विशेष मौकों पर साक्षात्कार की उपयोगिता दिखाई पड़ती है। जैसे कि साहित्यकार, राजनेता, कलाकार, खिलाड़ी इत्यादि के जन्मदिन, षष्ठीपूर्ति, पुण्यतिथि

अथवा उपलब्धियों में वृद्धि सम्बन्धित व्यक्ति या उन व्यक्तियों के सम्बन्धियों, आलोचकों, मित्रों इत्यादि से साक्षात्कार उपयुक्त होता है। जैसे कि 2 अक्टूबर के दिन महात्मा गाँधी की जन्मतिथि पर उनको श्रद्धांजलि देने के लक्ष्य से तथा नई पीढ़ी को उनके व्यक्तित्व से परिचित कराने हेतु गाँधी जी के वंशजों, सहयोगियों इत्यादि का साक्षात्कार प्रासंगिक होगा। प्रेमचन्द की जन्मशती पर किसी प्रख्यात साहित्यकार से साक्षात्कार प्रासंगिक होगा या सीनियर खिलाड़ी के टीम में रहने के बावजूद धोनी के कप्तान बनने पर टीम पर पड़ने वाले प्रभाव आदि के सम्बन्ध में गावस्कर, कपिलदेव इत्यादि सीनियर एवं विशेषज्ञों की प्रतिक्रिया तथा विचार जानना उचित होगा।

साक्षात्कार की उपयोगिता विशेष मौकों पर दिखाई पड़ती है और पब्लिक फिगर बन जाते हैं, जैसे कि जादूगर बी. एन. सरकार या आनन्द या टेनिस स्टार सानिया मिर्जा, इंग्लिश चैनल पार करने वाली आरती इत्यादि। कई व्यक्ति समाज एवं देश के लिए खतरनाक होते हैं फिर भी समाज के लिए वह साक्षात्कार योग्य बन जाता है, जैसे—अंडरवर्ल्ड डॉन दाऊद इब्राहिम, अबू सलेम।

कहने का प्रयोजन यह है कि माध्यमों द्वारा किसी विशेष लोकप्रिय व्यक्ति का विशेष मौके पर उपलब्धियाँ, योग्यता, परिचय इत्यादि जानने हेतु साक्षात्कार आयोजित किया जाता है।

यह कब और क्यों के बाद आता है। साक्षात्कार कैसे लिया जाए, या दिया जाये? अच्छे साक्षात्कारकर्त्ता या दाता के अन्दर कौन-कौन से गुण होने चाहियें इत्यादि?

सबसे पहले बात करते हैं कि साक्षात्कार कैसे लिया जाय? मालूम है कि प्रत्येक साधन की अपनी-अपनी सीमाएँ हैं, उपकरण हैं। इसलिए हमें सबसे पहले यह विचार करना पड़ता है कि हमारा साधन क्या है? प्रिन्ट, रेडियो या दूरदर्शन। यह जानना इसलिए अनिवार्य है क्योंकि रेडियो ध्वनि-बिम्बों का साधन है तो समाचार पत्र छपे अक्षरों का और दूरदर्शन दृश्य-श्रव्य दोनों का। हमें रेडियो हेतु साक्षात्कार लेना है तो हमें टेपांकन विधि के विषय में जानकारी जरूर होनी चाहिएँ ज्यादातर अखबार, पत्रिकाओं इत्यादि के साक्षात्कार हेतु भी टेपरिकार्डर का उपयोग किया जाता है, जिससे बातचीत की प्रामाणिकता तथा स्थायित्व बना रहे। वैसे समाचार पत्र हेतु लेखन-विधि का उपयोग किया जाता है। यहाँ तक कि टेपांकित बात का लिप्याकित करके ही समाचार पत्र में प्रस्तुत किया जाता है। इस पद्धति का यह फायदा है कि

अनुपयोगी, बेकार, अनुपयुक्त अथवा अकथनीय तथ्यों को काट छाँटकर प्रयोग किया जा सकता है। हालाँकि रेडियो हेतु टेपांकित साक्षात्कार में भी सम्पादन मुमकिन है, परंतु उसमें वाक्यों को काटने-छाँटने में कठिनाई होती है, चूँकि वाक्य को काँटने-छाँटने से वक्ता के बोलने की लय, गति में बदलाव आ जाता है जो कि स्पष्ट सम्पादन की सूचना देता है। इन सबके अलावा दूरदर्शन हेतु आयोजित साक्षात्कार में जो कहा जा रहा है, जिस अवसर की चर्चा है, जिस उपलब्धि की बात है, उसको दिखा कर और अधिक समीक्षा पैदा कर दी जाती है। साथ ही साथ यह भी जान लेना चाहिये कि रेडियो और प्रिन्ट मीडिया हेतु होने वाली बातचीत तो दो लोगों के मध्य होती है, परंतु दूरदर्शन के साक्षात्कार का तृतीय दृष्टा भी होता है, कैमरामैन। कैमरे के बीच दूरदर्शन साक्षात्कार मुमकिन नहीं है। इसलिए दूरदर्शन साक्षात्कार टीम वर्क है-बाकी एकल।

साक्षात्कार करने के लिए अधिकांशतः प्रश्नोत्तर शैली का उपयोग होता है। रेडियो और दूरदर्शन पर तो यह अत्यंत जरूरी है, परंतु समाचार पत्र-पत्रिकाओं में प्रश्नोत्तरी की अतिरिक्त वर्णनात्मक ढंग से भी साक्षात्कार लेख की जैसा दिखाई पड़ता है, परंतु उसके कन्टेन्ट को पढ़कर बातचीत का अहसास होने लगता है। बीच-बीच में प्रश्नों का वर्णन भी होता है। इस तरह के साक्षात्कार प्रस्तुत करने हेतु साक्षात्कारकर्त्ता को खास शैली अपनानी पड़ती है, जैसे विशेष विषय पर अपने मन्तव्य को स्पष्ट करते हुए बोले खास स्थिति पर उनके विचारों को सुनकर लगा कि "...." उपवाक्य एवं वाक्याँश को उपयोग में लाना पड़ता है। परंतु यदि यह शैली रेडियो व दूरदर्शन पर अपनाई जायेगी तो यह साक्षात्कार क्रमशः बातों और डाक्यूमेन्ट्री कहलायेगा। इसलिए हर माध्यम की सीमाओं को ध्यान में रख कर ही साक्षात्कार किया जाना चाहिये। वास्तविकता यह है कि साक्षात्कार हेतु प्रश्नोत्तर शैली सबसे उत्तम माध्यम है। माध्यम के आधार पर प्रस्तुति के प्रारूप अलग-अलग होने पर भी भी कई ऐसे कथ्य हैं जो कि समान रूप से पाए जाते हैं।

मालूम हो कि साक्षात्कार द्विपक्षीय विधा है यानी साक्षात्कार के दो घटक होते हैं– प्रथम साक्षात्कारकर्त्ता द्वितीय साक्षात्कारदाता है।

साक्षात्कारकर्त्ता इस विधा का नियामक है। इन पक्षों पर निम्नलिखित विचार प्रस्तुत किए गये हैं–

1. चयन- साक्षात्कार का यह पहला चरण है जो बहुत अधिक महत्त्वपूर्ण है। साक्षात्कारदाता का परिस्थिति का, मौका का विषय का है, यहाँ तक कि साक्षात्कारकर्त्ता

का चयन। साक्षात्कारकर्त्ता का चयन सम्भवतः चौंकाने वाली बात लगे परंतु सच्चाई यही है कि परिस्थिति तथा व्यक्ति के अनुसार साक्षात्कारकर्त्ता का भी चयन किया जाता है।

समाचार पत्रिकाओं में तो आजाद पत्रकार होते हैं, जबकि रेडियो, दूरदर्शन, सरकारी तंत्र से संबंधित होने के कारण सरकार से प्रतिबद्ध पत्रकार होते हैं। इसके परिणामस्वरूप पत्र-पत्रिकाओं हेतु साक्षात्कार लेने वाला व्यक्ति स्वयं के विचारानुसार व्यक्ति, परिस्थिति का चयन कर सकता है, परंतु रेडियो-दूरदर्शन पर यह असंभव है। साक्षात्कार का विषय ऐसी परिस्थिति में कार्यक्रम निदेशक अपने विवेक से समय एवं अवसर के अनुरूप खोज करता है। इसके बाद उपयुक्त साक्षात्कारदाता की खोज करता है और फिर उसके व्यक्तित्वानुसार, विषयानुसार साक्षात्कारकर्त्ता की। अखबार-पत्रिकाओं हेतु स्वतंत्र साक्षात्कारकर्त्ता भी होते हैं।

दाता एवं विषय के चयन के पश्चात् साक्षात्कारकर्त्ता का चुनाव होता है। जैसे कि वर्ष 1997 स्वर्ण जयन्ती वर्ष के रूप में मनाया जा रहा था। इस मौके पर अगर भारत की 50 वर्षों की उपलब्धियों का आकलन करना हो तो उस हेतु साक्षात्कारदाता आजादी आन्दोलन से संबद्ध राजनेता, स्वतंत्रता सेनानी या स्वतंत्रता पूर्व भारत का कोई एक नागरिक हो सकता है और साक्षात्कारकर्त्ता कोई प्रसिद्ध चुनाव समालोचक इत्यादि।

2. सम्पर्क—विषय तथा व्यक्ति का चुनाव होने के बाद साक्षात्कारकर्त्ता द्वारा दाता से सम्पर्क करके समय तिथि, स्थान इत्यादि का निर्धारण किया जाता है।

3. व्यक्ति/विषय का विधिवत् अध्ययन—सम्पर्क-तिथि तय होने के बाद साक्षात्कार को दाता के व्यक्तित्व की भी पूरी जानकारी करनी होती है, सम्बन्धित विषय का सही ढंग से अध्ययन करना पड़ता है। इस वक्त अध्ययन एवं जानकारी की कोई सीमा नहीं है, जितना ज्यादा साक्षात्कारकर्त्ता विषय या व्यक्ति से तादात्म्य स्थापित करेगा, उतना ही उसके अन्तः को जनसाधारण के समक्ष उकेरने में सफल रहेगा। साथ ही अगर हो सके तो कर्त्ता का दाता या विषय से जुड़े पूर्व इन्टरव्यू देख पढ़ लेने चाहियें, परंतु उनका अध्ययन पुनरावृत्ति के रूप में नहीं करके कतिपय उनसे हटकर कतिपय नया करने हेतु किया जाना चाहिये।

4. प्रश्नावली तैयार करना—प्रश्नों को काल विशेष के आधार पर लिखना चाहिए परंतु उससे पूर्व विषय का अच्छी तरह अध्ययन करना चाहिएँ

ज्ञात हो कि पत्र-पत्रिकाओं में पत्राचार द्वारा भी साक्षात्कार लिया जाता है, परंतु एकपक्षीय हो जाने की वजह से कतिपय बात निकल कर नहीं आती। फिर कहा

भी गया है कि बात से बात निकलकर सामने है। इसलिए जहाँ तक मुमकिन हो आमने-सामने बैठकर कर्त्ता को दाता से साक्षात्कार करना चाहिएँ अधिकांशतः देखा गया है कि रेडियो-दूरदर्शन के साक्षात्कार कार्यक्रमों में प्रश्नावली पहले तैयार करके दाता को प्रश्नों से परिचित करा दिया जाता है, जिसके लिए तर्क दिया जाता है कि इन संचार माध्यमों में लाइव प्रसारण की स्थिति में गलती होने पर सुधार की संभावना नहीं होती है। इसलिए कर्त्ता-दाता के साथ-साथ टेक्निकल गड़बड़ी या कमजोरी न दिखाई पड़े इसलिए प्रश्नोत्तर का अभ्यास कर लिया जाये। परंतु मुझे ऐसा लगता है कि साक्षात्कारकर्त्ता को दाता के साथ बैठ कर केवल विषय पर चर्चा करके कंटेन्ट का परिचय देना चाहिये और जहाँ तक सम्भव हो कर्त्ता को अपने प्रश्नों को उसी पर केन्द्रित करना चाहिये, परंतु सभी प्रश्नों को शब्दशः दाता को नहीं बताना चाहिये चूँकि इस स्थिति में दाता पूर्वाग्रह से प्रेरित होकर प्रश्नों के उत्तर देगा जिससे वास्तविक तथ्य छुप सकते हैं, परंतु साक्षात्कार कर्त्ता को अपने मन में प्रश्नावली पहले से जरूर बना लेनी चाहिये। जब प्रश्नावली तैयार करें तो उस समय इस बात से पूर्ण रूप से आश्वस्त हो जाएँ कि कोई भीतरी पहलू छूटा तो नहीं है और फिर अपने प्रश्नों को क्रमबद्ध होने पर साक्षात्कार ट्रैक से या पकड़ कर बाहर नहीं जा पाएगा।

साक्षात्कारकर्त्ता को प्रश्नावली तैयार करते समय पूरी तरह सजग रहना चाहिए क्योंकि अगर प्रयोजन, विषय स्थिति, व्यक्ति का यथाचित परिचय पाठक/श्रोता/दर्शक को नहीं मिला तो प्रयोजन असफल हो जायेगा। उदाहरणतः यदि किसी लेखक का साक्षात्कार करना हो तो कर्त्ता को प्रश्नावली तैयार करते समय एक-दो प्रश्न परिचयात्मक रखने चाहिएँ। इसके बाद कृतित्व की बात करनी चाहिये। कृत्य की प्रेरणा पर ध्यान केन्द्रित करना चाहिये, पारिवारिक सामाजिक परिस्थिति का व्यक्तित्व कार्य पर प्रभाव जाँचना चाहिये तथा अंततः कार्य की प्रासंगिकता, उपादेयता के संदर्भ में लेखक की मूल दृष्टि भी जान लेना उत्तम होगा। अगर लेखक या उसके कृतित्व के संदर्भ में, पाठकों की प्रतिक्रिया मालूम हो, तो उसके संदर्भ में लेखक से जरूर प्रश्न पूछना चाहिये जिससे बात स्पष्ट हो जायेगी। अगर मौका विशेष पर साक्षात्कार है तो उस अवसर से तादात्म्य स्थापित करना चाहिये। जहाँ तक सम्भव हो प्रारंभ में आसान प्रश्न पूछने चाहिएँ तथा फिर धीरे-धीरे गंभीर सवालों की ओर बढ़ना चाहिये।

प्रश्नावली तैयार करने के पश्चात् उसको अच्छी तरह जाँच लेना चाहिये और साक्षात्कारदाता को दिन, समय, विषय आदि को याद दिला देना चाहिये।

जब कर्त्ता-दाता आमने-सामने हों तो साक्षात्कार को निम्नांकित बातों का

स्मरण रखना चाहिये। दर्शक/श्रोताओं का परिचय साक्षात्कारदाता से अभिवादन के पश्चात कराएँ। रेडियो में कर्त्ता का अभिवादन दिखाई नहीं देता है, अतः कर्त्ता का यह कर्त्तव्य है कि श्रोताओं को इशारा कर कि दाता अभिवादन कर रहा है। जैसे-अच्छा तो श्रोताओं आपको मेरा नमस्कार तथा मेरे साथ पधारे .... को नमस्कार। प्रस्तुति के आरंभिक अनुच्छेद में व्यक्ति/परिस्थिति का परिचय दें। प्रश्नों के उत्तर अत्यन्त धैर्य के साथ सुनें एवं जरूरत होने पर दाता से प्रति प्रश्न करके या स्वयं समीक्षा करके श्रोताओं, दर्शकों की समीक्षा विश्लेषित कर दें। शुरू में आसान प्रश्न पूछें जिससे दाता सहज हो जाये। स्पष्ट उच्चारण के साथ सवाल पूछे जाएँ। प्रश्नोत्तर निर्धारित विषय से हटकर न हो, यदि दाता विषय से विचलित होने लगे तो बहुत शिष्टता के साथ अपने वाक्चातुर्य एवं प्रत्युत्पन्नमति से उसे विषय पर केन्द्रित करें। दूरदर्शन साक्षात्कार की स्थिति में बगैर जरूरत हाथ-पैर आँख, मुँह आदि न नचाएँ। दाता के संवाद में अनावश्यक हस्तक्षेप सही नहीं है। निष्कर्ष को सम्पूर्ण साक्षात्कार कह संक्षिप्त समीक्षा करते हुए साक्षात्कार कर्त्ता को दाता और दर्शकों/ श्रोताओं का अभिवादन करके बात खत्म करनी चाहिएँ दूरदर्शन पर साक्षात्कार लेते समय अगर सम्भव हो तो साक्ष्य/पुरस्कार/ कृति आदि को दर्शकों के सामने प्रस्तुत करें, रेडियो पर भी यह संभव है, यथा– "अच्छा...। आप अपनी यह कृति लाए हैं। ... अच्छा यही वीणावादिनी की मूर्ति आपको पुरस्कार में प्राप्त हुई थी। ...अरे यह तो आपके गुरु की तस्वीर है। .....लगता है कि आप अपनी पुस्तकें सब जगह साथ ले जाते हैं।" आदि वाक्य सहायक होंगे।

साक्षात्कारकर्त्ता की विशेषताएँ

साक्षात्कारकर्त्ता में पाई जाने वाली प्रमुख विशेषताओं को निम्न प्रकार स्पष्ट किया गया है–

(1) स्पष्ट उच्चारण–यह बिंदु साक्षात्कार के लिए बहुत महत्त्वपूर्ण हैं क्योंकि अगर उच्चारण में ज़रा भी गड़बडी हुई तो अर्थ का अनर्थ हो जायेगा एवं दाता और श्रोता/दर्शक की बात समझने में असफल होंगे। अतः साक्षात्कारकर्त्ता को स्पष्ट उच्चारण के साथ अपनी शंकाएँ विश्लेषण को प्रस्तुत करना चाहिएँ। मुख्यतः रेडियो और दूरदर्शन हेतु कार्य करने वालों में यह गुण माध्यम की अनिवार्य माँग है।

(i) पक्षपातरहित दृष्टि–किसी भी तरह का पूर्वाग्रह से साक्षात्कारकर्त्ता को बचाना चाहिए एवं विषयानुकूल, व्यक्तित्वानुकूल सवालों को पूछना चाहिये। कर्त्ता

को इस बात का आभास होना चाहिये कि उसकी प्रतिबद्धता पाठक/श्रोता/दर्शक से उचित बात प्रस्तुत करनी है न कि साक्षात्कारदाता से अर्थात् कर्त्ता को साक्षात्कार लेते समय जन अभिरुचियों के सवाल को जरूर पूछना चाहये। जैसे—एम. जे अकबर, प्रभु चावला न्यूज चैनल पर साक्षात्कार लेते समय अक्सर ध्यान रखते हैं जिस कारण उनके कार्यक्रम जनप्रिय साबित हुए हैं। साथ ही इस बात का भी स्मरण रखना चाहिये कि साक्षात्कारदाता कर्त्ता का मेहमान है, अतः उसकी अवहेलना न हो उसकी प्रतिष्ठा को आघात न लगे।

(ii) अच्छा श्रोता—साक्षात्कारकर्त्ता को एक श्रोता होना भी अत्यंत जरूरी है अर्थात् साक्षात्कार का उद्देश्य तभी पूरा होगा जब साक्षात्कारकर्त्ता कम बोले एवं दाता से अधिक से अधिक बुलवाये, किन्तु इस बात का ध्यान रखना चाहिये कि दाता उस पर हावी होकर फालतू बातें न कह पाए अर्थात् दाता का प्रभुत्व इतना स्वीकार न किया जाये कि साक्षात्कार का स्वरूप ही बदल जाएँ

2. आकर्षण व्यक्तित्व- चुम्बकीय व्यक्तित्व किसे नहीं आकर्षित करता है। व्यक्तित्व में आकर्षण से अभिप्राय मात्र बाहरी अथवा शारीरिक सौन्दर्य से नहीं है बल्कि साक्षात्कारकर्त्ता के चलने-फिरने, पहनने-ओढ़ने, बोलने-चालने आदि की गतिविधियाँ इसमें समाहित होती हैं। उत्तम व्यक्तित्व में निम्नलिखित गुण देखे जा सकते हैं—

(i) अच्छे नयन नक्श—आकर्षण का पहला सोपान शरीर या बाहरी व्यक्तित्व होता है। अगर साक्षात्कारकर्त्ता का चेहरे अच्छे होंगे तो सहज रूप से कार्यक्रम अधिकारी साक्षात्कार दाता, आम व्यक्ति उससे मिलकर खुशी अनुभव करेंगे। प्रिन्ट मीडिया और रेडिया माध्यम हेतु सुंदर चेहरे भले ही जरूरी प्रतीत नहीं होते हैं, किन्तु दृश्य माध्यमों में यह अनिवार्य अंग है क्योंकि दूरदर्शन आदि के साक्षात्कारकर्त्ता को एक सीमा तक अभिनेता भी बनना पड़ता है।

(ii) भाव-भंगिमा—शरीर की अपनी भाषा होती है, जिसे हम बॉडी लैंग्वेज कहते हैं अतः साक्षात्कार लेते समय साक्षात्कारकर्त्ता को अपनी भाव-भंगिमाओं को आवश्यकतानुसार रखना चाहिये, बगैर जरूरत के हाथ-पैर हिलाना आँख नचाना, हुँकार भरना आदि सही नहीं। विशेषतः दृश्य माध्यम पर कैमरे की आँख आपके एक-एक भाव दर्शक के सामने रख देती है, अभिप्राय यदा—कदा भंगिमाएँ शब्द के अर्थ को विश्लेषित करती है जो कभी हास्यास्पद भी बना देती हैं।

(iii) पहनावा—उपयुक्त पहनावा भी व्यक्ति में चार चाँद लगाता है। अतः कपड़ों को सलीके से पहनना चाहिये। जरूरत के अनुसार परिस्थितिजन्य वेशभूषा

अपनानी चाहिये। जैसे कि यदि खेलकूद के मैदान में किसी खिलाड़ी का साक्षात्कार लेना है तो साक्षात्कारकर्त्ता भी अगर खिलाड़ियों वाले कपड़े पहने तो साक्षात्कारदाता और वातावरण बिलकुल सहज एवं स्वाभाविक दिखाई पड़ते हैं। वहीं राजनीतिज्ञों के साक्षात्कार में कुर्ता-पाजामा तथा धार्मिक व्यक्ति से मिलने पर धार्मिक वेशभूषा उचित लगेगी।

(iv) मिलनसारिता—साक्षात्कार के लिए बहुत जल्दी घुलने-मिलने की आदत अत्यधिक जरूरी होती है। यदि साक्षात्कारदाता से साक्षात्कार कर्त्ता अपनापन स्थापित कर ले तो उसके व्यक्तित्व में निखार आएगा और उसका कार्य सरल हो जायेगा।

(v) मृदुभाषिता—मृदुभाषी व्यक्ति निश्चित रूप से बिगड़ रहे कामों को बना लेते हैं और अपनी वाणी से परिस्थिति को मोड़ देते हैं।

3. दाता और कर्त्ता में समन्वय—दाता और साक्षात्कारकर्त्ता में जितना संयोजन होगा, प्रस्तुति उतनी ही अधिक प्रभावी बनेगी अतः अच्छे साक्षात्कारकर्त्ता हेतु जरूरी है कि वह दाता के सम्बन्ध में अधिक से अधिक जानकारियाँ एकत्रित करके उससे अपनापन स्थापित करने का प्रयत्न करे। दोनों के मध्य जितना बढ़िया समन्वय होगा, उतना ही संतोषप्रद साक्षात्कार।

साक्षात्कारदाता के सम्बन्ध में—साक्षात्कार का दूसरा एवं महत्त्वपूर्ण घटक साक्षात्कारदाता होता है जिसके बगैर साक्षात्कार का कोई महत्त्व नहीं। साक्षात्कारकर्त्ता अगर साक्षात्कार का नियामक है तो दाता उसका आधार। अतः साक्षात्कारदाता के सम्बन्ध में भी बातचीत जरूर होनी चाहिये।

ज्ञात हो कि साक्षात्कारकर्त्ता और दाता दोनों घटकों में साक्षात्कार की विधा से ही कई बातें समान रूप से प्राप्त होती हैं। जैसे आकर्षक व्यक्तित्व, आत्मविश्वास, तार्किक शक्ति, धैय, प्रत्युत्पन्नमति आदि लेकिन कुछ बातें ऐसी भी हैं जिनका प्रत्यक्ष सम्बन्ध दाता और उसके व्यक्तित्व से होता है। इनमें निम्नलिखित बिन्दु वर्णनीय हैं—

(i) सुविचारकता—साक्षात्कारदाता हेतु चिन्तक होना भी आवश्यक है क्योंकि कर्त्ता द्वारा पूछे गए सवाल के उत्तर में दिये गये उत्तर उसके व्यक्तित्व, ज्ञान एवं मानसिकता को दर्शाते हैं। अतः उत्तर देते समय त्वरित गति से प्रश्नों पर विचार करना आवश्यक है।

(ii) शांतचित्तता—शांतचित्तता का गुण दाता के व्यक्तित्व को गंभीर बना देता है। इस गुण के कारण दाता तटस्थ होकर पाठक/श्रोता/दर्शक की सहानुभूति

प्राप्त कर लेते हैं। यदा–कदा साक्षात्कारकर्त्ता ऐसे सवाल पूछता है जो कि दाता की कमजोरियों, व्यक्तिगत जीवन तथा अति कटु सत्य से जुड़े होते हैं। इन प्रश्नों से दाता में बौखलाहट पैदा होती है, जो आत्मविश्वास की कमी को दर्शाता है। अतः शांत भाव से हर परिस्थिति-प्रश्न का सामना करके दाता अपने व्यक्तित्व को उभार सकता है।

(iii) अच्छी भाषा–हमेशा अच्छी भाषा का प्रयोग करना साक्षात्कारकर्त्ता को करना चाहिएँ बड़ी से बड़ी कटु बात को सुन्दर शब्दावली में अभिव्यक्त किया जा सकता है। अच्छी भाषा दाता की वक्तृत्त्वकला को निखारेगी।

(iv) हाजिरजवाबी–साक्षात्कारदाता का हाजिरजवाब होना अपरिहार्य है क्योंकि उसके अन्दर यह गुण विद्यमान है तो वह बड़े से बड़े सवाल का काफी स्वाभाविक ढंग से अपनी प्रत्युत्पन्नमति मदद से सामना कर लेगा एवं गंभीर से गंभीर सवाल को स्वयं की इच्छा होने पर हल्का बना देगा नतीजन मानसिक दबाव से मुक्त रहेगा।

(v) स्पष्टवादिता–स्पष्टवा व्यक्ति सबको प्रिय लगते हैं, उनकी मित्रों में समाज में अपनी निजी पहचान होती है। अतः साक्षात्कारदाता स्पष्टवादी होगा तो एक तरफ जहाँ वह अपने व्यक्तित्व को आकर्षक बनाएगा, वहीं दूसरी तरफ जनता में मित्रों में विख्यात होगा। प्रश्नों को समझ-बूझकर बिना उलझाये सामाजिक प्रतिबद्धता तथा आवश्यकता को ध्यान में रखकर, साक्षात्कारदाता द्वारा स्पष्ट उत्तर देना साक्षात्कार की सार्थकता के साथ-साथ निजी रूप से भी प्रभावित करता है।

4. प्रत्युत्पन्नमति–मालूम हो कि बात में से बात उभरकर सामने आती है। यदा–कदा अप्रत्याशित अवसर आ जाते हैं जबकि साक्षात्कारकर्त्ता को बात सम्हालनी होती है। अगर साक्षात्कार लिखवा कर प्रस्तुत किया जा रहा है तो वहाँ काट-छाँट सम्भव है, परंतु रेडियो, दूरदर्शन पर सवाल को पूछते, पूझते, उत्तरों को परिष्कृत करके साक्षात्कार का उद्देश्य प्राप्त करना कौशल का कार्य है चूँकि इनके द्वारा सब कतिपय एक ही साथ सामने आता है। कोई रिहर्सल अथवा कट आदि नहीं होता और फिर अगर जीवन्त प्रसारण हो तो स्थिति और नाजुक हो जाती है। अतएव किसी अनचाही असामाजिक बात के मुँह से निकल जाने पर साक्षात्कारकर्त्ता का ही उत्तरदायित्व है कि वह परिस्थिति को अनुकूल बनाए, जिस हेतु प्रत्युपन्नमति का होना जरूरी है।

(i) आत्मविश्वास–हर क्षेत्र में आत्मविश्वास सफलता प्राप्त करने हेतु आवश्यक है। अतः माइक्रोफोन के सामने बोलते हुए अथवा कैमरे का सामना करते

हुए या किसी बड़े व्यक्ति से आमने-सामने होते हुए साक्षात्कारकर्त्ता को अपना आत्मविश्वास सुरक्षित रखना चाहिये। उसके भीतर आई हीन भावना लक्ष्य-प्राप्ति में बाधक होगी एवं प्रस्तुति फीकी पड़ जायेगी।

(ii) तार्किक शक्ति—साक्षात्कारकर्त्ता के अन्दर तर्क करने की अद्‌भुत क्षमता होनी चाहिये तभी वह सही बात दाता से उगलवा पाने में सफल होगा एवं दर्शकों/श्रोताओं/ पाठकों के सामने सही कथ्य रख पायेगा, किन्तु तर्क सकारात्मक होने चाहिएँ, नकारात्मक नहीं।

5

टेलीविजन पर विज्ञापन प्रसारण

विज्ञापन की भूमिका जनसंचार के क्षेत्र में अत्यधिक महत्त्वपूर्ण है। विज्ञापन, व्यावसायिक और वाणिज्यिक फलकों के संवर्धन के लिए जनमत तैयार करते हैं। अतएव यह भी वर्तमान समय के प्रचार माध्यम की भाँति ठोस माध्यम है जो व्यावसायिक और औद्योगिक फलकों में उनकी लगातार उत्पादन संबंधी माँग वृद्धि और नए उत्पादनों की जानकारी को उपभोक्ता तक पहुँचाने तथा विक्रय करने का काम करता है। इसके अलावा यह प्रतिष्ठान के प्रति जनता तथा उपभोक्ताओं में विश्वास और रुचि पैदा करने में सहायक सिद्ध होता है।

आशय और परिभाषाएँ

हिन्दी में दो शब्दों के मिलने से विज्ञापन शब्द की उत्पत्ति हुई है। जिसे मूलधातु ज्ञापन के साथ उपसर्ग के जुड़ने से (विज्ञापन = विज्ञापन) सामान्य रूप से विज्ञापन शब्द का आशय है ज्ञापन कराना अथवा सूचना प्रदान करना, विज्ञापन अंग्रेजी शब्द एडवरटाइजिंग का हिन्दी पर्याय है, जिसकी उत्पत्ति लैटिन भाषा के शब्द एडवर्टर से हुई। अंग्रेजी में इसका अर्थ है टू टर्न टू यानी किसी ओर मुड़ना है। जब किसी वस्तु अथवा सेवा के लिए इसका प्रयोग किया जाता है, तो इसका प्रयोजन है तो ऐसे लोगों को उस ओर आकर्षित करना होता है। इस तरह से उसे सार्वजनिक

सूचना की घोषणा भी कह सकते हैं। ब्रिटेन विश्वकोश के अनुसार विज्ञापन वांछित भुगतान प्रदत्त वह घोषणा है उस किसी वस्तु अथवा सेवा की बिक्री, प्रोत्साहन, किसी विचार के विकास या किसी अन्य प्रभाव पैदा करने के मकसद से की गई हो। **वेबस्टर्स न्यूवल डिक्शनरी** में इसे इस रूप में व्याख्यायित किया गया है कि विज्ञापन का अर्थ किसी वस्तु या तथ्य के संबंध में मुद्रित साधन समाचारपत्र, आकाशवाणी अथवा ऐसे ही किसी साधन के द्वारा जानकारी देना, विक्रय बढ़ाना तथा जनता का ध्यान आकृष्ट करना है। इस प्रकार विज्ञापन का अर्थ किसी विषय वस्तु की जानकारी या सूचना प्रदान करना है। अब यहाँ यह प्रश्न उठता है कि जनसंचार के माध्यमों द्वारा प्रसारित किए जाने वाले विषय भी अकसर जानकारी या सूचना प्रदान करते हैं। अतः ऐसी स्थिति में विज्ञापन में ऐसी कौनसी विशेषता है जो उसे अलग रूप प्रदान करती है। वास्तव में इन विषयों से विज्ञापन बिल्कुल अलग हैं, क्योंकि विज्ञापन के उद्देश्यों की पूर्ति पर इसकी विशेषता निर्भर है। विज्ञापन उन सारी गतिविधियों का नाम है, जिनका मकसद अपने खर्च पर निर्वैयक्तिक रूप से किसी विचार, वस्तु या सेवा के विषय में जानकारी प्रदान करना तथा इससे ग्राहक को अपनी इच्छा के अनुरूप बनाना है। विज्ञापन निजी नहीं होता। इसका संबंध वस्तु से होता है और वस्तु किसी औद्योगिक संस्था से संबंध होता है। वास्तव में व्यवसाय के फलक में उत्पादन को उपभोक्ता संस्था से संबंध होता है। वास्तव में व्यवसाय के क्षेत्र में उत्पादन उपभोक्ता तक पहुँचाने की प्रणाली को वितरण प्रणाली कहते हैं। इस वितरण पद्धति ने आधुनिक युग में जनसंचार के साधनों को अपनाया है। औद्योगिक विकास तथा मुद्रण के प्रचार से विज्ञापन की प्रगति भी बहुत तेज हो गई है। आज पत्र-पत्रिकाएँ तथा श्रव्य दृश्य उपकरणों जैसे पोस्टर होर्डिंग, दूरदर्शन, सिनेमा, आकाशवाणी इत्यादि द्वारा विज्ञापन ने विश्व स्तर पर लोकप्रियता प्राप्त कर ली है। व्यवसाय की दुनिया में आज विज्ञापन एक आवश्यक अंग बन चुका है, क्योंकि इस संसार में उत्पादन वितरण से संबंधित जो प्रतियोगिता प्रतिस्पर्धा और प्रतिद्वंद्विता है उस पर प्रचार द्वारा ही प्राप्त की जा सकती है।

विज्ञापन का विभाजन

वर्तमान समय में उत्पादों, संस्थाओं, प्रतिष्ठानों तथा विज्ञापनदाताओं के प्रति गुणात्मक सद्भाव-जनमत तथा विश्वास पैदा करने में विज्ञापन का खासा महत्त्व बढ़ गया है चूँकि लोगों के पास इतना समय नहीं है कि किसी वस्तु के संबंध में लम्बा समय दे सकें और न ही किसी वस्तु के गुण-अवगुण का अवलोकन के बाद उसका

उपभोग कर सकें। अतः विज्ञापन द्वारा जनता को या उत्पाद के प्रति विश्वास प्राप्त करने की कोशिश की जाती है। दूसरी ओर उपभोक्ता भी अपनी ब्रांडेड वस्तु अथवा उत्पाद को क्रय करने का विचार निर्धारित करने का मौका पा लेता है। इसी तरह सामाजिक फलक में सम्मान संबंधी सूचनाएँ चिकित्सा संबंधी घोषणाएँ, राष्ट्र व राज्य संबंधी जनकल्याण प्रगति के आँकड़े व तालिकाएँ तथा परिवार नियोजन, नियुक्ति इत्यादि की जानकारी विज्ञापनों के माध्यम से ही की जाती है। इससे समाज का विकास भी होता है।

विज्ञापन का वर्गीकरण उसके गुण, साधन तथा उत्पादक अथवा विज्ञापनदाता के आधार पर कर सकते हैं।

1. गुण के आधार पर : इस आधार पर विज्ञापन तीन प्रकार के होते हैं जो निम्नलिखित हैं–सम्मानक विज्ञापन, संस्थागत विज्ञापन और अन्य विज्ञापन।

(i) सम्मानक विज्ञापन : इस विज्ञापन के तहत शोभायात्राओं, फिल्मोत्सवों षष्ठीपूर्ति उत्सवों अथवा प्रमुख विदेशों व्यक्तियों के आने पर दिए जाने वाले विज्ञापनों तथा विदेश यात्रा करके आने वाले व्यक्तियों को दिए जाने वाले बधाई संदेश आदि आते हैं।

(ii) संस्थागत विज्ञापन : ऐसे विज्ञापनों के तहत वाणिज्यिक संस्थाओं के साथ-साथ राष्ट्रीय हित संबंधी तथा चेतावनीपरक विज्ञापन हैं जो अर्ध-सरकारी, सरकारी दिये जाते हैं। वे प्रायः तुलनात्मक विज्ञापन के अन्तर्गत आते हैं। इन्हें व्यावसायिक या वाणिज्यिक विज्ञापन भी कहते हैं। क्योंकि इस तरह के विज्ञापन विशुद्ध रूप से व्यावसायिक या वाणिज्यिक हैं।

(iii) अन्य विज्ञापन–पत्र-पत्रिकाओं में प्रकाशित सभी विज्ञापन अन्य विज्ञापनों के अंतर्गत आते हैं। यानी सजावटी, वर्गीकृत, प्रमाणीकृत पैनल सोलो इत्यादि विज्ञापन समाचार पत्र के नामपट्ट के दोनों ओर दिए जाते हैं और सोलो विज्ञापन समाचार पत्र के प्रथम पृष्ठ पर दाईं ओर बिल्कुल नीचे दिए जाते हैं।

2. माध्यम के आधार पर–जिस साधन द्वारा विज्ञापन का संदेश संभावित ग्राहक तक पहुँचाने का काम किया जाता है, वह विज्ञापन के फलक में माध्यम कहलाता है। यह कार्य मुद्रण, चलचित्र, आकाशवाणी तथा दूरदर्शन द्वारा सम्पन्न किया जाता है। जनसंचार के इन साधनों के आधार पर विज्ञापन मुख्यतः तीन प्रकार के होते हैं– श्रव्य-दृश्यगत विज्ञापन, श्रव्यगत विज्ञापन एवं दृश्यगत विज्ञापन।

(i) श्रव्य-दृश्यगत विज्ञापन : दृश्यगत विज्ञापन के तहत उपयुक्त दोनों

विधाओं के मिश्रित रूप के विज्ञापन इन विज्ञापनों के तहत आते हैं। प्रमुखतः दूरदर्शन पर प्रसारित किये जाने वाले सभी विज्ञापन और थियेटरों में दिखाए जाने वाले लघु वृत्तचित्र और अल्पावकाश की फिल्में इसी विज्ञापन के तहत होती हैं।

(ii) दृश्यगत विज्ञापन—पैम्फलेट, पत्रिकाओं में प्रकाशित विज्ञापन, होर्डिंग्स, टेलीफोन व बिजली के खंभों पर लटकाने वाले पैनल्स, स्लाइड्स नियोन साइन परिवहन साधनों पर पेंटिंग्स विज्ञापन इत्यादि आते हैं। इनका संबंध मुख्यतः मुद्रण कला से है।

(iii) श्रव्यगत विज्ञापन—आकाशवाणी इसमें प्रमुख भूमिका निभाता है। बाजारों में माइक्रोफोन से होने वाली घोषणाओं से लेकर आकाशवाणी प्रमुख प्रसारित किए जाने वाले सभी विज्ञापन श्रव्यगत विज्ञापन के तहत आते हैं।

3. विज्ञापनदाता के आधार पर—विज्ञापनदाता के आधार पर तीन प्रकार के होते हैं जिन पर संक्षिप्त प्रकाश नीचे डाला जा रहा है—

(i) व्यक्तिगत विज्ञापन—ये वे विज्ञापन होते हैं जो समाज में जरूरत और प्रतिष्ठा के लिए वैयक्तिक रूप से पत्र-पत्रिकाओं, आकाशवाणी, दूरदर्शन तथा अन्य माध्यमों द्वारा दिए जाते हैं। इस विज्ञापन के तहत पत्र-पत्रिकाओं में छपने वाले वर्गीकृत विज्ञापन, आकाशवाणी और दूरदर्शन पर प्रसारित की जाने वाली खास सूचनाएँ, वर्गीकृत विज्ञापनों के तहत विवाह संबंधी, शिशुजन्म, स्मृतिशेष, लापता, स्थानांतरण, मकान चाहिए, किराए हेतु, नगरों के थियेटरों में प्रदर्शित होने वाली फिल्मों की सूचनाएँ इत्यादि उल्लेखनीय हैं। ये कम खर्चीले होते हैं, अतः मध्यमवर्गीय परिवार भी इनका उपयोग कर लेते हैं।

(ii) व्यावसायिक विज्ञापन—यह वह विज्ञापन होता है जब छोटी-छोटी दुकानों से लेकर बड़े-बड़े व्यावसायिक प्रतिष्ठानों तथा औद्योगिक घरानों (सरकारी अथवा गैर-सरकारी) इत्यादि के उत्पादन तथा वस्तुओं की बिक्री के लिए जनता को जानकारी दी जाती है। इन विज्ञापनों का प्रमुख लक्ष्य क्रय तथा विक्रय करना होता है। ये विज्ञापन अत्यन्त आकर्षक, सजावटी और खर्चीले होते हैं। अपने ग्राहक तथा उपभोक्ताओं को ध्यान में रखकर जनसंचार के सभी साधनों द्वारा ये विज्ञापन प्रसारित किए जाते हैं। कभी-कभी एक ही उत्पादन के लिए सभी माध्यमों के विज्ञापन का प्रयोग किया जाता है।

(iii) सरकारी विज्ञापन—प्रशासनिक फलक में आवश्यकता पूर्ति के लिए दिए जाने वाले जो विज्ञापन हमेशा पत्र-पत्रिकाओं में प्रकाशित होते रहते हैं, ये सभी सरकारी विज्ञापन के अंतर्गत आते हैं। इनमें खास अवसर पर सरकार तथा सरकारी

संस्थाओं द्वारा दिए जाने वाले प्रगति संबंधी विज्ञापन, परिवार नियोजन, वैधानिक चेतावनी, समाज कल्याण संबंधी विज्ञापन नियुक्तियाँ निविदाएँ इत्यादि आते हैं, इन विज्ञापनों को प्रायः सज्जित विज्ञापन भी कहा जाता है, जो पत्र-पत्रिकाओं में प्रकाशित होते हैं। शिक्षा संबंधी सूचनाएँ, औद्योगिक फलकों में नियुक्तियाँ, वार्षिकोत्सव पर प्रकाशित की जाने वाली संबंधी घोषणाएँ, चुनाव के संदर्भ में अभियान हेतु राजनैतिक दलों के माध्यम से दिए जाने वाले संदेश इत्यादि इसके अंतर्गत आते हैं।

विज्ञापन का प्रयोजन

विज्ञापन का सबसे प्रमुख उद्देश्य सेवा या वस्तु की ब्रिकी करना होता है। इसके द्वारा अधिकांश लोगों तक वस्तु अथवा सेवा का नाम और उसकी उपयोगिता के बारे में बताया जाता है। वास्तव में विज्ञापन सेल्समैन का स्थान तो नहीं ले सकता परन्तु प्रचार कार्य में विज्ञापनदाता की सहायता अवश्य कर सकता है। विज्ञापन के द्वारा ग्राहक को वस्तु की उपयोगिता और लाभ के बारे में पहले ही जानकारी प्राप्त हो जाती है और उसके गुण-अवगुणों की जानकारी भी आसानी से हो जाती है एवं यह भी ज्ञात हो जाता है कि कौनसी वस्तु बाजार में सरलता से उपलब्ध है। इससे उसे वस्तु को खरीदने के लिए निर्णय करने में कोई दिक्कत नहीं होती।

ग्राहक को जब वस्तु की सुलभता और उपयोगिता की जानकारी प्राप्त हो जाती है तो वह अपनी वित्तीय स्थिति के अनुसार उसे खरीदने की योजना बनाता है। यहाँ ग्राहक का किसी वस्तु-विशेष के प्रति झुकाव हो जाना, वित्तीय रूप से उस वस्तु की माँग उत्पन्न करना है। इस प्रक्रिया में विज्ञापन ग्राहक को उस वस्तु के संबंध में एक तरह से ज्ञान भी प्रदान करता है।

विज्ञापन के निम्नलिखित तत्व इस प्रकार हैं—रुचि संपोषण, ध्यानाकर्षण, संतुष्टि-सृजन, प्रेरक प्रतिक्रिया एवं इच्छा-सृजन।

(1) प्रेरक प्रतिक्रिया—विज्ञापनदाता उपभोक्ता को ध्यान में रखकर मनोवैज्ञानिक दृष्टि से सामग्री का चुनाव करता है। वह अपने संदेश से उपभोक्ता में स्वस्थ प्रतिक्रिया जागृत चाहता है। इस संदेश के द्वारा वह अपनी उत्पाद के बारे में स्तर की बात करके उपभोक्ता के मन में खरीदने की इच्छा जागृत करना चाहता है। उत्पाद कभी त्रुटिपूर्ण अथवा खराब निकलने पर पूरे पैसे वापस करने की गारंटी अथवा पाँच छह साल की गांरटी कार्ड तक उपभोक्ता को प्रदान किया जाता है। इससे उपभोक्ता में एक विश्वास पैदा होता है। विज्ञापन की यह प्रेरक शक्ति है जो उपभोक्ता में अच्छी प्रतिक्रिया उत्पन्न करती है।

इस तरह विज्ञापन में उक्त तत्वों का समावेश होता है। चूँकि वर्तमान प्रतियोगी युग में विज्ञापनदाताओं को विभिन्न प्रकार की परेशानियों का सामना करना पड़ता है। शब्दों, नारों, मनमोहक रंगीन चित्रों, पहेलियों, उपहार देने की घोषणा अथवा छूट देने की बात इत्यादि कहकर उपभोक्ता का ध्यान आकृष्ट किया जाता है। विज्ञापित वस्तुओं की विशेषताओं का उल्लेख किया जाता है।

(2) संतुष्टि सृजन : जब उपभोक्ता उत्पाद की भरपूर उपलब्धता और उचित रखरखाव को पाता है तब उसकी संतुष्टि होती है। यही विज्ञापन का परिणाम है। अतः विज्ञापन को अपने उत्पाद के प्रचार और प्रसार के लिए वितरण में उत्पाद की इस प्रक्रिया का संकेत करना जरूरी है, जिससे उत्पाद के प्राकृतिक गुणों को संरक्षण प्राप्त होता है।

इसके बाद इस तेल की विशेषताएँ बताई गई हैं जो उपभोक्ता की संतुष्टि हेतु मददगार हैं। जैसे—"वैज्ञानिक खोजबीन से यह पता चला है कि असेचुरेटिड फैटी ऐसिइज दोनों मोना और पॉली कॉल्स्ट्राल पर रोकथाम करने में सहायता करते हैं। ये पकाने के बहुत से तेलों में होते हैं। पर सभी तेलों में से सिर्फ सोया ऑइल में ही सही तालमेल है। ब्रिटैनिया व्हाटल रिफांइड सोयला ऑइल में सेचुरेटिक फैट्स कम तथा असेचुरेटिड फैट्स ज्यादा हैं।"

(3) इच्छा सृजन : इसके तहत मनोवैज्ञानिक स्तर पर अपने उपभोक्ता की इच्छाओं की सर्जना इस तरह की जाए कि सजावटी विज्ञापन देखकर के गुणों की चर्चा भी होती है। इच्छा सृजन के लिए एक बढ़िया उदाहरण होगा व्हील नौकरी कौन देगा? कपड़े तक साफ नहीं। इसे सुनकर देखकर उपभोक्ताओं का मन जाग्रत हो उठता है एवं उस साबुन को इस्तेमाल करने की इच्छा जागृत हो जाती है। अन्य उदाहरण ग्राइप वाटर का है। नवजात शिशु के रोने की आवाज सुनकर पति-पत्नी से पूछता है क्या है? पत्नी कहती है बच्चा रो रहा है। परामर्श मिलेगा ग्राइप वाटर पिलाओ। संवाद को तीन बार दुहरा कर पिछली तीन पीढ़ियों से इसका प्रयोग हो रहा है, इसका अब आप भी उपयोग करें का संदेश देता है। इसी प्रकार के विज्ञापन दूरदर्शन और आकाशवाणी के द्वारा प्रसारित किए जाते हैं जिन्हें देखकर अथवा सुनकर उपभोक्ता प्रभावित होते हैं और उनके मन में इन वस्तुओं का प्रयोग करने की इच्छा उत्पन्न होती है।

(4) रुचि-संपोषण : इसके तहत मुख्य रूप से उपभोक्ताओं का सर्वेक्षण करना उत्पादक संबंधी साहित्य वितरित करना, पुरस्कार देना, छूट देना इत्यादि जैसे कार्य किए जाते हैं। कई उत्पादक अपनी सर्वेक्षण व्यवस्था के तहत अपने उत्पाद को

द्वार-द्वार तक प्रचार देते हैं। और उसके साथ ही उत्पाद संबंधी साहित्य भी बाँटते हैं। जो विज्ञापन का रूप ही होता हैं तथा उत्पादक प्रचारक का भी। यही नहीं अखबारों के माध्यम से खासकर सजावटी विज्ञापन द्वारा रुचि-पोषण की दिशा में कार्य किया जाता है। नियमित और लगातार प्रकाशित करने तथा रेडियो टी.वी. पर प्रसारित करने से रुचि का पोषण होता ही है।

एक ही वस्तु का उत्पादन कई औद्योगिक प्रतिष्ठानों के माध्यम से किए जाने से रुचि संपोषण की जरूरत बढ़ती जा रही है। इसलिए एक ही उत्पाद के विज्ञापनों में समयानुसार बदलाव लाना भी जरूरी हो गया है। यह बात उत्पादों के विज्ञापनों के परिप्रेक्ष्य में देखी जा सकती है जहाँ उसके पुराने तथा नए रूप मिलते हैं।

(5) ध्यानाकर्षण : व्यवसाय और विज्ञान का विज्ञापन कला, सुन्दर मेल है। उपभोक्ता का ध्यान इसके माध्यम से वस्तु की तरफ आकर्षित कर बिक्री में बढ़ोत्तरी की जाती है। अतः ध्यानाकर्षण को विज्ञापन कला का प्रथम जरूरी तत्व माना जाता है। ध्यानाकर्षित करने के लिए विज्ञापन की सर्जनात्मकता और आकर्षक सजावट ध्यान आकर्षित करने में ज्यादा सहायक सिद्ध होते हैं। सर्जनात्मकता के अंतर्गत नई संज्ञाओं का निर्माण किया जाता है। शब्दों व पदों की वर्तनी में परिवर्तन इत्यादि सुनिश्चित किया जाता है। जैसे–सामान्य तौर पर चिकित्सालय के लिए क्लिनिक संज्ञा का उपयोग होता है, जबकि मरम्मत करने वाली दुकान का नाम कार क्लिनिक मिलता है जिससे ग्राहक का ध्यान आकर्षित हो। यद्यपि इन कारखानों में कारों, जीपों और ऑटों की मरम्मत की जाती है। इसी तरह उत्पादक अपने उत्पादकों का नामकरण करते समय वर्तनी में बदलाव लाता है।

विभिन्न रंगीन चित्रों, महिला छाया चित्रों और भिन्न आकृति के अक्षरों का उपयोग आकर्षक सजावट के तहत किया जाता है। इससे अपने आप उपभोक्ता और ग्राहक का ध्यान आकर्षित करने में सफलता मिलती है।

विज्ञापन का विकास

आधुनिक समाज में विज्ञापन का विकास एक आजाद विधा तथा विज्ञापन विज्ञान के तौर पर हो रहा है। यह मानव विकास के माध्यम के रूप में विकसित तथा महान उद्योग के तौर पर हो रहा है। इसे लोकप्रिय बनाने के लिए नए-नए उपयोग किए जा रहे हैं। समाजविज्ञान, कला विज्ञान, अर्थविज्ञान, मनोविज्ञान इत्यादि की तरह विज्ञापन की पहचान भी विज्ञान के तौर पर होने लगी है। समाज में इसके महत्त्व में वृद्धि हो जाने से तथा माँग बढ़ जाने से विज्ञापन का अध्ययन

विशेषतौर पर में होने लगा है। आज विज्ञापन विज्ञान के अनेक अंग एवं उसकी शाखाएँ विकसित हो चुकी हैं।

विज्ञापन एक ऐसा विज्ञान है, जो व्यक्तियों को अपने विकास के लिए आवश्यक वस्तुओं की खोज करके बताएगा। इसलिए विज्ञापन का प्रारूप तैयार करते समय यह जानना अनिवार्य है कि जिस वस्तु का विज्ञापन दिया जा रहा है वह क्या और कैसी है, उसके प्रयोग क्या हैं? और किस समूह के लोग उसका उपयोग करते हैं या कर सकते हैं। इसके अतिरिक्त यह भी देखा जाता है कि वह समूह किस क्षेत्र विशेष तक सीमित है या क्या वह राष्ट्र राष्ट्र में विस्तृत है। जरूरत के विज्ञापन सामग्री, ब्लॉक, स्लाइड, लघुफिल्म, फोल्डर, पुस्तिका, होर्डिंग इत्यादि के तौर पर तैयार की जाती है। विज्ञापन की नीति निर्धारण के अनुरूप डिजाइन बनाने सामग्री लिखाने, सज्जा कराने और अंततः विज्ञापन की तैयारी होती है। अतः उसकी संरचना को तार्किक तथा वैज्ञानिक बनाने की जरूरत होती है। विज्ञापन लेखन करते हुए स्पष्टता, संक्षिप्तता, सूत्रपरकता और क्रमबद्धता का ध्यान रखा जाता है।

विज्ञापन का शीर्षक

विज्ञापन में शीर्षक सबसे ज्यादा महत्त्व का होता है। इसलिए विज्ञापन सामग्री या प्रारूप तैयार करते समय आलेखक (कॉपी राइटर) को उपभोक्ता या ग्राहक की रुचि के अनुकल ऐसा शीर्षक पेश करना चाहिए, जिससे उपभोक्ता का ध्यान आकृष्ट हो सके। विज्ञापन की तीन-चौथाई सफलता सामग्री को उपरोक्त शीर्षक देने में मिल जाती है। शीर्षक विज्ञापन का केन्द्र बिन्दु है। इसमें लक्षण एवं व्यंजना से अर्थ दिया जाता है। शीर्षक का चुनाव करते समय यह भी ध्यान रखा जाता है कि विज्ञापन की सामग्री, विषयवस्तु अथवा मूल कथ्य (बॉडी टेक्स्ट) की व्यंजना शीर्षक में भले ही न हो, पर विज्ञापन का वस्तु संकेत इस तरह हो कि दर्शक, पाठक, ग्राहक अथवा उपभोक्ता की दृष्टि कर सके और उसमें इच्छा पैदा कर सके।

विज्ञापन का उपशीर्षक : इसमें विज्ञापन के लक्ष्य को विस्तार से बताया जाता है, और ग्राहक की जरूरत के अनुसार उत्पादन की क्षमता दिखाई जाती है।

विज्ञापन का वर्णन—इसमें वस्तु अथवा सामग्री के उत्पादन के विषय में विस्तार की जानकारी प्रदान की जाती है। परन्तु आलेखक अपने विस्तृत संदेश को भी संक्षेप रूप देने का भरसक प्रयास करता है। अर्थात् उसे गागर में सागर भरना

होता है। इसके या विज्ञापन के प्रस्तुतीकरण में दृश्य कल्पना तथा कलात्मक प्रस्तुति पर बल दिया जाता है। दृश्य कल्पना का संबंध उपभोक्ता की दिलचस्पी उसकी आशा तथा उम्मीद से होता है। कलात्मक प्रस्तुति में चित्र, मॉडल, और टाइपोग्राफी का खास योगदान रहता है। इस तरह विज्ञापन सामग्री में कला चित्रांकन और रूप सज्जा का अपना स्थान है।

विज्ञापन के लक्ष्य

व्यवसाय फलक में प्रयोजन मात्र स्टॉक निकालने तक सीमित है। विज्ञापन का प्रयोजन सिर्फ सामाजिक क्षेत्र में संस्था का परिचय देना नहीं है और न ही इसका वस्तुतः औद्योगिक विकास के कारण विज्ञापन के अनेक उद्देश्यों का विकास हुआ है। जिनमें निम्नलिखित चार उद्देश्य प्रमुख रूप से माने गए हैं ।

माँग बनाए रखना, माँग उत्पन्न करना, लोक सेवा एवं माँग की वृद्धि करना।

1. लोक सेवा—जनसाधारण की भलाई हेतु सरकारी संस्थाओं तथा गैर-सरकारी संस्थाओं द्वारा कुछ ऐसे विज्ञापन दिए जाते हैं जिनका अच्छी सरकार, सामुदायिक विकास, शिक्षा सुधार, वैज्ञानिक सफलताओं, स्वास्थ्य, वन्य प्राणी रक्षा, अंतर्राष्ट्रीय सद्भाव यातायात, सुरक्षा से लेकर धार्मिक एकता को बनाए रखना होता है। इसके या इनसे बाजारों में उपभोक्ता को उत्पाद वस्तुओं के चयन में सहायता मिलती है। कृषि में किसानों को असली कीटाणु औषाधियों और उनके उपयोग करने की जानकारी और परिवार नियोजन और बच्चों को टीका लगाने की जानकारी आकाशवाणी और दूरदर्शन पर प्रसारित किए जाने वाले विज्ञापनों से प्राप्त हो सकती है। समाज कल्याण संबंधी प्रतिष्ठानों के विज्ञापनों का प्रमुख प्रयोजन जनता में विवेकशीलता उत्पन्न करना, उनके जीवन स्तर को ऊँचा उठाना, सांस्कृतिक, बौद्धिक और आध्यात्मिक विकास करना आदि रहा है।

अंत में यह कहा जा सकता है कि आज विज्ञापन जीवन का जरूरी अंग बन गया है। उपभोक्ता को शिक्षित उत्पादक का लाभ पहुँचाना, उत्पादक एवं उपभोक्ता के बीच मधुर संबंध स्थापित करना विक्रेता की मदद करना तथा लोक सेवा करना इत्यादि विज्ञापन के मुख्य कार्य हैं। इसके साथ ही आज व्यवसाय क्षितिज को अधिक विस्तार करने के साथ-साथ जीवन को ऊँचा करना भी विज्ञापन का कार्य है। इस तरह हमारा सम्पूर्ण जीवन विज्ञापनमय हो सकता है।

2. माँग बनाए रखना—व्यावसायिक प्रतिष्ठान अथवा दूसरे किसी भी संस्था को माँग बनाए रखने के लिए समय-समय पर निरंतर विज्ञापन देना पड़ता है। इससे

बाजार में वस्तु की जो माँग पहले ही पैदा हुई हैं और समाज में संस्था का जो असर पहले ही बना हुई है उसे कायम रखा जा सके। अनिवार्यता नहीं समझी जाती है। विज्ञापन की आवश्यकता तब पड़ती है जब वस्तु की माँग बाजार में कम हो जाती है या खत्म हो जाती है। किन्तु विवेकशील विज्ञापनदाता अपनी वस्तु की माँग को बनाए रखने हेतु विज्ञापन की सहायता लगातार लेता रहता है।

3. माँग की वृद्धि करना—बाजार अथवा समाज पर व्यावसायिक संस्था अथवा प्रतिष्ठान को अधिकार उपलब्ध करने हेतु माँग की बढ़ोतरी करनी पड़ती है। जिस तरह विज्ञापन के माध्यम से माँग को उत्पन्न करते हैं और माँग बनाए रखते है, उसी प्रकार विज्ञापन द्वारा माँग की बढ़ोतरी भी कर सकते हैं। टाटा जैसी उत्पादक कंपनियाँ विज्ञापन के लिए जनसंचार के बीच एक तरह से सीधा संपर्क बनाए रखती हैं। जहाँ सेल्समैन के माध्यम से यह कार्य संभव नहीं वहाँ विज्ञापन के माध्यम से यह संभव हो जाता है।

4. माँग उत्पन्न करना—कोई संस्था हो, प्रतिष्ठान हो अथवा उत्पादन हो, जनता अथवा बाजार में जो नया-नया आता है उसके प्रति जनता की इच्छा नहीं रहती है, जितना कि उसका उपभोग करने की दिलचस्पी। वस्तु कौनसी किस जगह है, कब खुली है और किस उद्देश्य से कार्य कर रही है, जनता को पता नहीं चलता है। अगर बात उत्पादन के संबंध में होती तो उत्पाद का उत्पादक कौन है, उत्पाद की क्या विशिष्टता है तथा उसे कहाँ से प्राप्त कर सकते हैं इत्यादि प्रश्नों के उत्तर विज्ञापन में बताना चाहिएँ विज्ञापनों के तत्वों का अध्ययन करते हुए इसके पहले तत्व ध्यानाकर्षण को ध्यान में रखना होता है। बाजार में वस्तु अथवा प्रतिष्ठान की छवि बनना इस ध्यानाकर्षण के साथ ही आरंभ हो जाती है, जिससे जनता उसके प्रति आकर्षित होती है। इसी के फलस्वरूप बिक्री भी होती है। इसे ही माँग पैदा करना कह सकते हैं। माँग के द्वारा व्यावसायिक संस्था को लाभ प्राप्त होता है, प्रतिष्ठानों की प्रतिष्ठा बढ़ती है। वास्तव में कोई भी संस्था या प्रतिष्ठान इन बातों से अलग रह कर निष्क्रिय रहना नहीं चाहता है।

विज्ञापन की भाषा

विज्ञापन व्यावसायिक क्षेत्र का एक जरूरी अंग बनने से इसमें व्यावसायिक क्षेत्र की शब्दावली का प्रयोग हो रहा है। दैनिक समाचार पत्रों में बिकाऊ है, जरूरत है, अपार भीड़ कर रहा है, भव्य समारोह इत्यादि वाक्य विज्ञापनी हिन्दी में उपयोग किए जा रहे हैं।

विज्ञापन में भाषा का महत्त्व उतना ही होता है जितना विज्ञापन सामग्री का महत्त्व होता है। हिन्दी भाषा के उपयोग को विज्ञापन में देखा जा रहा है, जिसके लिए पत्र-पत्रिकाओं, आकाशवाणी और दूरदर्शन पर प्रयोग किया जाने वाला हिन्दी को आधार बनाया गया है। एक अंग्रेजी विचारक जेफ्रे लीच ने अंग्रेजी भाषा के विज्ञापन का अध्ययन एक खास शैली के तौर पर स्वीकार करते हुए उसके लिए कुछ जरूरी गुणों की चर्चा की है। श्रव्य तथा सुपाठ्यता, आकर्षण तत्व, विक्रय शक्ति तथा स्मरणीयता जैसे सभी गुण अंग्रेजी विज्ञापन के परिप्रेक्ष्य में स्थिर किए गएँ किन्तु इन्हें निःसंदेह हिन्दी विज्ञापनों पर भी लागू किया जा सकता है।

(1) आकर्षण तत्व—आकर्षण विज्ञापन की मुख्य जरूरत है। विज्ञापन को सही व्यक्ति तक आकर्षण ही पहुँचाता है। आकर्षण के लिए जरूरी है कि विज्ञापन की विषयवस्तु संक्षिप्त, पूर्ण और सहज भाषा में हो। इन जरूरी गुणों को शीर्ष पंक्तियों में अंदर दी गई विस्तृत जानकारी इत्यादि देते समय ध्यान में रखना जरूरी है।

आकर्षण का तत्व उत्पन्न करने के लिए विज्ञापनों में विभिन्न प्रकार के वाक्य संरचनाओं का उपयोग किया जाता है, जिनसे विज्ञापन की प्रभावशीलता में बढ़ोतरी होती है। इसके लिए प्रायः विज्ञापनों में और चूँकि "सिर्फ जरा-सा" "अब आप समझें", "आजमाए" जैसे शब्दों का "और ध्यान न दें" जैसे निदेशात्मक वाक्यों का प्रयोग किया जाता है। उत्पाद वस्तु के अंतर को इस तरह की विज्ञापनी भाषा का उपयोग करके व्यक्त किया जाता है।

(2) स्मरणीयता : बच्चों से वृद्धों तक के सभी वर्गों के लोगों का उत्पाद वस्तु के ब्रांड को अथवा उत्पादक वस्तु को सदा याद रखवाने के उद्देश्य से विज्ञापनों में नारे के रूप में भाषा का उपयोग किया जाता है। ये नारे छोटे-छोटे सरल वाक्यों में रोचक तथा वस्तु के नाम को याद रखने वाले होते हैं।

(3) श्रव्यता तथा सुपाठ्यता—कविता तथा गीतों के रूप में भाषा का प्रयोग हिन्दी विज्ञापनों में श्रव्यता के लिए किया जाता है और संगीत का भी इसमें समावेश होता है। इससे ये विज्ञापन काफी श्रव्य और रोचक होते हैं। मुद्रण साधन द्वारा किए जाने वाले विज्ञापनों में सुपाठ्यता लाने के लिए सुन्दर, सुडौल और विभिन्न आकृतियों के टाइप का प्रयोग किया जाता है। मुद्रण साधन द्वारा जो विज्ञापन किया जाता है उसकी भाषा आसान और सुबोध होती है।

(4) विक्रयशील : विज्ञापन के फलक में संप्रेषणीयता और आकर्षण का होना अनिवार्य है। इसके लिए विज्ञापन लेखक एक सृजनशील कलाकार की भाँति विज्ञापन के विषय को सर्जनात्मक ढंग से पेश करता है। यह एक ऐसा कलात्मक

कौशल है जिसके अंदर वस्तु उत्पादन की विक्रय शक्ति उत्पन्न करने की सामर्थ्य होती है। विक्रय शक्ति की यह क्षमता विज्ञापन की संप्रेषणीयता में निहित रहती है।

विज्ञापन की शैली

विज्ञापन की भाषिक संरचना के तहत ध्वनियों अथवा वर्तनी का विवरण आकर्षक ढंग से होता है। जैसे श-र्ट्-स-ट्रा-उ-ज-(ब्ल्यू चिप) के विज्ञापन के लेखन में अक्षरों को अलग-अलग देकर पैदा किया गया है। इसके साथ ही विज्ञापन के विविध विषयों की अनिवार्यता के अनुसार तत्सम् देशज, विदेशी शब्दावली का उपयोग होता है। कहीं-कहीं मिश्रित शब्दावली भी पाई जाती है। भाषा को हिन्दी विज्ञापनों में और दिलचस्प बनाया जाता है। इसका निश्चयात्मक, निषेधात्मक, आदेशात्मक और विवेचनात्मक वाक्य दिए जाते हैं जो अभिप्राय बोध और संप्रेषण करने में पूर्णतया मददगार होते हैं।

इस तरह विज्ञापन जनसंचार का एक अंग होते हुए भी औपचारिक, **व्यावसायिक** और सामाजिक सेवा में अपना विशेष महत्त्व बनाए हुए है। विज्ञान की भाषा लिखित और मौखिक दोनों रूपों में होती है। इसमें निहित संप्रेषणीय प्रभावोत्पादकता रोचकता और प्रेरक शक्ति व्यवसाय को धनी एवं उन्नत बनाती है।

6

पत्रकारिता का इतिहास

विश्व में पत्रकारिता के आविष्कार को लेकर वर्तमान समय तक एक राय नहीं बन पायी है। इसका आविष्कार किसने किया और कब किया यह एक विवादास्पद बात है। किन्तु बहुमत के आधार पर अब यह मान्य हो चला है कि जूलियस सीजर द्वारा ईसा पूर्व सन् 60 में स्थापित पत्र 'एक्टा डायना' (दैनिक बुलेटिन) पहला प्राप्त समाचार पत्र है। प्राप्त तथ्यों के आधार पर 'एक्टा सेनेटर्स' में रोमन सीनेट की घटनाओं की जानकारी होती थी। दूसरी और 'एक्टा-पब्लिक' में जनता के समाचार होते थे।

मुद्रण यंत्रों की शुरुआत ब्रिटेन में 15वीं शताब्दी में हुई थी। जर्मनी और कुछ अन्य यूरोपीय देशों में 16वीं शताब्दी में आयोजित मेलों में और बड़ी दूकानों में समाचारों की पर्चियाँ बिकती थीं। इन समाचार पर्चियों के बारे में सभी की एक राय है कि ये आधुनिक समाचार पत्रों का शुरुआती रूप थीं।

सन् 1620 ई. में एमस्टर्डम से अंग्रेजी में नियमित रूप से छपने वाला सबसे पहला समाचार पत्र सन् 1620 ई. एमस्टर्डम से प्रकाशित हुआ। उस समय के कुछ प्रमुख पत्र थे—'न्यूज फ्राम इटली', 'जर्मनी, स्पेन एण्ड फ्रांस' (1621), लन्दन से 'डच न्यूज शीट्स' (1621 ई.), श्री बोर्न और आर्चर का 'वीकली न्यूज' (1622 ई.) आदि। अमेरिका में सन् 1690 ई. में 'पब्लिक अकरेन्सेस' बोथ फारेन डोमस्टिक नामक पहला पत्र प्रकाशित हुआ।

पहला अंग्रेजी 'दैनिक कोरान्ट' 1920 ई. में प्रकाशित हुआ। इसके बाद समाचार पत्रों की प्रगति तीव्र गति से होने लगी। इस प्रकार समाचार पत्रकारिता सारे यूरोप और अमेरिका में फैल गई। अमेरिका (उत्तरी व दक्षिणी उपनिवेश) में भी लगभग पचास पत्र उस समय छपे, जिनमें 'बोस्टन न्यूज लेटर' (1701 ई.), 'बकली मरक्यूरी' (1709 ई.) 'न्यू इंग्लैण्ड कोरान्ट (1721 ई.), 'न्यूयार्क गजट' (1725 ई.) आदि प्रमुख हैं। अमेरिका का पत्र 'मेरीलण्ड गजट' (1727) ई. आज तक छप रहा है।

सत्रहवीं सदी के अन्त तक जर्मनी में तीस से अधिक दैनिक पत्र छपते थे। इनमें 'वेरिस्व जीटुंग' (1704) 'हेमबुर्मन नाखरा टाइम' (1792 ई) तथा 'अलजेनिन जीटुंग' (1798 ई) विशिष्ट हैं। इसमें 'अलजेनिन जीटुंग' पाँच स्थानों में छपता था।

अंग्रेजी पत्रों में प्रमुख थे– 'टेटलर' (1701 ई.), 'लन्दन डेली अडवाइजर' 'लन्दनडेली युनिवर्सल रजिस्टर' (1785 ई.), जिसका नाम बाद में 'टाइम्स' कर दिया गया तथा आब्जर्वर (1791 ई.)।

उन्नीसवीं सदी के तीसरे दशक में अमेरिका में आधुनिक पत्रकारिता की अवधारणा का उदय हुआ। इस सदी के अन्त तक विश्व में कई नियतकालीन पत्र प्रकाशित होने लगे। जैसे–'ट्रान्सक्रिप्ट' (1930 ई.) 'न्यूयार्क ट्रियून' (1941 ई.) आदि अमेरिका के प्रमुख पत्र हैं। इंग्लैण्ड के प्रमुख पत्र थे–डेली न्यूज (1946 ई.) डेली टेलीग्राफ (1855 ई.) और डेली स्टैंडर्ड (1957 ई.)

बीसवीं सदी के विश्व-युद्ध के बाद समाचार पत्रों का विशेष महत्त्व बढ़ा, क्योंकि ये पत्र युद्ध के समाचारों और पार्टी के प्रचार के प्रभावशाली माध्यम थे। इस सदी को पत्रकारिता का स्वर्णयुग कहा जाता है, क्योंकि किसी भी पत्र की प्रसार संख्या किसी भी देश में हजार से कम नहीं नहीं थी।

इस वृद्धि के साथ ही पत्रकारिता में नए आयाम जुड़े और बड़ी विविधता आई। इस बीच सामान्य पत्रों से विशेष पत्रों का विकास हुआ, जिनका प्रकाशन विशेष विषय क्षेत्र से जुड़कर किया जाने लगा। दैनिक समाचार पत्र भी विभिन्न विषयों (जैसे साहित्य, व्यापार, वाणिज्य, कृषि, विज्ञान और तकनीकी) के विभिन्न क्षेत्रों, इंजीनियरी और उसके विभिन्न अंगों की विषयगत पत्रकारिता तीव्र गति से आगे बढ़ने लगी। कई विषय क्षेत्र इस बीच अतिविशिष्ट बनते जा रहे थे यथा–साहित्यक पत्रकारिता, जिस में कहानी, कविता, आलोचना इत्यादि के स्वतन्त्र पत्र प्रकाशित होने लगे थे। इस सबका विश्व पत्रकारिता पर व्यापक प्रभाव पड़ा। आज इसने इण्टरनेट-पत्रकारिता या सूचना प्रौद्योगिकी का रूप धारण कर लिया है।

यूरोप में राजा और मंत्रियों को सूचना प्राप्ति के अपने स्रोत थे तथा इस जगह सामाचार मुख्य रूप से सुनी-सुनाई बातों पर ही आधारित था। शहरों में स्थानीय हितों की खबरें उद्‌घोषित की जाती थीं। राजाओं के दूत या मंत्री एक राजदरबार से दूसरे राजदरबार का भ्रमण करते रहते थे तथा भिन्न-भिन्न युद्धों में राजाओं के जीत-हार की समाचार को जमा करते थे। वे दरबारियों और सौदागरों के लिए उपयोगी सूचनाएँ एकत्रित करते थे तथा मजेदार बातों को जोड़ कर चटपटी खबरें भी तैयार कर लिया करते थे। इसमें कोई संदेह नहीं है कि वे कभी-कभी आज के रिपोर्टरों के समान ही समाचारों को सनसनीखेज भी बना दिया करते थे।

समाचार पत्रों का वर्तमान स्वरूप यूरोपीय मूल है परंतु यूरोप में भी 19वीं शताब्दी के प्रारंभ में समाचार पत्रों का उचित स्वरूप उभरा।

यूरोप में समाचारपत्रों के पहले दीवारों पर पोस्टर चिपकाने का प्रचलन था जिसकी शुरुआत सर्वप्रथम इटली के वेनिस शहर में 1865 ई. में हुई। इन पोस्टरों को सार्वजनिक स्थलों पर चिपका दिया जाता था। जो लोग उन्हें पढ़ना चाहते थे उनसे बहुत कम मूल्य का सिक्का, जिसे गजेटा (gazetta) कहते थे, वसूला जाता था। इससे दीवारों पर चिपकाए जाने वाले समाचारपत्रों को गजट (gazetta) नाम पड़ा जो आज भी प्रचलन में है। ऐसे गजट काफी लोकप्रिय हुए और वेनिस के एक मजिस्ट्रेट द्वारा डलामटिया (Dalamatia) में हुए एक युद्ध का विवरण प्रकाशित किया गया। इन जगहों के तीस खंड फ्लोरेंस के एक पुस्तकालय में सुरक्षित रखे गए हैं।

कागज का सृजन दूसरी शताब्दी में चीन ने किया किन्तु इसका प्रचलन यूरोपीय देशों में 16वीं शताब्दी तक नहीं हो सका। रिकार्ड में यह मिलता है कि चीन के सम्राट के पारिवारिक एक सदस्य कागज का इस्तेमाल करता था। मुद्रण कला को इंग्लैण्ड में काक्सटन ने लाया जो एक समृद्ध व्यापारी था। इसके 21 वर्ष उपरांत मेन्ज में पहली पुस्तक बाइबिल मुद्रित की गई। काक्सटन ने लंदन में ब्रिटेन की संसद के निकट अपना प्रिंटिंग प्रेस स्थापित किया जहाँ उसने बहुत अधिक संख्या में पुस्तकें और पुस्तिकाएँ मुद्रित कीं। तथापि समाचारों का प्रसारण अन-सुना ही किया जाता रहा या फिर निजी अर्थ-निजी पत्रों द्वारा समाचार प्रेषित-प्राप्त किए जाते रहे। ये समाचार पत्र 16वीं शताब्दी में विदेशी समाचारों के होते या फिर उन्हें खरीदने वाले लोगों की रुचिपूर्ण समाचारों को एकत्रित करने के लिए लंदन में पुस्तक विक्रेताओं द्वारा नियुक्त लिपिकों द्वारा लिखे गए होते थे। विदेशी समाचार मुख्यतः इटली से आता था जो तब एक समाचार संग्रहण केंद्र था। यहाँ समाचार सभी देशों से आता तो सूचनाओं को जिन शहरों से उत्पन्न होते थे उनके नाम पर श्रेणीबद्ध किया जाता

था। इन सूचनाओं को जिनमें संपूर्ण यूरोपीय देशों के राजनयिक और व्यवसायी शामिल थे, समाचार या सूचना पत्र व्यक्तिगत तौर पर भेजे जाते थे।

मुद्रण की कला भी चीन में ही विकासित हुई ई. सन् 868 में वांग चियेन ने सर्वप्रथम ब्लॉक बना कर एक पुस्तक प्रकाशित की जिसकी प्रतियाँ आज भी सुरक्षित हैं। अक्षरों को अदल-बदल कर बनाए जा सकने वाले ब्लॉकों का सर्वप्रथम आविष्कार एक चीनी व्यक्ति पी. चेन्ग ने ई. सन. 1045 में कियाँ चीनी मुद्रण कला का प्राचीनतम साक्ष्य "डायमंड सित्र" नामक एक बौद्ध धर्मग्रंथ है जिसे ई. सन् 868 में प्रकाशित किया गया था। तब लकड़ी के ब्लॉकों पर अक्षर उत्कीर्ण किए जाते थे और इस प्रकार तैयार ब्लॉक पर स्याही को फैलाया जाता था और तब उस पर कागज रख कर दबाया जाता था। स्याही का सृजन काजल और राल या गोंद को मिश्रित करके किया जाता था।

यूरोप में, जर्मनी निवासी-जोहान्न गुटेनबर्ग ने 15वीं शताब्दी के मध्य में मेन्ज में सबसे पहला ढलवाँ धातु की चल प्रिंटिंग मशीन बनाई विलियम काक्सटन ने 1476 में इग्लैंड में पहला प्रिंटिंग प्रेस स्थापित कियाँ

इसी दौरान समाचार पुस्तिकाएँ प्रकाशित की गईं जो उस काल की पुस्तकों के सदृश थीं। इन पुस्तिकाओं में किसी एक घटना का विवरण ही प्रस्तुत किया जाता था। वर्ष 1557 में प्रकाशित एक समाचार पुस्तिका का शीर्षक था : वैलिएष्ट एक्सरलॉपट ऑफ सर फ्रांसिस ड्रेक। एक अन्य समाचार पुस्तिका में फलोर्डन के उदय का विवरण किया गया, जिसमें इग्लैंड और स्कॉटलैंड के बीच हुए युद्ध का विवरण किया गया जिसमें स्र्कॉटलैंड के राजा की हत्या कर दी गई थी। 16वीं शताब्दी में समाचार पुस्तिकाएँ काफी लोकप्रिय हुईं।

वर्ष 1621 की गर्मियों में लंदन की गलियों में आधुनिक समाचार पत्र का एक बहुत छोटा रूप बिकने लगा। यह सबसे पहला प्रकाशित हुआ समाचार पत्र था जिसे कोरैण्टों (Coranto) कहा गया। कोरैण्टों समाचार पत्र के समान नियमित प्रकाशन नहीं था और इसमें अत्यधिक विशिष्ट स्वरूप के समाचार ही प्रकाशित किए जाते थे किन्तु इससे एक दीर्घ अपेक्षित आवश्यकता पूर्ण हुई। वर्ष 1624 तक कोरैण्टों को नाम से जाना जाने लगा, ऐसा ही एक नाम था, "कि कन्टीन्युएशन ऑफ फोर वीकली न्यूज जिनके प्रकाशक के नाम के स्थान पर "ऑफिस ऑफ बोर्न एँड बार" लिखा था। शुरुआत में कोरेण्टो में सिर्फ विदेशी समाचार ही होते थे। घरेलू समाचारों की पहली रिपोर्ट 1628 में ब्रिटेन की संसद के क्लर्क द्वारा संसदीय कार्यवाही के प्रकाशन के रूप में दी गई। उन्हीं विवरणों में दैनिकी का प्रकाशन शुरू हुआ जिसे

संसद और सम्राट के मध्य संघर्ष से बहुत अधिक मुद्रित की जाने वाली समाचार प्राप्त हुआ जबकि स्थानीय खबरों पर टीका-टिप्पणी करना अधिक जोखिम का काम नहीं था। जिसका कारण था कि दोनों में से कोई भी पक्ष इतना मजबूत नहीं था कि कोई दंडात्मक कार्रवाई कर सके और दोनों ही सर्वप्रथम प्रकाशित दैनिकी का नाम जॉन टॉमस था जिसे सबसे पहली बार 29 नवंबर, 1641 को प्रकाशित किया गया।

यूरोप में समाचारपत्रों के प्रकाशन में नियमितता और बाहुल्य आने तथा समाचारों की विविधता होने की स्थिति आने तक के इन चार कारणों का उल्लेख एँटनी स्मिथ ने कियाँ पहला चरण था जैसा कि पहले उल्लेख किया जा चुका है सरल कार्य का प्रकाशन जिसे अधिकांश यूरोपीय भाषाओं में रिलेशन या रिलैशियन के नाम से जाना जाता है। इन्हें घटना के वास्तव में घटित होने से इतने अधिक दिन बाद लिखा जाता था कि इनमें घटना के वर्ष का उल्लेख करना कभी-कभी ही मुमकिन हो पाता था।

दूसरे चरण में कौरैण्टो के रूप में रिलेशनों की शृंखला प्रकाशित की जाने लगी। 22 मई, 1622 को एक कौरैण्टो का प्रकाशन हुआ। कौरैण्टो के बारे में बोला गया कि वह ''इटली, जर्मनी, हंगरी, बोहेमिया, फ्रांस और कुछ अन्य देशों से प्रकाशित की जाने वाली साप्ताहिक समाचार पत्रिका है। कौरैण्टो के मुख्य पृष्ठ का शीर्षक प्रत्येक अंक में अलग-अलग रहता था। ज्यादातर किसी सप्ताह के अंक के बारे में कहा जाता था कि वह पिछले सप्ताह के अंक के क्रम में प्रकाशित की गई पत्रिका है। एँटनी स्मिथ के अनुसार कौरैण्टो समाचार पत्रिका का प्रकाशन का आंरभ एक प्रारंभिक महत्त्व की बात है। क्योंकि उसने संपूर्ण विश्व की सूचनाएँ उपलब्ध कराने का प्रयास किया और पाठकों को विश्व घटनाओं का व्यापक आवधिक जानकारी उपलब्ध कराने का प्रयास कियाँ कौरैण्टो समाचार पत्रिका का प्रकाशन सबसे अधि ाक संख्या में नीदरलैण्ड में किया गया जिन्हें बहुत से देशों और बहुत ही भाषाओं में परिचालित किया गया।

तीसरे दौर में दैनिक समाचार पत्रों का प्रकाशन शुरू हुआ। इन अंग्रेजी दैनिक (English Demals) के सर्वाधिक प्रमुख प्रकाशकों में रॉबर्ट कोपस और सैम्प्रएल पीक के नाम उल्लेखनीय हैं। इन दैनिकी पत्रों में संसदीय मामलों की खबरें प्रमुखता से छपती थीं। दैनिकी पर सर्वाधिक ध्यान 1640 के दशक में दिया गया जबकि इंग्लैंड को 30 वर्षीय युद्ध से मुक्ति मिली। इस दौरान यूरोप के अधिकांश प्रकाशनों का मुख्य समाचार इंग्लैंड की घरेलू समस्याएँ बनीं जबकि इंग्लैंड गृह युद्ध की ओर अग्रसर हो रहा था।

अधिकांश दैनिकी को "संसद की कार्यवाही का संपूर्णतः लेखा-जोखा प्रस्तुत करने वाले पत्र के रूप में मान्यता दी गई। इनमें वर्णित घटनाओं के घटित होने की आरंभिक और अंतिम तिथि दी जाती थी।

पत्र-पत्रिकाओं का चौथा दौर 'मर्कटी' का था जिसमें समाचार पुस्तिकाओं का प्रकाशन होता था। मर्कटी जिस पत्रकार द्वारा लिखा जाता था वह इसके माध्यम से उपलब्ध कराए जाने वाले आर्थिक लाभों या राजनीतिक लाभों के लिए अपने पाठकों को आकर्षित करता था तथापि, मूल अवधारणा समाचारों की पुस्तिका के सदृश रही जिसे खंडशः प्रकाशित किया जाता था। पृष्ठों को सप्ताह-दर-सप्ताह अनुक्रम में संख्यांकित किया जाता था। छापने की यह शृंखला तब तक चलती रही जब तक कि युद्ध के खतरों और सेंशरशिप के दबाव से प्रकाशकों ने पूरी तरह स्वयं को प्रकाशन से अलग नहीं कियाँ समाचार पुस्तिका या मर्कटी के साथ-साथ 'इंटेलिजेन्ट' का विकास हुआ। जो अपने समकालीन कर्मटी की तुलना में कुछ अधिक शासकीय था। जर्मनी में इसे 'इंटेलिजेंट' ब्लॉट' कहा गया। 'इंटेलिजेनट' के प्रकाशन की गति तीव्र होने पर इसमें बहुत से विषयों को शामिल किया गया। जिसमें बहुत सी नवीन सूचनाएँ शामिल की गईं और मनोरंजन के लिए भी आवश्यक सामग्री को स्थान दिया जाने लगा।

वर्ष 1655 में 'ऑक्सफोर्ड गजट' प्रकाशित होने के साथ ही, जिसका संपादन मड्डिमैन द्वारा किया गया, पत्रकारिता के एक नए युग का सूत्रपात हुआ। यह पहली आवधिक पत्रिका थी जो वास्तविक समाचार पत्र के काफी सदृश थी। इसे राजकीय प्राधिकार द्वारा सप्ताह में दो बार छापा जाता था तथा इसके 24 अंक प्रकाशित हो जाने के बाद यहाँ लंदन गजट" कहलाने लगा। इसका प्रकाशन 20वीं शताब्दी तक जारी रहा।

17वीं शताब्दी में यूरोप में समाचार पत्र के लिए तकनीकी और प्रकाशनिक ढाँचा स्थापित हुआ तथा 19वीं शताब्दी में समाचार पत्रों का दैनिक प्रकाशन आरंभ होने और विविध समाचारों से युक्त होने से इसने अपना संपूर्ण स्वरूप प्राप्त कियाँ जिस समय राजनीति में दलीय प्रणाली का आरंभ हुआ उसके पश्चात् पत्रकारिता के क्षेत्र में तेजी से विकास हुआ। पार्टी प्रणाली उस समय उभरी जबकि समाचार पत्र सरकार में अधिकाधिक रुचि लेने वाले लोगों के राजनीतिक-सामाजिक मामलों को प्रभावित करने के एक प्रभावशाली घटक के रूप में काम करने लगे थे। समाचार पत्रों के प्रकाशन की जब शुरुआत हुई तो उसने बहुत बड़े भौगोलिक क्षेत्र में होने वाली

घटनाओं को कवर कर प्रकाशन प्रारंभ कर दिया और समाचार पत्रों की रिपोर्टिंग या लेख मात्र किसी छोटे स्थान क्षेत्र से ही संबंधित नहीं होते थे।

जैसा किसी विद्वान ने कहा है ''यूरोपीय समाज में समाचार पत्रों ने प्रत्येक शिक्षित नागरिक के समक्ष संपूर्ण सार्वजनिक घटनाओं की तस्वीर प्रस्तुत की, जिन्हें देखने और समझने की शक्ति किसी भी अकेले व्यक्ति के वश की बात नहीं है। इसने यूरोपीय महाद्वीप और संपूर्ण विश्व के संदर्भ में अपने समाज का समीक्षात्मक विवरण प्रस्तुत कियाँ''

सरकारी पदाधिकारी को शरुआत में समाचार पत्र की ताकत का अहसास नहीं था, जब उन्होंने समाचारों को छापने और प्रकाशित करने का महत्त्व समझा तो उन्होंने प्रेस पर अपना मजबूत शिकंजा कसा और यह नियम लागू कर दिया कि कुछ भी प्रकाशित करने के लिए लाइसेंस का होना अनिवार्य है। यही वह वक्त था जबकि ऐसे लोगों जिनका यह दावा था कि लोगों को जानने का अर्थात् सूचना प्राप्त करने का अधिकार है और स्वयं से संबंधित मामलों में सब कुछ कहने का और कुछ भी नहीं करने का अधिकार है तथा ऐसे लोगों जो सूचना को सेंशर करना और अपने हितों को सिद्ध करने के लिए उनका उपयोग करना चाहते थे, के मध्य अनचाहा संघर्ष प्रारंभ हो गया।

इस स्थिति का वर्णन करते हुए एक अंग्रेज विद्वान ने कहा : ''17वीं शताब्दी के विश्व ने लेखक को दो संख्या शैलियों सत्य और असत्य को प्रस्तुत करने से रोका। सत्य कहाँ है–किस पक्ष में है–इसे जान पाना सरल नहीं था जिससे प्राधिकारियों (चाहे वे शासकीय हों, परंपरागत या आध्यात्मिक) के लिए पथ-प्रदर्शक बनना अपरिहार्य हो गया था। प्रेस को लाइसेंस प्रणाली के अधीन लाने के खिलाफ बहुत से तर्क दिए गए परंतु वे सभी तर्क सेंशरशिप के विरुद्ध नहीं होकर पूर्णतः उस प्रक्रिया के विरुद्ध थे जो सत्य और असत्य को एक खुली प्रतिस्पर्धा में एक-दूसरे के समक्ष आने से रोक रही थी।

लंदन में प्रथम दैनिक समाचार पत्र का प्रकाशन 11 मार्च 1702 को हुआ जिसका नाम ''डेली कोवरेण्ट'' थी। इसे एक मौलेट द्वारा प्रकाशित किया गया था और बेचा गया था किंतु इस समाचार पत्र का प्रकाशन कुछ दिनों में ही बंद हो गया। तब इसे सैम्युएल बकले द्वारा पुनरुज्जीवित किया गया। जिसने इसे एक महत्त्वपूर्ण समाचार पत्र का स्थान दिलायाँ उसने पत्रकारिता के मानक पर बल दिया जो उस दौर में एक सर्वथा नवीन आवधारणा थी।

सैम्युएल बकले का मानना था कि समाचार पत्र कोई अफवाह फैलाने वाला तंत्र नहीं है बल्कि इसे वास्तविक और तथ्यपरक सूचनाएँ छापनी चाहिएँ न कि अपनी राय। वह समाचारों को बिल्कुल निष्पक्ष भाव से छापता था तथा घटनाओं के घटित होने के दिन और स्थान का उल्लेख करने में पर्याप्त सावधानी बरतता था। उसका कहना था कि "ताकि जिससे देश की घटनाओं के बारे में उस देश की सरकार की अनुमति से सूचनाएँ अभी हैं उनके बारे में जनता की निष्पक्ष और विश्वसनीय राय बन सके"। उसने भी किसी देश के हित में समाचारों को तोड़ संबंधित देश आपस में भीषण युद्ध में ही रत क्यों न रहे हों।

उस वक्त समाचार कागज के एक ओर छापा जाता था और दूसरा ओर विज्ञापन के लिए सुरक्षित रखा जाता था। बकले के पास समाचार पत्र को सज्जित करने का अवसर नहीं था। वह अपनी रिपोर्टों को स्पष्ट करने के लिए नक्शों और सारणीबद्ध सांख्यिद्वकी का प्रयोग करता था।

18वीं शताब्दी में इंग्लैंड में कुछ महान लेखकों और पत्रकारों का उदय हुआ। जैसे कि डैनियल डेफो (टॉबिन्सन कुलों के रचयिता), जोनाथन स्विफ्ट (गुलिवार की यात्राएँ, Gullivrs Travals) और हेनरी फिप्रिंग। डेफो सम्भवतः उस काल के सर्वाधिक प्रमुख अंग्रेज पत्रकार थे। उसने साप्ताहिक "रिव्यू" को मुद्रित और संपादित कियाँ प्रसिद्ध निबंधकार स्टील और एडीसन ने टेटलर और स्पेक्टेटर आरंभ की। डॉ. सेम्युएल जॉनसन अपनी पत्रिकाएँ 'दि रैम्बलर' और 'आइडलर' निकाल रहे थे। स्वयं जॉनसन आरंभिक दौड़ के संसदीय मामलों के रिपोर्टर थे।

एक लेखक के शब्दों में, "18वीं शताब्दी के आरंभिक वर्षों में साहित्यिक दशा ऐसी नहीं थी कि पत्रकारिता को रुचिकर और साथ ही लाभकारी भी बनाया जा सकें अनेक अन्य उपन्यासकारों, निबंधकारों तथा नाटककारों और कवियों ने समाचारपत्रों में लिखा और पत्रकार कहलाएँ तथा लेखन और रिपोर्टिंग से स्तर को काफी ऊँचाई तक पहुँचायाँ

ये निबंधकार और पत्रकार समाचार पत्रों के प्रकाशन में नियमितता आने तक व्यावसायिक पत्रकारिता के कभी भी संपूर्णतः सदस्य नहीं बने।

जब डाक सेवा, मुद्रण क्षमता और सामग्री की आपूर्ति पर्याप्त और उपयुक्त रूप से विकसित हो गई जबकि पत्रिकाएँ साप्ताहिक, सप्ताह में तीन बार, प्रतिदिन प्रकाशित होने लगीं तथा पत्रकारिता को मान्य स्तर प्राप्त हुआ।

तब किसी लेखक द्वारा प्रस्तुत किए गए विवरण की सत्यता जाँचने का कोई साधन उपलब्ध नहीं था। एक लेख के अनुसार "जब तक दोहरे जाँच की सुविधा

उपलब्ध न हो तब तक पत्रकारिता व्यावसायिकता के स्तर को प्राप्त नहीं कर सकतीं।"

तब तक यह मात्र मुद्रण का एक उपांग (appendage) या ज्यादा व्यापक रूप में कूटनीतिकी एक उपशाखा ही बनी रहती है।

18वीं शताब्दी में राजनीति लंदन के समाचार पत्रों में प्रभावी होने लगी और समाचार पत्र षड्यंत्र, भष्टाचार और राजनीतिक पद्धति की गुटबाजी में शामिल हो गएँ पत्रकारों में निष्पक्षता के अभाव के कारण तथ्यों की यथार्थपरक रिपोर्टिंग का युग समाप्त होने लगा।

इस संबंध में एक लेखक ने कहा "गुटबाजी के सामने तथ्यों का महत्त्व समाप्त होने लगा। इस स्थितियों में समाचारपत्रों को राजस्व और बाजार की प्राप्ति हुई किन्तु बौद्धिक अनिवार्यता पृष्ठभूमि में चली गई तथा सूचना के व्यावसायिक उपक्रम के रूप में पत्रकार की भूमिका समाप्त होने लगी। साप्ताहिक पत्रिका निकालकर धन अर्जित किया जा सकता था, जिसमें लाभ अर्जित होता था और साथ ही राजनीतिज्ञों के समूह से भुगतान भी प्राप्त होता था। संसद एक ऐसा स्थान बनने लगा जिसमें राष्ट्र से संबंधित मामलों पर विचार-विमर्श किया जाता था। शक्ति का प्रदर्शन संसद के भीतर और उसके बाहर भी होने लगा तथा नवीन राजनीतिक परिदृश्य, संसद के भीतर की गई चर्चाओं के प्रसारण की आवश्यकता हुई। मंत्रीगण किसी एक या दूसरे समाचार पत्र की निंदा करने के लिए स्वतंत्र थे तथा देशद्रोह के जटिल नियमों के मामूली से उल्लंघन के लिए मुकदमा चला सकते थे। किन्तु राजनीतिक जीवन काफी हद तक राजनीतिक विचारों के समाचार पत्र के द्वारा प्रसार पर निर्भर हो चला था।

तब तक किसी पत्रिका या समाचारपत्र में विभिन्न कार्यों के सीमांकन का स्पष्ट स्वरूप सामने नहीं आया था। मुद्रक समाचार पत्र का प्रधान होता था हालाँकि वह उसका एकमात्र स्वामी या आंशिक भागीदार नहीं भी हो सकता था। संपादक की भूमिका समाचार-सामग्री को काट-छाँट करके पठनीय रूप में प्रस्तुत करने से अधिक नहीं थी।

तथापि, उस समय ऐसा कोई संगठित या व्यावसायिक समूह मौजूद नहीं था जो घटनाओं को बिल्कुल सही और सत्य विवरण के रूप में समाचार पत्र में प्रकाशित कर पाठक के समक्ष प्रस्तुत कर सके। समाचार पत्र के कार्यालय में रिपोर्ट करने की तकनीक तब उपलब्ध नहीं थी। घटनाओं का विवरण विदेशी पत्रिकाओं, निजी सूचना पत्रों, अस्पतालों, जेलों, बाजारों और न्यायालयों से प्राप्त किया जाता था। उस समय

अधिकतर समाचार पत्र और पत्रिकाओं में जो खबर छपती थी उसमें से अधिकांश खबर स्त्रोत द्वारा सीधे भेजी जाती थी। मुद्रक लिखने वाले की पहचान छिपाते हुए उसे अपनी राय अभिव्यक्त करने का अवसर प्रदान करता था।

एक लेखक के अनुसार 18वीं शताब्दी की संपूर्ण अवधि के दौरान प्रेस वैचारिक गुटों के लाभार्थ अपुष्ट सामग्रियों को प्रस्तुत करने के लिए बाधा था। समाचार पत्रों के नामों से विभिन्न विचारों और सुझावों के वाहक के रूप में उनकी भूमिका अभिव्यक्त होती थी। तथापि, पत्रकार की भूमिका एक ऐसे व्यक्ति के रूप में थी जो घटनाओं का अवलोकन-प्रेक्षण नहीं करता था यद्यपि उसे संयोगवश ऐसा करने का अवसर प्राप्त हो सकता था।

19वीं शताब्दी में पत्रकारिता

इंग्लैण्ड के विभिन्न स्थानों में समाचार पत्रों के ऑफिस 18वीं शताब्दी के अंत होते ही खुल गए जॉन उम्हार्टी ने, जो एक उग्र सुधारवादी था, मैनचेस्टर में एक बार और न्यूजरूम स्थापित किया जो सुबह छह बजे खुलता था और देर रात तक खुला रहता था। यह न्यूजरूम और सुसज्जित कक्षों से परिपूर्ण था एवं इन कक्षों में पूरे दिन की सभी खबरें और लोकप्रिय समाचारपत्र मौजूद होते थे। इन समाचार पत्रों में राजनीतिक, साहित्यिक, वैज्ञानिक सभी विषयों से संबंधित सूचनाएँ प्रकाशित की जाती थीं। ये कक्ष शाम होने पर गैस के लैंपों से जगमगा उठते थे।

बियर की दुकान में भी समाचार पत्र उपलब्ध रहते थे ताकि ग्रहक आकर्षित हो तथा सरायों में समाचारपत्र पढ़ने के लिए शुल्क वसूला जाता था। समाचारपत्र के पाठकों की संख्या उन्हें खरीदने वालों की संख्या से काफी अधिक थी। वर्ष 1878 में एन्टी जैमोबिन की 2,500 प्रतियाँ बिकती थीं किंतु इस समाचारपत्र का दावा था कि इसके पाठकों की संख्या 17,500 से 50000 के बीच थी। किसी भी अन्य मंच की अपेक्षा समाचारपत्र सूचनाओं के प्रसार का अधिक सक्रिय माध्यम था। इंग्लैण्ड में पुराने समय से राजतंत्र था जिसमें राजा शासन करते थे। इस शासन व्यवस्था को खत्म करने के लिए उग्र जनमत तैयार करना जरूरी था। इस उद्देश्य को पूरा करने के लिए सबसे पहले समाचारपत्रों का उपयोग विलियम मॉब्लेट ने कियाँ

एक इतिहासकार के मुताबिक 18वीं शताब्दी का समाचारपत्र राजनीतिक रिश्वतखोरी और पत्रकारिता में लापरवाही का प्रतिफल था। संपादकों के लिए "निवेशन और खंडन शुल्क वसूल करना सामान्य बात थी तथा कोई भी व्यक्ति किसी

प्रणाली के लिए प्रिय शब्दों को समाचार पत्रों में प्रकाशित करवा सकता था और विज्ञापन प्रकाशित करवा कर अपने विपक्षियों की छवि को नुकसान पहुँचा सकता था तथा बदले में समाचारपत्र के संपादक को उपहार देकर खुश कर सकता था। यहाँ तक कि दैनिक 'यूनिवर्सल रजिस्टर' जो बाद में टार्ठमन पत्रिका के नाम से जाना गया) में संस्थापक जॉन बाल्टर प्रथम ने भी इस तरीके से धन अर्जित कियाँ

इस सबके बावजूद 18वीं शताब्दी में समाचारपत्रों के संदर्भ में पत्रकारिता के क्षेत्र में अशोभनीय वातावरण का माहौल रहा। 19वीं शताब्दी का आरंभ होने पर पत्रकारिता की तकनीक और समाचार पत्रों में सृजन के क्षेत्र में महत्त्वपूर्ण प्रगति हुई।

रिपोर्टिंग कला का आरंभ

रिपोर्टिंग प्रणाली की शुरुआत 19वीं शताब्दी के आंरभ में हुई। शुरुआत में भाषणों और परिचर्चाओं की व्यवस्थित रिपोर्टिंग होती थी। आशुलिपि के प्रयोग से रिपोर्टिंग की कला ने एक विज्ञान का रूप ग्रहण कियाँ जैसा कि एक विद्वान ने कहा है, ''आशुलिपि'' पत्रकारिता की तकनीक की लंबी शृंखला का प्रथम अध्याय था जिसने पाठकों में पत्रकारिता के प्रति वास्तविकता का आभास करायाँ जिस रिपोर्टर को आशुलिपि की पूरी जानकारी होती थी उसके बारे में ऐसा लगता था कि मानों उसने कोई दिव्य शक्ति प्राप्त कर ली हो। उस समय आशुलिपि को उतनी ही प्रतिष्ठा प्राप्त हुई थी जितना बाद के दिनों में टी.वी. और माइक्रोफोन को। आशुलिपि की विभिन्न पद्धतियों को स्वीकार करने पर अंततः पिटमैन द्वारा पूर्णत प्रदान की गई आशुलिपि प्रणाली का विश्वभर में प्रयोग किया जाने लगा और संवाददाताओं को इस कला में महारत हासिल हुई। आशुलिपि के प्रयोग से संवाददाताओं और रिपोर्टरों की भूमिकाएँ अलग-अलग हो गईं। इससे व्यक्ति को घटनाओं का प्रयोग करने का रिकार्ड और रिकार्ड करने में परिपक्वता प्राप्त हुई। यह यथार्थता को रिकार्ड करने में व्यक्ति की क्षमता से संबंधित थी जिसे अपनाने से एक भिन्न व्यवसाय का सृजन हुआ।

इस प्रकार समाचार पत्र निकालने के व्यवसाय में एक सर्वाधिक महत्त्वपूर्ण श्रम विभाजन सामने आया जो इस दृष्टि से एक महत्त्वपूर्ण व्यवसाय था कि इसने पाठकों की माँग को संतुष्ट कियाँ उसने रिपोर्टर को एक सहज परिवेश प्रदान किया क्योंकि इससे वह घटन और पाठक के बीच की एक महत्त्वपूर्ण कड़ी बन गया। इससे उसे ऐसा महसूस करने का अवसर प्राप्त हुआ कि वह समाचारपत्रों में पाठकों का

वास्तविक प्रतिनिधित्व करता है, उससे रिपोर्टिंग का कार्य प्रायोजिक विज्ञान के परिप्रेक्ष्य से जुड़ गया और इसने लेखक को एक ऐसा उपकरण प्रदान किया जिससे उसने इंजीनियर और दार्शनिक की स्थिति को प्राप्त कियाँ

19वीं शताब्दी के मध्य से लेकर इस शताब्दी के अंतिम वर्षों तक में समाचारपत्रों में विभिन्न क्षेत्रों अर्थात् राजनीतिक, धार्मिक, वैज्ञानिक या शैक्षणिक सभी क्षेत्रों में विद्वानों द्वारा दिए गए भाषणों का आशुलिपि की सहायता से स्वतः पूर्ण रिपोर्ट प्रकाशित की गई। इस काल में समाचारपत्रों से जो मूलभूत छवि उभरती है उसके सम्बन्ध में एक समय कुछ श्रोताओं को संबोधित करके ही आशुलिपि की सहायता से दर्ज की गई रिपोर्ट द्वारा बहुत बड़ी आबादी तक अपनी बात पहुँचा सकता था।

19वीं शताब्दी में रिपोर्टर का महत्त्व

रिपोर्टर—समाज को दिशा प्रदान करने में एक प्रमुख भूमिका निभाने लगा। 1960 के दशक में टेलीविजन की शुरुआत होने तक रिपोर्टर और उसकी नोट बुक सभी समुदायिक और राष्ट्रीय घटनाओं को कवर करती रही और इसी दौरान उन्हें विभिन्न प्रकार की आलोचनाओं का सामना करना पड़ा। 1890 और 1850 के दशकों में रिपोर्टरों की नई पीढ़ी ने राजनीति के मिजाज को ठंडा करने में महत्त्वपूर्ण भूमिका निभाई तथा इस पीढ़ी ने एक राष्ट्रीय ग्राम की अवधारणा को जन्म दिया

संपादक की भूमिका

रिपोर्टर ने समाचारपत्रों के लिए समाचार जुटाने में एक माध्यम के रूप में काम किया लेखक या मुद्रक से भिन्न वह स्वयं अपना मालिक नहीं था और अपने स्वभाव के अनुसार वह अपना मालिक हो भी नहीं सकता था। उस पर संपादक का नियंत्रण होता था जो उसे काम पर नियुक्त करता था तथा यह बताता था कि उसे कौन सी घटना कवर करनी हैं। समाचारों के संग्रहण और निर्वचन के लिए एक उपकरण या माध्यम के रूप में संपादक का उभरना पत्रकारिता को उचित आयाम प्रदान करने की दिशा में एक अत्यधिक महत्त्वपूर्ण घटना थी। वर्ष 1802 से पहले संपादक शब्द का तात्पर्य एक ऐसे व्यक्ति से नहीं था जो किसी आवधिक या दैनिक पत्र का प्रभारी हो। इस शब्द का उपयोग एक ऐसे व्यक्ति के लिए किया जाता था जो मुद्रक के अधीन काम करने वाला उसका एक अधीनस्थ कर्मचारी होता था। उसका कार्य जनता से समाचार प्राप्त करना तथा जनता द्वारा समाचार पत्र

या उसमें छपी किसी सूचना का विरोध करने पर मुद्रक के बचाव में खड़ा होना था।

संपादक की आधुनिक भूमिका का प्रारम्भ मॉर्निंग क्रोनिश्ल के संपादक जेमन पेटी और दि टाईम्स में डेनिएल स्टुअर्ट और जॉन वाल्टर द्वितीय द्वारा की गई जिन्होंने संपादक की भूमिका को व्यावसायिक रूप प्रदान किया और संपादक की भूमिका को सर्वोच्च निर्णायक के स्तर पर संस्थाजित किया जो समाचार पत्र के मालिक का स्तर था। समाचार पत्र एक ऐसा संगठन बन गया जिसका अध्यक्ष या मुखिया एक ऐसा व्यक्ति होता था जिसे पास समाचारपत्र से संबंधित सभी अधिकार थे तथा जो सभी प्रकार की व्यवस्था और निर्णय करने में सक्षम था। संपादक और रिपोर्टर की भूमिकाए स्पष्ट होने पर समाचार पत्रों को एक नई दिशा और आकृति प्राप्त हुई।

तार सेवाओं का आरंभ

तार सेंवाओं की शुरुआत से समाचार पत्रों में और भी विभाजन और सीमांकन का दौर शुरू हुआ। एकाधिक स्थलों से रिपोर्ट प्राप्त करना अब अधिक आसान हो गया हालांकि इसमें खर्च में वृद्धि हुई। जैसाकि एक लेखक ने कहा है "इसमें कोई संदेह नहीं है कि सूपूर्ण विश्व एक वैश्विक ग्राम में तब्दील हो गया किंतु इसने जितनी समस्याओं का समाधान किया उससे अधिक समस्याएँ उत्पन्न हो गई। धीरे-धीरे पाठक आशंकित होने लगे कि घटना के संबंध में उन्हें समुचित जानकारी दी जा रही है अथवा नहीं।

तार सेवाओं से पत्रकारिता के क्षेत्र में एक दबाव समूह सृजित हुआ। इसने इस आवधारणा को संभव बना किया कि दैनिक समाचार पत्र में दिन भर की सभी घटनाओं को शामिल किया जाना चाहिएँ उसके बाद से दैलिक पत्रकारिता में रिपोर्टिंग एक नए राल में की जाने लगी और समाचरों की तत्काल प्रस्तुति आरंभ हुई।

समाचार एजेंसियों की भूमिका

विश्व के विभिन्न हिस्सों में समाचार एजेंसियों के माध्यम से अनेक घटनाओं के बारे में विस्तृत जानकारियाँ उपलब्ध कराई गई। सभी प्रकार के समाचारों के वितरण में एजेंसियों ने महत्त्वपूर्ण भूमिका अदा की। एलिजाबेथ युग में टॉमस फिलिप्स पहला अंग्रेज था जिसने एक समाचार एजेंसी संस्थापित की। 19वीं शताब्दी के पूवार्ध में ब्यूरो ऑफ फ्रांस ने बड़े वाणिज्यिक पैमाने पर समाचार एजेंसी की

शुरुआत की। बर्लिन में एक न्यूज सर्विस की शुरुआत हुई। इस एजेंसी को संस्थापित एक जर्मन यहूदी ने किया जिसका नाम बर्नहार्ड वोल्फ था। उसे पूँजी बाजार में बहुत अधिक दिलचस्पी थी।

समाचार एजेंसी के क्षेत्र में एक अन्य प्रतिस्पर्धी पॉल जुलियस (रायटर) उपर्युक्त सभी से आगे निकल गया उसका जन्म जर्मनी में हुआ था। उसने पेरिस में एक छोटे से कमरे में अपनी समाचार एजेंसी को सस्थापित किया जिसके कार्यों में एकमात्र उसकी पत्नी ही सहायता करती थी। तार सेवाओं के आविष्कार ने रायटर को एक बहुमूल्य मौका प्रदान किया और उसने बैंको और व्यापारियों को वित्तीय सूचनाएँ प्रदान करने के लिए हॉलैंड के एचेन शहर में एक छोटा सा तार कार्यालया खोला। आधिकाधिक तार लाइनें खुलने के साथ ही उसका व्यवसाय भी बढ़ता गया जबकि तब तार सेवाओं में काफी खामियाँ थी। उसने समाचार प्रेषित करने के लिए कबूतरों का इस्तेमाल कियाँ सन् 1850 में बहुत सी प्रर्शनियाँ आयोजित की गई इसी समय रायटर चला गया। वर्ष 1860 तक उसकी जैसी ब्रिटेन के लगभग सभी समाचार पत्रों और अविधिक पत्रिकाओं की विदेशी समाचार उपलब्ध कराने तथा ब्रिटेन से यूरोप के अन्य देशों का ब्रिटेन के समाचारों से अवगत कराने का कार्य मरने वाली प्रमुख समाचार एजेन्सी बन गई। 1865 ई. में संयुक्त राज्य अमेरिका के राष्ट्रपति अब्राहम लिंकन थे इनकी हत्या कर दी गई। राष्ट्रपति की हत्या की खबर रायटर की मशहूर खबर थी। अमेरिकी डाक नौका न्यूयॉर्क छोड़ रही थी तभी लिंकन की हत्या की खबर आई। न्यूयॉर्क में रायटर का प्रतिनिधि नौकाघाट पर आता तब तक डक नौका तट छोड़ चूकी थी। वह अपने इस सूचना पत्र को एक जलरोधी कनस्तर में पैक करके लहरों से लड़ते हुए पार अटलांटिक जहाज तक पहुंचा और तब उसे सुरक्षित डेक तक पहुंचायाँ

समाचार एजेंसी के माध्यम से समाचार पत्रों को जब प्रतिदिन की घटनाओं के बारे में सभी सूचनाएँ उपलब्ध होने लगी तो लंदन के पत्रकारों के लिए आशुलिपि का महत्त्व उत्तरोत्तर होने लगा।

समाचार के पीछे के समाचार का युग

संसद के अंदर बहुत से लॉबी संवाददाताओं ने अपनी पहुँच व सूझबूझ से अपनी उपस्थिति दर्ज करा ली और वे सदस्यों से संसद की लॉबी में मुक्त वार्तालाप करने लगे तथा इस प्रकार उन्होंने समाचार के पीछे कर समाचार खोजना शूरू कियाँ एक लेखक ने इस बारे में स्पष्ट लिखा है, ''एक ऐसी अवधारणा विकसित हुई कि

संसद के औपचारिक मामलों मे क्या कुछ हो रहा है, इसके संबंध में एक सीधा विश्वसनीय विवरण के पीछे एक अर्द्धसत्य छिपा होता है, जिसमें यह निहित है कि पर्दे के पीछे क्या घटित हो रहा है। बहुत से रिपोर्टर पहले महसूस करते थे कि आशुलिपि की मदद से वे तथात्मक सारांश को समाचार पत्र में प्रकाशित कर पाठक के सामने प्रस्तुत कर सकते हैं। क्रमशः व्यावसायिक माँग को छोंड़ कर नीचे की ओर खिसकने लगे। शिखर पर स्थित उनकी स्थिति अिब ऐसे लोगों द्वारा सृजित भ्रम की स्थिति से सत्य को ढूंढ लोने में सक्षम थे। इस तरह से एक अलग ही प्रकार की पत्रकारिता का उदय हुआ।'' इस प्रकार वास्तविकता तिरोहित होने लगी। समाचार पत्रों के कार्यालयों में ''कहानी'' अर्थात घटना का विवरण पत्रकारिता के प्रयास का मूलभूत तथा सशक्त घटक बनने लगा। सूचना को जो समाचार पत्रों की बुनियादी ढाँचा की दृढ़ता और स्थान मिलने लगा जिसका कारण था कि पाठको को घटनाओं का संपूर्ण विवरण पहुँचाना था।

इस संबंध में एक अन्य लेखक का मत है कि पत्रकारिता की तकनीक, विधा, काल्पनिक कथा के बराबर हो गई तथा अंशतः ऐसे अवयवों को पहचानने में निहित हो गई जो कतिपय शिल्प तथ्यों में देखी जाती है। पाठकों की मान्यता का स्पष्ट महत्त्व था। संपादक इस बात की जानकारी प्राप्त करने में लगा रहता था कि पाठक क्या पढ़ना या जानना चाहता है। समाचार श्रेणीबद्ध हो गए थे और समाचारपत्रों के पृष्ठ विभिन्न शीर्षकों जैसे ''घरेलू समाचार'' ''विदेशी समाचार'', ''शहर'' तथा ''खेल जगत'' आदि के अंतर्गत प्रकाशित किये जाते थे। 1990 के दशक की '' नई पत्रकारिता'' शताब्दी मध्य के ''संडे प्रेस'' के अनुभव पर आधारित थी जो पत्रकारिता के क्षेत्र में आई क्रांति का पहला कदम थी। इस समय इसने अनुभव किया कि पत्रकारिता एक अच्छा व्यवसाय है और यह लगातार फल-फूल रहा है। पाठक के यथार्थ को सुव्यवस्थित ढंग से प्रस्तुत किया जाने लगा। पत्रकारिता यथार्थ को संरचित करने की कला का रूप ग्रहण कर चुकी थी न कि खेल यथार्थ को रिकार्ड करने की कला जैसा कि किसी लेखक द्वारा कहा गया है।

ऐसा कहा गया कि पत्रकारिता के क्षेत्र में कुछ दौर में प्रत्येक मानसिक स्तर के लोग खप सकते थे। समाचार पत्रों में उच्च्च अध्ययनशील लोगों के लिए लेख, समाचार विवरण की अपेक्षा के अनुरूप उपसंपादकीय लेख तथा व्यावसायिकों के लिए व्यवसाय प्रबंधन से बड़ी सूचनाएँ छपती थीं। विशेषज्ञता के इस युग ने पत्रकारिता के क्षेत्र पर अपनी मजबूत पकड़ की छाप को स्पष्टतः अंकित कियाँ विशेषज्ञ संवाददाताओं ने अपनी स्रोतों पर अपनी पकड़ बनाए रखी और एक सुस्पष्ट

क्षेत्र के भीतर विशेषज्ञताओं को सुस्पष्ट कियाँ उसके अन्य सहयोगी जो विशेषज्ञ नहीं थे तथा सामान्य रिपोर्टर थे वे अपने विषय पर बल डालने और समाचार प्रकाशित करने के लिए स्वतंत्र थे।

इंग्लैंड के सर्वाधिक प्रमुख समाचारपत्र 'दि टाइम्स' की शुरुआत वर्ष 1784 में की गई। तब इसे दैनिक यूनिवर्सल रजिस्टर कहा जाता था और उसकी शुरुआत जॉन वाल्टर द्वितीय ने पहला भाप से चलने वाला छापाखाना संचालित किया और दि टाईम्स अपनी भव्यता की ओर अग्रसर हुआ।

जॉन वाल्टर के शब्दों में समाचारपत्रों की भूमिका अग्रलिखित शब्दों के रूप में हो सकती है। ऐसा प्रतीत होता है कि लंदन में प्रकाशित प्रत्येक समाचारपत्र एक निशचित प्रश्न के पाठकों के लिए ही प्रकाशित किए जा रहे हैं। सत्य और सहज सिद्धांतों के अनुकूल प्रकाशित समाचारपत्र अपने काल का सही प्रतिबिंब प्रस्तुत करें और प्रत्येक क्षेत्र का विश्वसनीय रिकार्डर बनें। इनका सामान्य उद्देश्य विज्ञापन में माध्यम से समुदाय के विभिन्न वर्गों के बीच सामंजस्य स्थापित करना हो तथा संबंधित युग की प्रमुख घटनाओं का वर्णन करें और संसद सत्र के दौरान संसद में आयोजित चर्चाओं का संक्षिप्त विवरण प्रस्तुत करें।

दि टाइम्स में काम कर रहे विलियम हैजलिट ने लिखा "उस दौर में दि टाइम्स विश्व में घटित हो रही घटनाओं को प्रस्तुत करने वाला एक सर्वाधिक महत्त्वपूर्ण समाचार पत्र था।"

यह समाचार पत्र ब्रिटेन में महानगरों में घटित होने वाली घटनाओं का साक्षी था, मुद्रा बाजार की घटनाओं का प्रस्तुतकर्त्ता और उसकी प्रतिध्वनि था, यह व्यापारिक हितों को प्रतिबिंबित करता था, कोई भी महत्त्वपूर्ण घटना इससे बच नहीं सकती थी तथा यह सभी पक्षों का प्रतिनिधि समाचार पत्र था। एक अन्य लेखक ने लिखा, "दि टाइम्स ने मध्यवर्ग के हितों का प्रतिनिधित्व किया और यह एक ऐसा समाचार पत्र बन गया जिसने 19वी शताब्दी के सभी समाचार पत्रों को मार्गदर्शन प्रदान कियाँ उसने अपने सभी वर्ग के पाठकों को भरपूर सामग्री प्रदान की। क्रान्ति के युग में इस समाचार पत्र ने संसदीय गुटों का प्रतिनिधित्व भी किया और साथ ही साथ राजनीतिक क्षेत्र में एक स्वतंत्र अभिनेता की भूमिका भी निभायी थी।" "दि टाईम्स पहला समाचार पत्र था जिसका 1807 ई. में जर्मनी में इसका अपना विदेशी संवाददाता था। इस संवाददाता के बारे में लिखा गया है कि "उसने आकर्षक लेख लिखे तथा उसका मानना था कि विदेशी संवाददाता का कार्य यह नहीं है कि गरमागरम समाचार दे, उनका मुख्य काम अपने काल और जगह को अभिव्यक्ति देना है।

1808 में जब उसे कोरिया युद्ध को कवर करने का काम सौंपा गया तो उसने अपना समाचार भूलकर स्थानीय समाचारों पत्रों से अनुदित करके भेजा तथा जो कोई भी जहाज तट से पहले प्रस्थान करता था उसके अपने समाचार भेजे तथा शहर की सुंदर महिलाओं और भद्र पुरुषों के सान्निध्य में समय बिताया करता।

तथापि, 1850 में दि टाइम्स में विलियम हावर्ड नाम के व्यक्ति को अपना प्रथम विशेष संवाददाता नियुक्त किया एवं उसे मुख्य रूप से उस काल की ऐतिहासिक घटनाओं को कवर करने का दायित्व सौंपा। वह जो रिपोर्ट भेजता था वह समकालीन इतिहास के समान मालूम पड़ती था। जैसा कि उसके एक प्रशंसक ने लिखा है, ''इसमें कोई संदेह नहीं है कि वे समाचार उसकी अपनी सोच से प्रभावित होते थे और वह कभी-कभी घटनाओं में परिवर्तन भी कर दिया करता था।''

इंग्लैंड, यूरोप और संयुक्त राज्य अमेरिका में समाचार पत्रों में लेखकों और मालिकों के अनुसार 1880 और 1890 के दशक पत्रकारिता के स्वर्णिम काल थे। ऐसा ज्ञात होता था कि समाज जनमत के द्वारा चलता है और इसमें जो गतिशील है वही समाचार पत्र की अंतिम परिणति है। डब्ल्यू. टी. ने जो पॉल म्युल गजट के और बाद में दि टाइम्स के संपादक रहे, इंग्लैंड में 1880 के दशक की नई पत्रकारिता के पथ-प्रदर्शक बने और 20वीं शताब्दी के समाचारपत्रों के लिए राह बनाई, लिखा है कि तार और छापाखाना एक साथ मिलकर ब्रिटेन को संपूर्ण समुदाय के एक विशाल समाज में परिवर्तित कर दिया जिसमें राज्य के मामलों पर चर्चा दिनानुदिन की जाती थी।'' समाज पर शासन करने के लिए आदर्श तंत्र का सृजन एक व्यापक निर्वाचक समूह, मुक्त मंच और सस्ता समाचार पत्र सभी ने मिलकर कियाँ डब्ल्यू. टी. स्टीड के शब्दों में ''समाचार पत्र एक महान न्यायालय है जहाँ सभी शिकायतें सुनी जाती हैं और सभी प्रश्न की खामियों (दुर्गुणों) को उत्तम किया जाता है जिन पर खुली और निष्पक्ष चर्चा की जाती है।''

उस काल के एक अन्य महान संपादक सी. पी. स्कॉट युरो जिसने मैनचेस्टर गार्जियन को संस्थापित किया, समाचार पत्र के सिद्धांतों को निम्नलिखित शब्दों में व्यक्त किया—

टिप्पणियाँ या आलोचनाएँ निष्पक्ष होती हैं किंतु तथ्य पवित्र होते हैं। उसने कहा ''मूलतः पत्रकारिता का आशय ईमानदारी, स्वच्छता, साहस, निष्पक्षता तथा पाठक और समुदाय के प्रति कर्त्तव्य की भावना से है। समाचार पत्र समाज की एक आवश्यकता है और इसका प्रथम कर्त्तव्य एकाधिकार के लोग से बचना है इसका मुख्य कार्य समाचार एकत्रित करना है। अपने स्वयं के अस्तित्व की जोखिम पर भी

इसे यह देखना चाहिए कि प्रस्तुत की गई समाचार सामग्री दोषपूर्ण न हो। यह जो सामग्रियाँ प्रस्तुत नहीं करता उसमें भी इसका कोई दोषपूर्ण चरित्र प्रतिबिंबित न हो और न ही इसके माध्यम से समाचारों की प्रस्तुति ही दोषपूर्ण हो तथा सत्य प्रत्येक दशा में जनता के सामने आएँ"

1815 में यूरोप में प्रेस की स्वतंत्रता को एक विचार, एक अभिकल्पना और एक प्रयोग के समान माना जाता था और 1881 तक यह एक भयावह आशंका बनी रही। यह एक स्वागत योग्य संस्था बनी और उसी वर्ष जुलाई में पारित फ्रांसीसी प्रेस कानून में इनका सर्वाधिक उल्लेखनीय पाठ शामिल किया गया। 1881 में ब्रिटेन में भी प्रकाशित किए जाने वाले समाचार पत्रों के लिए जमानत जमाराशि जमा कराने की अनिवार्यता समाप्त कर दी गई और एक नजर अभियोजन कानून पारित किया गया जिसके द्वारा समाचार पत्रों को आपराधिक अपमान के लिए उन पर अभियोजन चलाने के भय से मुक्त कर दिया गया।

छह दशकों की अवधि के दौरान प्रेस का बुनियादी प्रतिरूप स्थापित हुआ जो 20वीं शताब्दी के अंतिम वर्षों में भी बना रहा।

यूरोप और अमेरिका में प्रत्येक स्थान पर 20वीं शताब्दी के लोकप्रिय समाचारों के लिए तंत्र और संगठन विकसित किए गएँ इस दौर में अनेकानेक प्रकार और क्षेत्रीय स्वरूप में समाचार पत्र प्रकाशित किए गए जिनका पहले कोई अस्तित्व नहीं था। रविवारीय समाचार पत्र, संध्या संस्मरण, क्षेत्रीय, वित्तीय, महिलाओं के लिए और अन्य विविध विषयों पर समाचार पत्र छपने लगे जो नई तकनीकों और तार, समाचार एजेंसियों के संगठन और कथा-कहानियों को धारावाहिक के रूप में प्रकाशित करने की विधा को प्रयोग में लाने के फलस्वरूप संभव हुआ।

18वीं शताब्दी के आरंभ में संयुक्त राज्य अमेरिका में अटलांटिक पार की अमेरिकी बस्तियों में समाचार-पत्र उद्योग के लिए सभी अनुकूल परिस्थितियाँ उपलब्ध कराईं।

सड़क और उन सेवाओं से संबंधित लोग नए क्षेत्रों में तीव्र गति से बस रहे थे। इस आबादी को अपनी सेवा प्रदान कराने वालों में शिल्पकार और व्यावसायिक वर्ग के समुदाय सम्मिलित थे। अमेरिका में समाचार पत्रों के आरंभिक विकास में पोस्ट मास्टरों (डाकपालों) ने महत्त्वपूर्ण भूमिका निभाई। वे खबरों को इकट्ठा करके उसका प्रकाशन सूचना पत्र के रूप में करते थे। वे एक महत्त्वपूर्ण स्थिति में थे क्योंकि सामुदायिक हित के अधिकांश समाचारों तक उनकी पहुँच होती थी।

वे सरकारी डाक की मुहर तोड़ कर महत्त्वपूर्ण सरकारी सूचनाएँ प्राप्त कर लेते

थे। वे बहुत से बातों की जानकारी रखते थे, समुदाय में जो घटना घटती थी उसकी सबसे अधिक जानकारी इनके पास उपलब्ध रहती थी और उपनी जानकारी का उपयोग कर पाने की स्थिति में थे।

पहला अमेरिकी समाचार पत्र 24 अप्रैल, 1704 को बोस्टन से प्रकाशित हुआ जिसके संपादक और प्रकाशन का नाम जॉन कैम्पबेल था। इसे बोस्टन सूचनापत्र कहा गया। इसके बाद 1721 में फ्रैंकलिन बंधुओं द्वारा "इंग्लैंड की वरैंट" और एन्ड्रयू ब्रॉड फोर्ड द्वारा अमेरिकी साप्ताहिक "मर्करी" का प्रकाशन किया गया। लंदन में जो समाचार पत्र छपता था उसी से बोस्टन सूचना पत्र सूचनाएँ लेता था फलस्वरूप यह समाचार कुछ पुराना होता था। बोस्टन सूचना पत्र कागज के दोनों तरफ छापा जाता था। चूँकि संपादक प्रकाशक कैंपबेल के पास अपने सूचना पत्र में इतना अधिक स्थान उपलब्ध नहीं होता था जिसमें वह यूरोप से आने वाली सभी समाचार सामग्रियों को जनता तक पहुँचा सके, अतः वह सूचनाओं को परवर्ती अंकों में प्रकाशित करने के लिए भी रख लेता था। दूसरा अभिप्राय यह था कि पाठक जिन समाचारों को पढ़ते थे उनमें से कुछ समाचार महीनों पहले घटित घटनाओं से संबंधित होते थे। तथापि, कैंपबेल ने स्थानीय समाचारों को अधिक तत्परता से प्रकाशित कियाँ

वह प्रकाशित करने से पूर्व अपनी सभी समाचार सामग्रियों पर राज्य के गवर्नर या उसके सचिव की सहमति प्राप्त कर लेता था जिससे उसके समाचार पत्र पर निंदात्मक समाचारों के लिए अभियाग नहीं चलाया जा सकता था। उसके समाचार पत्र को सेंशर का भी भय नहीं था और उसे सजग पाठकों की आलोचना भी कम-से-कम सहनी पड़ी थी। हालाँकि यह समाचार पत्र अनेक वर्षों तक उमेरिकी कालोंनियों का एकमात्र समाचार पत्र बना रहा, किंतु कैम्पबेल के पास अपने समाचार पत्रों के इतने अधिक ग्राहक नहीं थे कि उसका समाचार पत्र लाभ देने की स्थिति में रहे। उसके समाचार पत्र की 300 से अधिक प्रतियाँ कभी नहीं बिकी किंतु उसमें उपने पाठकों के प्रति उत्तरदायित्व का अत्यधिक अहसास था तथा वह जनता की उदासीनता और वित्तीय बाधाओं के बावजूद अपना समाचार पत्र निकालता रहा। अपने एक अंक में उसके पिछले अंक में अर्धविराम (Comma) का चिह्न गलत स्थान पर लगाने के लिए अपने पाठकों से क्षमायाचना तक की जबकि ऐसी त्रुटि होना कोई अधिक गंभीर बात नहीं थी।

पहला दैनिक समाचार पत्र 1783 में फिलाडेल्फिया में बेन्जमिन शहर में शुरू किया गया जिसे "पेनिसैम्बेनिया इवनिंग पोस्ट" के नाम से जाना गया। यह समाचार पत्र 17 माह तक निकाला जाता रहा। वर्ष 1800 तक अमेरिका के अधिकांश बड़े

बंदरगाहों और वाणिज्यिक केन्द्रों में दैनिक समाचार पत्र मिलने लगे थे। वर्ष 1820 में प्रकाशित किए जा रहे कुल 512 समाचार पत्रों में से 24 समाचार पत्र प्रतिदिन, 66 समाचार पत्र सप्ताह में दो बार या तीन बार और 422 समाचारपत्र प्रति सप्ताह एक बार प्रकाशित किए जाते थे।

इन समाचार पत्रों को समृद्धशाली वर्ग द्वारा संरक्षण प्रदान किया जाता था और समाचार पत्र का मूल्य इतना अधिक होता था कि औसत नागरिकों के लिए इन्हें खरीद जाना संभव नहीं था। बेन्जामिन द्वारा 3 सिंतबर 1833 को न्यूयॉर्क सन का प्रकाशन आरंभ किए जाने से अमेरिकी पत्रकारिता में एक नए युग का सूत्रपात हुआ। इसे 4 पृष्ठों में निकाला गया जिसमें से प्रत्येक पृष्ठ आधुनिक समाचार पत्रों के पृष्ठ का लगभग दो-तिहाई था। इसके पहले पृष्ठ में तीन कॉलम होते थे और इसमें कोई चित्र आदि नहीं होता था।

इसका अधिकांश समाचार स्थानीय घटनाओं पर केन्द्रित रहता था और हिंसा के समाचारों का प्रमुखता से उल्लेख किया जाता था। इस समाचार पत्र के छापी जाने वाली अधिकांश जानकारियाँ कोई अधिक गंभीर या महत्त्वपूर्ण नहीं होती थीं किन्तु इसके पाठकों की संख्या काफी अधिक थी और समाचार पत्र का मूल्य मात्र एक संट स्पेनी था। प्रकाशन के छह माह के भीतर ही दि सन के पाठकों की संख्या 8000 से भी अधिक हो गई जो इसके निकटतम प्रतिद्वंद्वी समाचार पत्र के पाठकों की संख्या की अपेक्षा लगभग दोगुनी थी।

मानव की रुचि की कहानियाँ या घटनाए छापना दि सन की विशेषता थी। यह आम आदमी का और विशेषकर उन मजदूरों का समाचारपत्र बन गया था जो लगातार शहरों में बढ़ने जा रहे थे। सामान्यजनों में पेनी के समाचार पत्रों की पैठ बहुत ज्यादा थी अन्य किसी भी माध्यमों की पैठ समाचारपत्र इतना नहीं हो पाया था किन्तु उनका स्तर काफी उच्च नहीं हो सका था। एक प्रेक्षक के शब्दों में, "एक पेनी मूल्य के आरंभिक समाचार पत्रों में राजनीतिक दर्शन की स्पष्ट अभिव्यक्ति प्राप्त किया जाना संभव नहीं था" किन्तु बाद को इन समाचारपत्रों ने अधिक महत्त्वपूर्ण प्रकार की सूचनाएँ छापना शुरू किया और पाठकों ने सरकार के कामों में बहुत ज्यादा रुचि लेना आरंभ कर दियाँ उन्हें सरकार के कार्यों को नियंत्रित करने की शक्ति प्राप्त है।

'न्यूयार्क टाइम्स' का प्रकाशन इसी समय में शुरू हुआ। यह विश्व का सबसे अधिक परिष्कृत और जनप्रिय समाचारपत्र साबित हुआ। इसका पहला अंक 18

सितम्बर 1857 को न्यूयॉर्क से प्रकाशित हुआ जिसका नाम दि न्यूयॉर्क टेली टाईमन था। इसके प्रकाशक हेनरी रेमण्ड और जॉर्ज जोन्स थे। इसका मूल्य एक सेंट या एक पनी था और शुरू के दिनों में यह आम लोगों का समाचारपत्र था परंतु इस समाचार पत्र में सनसनीखेज खबर नहीं छपती थी जैसे 'दिसन' और अल्प समकालीन पत्रों में छपा करता था। इसके संपादक ने लिखा हम ऐसी कोई भी बात लिखना नहीं चाहते जैसे कि हम किसी परिदान से चल रहे हों जब तक स्थिति वास्तव में वही न हो जिस पर संबंधित सूचना हम प्रस्तुत कर रहे हैं और हम परिदान से चलने की स्थिति में यथासंभव नहीं छापने का प्रयास करेंगे। दि टाईमन ने विदेशी खबरों को विशेष रूप में छापा और इसके संपादक रेमण्ड को एक मुक्ति संगति और उद्देश्य पर संपादक के रूप में भारी ख्याति प्राप्त हुई। उसने सार्वजनिक रिपोर्टिंग में औचित्य और शालीनता को विकसित कियाँ 'दि टाइम्स' समाचार पत्रों की खबर बहुत हद तक पक्षपातरहित होती थी और किसी पर व्यक्तिगत आक्षेप लगाने से परहेज करता था।

उसने अपने सावधानीपूर्वक रिपोर्टिंग और तस्वीर के कारण पाठकों का विश्वास अर्जित किया और इसे यथार्थ-वर्जन की प्रतिष्ठा प्राप्त हुई। किंतु शीघ्र ही यह समाचार पत्र वित्तीय कठिनाइयों में घिर गया और 1896 में जब यह दिवालिया होने की कगार पर था, इसे एडोसन एस ऑक्स द्वारा खरीद लिया गया जिसने इसे 1935 में अपनी मृत्यु होने तक अपना दर्शन प्रदान कियाँ

दि टाईम्स का प्रकाशन जब एडोयन्स एस ऑक्स की देख-रेख में शुरू हुआ तो यह समाचार पत्र बहुत जनप्रिय साबित हुआ, फलस्वरूप अंतर्राष्ट्रीय स्तर पर भी इसे प्रसिद्धि मिली। ऑमन ने टेनिसी में एक प्रेस में श्रमिक के रूप में अपना जीवन शुरू किया था और कठोर परिश्रम करते हए वह इस लक्ष्य तक पहुँच था। अपने सिद्धातों की उद्घोषणा करते हुए उसने कहा यह मेरा सर्वाधिक पवित्र लक्ष्य है कि दि न्यूयॉर्क के टाईम्स सभी समाचारों को संक्षिप्त और आकर्षक रूप में प्रस्तुत करे तथा इसकी भाषा शिष्ट और सम्य समाज की भाषा हो तथा समाचारों को प्रस्तुत करने में यह सबसे आगे हो और यदि ऐसा नहीं हो सके तो दूसरे समाचार किसी भी विश्वसनीय माध्यम से प्रस्तुत किए गए समस्याओं पर आधारित हों उसके समाचार निष्पक्ष हों और यह निर्भीक होकर अपने समाचार जनता पहुँचाए, न्यूयॉक टाईम्स के कॉलम किसी भी पार्टी, पद या हित से प्रभावित न हों तथा यह एक ऐसा मंच बने जहाँ जनहित के सभी प्रश्नों पर विचार किया जाए और उस लक्ष्य की प्राप्ति हेतु यह जनता के सभी वर्गों से राय ले और बौद्धिक चर्चा करे।

1935 में ऑक्स भी मृत्यु के उपरांत उसके दामाद आर्थता हेज शल्जबर्गर ने दि टाइम्स का कार्यक्रम संभाला दि टाईम्स का स्थान समाचार पत्रों के संबंध में किए गए जनमत संग्रह के अनुसार पहला है तथा यह पूर्ण और के पूर्ण खबरें देने की अपनी परंपरा कर निर्वाह करते हुए अमेरिका पत्रकारिता क्षेत्र में अपना पहला स्थान बनाए हुए है।

इस दौर का एक अन्य महान समाचार पत्र प्रकाशक जोसफ पुलित्जर था जिसे आधुनिक युग का एक महान अमेरिका संपादक कहा गया है। उसने 1878 में सेंटलुई से अपने समाचार पत्र दि पोस्टर डिस्पैच का प्रकाशन आरंभ किया और अपने इस समाचार पत्र की नीति के संबंध में उसने कहा "दि पोस्ट डिस्पैच किसी भी पार्टी या व्यक्ति, गणतंत्रवाद का समर्थन नहीं करता बल्कि यह मात्र सत्य का समर्थन करता है, यह किसी पक्ष या वाद का समर्थन नहीं करता बल्कि यह निष्कर्ष का समर्थन करता है, यह प्रशासन का समर्थन नहीं करता है, बल्कि उसके गुण-दोष की आलोचना करता है, यह जहाँ कहीं भी और जो कुछ भी धोखा और कपट विद्यमान होगा उसका विरोध करेगा; यह पूर्वाग्रह और पक्षपात को छोड़कर अन्य सभी सिद्धातों और अवधारणाओं का समर्थन करेगा।" जब 1907 में अपनी सेवानिवृत्ति के समय उसने कहा, "मैं जानता हूँ कि मेरी सेवा-निवृत्ति से इस समाचार पत्र के मूलभूत सिद्धांतों में कोई परिवर्तन नहीं होगा और यह प्रगति और सुधार के लिए सदैव संघर्षरत रहेगा, कभी भी अन्याय या भ्रष्टाचार को सहन नहीं करेगा, सभी पर्टियों के भ्रष्ट आचरण का विरोध करेगा, कभी भी किसी भी पार्टी का समर्थन नहीं करेगा, हमेशा विशेषाधिकार प्राप्त वर्ग और जनता को लूटने वाले वर्ग का विरोध करेगा, कभी भी निर्धनों के प्रति सहानुभूति कम नहीं करेगा, सार्वजनिक कल्याण के प्रति हमेशा कृतसंकल्प रहेगा, समाचारों को मात्र छापकर ही संतुष्ट नहीं रहेगा, हमेशा पूर्णतः स्वतंत्र रहेगा, गलत बातों की चाहे वे अत्यधिक धनसंग्रह या घोर गरीबी से जुड़ी हों, हमेशा विरोध करता रहेगा।"

आधुनिक समाचार पत्र के जटिल तंत्र और प्रतिभा-सम्पन्न कर्मचारियों के निर्माण के रूप में पुलित्जर को बिना किसी विवाद के मान्यता प्राप्त हुई। वह बहुत अधिक ऊर्जा और अधिक विकसित पत्रकारिता की भावना से उस युग में प्रकाशन की संकल्पना को उच्चतम स्तर पर पहुँचाने में सफल हुए और तकनीक को उच्चतम शिखर पर पहुँचायाँ

उनकी वास्तविक महानता समाचार पत्रों की भूमिका विशेषकर संपादकीय नेतृत्व प्रदान करने में भी उदात्त अवधारणा में निहित है जो आज भी समाचार पत्र के परिप्रेक्ष्य

में लागू है। पुलित्जर सिर्फ सतही खबरों से संतुष्ट नहीं होने वाले व्यक्ति थे। उन्होंने अपने स्टाफ से कहा, "कभी भी किसी तथ्य को न छोड़िए जब तक कि आप उसके मूल तक न पहुँच जाएँ।" उनके सिद्धांत वाक्य थे, "लगे रहो, लगे रहो लगे रहो जब तक कि कार्य वास्तव में समाप्त न हो जाएँ" इसका परिणाम यह हुआ कि पुलित्जर के स्वयं के प्रयत्न से समाचारपत्र के लिए उपयोगी साबित हुआ एवं जनहित में आगे बढ़ता गया।

पुलित्जर का मानना था कि उसने समाचारपत्र में प्रतिदिन जनता की सेवा से संबंधित कोई बड़ी विशेष खबर अवश्य छापनी चाहिएँ न्यूयार्क वर्ल्ड समाचार पत्र को 1883 में पुलित्जर ने खरीद लिया और इसे अमेरिका का अत्यधिक लोकप्रिय समाचारपत्र बना दियाँ एक बार पुलित्जर ने लिखा, "किसी भी समाचारपत्र के लिए यह अपेक्षित है कि वह लोगों की सुरुचि पर प्रहार किए बिना या सार्वजनिक हित की बातों को दिए बिना तथा इससे भी ऊपर विश्वसनीयता और बेदाग स्वच्छता की दृष्टि से समाचारों की सत्यता को बनाए रखते हुए मूल, विशिष्ट, नाटकीय, रोमांटिक, अनन्य, अनूठा, हास्यपूर्ण तथा उचित समाचारों को प्रकाशित करे।" बीसवीं शताब्दी की शुरुआत में अमेरिकी समाचार पत्र में पृष्ठों की संख्या बढ़ने लगी एवं 1910 के पश्चात् यह संख्या 100 तक पहुँच गई। ऑफसेट और ऑफ कलर प्रिंटिंग संभव हो गया तथा विज्ञापन प्रदर्शित करने के लिए रंगों का विशिष्ट प्रयोग किया जाने लगा।

वर्तमान समय में अमेरिका में समाचार पत्र की परंपरागत परिभाषा परिवर्तित होने लगी है तथा इसमें समाज में हो रहे परिवर्तनों, माँग और नई प्रौद्योगिकियों को भी शामिल किया जाने लगा। किन्तु इसकी परंपरागत भूमिका भी बनी हुई है। एक अमेरिकी लेखक के अनुसार, "समाचार किसी भी समाचारपत्र का मुख्य तत्व या घटक होता है किन्तु सर्वाधिक बल पाठकों को प्रभावित और सूचित करने पर दिया जाता है। समाचारपत्र अपने प्रस्तुतीकरण की तकनीक और समुदाय में अपनी छवि तथा समाचारों की गुणवत्ता के बल पर समाज को प्रभावित करते हैं "

इलेक्ट्रॉनिक युग की शुरुआत के बाद उन्नत किस्म की प्रौद्योगिक का विकास हुआ जिसके कारण समाचार पत्रों के स्वरूप में क्रांतिकारी परिवर्तन आयाँ किन्तु 1820 में समाचार पत्र को छापना एक जोखिम काम था और इसमें काफी समस्याएँ आती थीं।

1860 से पहले समाचार पत्र का मुद्रण सिंगल स्टांप्ड के जरिए किया जाता था और उन दिनों ही समचार पत्र के मुद्रण हेतु कागज के रोल (गोल गड्डी) का

सफलतापूर्वक प्रयोग किया गया साढ़े तीन मील लंबे कागज के रोल से समाचार पत्र की चार हजार प्रतियाँ निर्बाध छापी जाती थी।

वर्ष 1840 में अमेरिकी आविष्कारक रिचर्ड हो ने पहला रोटरी प्रेस विकसित किया जिसे उसने पेरिस के एक समाचारपत्र को बेचा। उसने एक बेलन के परितः अक्षरों को व्यवस्थित करके उसके ऊपर से कागज पर सभी अक्ष्य और शब्द छप जाते थे। इसमें बाद में और भी बेलन लगाकर एक समय में अधिक प्रतियाँ प्राप्त करने का उपकरण विकसित कर लिया गया। टाईप मशीन जिससे मुद्रण के क्षेत्र में क्रांति आ गई, वर्ष 1892 तक उपलब्ध नहीं थी। इसे मूलतः अमेरिका में प्रवास कर रहे जर्मन व्यक्ति ओट्टन मर्जेण्ट द्वारा तैयार किया गया लगातार और साथ-साथ मुद्रण की तकनीक हिप्पोलाइट भारि निओनि द्वारा विकसित की गई जिसने 1869 में पेरिस में आयोजित एक प्रदर्शनी में अपने उन्नत रोटरी प्रेस को प्रदर्शित किया। उसका मॉडल कागज के रोल को अपने मार्ग पर आगे-पीछे कर सकता था जिससे अलग दोनों ओर आनुक्रमिक पन्ने छापे जा सकते थे जिन्हें बाद में काम कर काफी तेजी से पूर्ण समाचार पत्रों के ढेर में बदला जा सकता था।

विश्व के प्रमुख समाचार-पत्र

विश्व के कुछ प्रमुख समाचार पत्रों के बारे में नीचे वर्णन किया गया है जो निम्नलिखित है–

(1) न्यूयॉर्क टाइम्स–इस पत्र की स्थापना 1851 में हेनरी रेमण्ड ने की थी। यह पत्र मध्यमवर्गीय व्यापारियों को ध्यान में रखकर निकाला गया था। 20वीं शताब्दी के प्रारम्भ में 'न्यूयॉर्क टाइम्स' अपने विशेष समाचारों के लिए प्रसिद्ध हो गया। उसके समाचारों में वैज्ञानिक समाचार, पुरातत्व सम्बन्धी समाचार और आविष्कारों के समाचार भी थे। द्वितीय महायुद्ध के समय टाइम्स' के प्रखर पत्रकारिता के स्वरूप ने उसे प्रसिद्धि के शिखर पर पहुँचा दिया।

(2) वाशिंगटन पोस्ट–यह पत्र अमेरिका के सर्वाधिक प्रसिद्ध पत्रों मे से एक है। यह वही पत्र है जिसने इस शक्तिशाली राष्ट्र के राष्ट्रपति 'निक्सन' को कुछ समाचारों के प्रकाशन के कारण पद से त्यागपत्र देने के लिए विवश कियाँ इस पत्र ने 'वाटर-गेट' घोटाले का पर्दाफाश किया और वाटर-गेट कांड की रिपोर्टिंग खोजी पत्रकारिता का आदर्श बन गई। प्रारम्भ में यह एक छोटा सा राजनीतिक पत्र था जिसे डेमोक्रेटिक दल से 1877 में स्थापित कियाँ वर्ष 1905 में इसे जॉन मेकलीन ने

खरीदा। 1933 में इसे यूजीन मेयर ने खरीद लियाँ वे प्रसिद्ध उद्योगपति और बैंक के स्वामी थे। उन्होंने अपनी सम्पदा से इसका स्वरूप ही बदल दिया।

(3) कोरियरे देला सेरा—इस पत्र की स्थापना 1876 में इटली में हुई। इटली के 'मिलान' शहर से यह छपा। इस समाचार पत्र के प्रथम सम्पादक का नाम रिकार्डो पवेजी था। अपनी राजनीतिक महत्त्वाकांक्षा को पूरा करने के उद्देश्य से संपादक ने इस पत्र का प्रकाशन शुरू कियाँ इस पत्र ने इटली की तत्कालीन दुर्दशा के बावजूद स्थानीय लेखकों व बुद्धिजीवियों की रचनाओं को प्रकाशित कर उन्हें प्रोत्साहित किया तथा आर्थिक, सांस्कृतिक, अन्तर्राष्ट्रीय, राष्ट्रीय और मिलान पत्रकार संघ के सचिव को आतंकवादियों ने पत्र-कार्यालय के बाहर गोली मार दी। इससे इस पत्र का महत्त्व रेखांकित होता है।

(4) असाही शिम्बुन—जनवरी 1879 में इस समाचार पत्र की स्थापना जापान के ओसाका शहर में हुई। यह जापान का सबसे बड़ा पत्र है। इसकी प्रसार संख्या करोड़ों में गिनी जाती है। असाही का अर्थ जापानी में 'उगता सूर्य' होता है और उसी के अनुरूप यह जापान की उगती हुई राष्ट्रीयता का प्रतीक है। यह जनवरी, 1879 में ओसाका में स्थापित हुआ। यह पत्र जापान के पुनर्जागरण का प्रतीक है। इस पत्र के संस्करण एक साथ सैकड़ों की संख्या में प्रकाशित होते हैं। असाही के पाठकों में संसद सदस्य, प्रोफेसर, वैज्ञानिक, डॉक्टर, व्यवस्थापक व सरकारी अफसर और पेशेवर शामिल हैं। जापानी साहित्य व संस्कृति में जो भी सर्वोत्तम है वह 'असाही' में प्रकाशित होता है। आज जब संसार गम्भीर पत्रकारिता के खतरों से जूझ रहा है ऐसे में 'असाही' की गम्भीर पत्रकारिता सेवा व उपयोगिता की प्रतीक बन गई है।

(5) ली मांद—इस समाचार पत्र का प्रकाशन फ्रांस में होता है एवं इसकी गिनती शक्तिशाली समाचार पत्रों में होती है। अपने प्रखर स्वरूप से यह अपने स्थापना काल दिसम्बर, 1944 से ही प्रभावी रहा। इस पत्र में न तो सनसनीखेज समाचार होते थे न ही चित्र फिर भी इसमें फ्रांस की घरेलू नीतियों और अन्तर्राष्ट्रीय राजनीति पर विवेचनात्मक समीक्षा होती थी। इस समाचार पत्र में सामाजिक, आर्थिक एवं राजनीतिक विषयों पर भिन्न-भिन्न स्तंभ होते थे। इसकी सार्वजनिक सेवा, समाचारों की गुणवत्ता, विविधता व पूर्णता के लोग दीवाने थे।

(6) द टाइम्स—इस पत्र की स्थापना 1985 में लंदन में जॉन वॉल्टर ने की थी। प्रारम्भ में इसे 'डेली यूनिवर्सल रजिस्टर' कहा गया। इस समाचार पत्र की स्थापना जॉन वॉल्टर ने कीया वह एक बीमाकर्मी थे। अमरीका स्वातन्त्र्य युद्ध में उनके

व्यवसाय को बहुत घाटा पहुंचा। ऐसे में उस घाटे की पूर्ति के लिए वॉल्टर ने यह पत्र छापना शुरू कियाँ द टाइम्स समय के साथ आगे बढ़ता गया और लगातार प्रगति के सर्वोच्च शिखर पर पहुँच गया। आज 'द टाइम्स' एक प्रमुख समाचार-पत्र है। टाइम्स की पत्रकारिता की एक अभिनव परम्परा बनी और वर्तमान समय में भी यह पत्रकारिता के क्षेत्र में मील का पत्थर साबित हुआ।

विदेशों में हिन्दी पत्रकारिता

विश्व के अनेक देशों में बहुत से विश्वविद्यालय हिन्दी पढ़ा रहे हैं। जो विश्व-मंच पर हिन्दी की ताकत का प्रमाण हैं। हिन्दी पत्रकारिता धीरे-धीरे विश्व में प्रथम स्थान की ओर बढ़ रही है। विदेशों में प्रवासी भारतीयों और हिन्दी प्रेमियों ने हिन्दी को गौरवपूर्ण स्थान दिलाया है। भारत-विभाजन के पूर्व भी लाहौर हिन्दी पत्रकारिता का केन्द्र था। बांग्लादेश की राजधानी 'ढाका' कभी हिन्दी पत्रकारिता का केन्द्र थी। वहाँ से 1880 में 'धर्मनीति तत्त्व' व 'विद्याधर्म दीपिका' तथा 1889 में 'द्विज' पाक्षिक का प्रकाशन हुआ। 1905 में यहाँ से 'नागरी हितैषी' पत्रिका छपी जो हिन्दी पत्रकारिता का प्रबल उदाहरण है। 1911 में 'तत्व-दर्शन' व 1939 में 'मेल-मिलाप' मासिक पाठकों के आकर्षण का बिन्दु रहा।

नेपाल—यहाँ पत्रकारिता का उदय 1883 में हुआ। नेपाल में प्रेस व पत्रकारिता की शुरुआत पं. मोतीराम भट्ट ने कीया त्रिभुवन विश्वविद्यालय के हिन्दी विभाग से 1980 से 'साहित्य लोक' त्रैमासिक पत्र प्रकाशित होता है। शारदा (1934), आरोहण आदि यहाँ की उल्लेखनीय पत्रिकाएँ हैं।

बर्मा—इस देश पर ब्रिटिश शासन की हुकूमत थी। 1948 में स्वतन्त्रता के साथ 1974 में यह जनवादी गणतन्त्र बन गया। यहाँ हिन्दी पत्रकारिता की शुरुआत श्री लाठिया ने कियाँ इन्होंने 'बर्मा' समाचार पत्र का प्रकाशन कियाँ 1934 में 'प्राची प्रकाश' रंगून से प्रकाशित हुआ। 1951 में 'नव-जीवन' दैनिक पत्र का प्रकाशन प्रारम्भ हआ। 1953 में ब्रह्मभूमि मासिक पत्र छपा।

जापान—जापान में बौद्ध मन्दिर व मठों की जड़ें भारत से ही फैलीं। प्राचीन काल से ही भारत-जापान के बीच मैत्रीपूर्ण सम्बन्ध रहे हैं। जापान की पत्रकारिता विश्व में अग्रणी स्थान रखती है। 1964 में यहाँ से 'अंक' मासिक प्रकाशित हुआ। जापान-भारत मित्रता संघ का मासिक पत्र 'सर्वोदय' भी यहाँ से छपता है। जापान का प्रथम हिन्दी पत्र 'ज्वालामुखी' है जो कि त्रैमासिक है। इसका प्रथम अंक सितम्बर, 1980 में टोकियो से प्रकाशित हुआ। इसके सम्पादक मोसिअकि सुजुकी हैं।

ब्रिटेन—यहाँ से सर्वप्रथम 1883 में कालाकांकर नरेश के सम्पादन में 'हिन्दोस्थान' पत्र का प्रकाशन प्रारम्भ हुआ। इसने भारतीय स्वतन्त्रता संग्राम में महत्त्वपूर्ण योगदान दियाँ श्री जे, एक. कौशल ने लंदन से 'अमरदीप' साप्ताहिक निकाला। लंदन में हिन्दी प्रचार परिषद की स्थापना हुई और उसी के प्रतिनिधि मुख-पत्र के रूप में सन् 1964 से एक हिन्दी त्रैमासिक 'प्रवासिनी' का प्रारम्भ हुआ।

मॉरीशस—1968 में अपनी स्वतन्त्रता के साथ ही मॉरीशस दुनिया में पर्यटन के रूप में तेजी से उभरा। यहाँ 15 मार्च, 1909 को 'हिन्दुस्तानी' साप्ताहिक पत्र का प्रकाशन प्रारम्भ हुआ। 1911 में मॉरीशस आर्य पत्रिका प्रारम्भ परिषद् का त्रैमासिक पत्र 'अनुराग' प्रारम्भ हुआ। 1974 में 'आभा' व 'दर्पश' नाम से साहित्यिक पत्रों का प्रकाशन शरू हुआ।

वर्तमान में जिन देशों में कहीं न कहीं किसी स्वरूप में हिन्दी प्रकाशन छप रहे हैं, उन देशों के नाम इस प्रकार हैं :

(i) सूरीनाम, (ii) दक्षिण अफ्रीका, (iii) गुयाना, (iv), ट्रिनीडाड, (v) संयुक्त राज्य अमेरिका, (vi) फिजी।

भारतीय पत्रकारिता का इतिहास

भारत में आधुनिक पत्रकारिता का इतिहास काफी पुराना है। 18वीं सदी के अंतिम दशकों में पत्रकारिता से संबंधित विधा का प्रमाण मिलता है। सन् 1757 में प्लासी के युद्ध के अनन्तर जब बंगाल में ईस्ट इंडिया कम्पनी का शासन भली-भाँति कायम हो गया तो प्रायः उसके दो दशक बाद ही सन् 1780 में कलकत्ता से प्रथम समाचारपत्र प्रकाशित हुआ। उस समाचार पत्र का प्रकाशक, प्रवर्तक एवं सम्पादक एक अंग्रेज ही था। इस आधार पर भारत में पत्रकारिता की शुरुआत का श्रेय उस अंग्रेज को दिया जा सकता है एवं उसे पत्रकारिता का जनक कहा जा सकता है।

सन् 1780 ईसवी की 29 जनवरी को कलकत्ता से 'बंगाल गजट' के नाम से एक पत्र प्रकाशित हुआ। इस पत्र का आकार आठ इंच चौड़ा एवं बारह इंच लंबा था और इसकी पृष्ठ की संख्या सिर्फ दो थी। इस पत्र का संपादक एक अंग्रेज था जिसका नाम जेम्स आगस्टस हिकी था।

इसी कारण भारतीय पत्रकार के इतिहास में वह पत्र 'हिकी गजेट' के नाम से विख्यात हुआ। हिकी ने अपने लक्ष्य की व्याख्या करते हुए लिखा 'मुझे अपने शरीर को बन्धन में बाँधने में सुख मिल रहा है क्योंकि उसके द्वारा मैं अपनी आत्मा और मन की स्वतन्त्रता प्राप्त करने की आशा करता हूँ। मेरे इस साप्ताहिक पत्र के स्तम्भ

यद्यपि समस्त राजनीतिक और व्यावसायिक वर्गों और 'मतमतान्तरों के लिए खुले रहेंगे और बिना किसी दबाव और प्रभाव के प्रकाशित होते रहेंगे।'

भारत में पत्रकार का इतिहास वर्तमान समय तक नहीं लिखा गया है जिसमें उसके विकास का संतोषप्रद, समीचीन और विस्तृत व्याख्या की गई हो। आंग्ल भाषा में यद्यपि तद्विषयक दो-एक ग्रन्थ प्रकाशित हो चुके हैं, पर राष्ट्रभाषा हिन्दी का क्षेत्र उतने से भी वंचित है। इस अत्यंत जरूरी, स्पृहणीय और प्रशंसनीय प्रयत्न का भार किसी योग्य व्यक्ति को उठाना बाकी है। पत्रकारिता का प्रामाणिक इतिहास वहीं लिख पायेगा जो गहन अध्ययन एवं तथ्यों की सही जानकारी मालूम करेगा। इस तरह के विद्वान को ही हिन्दी जगत में पत्रकारिता का इतिहास होने का श्रेय प्राप्त होगा। यद्यपि ऐसी स्थिति में अपने राष्ट्र के पत्रों और पत्रकारी के विकास पर ज्यादा प्रकाश डालना सम्भव नहीं है तथापि उक्त विषय में कुछ कहे बिना यह पुस्तक अधूरी रह जाएगी। सम्प्रति जो साधन उपलब्ध हैं उनके आधार पर हम कह सकते हैं कि अठारहवीं सदी के अन्तिम युग में भारत में पत्रकारी का प्रजनन उपर्युक्त अंग्रेज के द्वारा हुआ। पत्रकारिता की शुरुआत भारत में एक सौ साठ वर्ष पहले हो चुकी थी। इस युग पर जब हम दृष्टिपात करते हैं तो यह पाते हैं कि उक्त अंकुर तब से उत्तरोत्तर परिपुष्ट तथा विकसित होता गया है। हमें यह देखकर गर्व होता है कि भारतीय पत्रकारिता विरोधी और अवाँछनीय वातावरण का प्रचण्डाघात सहन करते हुए, न जाने कितनों का प्रहार तथा क्रोध तथा शत्रुता का सामना करते हुए, न जाने कितनी अकथनीय समस्याओं और बाधाओं की उपेक्षा करते हुए अपने जीवन की रक्षा में समर्थ हुई है। जैसा कि पूर्व के पृष्ठों में कहा जा चुका है धरती के प्रायः सभी कोनों में, जहाँ भी जब पत्रों ने जन्म ग्रहण किया है उन्हें आरंभ से ही दबाने, कुचलने का प्रयास किया गया किंतु समाचार पत्रों ने भी डटकर मुकाबला किया परंतु भारत के पत्रों पर हुआ आघात अपेक्षाकृत सबसे ज्यादा उग्र और निष्ठुर रहा है।

भारत में ब्रिटिश सरकार का शासन था जो बहुत क्रूर एवं निरंकुश शासन चलाता था। ऐसे समय में अगर स्वार्थी शासकों के द्वारा भारत के पत्रों पर शुरुआत से ही दमन हुआ तो यह किसी तरह का आश्चर्य का विषय नहीं है। पत्र यदि जन भावना का प्रतिनिधित्व करता है, अगर वह जन-स्वातन्त्र्य का प्रतीक होता है तो ऐसी स्वच्छन्द शासन-सत्ता का जो मात्र अपने लिए ही जीवित रहती है, उसके निर्दलन के लिए सचेष्ट होना आवश्यक है। उसका अस्तित्व ही जन-समाज के निर्दलन पर आश्रित होता है। यही कारण है कि हम भारतीय पत्रकारी के विकास के इतिहास पर जब भी नजर डालते हैं तो जो बात सबसे ज्यादा और मुख्य रूप से सामने प्रस्तुत

होती है वह यही है कि उसका इतिहास एक ओर जहाँ शासकों की दमनप्रियता और निरंकुशता का इतिहास है वहीं दूसरी तरफ भारतीय पत्रकारों के तप, त्याग और उज्ज्वल संघर्ष का इतिहास है जिसके द्वारा उन्होंने जनहित तथा पत्रकारी के आदर्श तथा जन-स्वातन्त्र की रक्षा में जीवन को उत्सर्ग कर देने के पवित्र पथ का निर्माण किया है। साथ ही साथ हमें यह स्वीकार करना पड़ता है कि इस दिशा में भारत को उन्नयन कराने का श्रेय उन अंग्रेज पत्रकारों को प्राप्त है जिन्होंने इस दिशा में पत्रकारिता का सूत्रपात कियाँ भारत के राष्ट्रीय जीवन के विकास में कुछ आदरणीय अंग्रेजों ने जो हिस्सा लिया है उसके लिए भारत सदैव उनका ऋणी रहेगा, पर उन अंग्रेजों के ऋण से तो हम कभी उऋण हो ही नहीं सकते जो वास्तव में हमारे राष्ट्रीय जीवन के जनक रहे हैं।

भारत के राष्ट्रीय जीवन के इतिहास में हमारी दृष्टि में दो घटनाएँ समान तौर पर ऐसी हैं जो अंग्रेजों द्वारा भारतीय सहायता की दृष्टि से महत्त्व रखती हैं। प्रथम घटना तो वह है जब कुछ आदरणीय अंग्रेजों ने पहले पहल पत्रकार को इस देश में प्रदान किया और दूसरी घटना है कांग्रेस की स्थापना जिसके लिए स्वर्गीय श्री ह्यूम का नाम भारतीय इतिहास में अमर हो चुका है। इन पंक्तियों में हम प्रथम घटना का उल्लेख कर रहे हैं और उसी के सम्बन्ध में अध्यायारम्भ में 'हिकी' के नाम की चर्चा की गई है। फलतः 'हिक्की गजट' भारतीय पत्रकारिता के इतिहास में भारतीय पत्रों के 'आदिपुरुष' के पद पर प्रतिष्ठित हैं। हम देखते हैं कि अपने जन्म के साथ-साथ यह पत्र तत्कालीन सरकार की उस दमनात्मक प्रवृत्ति को भी उत्तेजित करता अवतीर्ण हुआ जिसका सामना आज तक भारतीय दैनिक पत्र करते जा रहे हैं। वह जमाना था जब वारेन हेस्टिंग्स भारत के गवर्नर जनरल थे। तब तक देश में कोई प्रेस सम्बन्धी कानून भी नहीं बना था। डाक-विभाग में भी वह व्यवस्था पैदा नहीं हुई थी जो आज है। उस समय डाक भेजने हेतु प्रेषक को आज की तरह टिकट या कार्ड के रूप में पहले ही फीस अदा कर देने की प्रथा न थी। वह फीस अदा होती थी उसके द्वारा जिसके नाम चिट्ठी भेजी जाती थी।

'हिकी गजट' तत्कालीन गवर्नर जनरल वारेन हेस्टिंग्स का कठोर आलोचक था। अपने सम्बन्ध में उक्त पत्र की निर्भीक आलोचना देखकर वारेन हेस्टिंग्स क्षुब्ध हो उठे। एक साल भी नहीं बीत पाया था कि उनकी क्रूर दृष्टि उस पर पड़ी। उन्होंने 14 नवम्बर, सन् 1780 ईसवी को 'हिकी गजट' पर पहला प्रहार कियाँ पत्र को डाक से भेजने की जो सुविधा प्राप्त थी वह गवर्नर जनरल की आज्ञा से बंद कर दी गई। कहा जाता है कि वारेन हेस्टिंग्स को यह सन्देह था कि 'हिकी गजेट' के स्तम्भों में

उनकी जो टीका-टिपण्णी की जाती है उसके मूल कारण श्री फ्रांसिस हैं। श्री फ्रांसिस गवर्नर जनरल की शासन परिषद् के एक सदस्य थे जो वारेन हेस्टिंग के धुर विरोधी थे। हेस्टिंग का संदेह सत्य हो या असत्य परंतु उसका दुष्परिणाम 'हिकी गजट' को भोगना ही पड़ा। जब डाक से पत्र भेजने की सुविधा छीन ली गई तो आगस्टस हिकी ने अपने स्तम्भों में सरकारी नीति के खिलाफ लिखना शुरू कर दिया एवं अपने तीव्र आलेख और आलोचनाओं के द्वारा मोर्चा खोल दियाँ हिकी को अपनी इस निर्भीकता का गहरा मूल्य चुकाना पड़ा। वह पहले व्यक्ति थे जिन्हें पत्रकार के कर्त्तव्यों की पूर्ति करते हुए भारत में प्रतिष्ठित अपने ही देश की सरकार का कोपभाजन बनकर जेल की यात्रा करनी पड़ी। पत्र-व्यवसाय में भी उनका बहुत नुकसान हुआ।

'हिकी गजट' समाचार पत्र प्रकाशित होने के बाद बंगाल में और भी दूसरे पत्रों का प्रकाशन किया जाने लगा। सन् 1780 ईसवी में ही नवम्बर महीने से कलकत्ता में श्री मेलिन और पीटर रीड नामक दो अंग्रेजों ने 'इंडियन गजट' के नाम से एक और पत्र प्रकाशित करना शुरू कियाँ इंडियन गजट के प्रकाशन के चार वर्षों के पश्चात् कलकत्ता गजट का प्रकाशन सरकार के द्वारा किया जाने लगा। सन् 1784 ईसवी में टामस जोंस के प्रयास से 'बंगाल जर्नल' प्रकाशित होने लगा। विलियम डुआनी नामक एक अमेरिकन पत्रकार सन् 1791 ईसवी में उक्त पत्र के सम्पादक बने। डुआनी ने 'इंडियन वर्ल्ड' नामक एक अन्य पत्र की स्थापना भी साथ-साथ की। डुआनी बहुत स्पष्ट बात करते थे एवं उनमें पत्रकार सुलभ सूझ विद्यमान थी जिसके फलस्वरूप सरकार उनसे क्रोधित हो गई और एक दिन वे ब्रिटिश जलपोत पर बिठाकर इंग्लैंड भेज दिए गएँ इस निर्वासन से डुआनी को भारी सम्पत्ति की हानि भी उठानी पड़ी। सन् 1785 ईसवी में कलकत्ता से 'ओरियण्टल मेगजीन' नामक एक मासिक पत्र भी प्रकाशित होने लगा था। इस प्रकार पता चलता है कि 'हिकी गजेट' समाचार पत्र के प्रकाशन के बाद कलकत्ता से उपरोक्त वर्णित और भी पत्र प्रकाशित होने लगे।

समाचार पत्रों की पहुँच सिर्फ बंगाल तक ही सीमित न था। भारत के अन्य प्रान्तों में भी हम समकालीन पत्रों का वजूद पाते हैं। सम्भवतः भारत में उस युग का आगमन हो गया था जब जनता क्रमशः पत्रों की जरूरत का अनुभव करने लगी थी। सन् 1785 ईसवी के 12 अक्टूबर को मद्रास में रिचर्ड जान्स्टन नामक अंग्रेज सज्जन ने 'मद्रास केरियर' के नाम से एक साप्ताहिक पत्र की स्थापना की। रिचर्ड जान्स्टन सरकारी मुद्रक थे। मद्रास का पहला समाचार पत्र 'मद्रास केरियर' चार पृष्ठों का था जो एक सरकारी कर्मचारी से सम्बद्ध होने के कारण सरकार का कृपापात्र शुरू से

ही बन गया। रिचर्ड जान्स्टन को सरकार ने इंग्लैण्ड से छापने की कला तथा टाइप वगैरह मँगाने की सुविधा भी प्रदान की। इसके दस वर्ष पश्चात् सन् 1795 ईसवी में मद्रास में 'मद्रास गजेट' भी प्रकाशित होने लगा। पर ये दोनों पत्र सरकारी कृपा पर निर्भर थे। इसी समय तीसरा पत्र भी प्रकाशित हुआ। हंफ्रेस नामक एक अन्य अंग्रेज ने मद्रास में ही 'इण्डिया हेरल्ड' नामक पत्र का प्रकाशन शुरू कियाँ उस समय जो पत्र निकलते थे उनके लिए प्रकाशन के पूर्व सरकार से लाइसेन्स प्राप्त करने की जरूरत होती थी। हंफ्रेस ने जब लाइसेन्स के लिए सरकार से प्रार्थना की तो वह अस्वीकृत कर दी गई। हंफ्रेस इतने से ही निराश होने वाले व्यक्ति न थे। उन्होंने बिना सरकारी लाइसेन्स के ही 'इण्डिया हेरल्ड' प्रकाशित करना शुरू कर दियाँ

अब क्या था। निरंकुश शासकों के क्रोध का पारावार न रहा। वे हिंस्र पशु की भाँति 'इण्डिया हेरल्ड' पर टूट पड़े। सरकार ने हंफ्रेस पर यह अभियोग लगाया कि उसने पत्र में सरकार की नीति के खिलाफ तथा इंग्लैंड के युवराज के सम्बन्ध में आपत्तिजनक बातें प्रकाशित की हैं। इसी अपराध के नाम पर मद्रास सरकार ने हंफ्रेस के विरुद्ध कड़ी कारवाई की, उसे गिरफ्तार किया, भारत से निर्वासित कर दिया और एक जहाज पर बैठाकर इंग्लैंड हेतु रवाना कर दिया।

उधर बम्बई में भी पत्रों का प्रकाशन शुरू हुआ। सन् 1789 ईसवी में 'बाम्बे हेरल्ड' नामक एक साप्ताहिक पत्र प्रकाशित हुआ। उसके एक वर्ष बाद एक अंग्रेज ने 'बाम्बे केरियर' की स्थापना की। आगे चलकर यह 'बाम्बे केरियर' ही 'टाइम्स ऑफ इंडिया' के रूप में अवतीर्ण हुआ जो आज तक प्रकाशित होता है एवं भारत के अधगोरे पत्रों में प्रमुख स्थान रखता है। दो वर्ष बाद बम्बई से 'बाम्बे गजेट' नामक एक और पत्र भी प्रकाशित होने लगा। भारतीय पत्रकारी के विकास के इतिहास पर दृष्टिपात करते हुए हम यह पाते हैं कि अठारहवीं शती के अन्तिम चरण में इस देश के तीन प्रान्तों अर्थात् बंगाल, मद्रास और बम्बई में अंग्रेजी भाषा में साप्ताहिक और मासिक पत्र निकलने लगे थे। अब तक दैनिकों का युग नहीं आया था और न भारतीय भाषाओं में कोई पत्र प्रकाशित होता था। यही नहीं प्रत्युत् अब तक भारतीय देखरेख में, भारतीय के सम्पादकत्व में भी पत्र प्रकाशित नहीं हुए थे। जो प्रकाशन हो रहा था उसका श्रेय अंग्रेज पत्रकारों को ही है जिन्होंने भारत को पत्रकार प्रदान करते हुए स्वयं अपनी सरकार की निष्ठुरता का आघात सहन किया एवं उसके लिए कष्ट उठाने को बाध्य हुएँ अठारहवीं सदी की समाप्ति होते-होते, अर्थात् सन् 1799 ईसवी तक उपर्युक्त पत्रों के सिवा बंगाल, मद्रास और बम्बई से कुछ अन्य पत्र भी प्रकाशित होने लगे थे। बंगाल हरकारू, मार्निंग पोस्ट,

कलकत्ता केरियर, टेलिग्राफ, ओरियण्टल स्टार, इण्डिया गजट, एशियाटिक मिरर आदि पत्र प्रकाशित हो रहे थे।

ब्रिटिश सरकार की तरफ से कुछ अंग्रेज पत्रकार और समाचार पत्र पर सन् 1780 ई. से 1799 तक प्रहार किया जाता रहा जिसकी चर्चा की जा चुकी है। मार्के की बात यह है, कि जैसे-जैसे पत्रों की संख्या बढ़ती गई और पत्रकार का विकास होता गया वैसे-वैसे सरकारी दमन की मात्रा और उग्रता बढ़ती गई। अठारहवीं सदी के अंतिम दिनों में सरकार ने पत्रों पर प्रतिबंध लगा दिया क्योंकि समाचार पत्रों की स्वतंत्रता उनके लिए घातक सिद्ध हो रही थी। हम यह देखते हैं कि सन् 1799 ईसवी में भारत के तत्कालीन वाइसराय लार्ड वेलेजली ने भारत में प्रकाशित होने वाले पत्रों का गला घोंट देने हेतु अपना नग्न रूप प्रकट कर दियाँ यही वर्ष था जब पत्रों की स्वतन्त्रता अपहरण करने के लिए सरकार की घृणित कुप्रवृत्ति ने कानून का रूप ग्रहण कियाँ भिन्न-भिन्न प्रान्तों के गवर्नर अपने पत्रों के समाचार पत्रों पर वर्षों से प्रहार कर ही रहे थे। मद्रास में पत्रों के दमन की चेष्टा आरम्भ से ही अपेक्षाकृत द्रुत थी। वहाँ सन् 1795 ईसवी में ही पत्रों के कठोर 'सेन्सर' की आज्ञा जारी हो चुकी थी। 'मद्रास गजट' को अपने प्रकाशन से पहले सभी स्तम्भों का सेन्सर कराना पड़ता था क्योंकि इस पत्र को ऐसा आदेश दिया गया था। शनैः-शनैः यह आदेश केवल 'मद्रास गजेट' तक ही सीमित न रहा। सारे प्रान्त के समस्त पत्रों को यह आम हुक्म दे दिया गया था कि पत्र के प्रकाशन के पूर्व अपना 'सेन्सर' करा लेना जरूरी है। पर वर्तमान समय तक केन्द्रीय सरकार अपनी सभी रियासत के लिए कोई कानून का निर्माण नहीं कर सकी थी।

1799 ईसवी में एक विधान बनाया गया जिसके निर्माण का श्रेय लार्ड वेलेजली को प्राप्त हुआ। वेलेजली भारत में वाइसराय बनकर आए थे। भारत में उनका पदार्पण 1798 ईसवी में हुआ। उस समय दक्षिणी भारत में अंग्रेजों का युद्ध टीपू सुलतान से चल रहा था। वेलेजली को आए एक वर्ष भी पूरा नहीं हुआ कि कलकत्ता के पत्रों का नियन्त्रण करने के लिए प्रेस सम्बन्धी पहला कानून बना डाला गया। इस कानून के अनुसार–

1. जब तक सरकारी सचिव अथवा उसके द्वारा नियुक्त कोई अधिकारी प्रकाशन के पूर्व पत्र का निरीक्षण न कर ले तब तक किसी भी पत्र को प्रकाशित करने की मनाही कर दी गई।
2. पत्र के सम्पादक एवं स्वामी के लिए यह अनिवार्य कर दिया गया कि वह अपने निवास स्थान का पूरा पता सरकार के सचिव को लिखकर बता दे।

3. पत्र के मुद्रक हेतु पत्र के अन्त में अपना नाम प्रकाशित करना आवश्यक कर दिया गया।
4. यह आदेश दे दिया गया कि रविवार को किसी पत्र का प्रकाशन न किया जाएँ

स्मरण रखने की बात है कि अब तक जो पत्र प्रकाशित हुए थे वे आंग्ल भाषा के ही थे जिनके संस्थापक और सम्पादक भी अंग्रेज ही थे। ऐसी स्थिति में अंग्रेज सम्पादकों को जरूरत पड़ने पर भारत से निर्वासित करके इंग्लैंड भेज देना पर्याप्त दण्ड समझा जाता था जिसकी व्यवस्था उक्त कानून में कर दी गई। इस कानून में यह व्याख्या कर दी गई कि सरकार किन बातों का प्रकाशित किया जाना आपत्तिजनक समझती है। ईस्ट इंडिया कम्पनी द्वारा वसूल किए जाने वाले कर या सरकारी कर्ज सम्बन्धी विषयों पर टीका-टिप्पणी करना, सेना के आगमन या सैनिक और जल सैनिक, किसी प्रकार की तैयारी के सम्बन्ध में किसी प्रकार का मत प्रकट करना, किसी जहाज के आगमन अथवा उसके नष्ट हो जाने की सूचना प्रकाशित करना, सरकार के किसी कर्मचारी को चाहे वह फौजी, मुल्की, व्यावसायिक या कुछ ही क्यों न हो, आचरण के सम्बन्ध में किसी तरह की टीका करना, किसी व्यक्ति के प्रति अपमानजनक बातें छापना, किसी देशी राजा से कम्पनी सरकार के सन्धि-विग्रह के सम्बन्ध में कोई सूचना प्रकाशित करना, कम्पनी सरकार प्रजा में भय पैदा करने वाली बातें या ऐसी बातें जिनसे शत्रु को कुछ सूचना मिल सकती हो, प्रकाशित करना तथा अन्ततः यूरोप के किसी पत्र में प्रकाशित ऐसी बातों को उद्धृत करना जो सरकार के प्रभाव और उसकी साख को इस राष्ट्र में ठेस पहुँचाने वाली हों छापना सरकार की दृष्टि में आपत्तिजनक माना जाएगा।

लार्ड वेलेजली द्वारा निर्मित इस कानून का अभिप्राय क्या था यह बताने की आवश्यकता नहीं है। स्पष्ट है कि भारतीय पत्रों की स्वतन्त्रता पर आघात करने के लिए तथा उनके कार्य-क्षेत्र को अति संकुचित कर देने के लक्ष्य का साधन करना ही इस कानून का उद्‌देश्य था। विशेषता यह है कि इस कानून का निर्माण किए बगैर भारत के उन विदेशी शासकों ने जिनके अपने देश में प्रेस को अक्षुण्ण स्वतन्त्रता प्रदान कर दी गई थी। पत्रकारिता के कर्त्तव्य का निर्वहन के लिए जो भी ब्रिटिश नागरिक और पत्र ने दुखों को सहन कर लिखने और मत प्रकट करने की स्वतन्त्रता को जनाधिकार का मूलाधार स्वीकार करके उसकी प्राप्ति की चेष्टा की थी उसी ब्रिटेन की ईस्ट इण्डिया कम्पनी की भारत स्थित सरकार भारतीय पत्रों का गला घोंट रही थी। याद रखने की बात यह है कि ब्रिटेन के पत्रों के उपर्युक्त घटना के प्रायः एक सदी पूर्व अर्थात् 1695 ईसवी में ही अपनी स्वतन्त्रता प्राप्त कर ली थी और उस

स्वतंत्रता को पार्लियामेंट ने कानूनी तौर पर मान लिया था। आज सौ वर्ष पश्चात् भारत के अंग्रेज शासक अपनी सारी परम्परा को भूलकर, अपने उज्ज्वल इतिहास और धवल सुनाम को नगण्य और कलुषित करके जन-स्वातन्त्र्य का मूलोच्छेद करने में दत्तचित्त थे।

उपरोक्त कानून का निर्माण कलकत्ता में समाचार पत्रों पर नियंत्रण स्थापित करने के लिए किया गया था परन्तु क्रमशः बम्बई और मद्रास में भी वह लागू कर दिया गया। सरकार का सेंसर विभाग बड़ी उग्रता के साथ पत्रों का अंगच्छेदन करता रहा। सवाल नहीं उठता था कि बिना सेंसर अधिकारी की अनुमति से कोई भी पत्र प्रकाशित हो जाएँ लगातार अठारह वर्षों तक इस कानून की तलवार भारतीय पत्रों की ग्रीवा पर झूलती रही। कभी-कभी खनखनाहट टूट भी पड़ती। पत्रों की स्वतन्त्रता अपहरण करके सरकार ने न सिर्फ नैसर्गिक तथा सभ्य-समाज-सम्मत जनाधिकार पर प्रहार किया था बल्कि जनसाधारण में पत्रों के द्वारा होने वाले ज्ञान-प्रसार तथा बौद्धिक विकास का मार्ग भी बाधित कियाँ वेलेजली के शासन के समय से लेकर मिण्टो के शासनकाल के अंतिम दिनों तक भारत में पत्रों की स्थिति पूर्ववत् ही रही। जब लार्ड हेस्टिंग्स ने भारत की गर्वनर-जेनरल का सूत्र अपने हाथ में लिया तो 1818 ईसवी में स्थिति में कुछ बदलाव हुआ। उन्होंने उपर्युक्त कानून में कुछ सुधार किया जिसके परिणामस्वरूप उसकी कठोरता में भी कमी हुई। लार्ड हेस्टिंग ने जब शासन संभाला तो प्रकाशन के पहले जो सेंसर किया जाता था उसको समाप्त कर दिया एवं रविवार को भी पत्र प्रकाशित करने की छूट दे दी। 19 अगस्त को हेस्टिंग्स की सरकार ने यह निश्चित किया कि सेंसर करने की प्रथा तो समाप्त की जाती है किन्तु उसके स्थान पर नीचे लिखे सामान्य नियम बना दिए जाते हैं जिनकी सहायता से सम्पादक वर्ग यह भली-भाँति समझ जाए कि कौन-सी बातें ऐसी हैं जिन्हें प्रकाशित न करना ही उचित होगा और इस तरह इस देश में स्थापित सरकार की प्रतिष्ठा को ठेस पहुँचाने के अपराध से बचाया जा सकेगा।

जो नियम बनाए गए उनमें कहा गया कि पत्रों में नीचे लिखी बातें प्रकाशित न की जाएँ–

1. भारत की प्रजा में आतंक और सन्देह पैदा करने वाली अथवा किसी वर्ग के धार्मिक विश्वासों तथा उसकी भावनाओं पर आघात पहुँचाने वाली किसी बात का प्रकाशन न किया जाएँ
2. किसी व्यक्ति के खिंलाफ अपमानजनक बातें न छापी जाएँ और न विदेशी पत्रों में प्रकाशित किसी ऐसे लेख अथवा लेखांश का उद्धरण उपस्थित किया

जाए जो भारत में स्थापित ब्रिटिश सरकार के पद और शक्ति को कमजोर करने वाला हो।

3. कोर्ट ऑफ डाइरेक्टर्स या ब्रिटिश सरकार के किसी उस विभाग के, जिसका सम्बन्ध भारत-सरकार से हो किसी निर्णय अथवा कार्यवाही को प्रकाशित न किया जाए और न ही कौंसिल के सदस्यों, सुप्रीम कोर्ट के न्यायाधीशों तथा कलकत्ता के बड़े पादरी के किसी सार्वजनिक कार्य पर अपमानजनक उद्गार प्रकट किए जाएँ।

इस प्रकार हेस्टिंग्स की सरकार ने वेलेजली द्वारा प्रवर्तित दमनात्मक प्रेस-कानून की कठोरता कुछ कम करके कुण्ठित हुई भारतीय पत्रकारी को कुछ पनपने का अवसर प्रदान कियाँ पत्रकारी के इतिहास की दृष्टि से सन् 1818 ईसवी इसी कारण अपना विशेष स्थान रखता है।

सरकार की तरफ से थोड़ी-सी ढील मिलने का जो प्रभाव भारतीय पत्रों पर पड़ना आवश्यक था वह स्पष्ट पड़ा दिखाई देता है। पत्रों का पथावरोध यत्किंचित ही कम हुआ था कि इसी वर्ष न सिर्फ भारतीय धन, प्रबन्ध और अवधान में भारतीय पत्र निकलने लगे बल्कि भारतीय भाषाओं में भी पहले पहल उनका सूत्रपात इसी समय हुआ। इसी कारण सन् 1818 ईसवी भारतीय पत्रकारी के इतिहास में स्मरणीय रहेगी। राजा राममोहन राय के नाम से कौन भारतीय परिचित न होगा। सदियों की दासता, रूढ़िपूजा, दौर्बल्य तथा कायरता से विताड़ित उन्नीसवीं सदी की भारतीयता का यह सौभाग्य था कि राममोहन राय सी विभूति इस धरती पर आविर्भूत हुई। सन् 1818 में भारत की पत्रकारी ने सौभाग्य से राजा के समान भव्य व्यक्तित्व का नेतृत्व प्राप्त कियाँ उनकी उत्प्रेरणा, उनका समर्थन और उनका निर्भीक नेतृत्व प्राप्त करके उसने नई दिशा की तरफ पग बढ़ायाँ राजा साहब की उद्बोधिनी प्रतिभा ने वस्तुतः उसमें प्राण-संचार कर दियाँ उनकी आत्मीय सभा के दो सदस्य और उनके मित्र श्री हरचन राय और श्री गंगाकिशोर भट्टाचार्य के सहयोग से भारतीय भाषा में पहला भारतीय पत्र 'बँगाल गजट' इसी साल प्रकाशित हुआ। बँगला भाषा में प्रकाशित होने वाला प्रथम साप्ताहिक समाचार पत्र 'बंगाल गजट' था जिसका प्रकाशन भारतीय देखरेख में शुरू हुआ। इसी समय भारत में ईसाई धर्म का प्रचार करने वाली मिशनरी संस्थाओं के पत्र भी प्रकाशित हुएँ शिवरामपुर के ईसाई धर्म-प्रचारकों की एक संस्था की ओर से बंगला में 'दिग्दर्शन' नाम का मासिक पत्र तथा 'समाचारदर्पण' नामक साप्ताहिक पत्र प्रकाशित हुआ। इन्हीं ईसाइयों ने 'फ्रेंड ऑफ इंडिया' नामक अंग्रेजी भाषा का पत्र भी प्रकाशित कियाँ

'बंगाल गजट' उस दौर का विकासशील पत्र हुआ करता था। बहुत कम समय में इस पत्र ने अत्यधिक लोकप्रियता को हासिल कर लियाँ ईसाइयों के समाचार का प्रथम उद्देश्य यद्यपि अपने धर्म का प्रचार करना ही था तथापि जनता का समर्थन प्राप्त करने हेतु तथा उसके जीवन में प्रवेश करने की इच्छा से प्रेरित होकर उन्होंने भी अपने पत्रों में भारत से जुड़े घटनाक्रम और समस्याओं को शामिल कर प्रकाशित कने लगा। परंतु पत्रकारिता के क्षेत्र में कलकत्ता जर्नल को मुख्य स्थान देना होगा इस पत्र के संपादक जेम्स सिल्क बकिंघम थे। अंग्रेजी भाषा में प्रकाशित होने वाले इस पत्र ने अपने सुयोग्य, आदर्शवादी और निर्भीक सम्पादक के सम्पादकत्व में भारत की पत्रकारी को नई दिशा प्रदान की। प्रसिद्ध है कि उस युग में भी जब निरंकुशता का बोलबाला था 'कलकत्ता जर्नल' ने जिस स्वतन्त्रता, जन-हितप्रियता तथा निष्पक्ष और निर्भय टीका-टिप्पणी को स्थान दिया उसे देखकर भारत तथा इंग्लैंड के कट्टरपन्थियों का आसन डोल उठा। 'कलकत्ता जर्नल' बिना किसी डर के सरकार की भी तीव्र आलोचना करता था। यह पत्र विकासशील और मानवता संबंधी विचारों तथा नीतियों का समर्थक था। अपने कष्टों और शिकायतों को प्रकट करने की सुविधा जनता को अब तक किसी पत्र में प्राप्त न थी। 'कलकत्ता जर्नल' ने अपने स्तम्भों को इसके लिए भी खोल दियाँ स्थानीय और वैयक्तिक शिकायतों के सम्बन्ध में पत्र लिखकर अपने भावों को प्रकट करने तथा अधिकारियों का ध्यान उन बातों की तरफ आकर्षित करने का उचित अवसर आम जनता को इस पत्र के माध्यम से प्राप्त हुआ।

भारत में विकासशील तथा उदार नीति सम्पन्न पत्रकारिता को जन्म देने का श्रेय सर्वप्रथम 'कलकत्ता जर्नल' को दिया जाता है। इस पत्र की स्पष्टवादिता एवं स्वतन्त्रता से लार्ड हेस्टिंग्स की शासन परिषद् के कतिपय दकियानूस तथा कट्टर साम्राज्यवादी सदस्य तो इतने बौखला उठे थे कि उन्होंने गवर्नर-जनरल को पत्रों की रोकथाम हेतु पुराने सेंसर के नियमों को पुनः जारी कर देने के लिए दबाव शुरू कियाँ लार्ड हेस्टिंग्स इस बात के लिए प्रशंसा के पात्र हैं कि प्रतिगामियों के प्रभाव से वे अपने को मुक्त रख सके। उनकी हजार चेष्टाओं की उपेक्षा करके भी हेस्टिंग्स ने पुराने गलाघोंटू कानूनों को पुनरुज्जीवित करना अस्वीकार कर दियाँ परिणामतः 'कलकत्ता जर्नल' के बढ़ते हुए प्रभाव से कट्टरपन्थी गुट ऐसा त्रस्त हुआ कि सन् 1821 में उसके विरोध में 'जान बुल' नामक अपना पत्र उसने प्रकाशित कियाँ पर यह पत्र ज्यादा सफलता न प्राप्त कर सका क्योंकि शुरू से ही उसकी नीति सरकारी पक्ष का समर्थन करने की ही थी। स्वाभाविक था कि वह सन्देहात्मक दृष्टि से देखा जाता।

ज्यादा उसका प्रभाव भी स्थापित न हो सका। कहा जाता है कि जेम्स सिल्क बकिंघम ने अन्दर-ही-अन्दर राजा राममोहन का समर्थन और उनकी सहायता प्राप्त थी। इसी समय से शनैः-शनैः प्रजा पक्ष का समर्थन करने वाले पत्रों का प्रभाव देश के जीवन पर स्थापित होता गया। राजा राममोहन के प्रयास से सन् 1820 ईसवी में 'संवादकुमुदिनी' नामक एक और बंगला साप्ताहिक पत्रिका प्रकाशित होने लगी। उसके एक वर्ष पश्चात् उन्होंने 'ब्राह्मनिकल मेगजीन' नामक पत्र भी प्रकाशित करना शुरू कियाँ यह पत्र बँगला और अंग्रेजी दोनों भाषाओं में प्रकाशित होता रहा। इसी समय राजा साहब ने अखिल-भारतीय पत्र प्रकाशित करने की चेष्टा भी की, उस समय सार्वदेशिक प्रचलित भाषा फारसी थी। बंगला या अंग्रेजी का क्षेत्र परिसीमित था अतः 'मिरातुल-अखबार' के नाम से उन्हीं की प्रेरणा से फारसी साप्ताहिक भी प्रकाशित होने लगा। कहा जाता है कि उस युग में 'मिरातुल अखबार' का असाधारण प्रभाव स्थापित हो गया था।

राजा राममोहन ने अंकुरित होती हुई पत्रकारिता के विकास को जो दशा और दिशा प्रदान की। उसका व्यापक प्रभाव देश के जीवन पर पड़ना आवश्यक था। जनाधिकार तथा जनहित का प्रतिनिधित्व निर्भयतापूर्वक करने का आदर्श कायम करके उन्होंने पत्रों को देश में नई चेतना पैदा करने का साधन बनायाँ पत्रों के इस नए स्वरूप ने स्पष्टतः उनमें दो पक्ष पैदा कर दिएँ एक वर्ग तो उन पत्रों का हो गया जो प्रगतिशील विचारों के समर्थक, उदारनीति के प्रवर्तक तथा जनहित के पक्षपाती थे; दूसरा वर्ग उन पत्रों का हो गया जो रूढ़ियों तथा अन्ध-परम्पराओं के समर्थक, कट्टरता के प्रवर्तक तथा शासकों और स्थापित शासक सत्ता के पक्षपाती हो गएँ प्रगतिशील पत्रों के विकास ने जनजीवन में चेतना की लहर लहरा दी। सन् 1818 ईसवी में जहाँ एक तरफ जन-जागृति के प्रतीकस्वरूप हम भारतीय पत्रों का विकास होते देखते हैं वहीं यह भी देखते हैं कि विदेशी सरकार उन्हें कुचल देने हेतु बद्धपरिकर होती है। इसी साल एक आश्चर्यचकित करने वाला कानून बना। इस कानून में यह प्रावधान था कि किसी भी व्यक्ति की स्वतंत्रता का अपहरण करके जेल में डाल सकते हैं इसके लिए न्यायालय में मुकदमा चलाने और अपराध साबित करने की जरूरत नहीं थी। सन् 1818 के रेगुलेशन 3 को कौन भारतीय भूलेगा जिसका उपयोग सवा सौ वर्ष बाद आज भी किया जाता है? महात्मा गाँधी प्रभृति हमारे नेता इस पापपूर्ण कानून के शिकार हो चुके हैं। पर सरकार की दमन-प्रवृत्ति की परिसीमा यहीं खत्म नहीं होती। प्रगतिशील पत्रों के विकास को भी सशंक दृष्टि से देखा गया जैसा कि

कहा जा चुका है गवर्नर जनरल की शासन परिषद के कतिपय कट्टरपंथी सदस्यों ने उपरोक्त पत्रों को कुचल देने के लिए सेंसर सम्बन्धी पुराने कानूनों को जारी कर देने की माँग पेश कर दी। इस पुराने कानून को लागू करने के पक्ष में कम्पनी के कोर्ट ऑफ डाइरेक्टर्स के सदस्य भी थे। वाइसराय एवं शासन-परिषद के सदस्यों में जान आदम इसके सबसे बड़े समर्थक थे।

परंतु यह प्रयास उस समय तक सफल नहीं हो पाया जब तक हेस्टिंग्स गवर्नर जनरल थे। सन् 1823 ईसवी में लार्ड हेस्टिंग्स ने अवकाश ग्रहण कियाँ उनके जाने के पश्चात् जान आदम ही भारत के स्थानापन्न गवर्नर-जनरल नियुक्त हुएँ आदम उचित अवसर की तलाश में था जिससे समाचार पत्रों को कुचला जा सके। इस दिशा में प्रथम प्रहार उन्होंने 'कलकत्ता जर्नल' और उसके सम्पादक जेम्स सिल्क बकिंघम पर कियाँ आदम की आज्ञा से बकिंघम गिरफ्तार किए गए एवं तत्काल भारत से निर्वासित करके इंग्लैंड भेज दिए गएँ पर इतने से ही उन्हें संतोष नहीं हुआ। इस समय तक कुछ भारतीय पत्रों का प्रकाशन भारतीय मूल के संपादक की देखरेख में हो रहा था। अंग्रेज पत्रकारों को तो निर्वासित कर देने से काम चला जा सकता था पर भारतीयों के नियन्त्रण और दमन हेतु कुछ और व्यवस्था करना जरूरी हो गया। इसी को ध्यान में रखते हुए आदम साहब ने समाचार पत्रों तथा प्रेस के लिए नया कानून बनाया यह कानून 4 अप्रैल सन् 1823 से लागू हो गई। ये नए कानून वेलेजली की पुरानी व्यवस्था से भी कहीं अधिक कठोर थे। उनमें कहा गया था कि:

1. कोई व्यक्ति या व्यक्तियों का समूह बिना सरकार की स्वीकृति के फोर्ट विलियम की जनसंख्या के क्षेत्र में इस तरह का कोई समाचार पत्र, पत्रिका, पुस्तिका, विज्ञप्ति या पुस्तक प्रकाशित न करेगा जिसमें किसी भाषा में भी सरकार की नीति अथवा कार्यपद्धति के सम्बन्ध में किसी तरङ की सूचना का समाचार दिया गया हो अथवा टीका-टिप्पणी की गई हो।
2. प्रत्येक व्यक्ति जो सरकार से लाइसेन्स की प्राप्ति हेतु प्रार्थनापत्र पेश करे, एक हलफनामा भी दायर करे जिसमें प्रकाशित होने वाले समाचारपत्र, पत्रिका या पुस्तिका के मुद्रक या प्रकाशक का नाम तथा पूरा पता दिया गया हो। प्रेस के मालिक का नाम देना भी जरूरी है। अगर मालिकों की संख्या दो से ज्यादा हो तो उनमें से जो सबसे बड़े हिस्सेदार हों तथा जो बंगाल में रहते हों उनका नाम मय पूरे पते के दाखिल किया जाएँ यह भी जरूरी है कि जिस भवन में

समाचारपत्र या अन्य तत्सम प्रकाशन होता हो उसका विस्तृत विवरण एवं स्वरूप अंकित कर दिया जाएँ

३. बगैर लाइसेंस लिए अगर कोई समाचार पत्र प्रकाशित किया जाएगा तो प्रकाशक को चार सौ रुपए जुर्माने अथवा चार महीने सजा का दण्ड दिया जाएगा।

इसके साथ-साथ यह आज्ञा भी जारी की गई कि छापाखाने हेतु भी लाइसेन्स लेने की जरूरत है। बिना लाइसेन्स के छापाखाना खोलने वाले को छः महीने का कारावास तथा सौ रुपए तक जुर्माने की सजा दी जा सकेगी। सरकार को यह भी अधिकार होगा कि ऐसे छापाखानों को जब्त कर ले। जिन पत्रों का प्रकाशन बंद कर दिया गया हो उन्हें वितरित कराने वाले को एक हजार रुपए तक जुर्माने या दो महीने कारावास का दण्ड दिया जा सकेगा। भारतीय पत्रों की स्वतन्त्रता पर विदेशी सरकार की तरफ से यह प्रचण्ड और निष्ठुर आघात था। जिस ब्रिटेन में ब्रिटिश जनता की निजी स्वतन्त्रता सत्रहवीं शती में घोषित कर दी गई थी, जहाँ के पत्रों की स्वतन्त्रता भी उसी समय स्वीकार कर ली गई थी वहाँ के भारत-स्थित शासकों ने भारतीय समाचार पत्रों की स्वतन्त्रता की हत्या कर डाली। सौभाग्य से उस समय राजा राममोहन के समान तेजस्वी व्यक्ति जीवित था।

भारतीय पत्रों की तरफ से उक्त बर्बर -विधान का प्रतिरोध करने हेतु वे अग्रसर हुएँ सुप्रीम कोर्ट में उन्होंने इस कानून के खिलाफ अपील की। राजा साहब ने जो मन्तव्य सुप्रीम कोर्ट के सामने उपस्थित किया उसका कुछ अंशतिपय यहाँ उद्धृत कर देना उचित होगा। उसमें कहा गया था कि 'सम्राट विस्तृत साम्राज्य में फैली हुई उनकी प्रजा अपने कष्टों को उन तक पहुँचाने के अधिकार से वंचित की जा रही है। इस कानून का परिणाम यह होगा कि सरकार अपने कर्मचारियों द्वारा की गई गलतियों, भूलों और अन्यायों से परिचित नहीं हो सकेगी क्योंकि इन बातों का प्रकाशन भविष्य में असम्भव हो जाएगा। हर वो शासक जो दयावान है एवं मनुष्य के स्वभाव की कमजोरी को जानता है तथा जिसका विश्वास प्रभुओं के प्रभु की सत्ता में है यह स्वीकार करेगा कि किसी विस्तृत तथा महान साम्राज्य की व्यवस्था करने का अधिकार प्राप्त करके उसने महान उत्तरदायित्व उठाया है जिसका निर्वाह करने हेतु प्रत्येक व्यक्ति को ऐसा अवसर प्रदान करना जरूरी है जिसमें वह स्वयं के दुखों को अपने शासकों के समक्ष जल्दी उपस्थित कर सके। इस लक्ष्य की प्राप्ति का एकमात्र उपाय यह है कि संवादपत्रों को अकुण्ठित स्वतन्त्रता मुहैया की जाएँ' राजा

राममोहन की इस अपील को सर्वोच्च अदालत ने अस्वीकार कर दियाँ ईस्ट इंडिया कम्पनी के विधाताओं ने खुल्लमखुल्ला जान आदम की इस नीति का समर्थन कियाँ

आदम स्थानापन्न वाइसराय थे अतएव जब लार्ड एम्हर्स्ट गवर्नर जनरल नियुक्त हुए तो उन्होंने भी आदम की नीति से सहमति प्रकट की। परंतु इस स्थिति से राजा राममोहन राय हतोत्साहित नहीं हुएँ उन्होंने सम्राट की सेवा में प्रार्थनापत्र भेजकर इस कानून का प्रतिवाद किया जिसमें नम्रतापूर्वक यह निवेदन किया कि वर्तमान समय की तुलना में भारतीय प्रजा निरकुंश मुगल के शासन काल में अधिक सुरक्षित थी क्योंकि अधिकारियों द्वारा अधिकार में सम्भव दुरुपयोग का नियन्त्रण करने हेतु उचित व्यवस्था की स्थापना में वे सफल हुए थे। प्रिवी कौंसिल ने इस अपील को भी यह कहकर अस्वीकार कर दिया कि किसी स्वतन्त्र राष्ट्र के समाचार पत्रों की स्वतन्त्रता जरूरी हो सकती है पर भारत की असाधारण स्थिति तथा हमारे शासन के वर्तमान स्वरूप से वहाँ के पत्रों का स्वतन्त्रता का नियम संगत नहीं है। ब्रिटिश न्याय का अजीब नमूना यह है कि वह ब्रिटेन की जनता को मनुष्य मानती थी परंतु भारतीय जनता के साथ जिस तरह पेश आती थी मानों वह मनुष्य नहीं पशु है। क्योंकि वो सिद्धान्त और व्यवस्था वहाँ संगत है वही भारत में असंगत थी। नए प्रेस-कानून का प्रथम शिकार राजा राममोहन का फारसी भाषा का समाचार पत्र 'मिरातुल-अखबार' हुआ। उनके समान तेजस्वी व्यक्ति हेतु उक्त कानून द्वारा उद्भूत अपमानजनक परिस्थितियों में समाचार पत्र प्रकाशित करना असम्भव हो गया। परिणामतः 4 अप्रैल सन्, 1823 को उन्होंने पत्र का अन्तिम संस्करण प्रकाशित करते हुए उसके स्तम्भों में यह घोषणा की कि "जो परिस्थिति पैदा हो गई है उसमें पत्र का प्रकाशन संभव नहीं था इसलिए रोक देना ही बेहतर उपाय था। जो नियम बने हैं उनके अनुसार किसी यूरोपियन सज्जन हेतु जिनकी पहुँच सरकार के मुख्य सचिव तक सरलता के साथ हो जाती है। सरकार से लाइसेंस लेकर पत्र निकाल देना आसान है। पर भारत के किसी निवासी के लिए जो सरकारी भवन की देहरी लाँघने में भी समर्थ नहीं हो पाता, पत्र-प्रकाशन हेतु सरकारी आज्ञा प्राप्त करना दुस्कर कार्य हो गया है। फिर खुली अदालत में हलफनामा दायर करना भी कम अपमानजनक नहीं है। लाइसेंस के छिन जाने का खतरा भी हमेशा सिर पर झूला करता है। ऐसी दशा में पत्र का प्रकाशन रोक देना ही सही है।"

दूसरा शिकार 'कलकत्ता जर्नल' हुआ जिसके प्रथम सम्पादक जेम्स बकिंघम पहले निर्वासित किए जा चुके थे। अब उसके सम्पादक श्री सैण्डी आरनाट थे। उन

पर सरकार की कठोर दृष्टि पड़ी। वे गिरफ्तार किए गए, उनका निर्वासन हुआ एवं 'कलकत्ता जर्नल' नष्ट कर दिया गया। प्रायः छः सालों तक भारतीय पत्रों का क्रूर कण्ठावरोधन निरंकुश तथा अबाध गति से चल रहा था।

लार्ड हेस्टिंग्स की उदारता ने प्रगतिशील पत्रकारों हेतु जिस वातावरण का सर्जन किया था वह नष्ट हो चुका था और दमन तथा परतन्त्रता की घृणित शृंखला भारतीय समाचार पत्रों को कठोरतापूर्वक कसती जा रही थी। पर सौभाग्य से यह स्थिति ज्यादा दिनों तक न रही। लार्ड एम्हर्स्ट ने गवर्नर जनरली का सूत्र रखा और लार्ड विलियम बेण्टिक ने शासन-भार उठाया तो परिस्थिति में पुनः बदलाव हुआ। बेण्टिक उदार और प्रगतिशील विचार के व्यक्ति थे। भारत में ब्रिटिश राज के इतिहास में वे अपनी उदारता हेतु विख्यात हैं। उन्होंने उक्त पद ग्रहण करते ही यह घोषणा की कि वे पत्रों की स्वतन्त्रता को सुशासन की स्थापना के लिए मददगार समझते हैं। उनके इस भाव ने एक बार पुनः असमय में मसल दी गई भारतीय पत्रकारिता की कोमल लतिका का सिंचन कियाँ प्रगतिशील विचारों को उभरने का मौका पुनः मिला।

राजा राममोहन पुनः आगे बढ़े और एक बार भारतीय पत्रों का नेतृत्व पुनश्च ग्रहण कियाँ सन् 1829 में उन्होंने अंग्रेजी भाषा में 'बंगाल हेरल्ड' नामक साप्ताहिक पत्र की स्थापना की जो एक अंग्रेज पत्रकार के सम्पादन में प्रकाशित होने लगा। इसी समय नीलरतन हालदार के सम्पादकत्व में 'बंगदूत' भी प्रकाशित होने लगा। इस समाचार पत्र का प्रकाशन बँगला, हिन्दी और फारसी लिपियों में होता था। श्री नीलरतन राजा राममोहन के मित्र तथा अनुयायी थे। संयोग से अच्छे भाग्य के कारण राजा राम मोहन राय को कुछ अन्य सहायक और दोस्त मिल गए जिनका नाम स्पष्ट कर देना आवश्यक है। कुमार द्वारिकानाथ टैगोर तथा कुमार प्रसन्नकुमार टैगोर उस विख्यात टैगोर-परिवार के सदस्य थे जिसमें आगे चलकर स्वर्गीय रवि बाबू का अवतार हुआ। द्वारिकानाथ रवि बाबू के पितामह थे। टैगोर परिवार बहुत सुखी सम्पन्न था, पर्याप्त धन उपलब्ध थे इसलिए उस वक्त पत्रकारिता की सेवा इसी परिवार ने अपने धन के द्वारा कीया। टैगोर का कुल अपनी प्रगतिशीलता, उदारता तथा व्यापक दृष्टिकोण के कारण हमेशा प्रसिद्ध रहा है। राजा राममोहन की प्रेरणा पाकर द्वारिकानाथ ने बंगाल के कुछ गोरे पत्रों को खरीदकर स्वामित्व पा लियाँ राजा राम मोहन का श्री द्वारिकानाथ और प्रसन्नकुमार पर गहरा प्रभाव था। 'बंगाल हरकारू' पहले उनके हाथ आयाँ कुछ वर्षों के पश्चात् कट्टर तथा साम्राज्यवादी

यूरोपियन का सुप्रसिद्ध 'जान बुल' भी बिका जिसे द्वारिकानाथ ने खरीद लियाँ इस 'जान बुल' ने नए स्वामियों और प्रबन्धकों के हाथ में पड़कर अपना नाम और रूप परिवर्तित किया जो 'इंग्लिशमैन' के नाम से प्रकाशित होने लगा। 'इंग्लिशमैन' अपने प्रकाशन के आंरभिक दिनों में प्रगतिशील संवाद पत्र के रूप में प्रसिद्ध था।

श्री प्रसन्न कुमार ने 'रिफार्मर' नामक पत्र का प्रकाशन आरम्भ किया जो आगे चलकर राष्ट्र का प्रमुख तथा आदरणीय पत्र हो गया। इस तरह हम यह देखते हैं कि बेण्टिक के पदारोहण करने के दो-तीन वर्षों के अंदर भारतीय पत्रकारिता का क्षेत्र विस्तृत होने लगा। राष्ट्र में उत्पन्न चेतना सामाजिक सुधार तथा रूढ़ियों के उन्मूलन की तरफ उन्मुख होने लगी थी। सती प्रथा का अंत बेण्टिक के काल में हुआ। उस समय तक ऐसे सुधारकों का वर्ग उदीयमान हो चुका था जो उक्त प्रथा का विरोध करने हेतु अग्रसर होने का साहस प्रकट कर रहे थे। स्वयं राजा राममोहन उस आन्दोलन के नेता थे। तत्कालीन प्रगतिशील भारतीय पत्रों के स्तम्भ में उसके लिए जोरदार संघर्ष चल रहा था।

रूढ़िवादी वर्ग जो सामाजिक और आर्थिक स्तर पर था। ये लोग किसी तरह के सामाजिक सुधार के विरुद्ध थे। प्रगतिशील विचारों का विरोध करने के लिए इनके भी समाचार पत्र प्रकाशित हो रहे थे। 'समाचारचन्द्रिका' नामक पत्र ऐसे गुटों का मुखपत्र था। पर उन्नति के पथ का विरोध करने में प्रतिगामी अधिक दिनों तक सफल नहीं होते। भारत की नव चेतना का समय शनैः-शनैः आ रहा था जिसका स्पष्ट संकेत देने वाले प्रगतिशील पत्र उसके अग्रदूत थे। फलतः भारत के उद्‌बुद्ध शिक्षित वर्ग की माँग अबाध गति से द्रुत होती गई जिसके परिणामस्वरूप बेण्टिक की सरकार ने सती प्रथा की समाप्ति कानून बनाकर खत्म दी। प्रगतिशील पत्रों की यह प्रथम विजय थी। इस सफलता ने पत्रकारिता को और विशेषकार प्रगतिशील पत्रकारिता को विकसित होने में और अधिक उत्प्रेरणा तथा मदद प्रदान की। सन् 1831 ईसवी में श्री ईश्वरचन्द्र गुप्त का 'संवाद प्रभाकर' प्रकाशित हुआ। समय पाकर यह पत्र काफी प्रसिद्ध हुआ और श्री द्वारिकानाथ तथा उनके बाद श्री देवेन्द्रनाथ टैगोर की मदद और उनका समर्थन पाकर सन् 1836 में दैनिक में परिवर्तित हो गया। यही बंगाल का बंगला भाषा में प्रथम दैनिक पत्र था।

हिन्दी भाषा का पहला समाचार पत्र 'उदन्तमार्तण्ड' भी बंगाल में सन् 1836 ईसवी में प्रकाशित हुआ। फारसी भाषा के 'मिरातुल-अखबार' का उल्लेख पूर्व के पृष्ठों में किया ही जा चुका है। इस तरह हम देखते हैं कि बंगाल को ही हिन्दी, बँगला

तथा फारसी के प्रथम पत्रों को प्रकाशित करने का श्रेय प्राप्त है। पर पत्रों के विकास की गति बंगाल तक ही सीमित न थी। सन् 1830 ईसवी में बम्बई में गुजराती भाषा के समाचार पत्र प्रकाशित होने लगे थे। 'मुम्बई वर्तमान', 'जामे-जमशेद' आदि कुछ पत्र प्रकाशित हो रहे थे। इसी समय वैज्ञानिक और ऐतिहासिक पत्रों का उदय भी हुआ। बंगाल की 'एशियाटिक सोसाइटी' की स्थापना सन् 1784 ईसवी में सर विलियम जोन्स ने की थी। ऐतिहासिक अनुशीलन का प्रमुख कार्य इस संस्था द्वारा होता था पर अब तक उसका अपना कोई पत्र प्रकाशित नहीं होता था।

सन् 1832 ईसवी से श्री जेम्स प्रिंसेप के सम्पादकत्व में 'जर्नल ऑफ दि रायल सोसाइटी ऑफ बंगाल' का प्रकाशन होने लगा। उधर मद्रास में भी 'एशियाटिक सोसाइटी' की शाखा-संस्था–'मद्रास लिटरेरी सोसाइटी'–का 'जर्नल ऑफ लिटरेचर एण्ड साइंस' प्रकाशित होने लगा। सन् 1843 ईसवी में महर्षि देवेन्द्रनाथ टैगोर की 'तत्वबोधिनी पत्रिका' भी प्रकाशित होने लगी जो प्रथम पत्रिका थी जिसमें भारतीय भाषा तथा लिपि में वैज्ञानिक और ऐतिहासिक लेख प्रकाशित होने लगे थे।

सन् 1835 ईसवी में लार्ड बेंटिक ने अवकाश ग्रहण कियाँ उनकी उदार नीति ने भारतीय पत्रकार-कला को और भारतीय पत्रों को विकसित होने का मौका प्रदान किया था पर अब उनके पदत्याग का अवसर देखकर भारतीय पत्रकारों में भविष्य सम्बन्धी आशंका प्रकट हुई।

आदम द्वारा बनाया गया कानून अब भी विधान-पुस्तक पर स्थित था। यह बेण्टिक का सौजन्य, साहस तथा उनकी उदारता थी कि वह अप्रयुक्त स्थिति में पड़ा रहा, पर भविष्य में भी उसका उपयोग न होगा यह कौन कह सकता था। फलतः इसके पूर्व कि बेण्टिक अपना पदभार छोड़ें, देश के प्रमुख नेताओं और पत्रकारों ने विस्तृत प्रार्थना-पत्र पेश किया जिसमें यह माँग की गई कि आदम द्वारा रचित कानूनों का विलोप करके उनके स्थान पर नया किन्तु अधिक उदार नियमों की रचना की जाएँ यह प्रार्थना-पत्र बेकार नहीं गया। यद्यपि बेंटिक उन कानूनों को खत्म करने के पूर्व ही गवर्नर जनरल पद से पृथक् होने हेतु बाध्य हुए थे तथापि जाने के पूर्व वे यह स्वीकार करते गए कि "प्रेस सम्बन्धी कानून असन्तोषजनक है जिसकी ओर गवर्नर जनरल का ध्यान आकर्षित हो चुका है। उन्हें विश्वास है कि निकट भविष्य में ऐसे कानूनों की रचना हो सकेगी जिससे एक तरफ जहाँ पत्रों को यह अधिकार प्रदान करेंगे कि वे सरकारी नीति की उचित टीका-टिप्पणी कर सकें वहीं दूसरी ओर यह व्यवस्था भी करेंगे कि सरकार के प्रति विद्रोह के भाव न फैलाए जा सकें एवं

न किसी व्यक्ति का अपमान किसी पत्र के द्वारा किया जा सके।" बेंटिक के पदत्याग के बाद सर चार्ल्स मेटकाफ भारत के गवर्नर जनरल हुएँ सौभाग्य से मेटकाफ ने तत्काल ही इस प्रश्न की तरफ ध्यान दियाँ उन्होंने मेकाले से यह अनुरोध किया कि वे प्रेस के सम्बन्ध में नए कानून का मसविदा तैयार करें।

मेटकाफ ने यह आधार भी स्थिर किया कि विचारों को प्रकट करने की स्वतन्त्रता हर व्यक्ति को मिलनी चाहिए और इसी सिद्धान्त के आधार पर नए कानूनों की रचना का अनुरोध कियाँ परिणामतः 3 अगस्त, 1935 ई. को नया कानून बनकर स्वीकृत हुआ जिसने आदम द्वारा रचित नियमों को खत्म करके उनका स्थान ग्रहण किया और सारे देश में लागू किया गया। मेटकाफ एवं मेकाले द्वारा बनाया गया कानून उदार था। भारतीय पत्रों ने राहत की साँस ली, जनता ने गवर्नर जनरल के प्रति कृतज्ञता प्रकट की, पर स्वयं मेटकाफ के लिए इसका परिणाम उत्तम नहीं रहा। 'कोर्ट ऑफ डाइरेक्टर्स' उनकी इस नीति से क्षुब्ध हो उठा। उसे यह कब सहन हो सकता था कि पददलित भारतीयता के प्रति उदार नीति व्यवहृत की जाएँ कोर्ट ऑफ डाइरेक्टर्स ने स्पष्ट शब्दों में मेटकाफ की निन्दा की, उन्हें गवर्नर-जनरल से हटाकर पश्चिमोत्तर सीमा-प्रान्त ऐसे छोटे से प्रान्त का गर्वनर बनाकर भेज दिया और दो साल के अन्दर बाध्य किया वे भारत छोड़कर इंग्लैंड वापस चले जाएँ। यद्यपि सर चार्ल्स मेटकाफ को अपनी प्रगतिशीलता और उदार-हृदयता का भारी मूल्य चुकाना पड़ा पर भारतीय पत्रकारिता हेतु वे मार्ग अवश्य प्रशस्त कर गएँ सन् 1839 में सिर्फ 26 यूरोपियन का प्रकाशन किया जा रहा था। इनमें से 9 पत्र दैनिक थे इसके अलावा 9 भारतीय पत्रों का भी प्रकाशन हो रहा है। इनके सिवा 9 भारतीय पत्र प्रकाशित होते थे।

वर्तमान मुम्बई में 10 अंग्रेजी तथा 4 हिन्दी और चेन्नई में 9 अंग्रेजी समाचार पत्रों का प्रकाशन किया जा रहा था। इनके अलावा लुधियाना, दिल्ली, आगरा, शिव-रामपुर, मोलमीन आदि स्थानों में भी पत्र प्रकाशित होने लगे थे। सर सैयद अहमद के अग्रज मुहम्मद खाँ द्वारा स्थापित 'सैयदुल-अखबार' नामक उर्दू का समाचार-पत्र सन् 1837 दिल्ली से छपने लगा था। उर्दू भाषा का यह प्रथम समाचार पत्र था। इसके बाद कुछ और उर्दू पत्रों का प्रकाशन दिल्ली से होने लगा। स्पष्ट है कि सन् 1857 के पूर्व जब भारतीय स्वतन्त्रता के युद्ध का सूत्रपात हुआ था इस देश के कुछ प्रान्तों में केवल अंग्रेजी भाषा में प्रत्युत् हिन्दी, उर्दू, फारसी, गुजराती, बँगला आदि भाषाओं के कुछ पत्र प्रकाशित होने लगे थे। सन् 1857 के युग का व्यापक

प्रभाव इन पत्रों पर पड़ा। सन् 1857 में जब भारत में विद्रोह हुआ उस समय भारत के गवर्नर जनरल लार्ड केनिंग थे। 1857 के विद्रोह को दबाने में सफल नहीं हो सके जिसके कारण देश के सभी अंग्रेजी समाचार पत्रों में उनकी घोर निंदा की गयी और विद्रोह को न दबा सकने का दायित्व उनके ऊपर ठोक दी गयी। वे सक्षोभ प्रतिशोध की माँग करते रहे। दूसरी तरफ भारतीय पत्र खुल्लमखुल्ला भारतीय जनवर्ग के अन्ध तथा निष्ठुर निर्दलन का विरोध करने लगे। इस समय भारतीय और गोरे पत्रों का जो विरोध स्पष्ट हुआ वह आज तक स्पष्ट बना हुआ है। श्री हरिश्चन्द्र मुखर्जी और श्री ईश्वरचन्द्र विद्यासागर के दो पत्र 'हिन्दू पेट्रियट' एवं 'सोमप्रकाश' इसी समय प्रकाशित हुए थे जो जनपक्ष के पक्ष में थे। जो स्थिति उस समय देश में व्याप्त थी उसमें स्वाभाविक था कि दोनों पक्षों में प्रबल उत्तेजना पैदा हो जाती।

भारतीय जनरल गवर्नर लार्ड केनिंग ने इस उत्तेजना को नियंत्रित करने के लिए प्रेस से जुड़े कुछ नये कानूनों का प्रबंधन कियाँ वे नए कानून वस्तुतः आदम द्वारा रचित पुराने नियमों के प्रतिरूप थे, पर केनिंग ने इन कानूनों को सारे भारत में लागू करते हुए यह घोषणा की थी कि इस नियम की अवधि मात्र एक ही वर्ष होगी। विद्रोह का शमन होते ही भारत के शासन का सारा प्रबन्ध ईस्ट इण्डिया कम्पनी के हाथों से हस्तान्तरित होकर ब्रिटिश सरकार के हाथों में पहुँचा। केनिंग द्वारा बनाया गया कानून एक वर्ष के पश्चात् खत्म हो गया। तब से लेकर सन् 1867 तक मेटकाफ-मार्ले कानून ही परिचालित रहा जब उक्त वर्ष में दूसरा विस्तृत विधान निर्मित हुआ जिसमें मेटकाफ-मार्ले कानून के सिवा प्रेस, समाचार-पत्र और ब्रिटिश भारत में प्रकाशित होने वाली पुस्तकों के सम्बन्ध में तथा उनकी रजिस्टरी कराने हेतु व्यवस्था की गई। 1857 से 1867 के बीच अर्थात् दस वर्षों में कतिपय प्रसिद्ध पत्रों का उदय हुआ जिनका प्रकाशन आज तक हो रहा है। बम्बई से प्रकाशित होने वाले 'टाइम्स आफ इण्डिया' का श्री गणेश सन् 1861 ईसवी से हुआ। 'पायोनियर' की स्थापना सन् 1865 ईसवी में हुई। उस समय उसका प्रकाशन प्रयाग से होता था। कलकत्ता के विख्यात् 'स्टेट्समैन' का जन्म सन् 1875 ईसवी में हुआ। 'अमृतबाजार पत्रिका' का उदय सन् 1868 ईसवी में बंगाल के जैसोर जिले के एक छोटे से गाँव में हुआ। 'पत्रिका' की जीवन-कथा भारतीय पत्रकारी के इतिहास का उज्ज्वल अध्याय है। जैसोर के एक सामान्य से गाँव के घोष-परिवार में बसन्त कुमार, हेमन्त कुमार, शिशिर कुमार नामक तीन भाई थे जो पत्रिका के जनक रहे हैं। घोषबन्धु ब्रह्मसमाजी थे। ब्रह्मसमाज की स्थापना से देश के राष्ट्रीय जीवन में चेतना की नई लहर पैदा होने

लगी थी। पराधीनता सदैव नैतिक अधःपात का प्रजनन करती है। भारत के सम्मुख सन् 1857 के विद्रोह के पश्चात् वह युग उपस्थित हो गया था जो न सिर्फ नैतिक अधःपतन किन्तु सांस्कृतिक महाविनाश का कारण होने जा रहा था। देश की जनता दबी हुई, सहमी हुई, विज्ञान के अन्धकार से आच्छन्न धरती पर पड़ी हुई थी। देश का साक्षर वर्ग पराधीनता से प्रेम करने लगा था।

विदेशी शिक्षा-दीक्षा शनैः-शनैः भारतीयता का संहार कर रही थी। ऐसे समय ब्रह्मसमाज की स्थापना ने देश के अधोमुख विनिपात को रोकने में बहुत कुछ सफलता प्राप्त की। वह एक ओर जहाँ रूढ़ि-पूजा, अन्धविश्वास और विघातक तथा निरर्थक शुष्क परम्पराओं का विरोधी था वहीं दूसरी तरफ व्यापक दृष्टिकोण, प्रगतिशील विचारों तथा भारतीयता का परिपोषक था। बंगाल में ब्रह्मसमाज का व्यापक प्रभाव था एवं जो नवयुवक उसके सन्देश से प्रभावित होते वे प्रगतिशील विचारों के पूजक हो जाते। उपरोक्त घोषबन्धु ऐसे ही युवकों में थे। शिशिर कुमार एवं हेमन्त कुमार डिप्टी-कलक्टर थे पर वसन्त कुमार अपने गाँव में ही रहते थे। वसन्त कुमार के हृदय में पत्र के प्रकाशन का भाव पैदा हुआ। फलतः तीन सौ रुपए देकर उन्होंने अपने अनुज शिशिर को कलकत्ता भेजा कि वे जाएँ और सम्भव हो तो छोटा-मोटा प्रेस खरीद लाएँ। इस अकिंचन रकम का प्रयोग करके शिशिर ने कहीं से सड़ा-गला, लकड़ी का बना प्रेस और वैसे ही पुराने टाइप खरीद लिएँ पर शिशिर इतने से ही सन्तुष्ट न हुएँ उन्होंने कलकत्ता में कुछ दिन रहकर स्वयं कम्पोज करना, छापना और यन्त्र के संचालन संबंधित ज्ञान भी प्राप्त कर लियाँ कुछ दिन के उपरांत वह प्रेस गाँव में स्थापित किया गया और शीघ्र 'अमृत-प्रवाहिनी' नामक पाक्षिक पत्रिका बंगाल में प्रकाशित होने लगी। इसके कुछ दिन के बाद हेमन्त कुमार की मृत्यु हो गयी। इनकी मृत्यु हो जाने के बाद हेमन्त और शिशिर दोनों भाइयों ने नौकरी से इस्तीफा दे दियाँ इस समय उनके छोटे भाई मोतीलाल भी जवान हो चुके थे।

नौकरी छोड़ने के बाद हेमन्त, शिशिर और मोतीलाल इन तीनों भाइयों ने एक साथ मिलकर 'अमृत-प्रवाहिनी' के स्थान पर बँगला में 'अमृतबाजार पत्रिका' के नाम से साप्ताहिक समाचार-पत्र प्रकाशित करना शुरू कियाँ 'पत्रिका' के प्रवर्तकों के अध्यवसाय, दृढ़ संकल्प और कठोर तप की कहानी आदर्शवादी, देशभक्त भारतीय पत्रकारों का आख्यान है जिस पर किसी भी राष्ट्र का पत्रकार-वर्ग गर्व कर सकता है। पाठकों को यह जानकर आश्चर्य होगा कि शिशिर बाबू न केवल सम्पादक, कम्पोजीटर, यन्त्रचालक थे बल्कि स्याही और कागज का अभाव देखकर उन्होंने

उनका निर्माण करना भी सीख लियाँ आवश्यकता पड़ने पर शिशिर बाबू ने अपने समाचार पत्र के लिए कागज तथा स्याही दोनों को बना लेते थे। 'पत्रिका' की निर्भीक नीति ने शुरू से ही उसे सरकार का कोपभाजन बना दियाँ उसके प्रकाशन के दो वर्ष भी नहीं बीते थे कि उस पर एक भारतीय महिला पर अंग्रेज डिप्टी-मजिस्ट्रेट द्वारा किए गए बलात्कार का समाचार छापने के कारण मुकदमा चलाया गया जिसमें मुद्रक और समाचार-लेखक को कारावास का दण्ड दिया गया।

सन् 1871 ईसवी में ग्रामीण जीवन का परित्याग करके 'पत्रिका' कलकत्ता से प्रकाशित होने लगी। उस समय उसका स्वरूप 'द्विसाप्ताहिक' तथा 'द्विभाषी' (अंग्रेजी और बँगला) हो गया। सन् 1878 ईसवी में 'पत्रिका' का स्वरूप अंग्रेजी भाषा में हो गया और 1878 में यह पत्रिका साप्ताहिक से दैनिक हो गई। सन् 1867 से 1877 के बीच भारतीय पत्रों का विस्तार और ज्यादा बढ़ा। दस वर्षों में 'पत्रिका' ही नहीं प्रत्युत् प्रतिष्ठित, प्रगतिशील और लोकप्रिय भारतीय पत्रों का उदय हुआ। बंगाल की पत्रकारी में तो विशेष रूप से प्राणसंचार हुआ दिखाई देता है।

सर्वप्रथम सन् 1870 में बंगाल में पत्र का प्रकाशन प्रांरभ हुआ जो श्री केशवचन्द्र सेन का 'सुलभ समाचार' एक पैसे का पत्र था जिसने गरीब भारतीय जनवर्ग तक पहुँचने की चेष्टा की। उस काल में भी इस पत्र की बिक्री असाधारण तौर पर बढ़ी और उसकी ग्राहक-संख्या चार-पाँच हजार तक पहुँच गई। 'भारत श्रमजीवी' इसी तरह का दूसरा समाचार प्रकाशित हुआ जिसका मूल्य भी मात्र एक पैसे था। लोगों का मानना है कि कुछ समय बाद यह श्रमजीवी नामक पत्र का इतना महत्त्व बढ़ गया कि इसकी प्रतिदिन की बिक्री लगभग 15000 पत्रों की हो गयी। बँगला भाषा के इस साप्ताहिक पत्र की स्थापना शशिपद बन्दोपाध्याय ने की थी जो केशवचन्द्र सेन के मित्र और अनुयायी थे। इसी समय से बंगाल में साहित्यिक पत्रों का सूत्रपात हुआ। सन् 1872 में बंकिमचन्द्र चट्टोपाध्याय का 'बंगदर्शन' नामक समाचार प्रकाशित होने लगा और इसके कुछ समय के उपरांत द्विजेन्द्रनाथ ठाकुर की 'भारती' और 'आर्य-दर्शन', जोगेन्द्रनाथ विद्याभूषण का 'बान्धव', रविबाबू की 'साधना' आदि पत्र-पत्रिकाएँ प्रकाशित होने लगीं, जिन्होंने बंगला-साहित्य की प्रगति तथा निर्माण और विस्तार महत्त्वपूर्ण भूमिका निभायी।

भारतीय पत्रकारिता के इतिहास का यह युग कदाचित् सर्वाधिक महत्त्वपूर्ण है क्योंकि इसी समय हम भारतीय भाषाओं में प्रकाशित होने वाले पत्रों की संख्या में बेहिसाब वृद्धि हुई। बंगाल के अलावा भारत में कुछ अन्य प्रान्तों में इस हिन्दी भाषा

के समाचार पत्रों में वृद्धि हुई। सन् 1876 ईसवी में जब लार्ड लिटन भारत के वाइसराय होकर आए, उस समय बम्बई प्रान्त में मराठी, गुजराती, हिन्दी और फारसी भाषाओं में लगभग 62 समाचार पत्रों का प्रकाशन हो रहा था। पंजाब, अवध और मध्य प्रदेश में साठ, बंगाल में पचास, मद्रास में उन्नीस पत्र-पत्रिकाएँ हिन्दी, फारसी, उर्दू, बँगला, तमिल, तेलुगू, मलयालम आदि भाषाओं में प्रकाशित हो रही थीं। पंजाब के 'सिविल और मिलिटरी गजट' तथा लाहौर के विख्यात पत्र 'ट्रिब्यून' का प्रकाशन भी इसी दौरान प्रारंभ हो गया। 'ट्रिब्यून' की प्रतिष्ठा भारतीय पत्रों में उसके शुरुआती दौर से ही रही है जो आज तक वैसी ही बनी हुई है। भारतीय भाषाओं के पत्रों के प्रकाशन का विस्तार समकालीन भारतीय जन-जागृति के विकास पर प्रकाश डालता है।

हालाँकि सन् 1857 में विद्रोह सफल नहीं हो सका था एवं भारतीय जनवर्ग का निरंकुश दमन करने में विदेशी साम्राज्यवादियों ने अपनी घृणित पशुता का चरम रूप प्रदर्शित कर दिया था तथापि विद्रोहोत्तर भारत शनैः-शनैः जागरण के पथ पर अग्रसर हो रहा था। हमारे इस पुरातन देश के हृदय में कोई ऐसा सजीव तत्त्व जरूर विद्यमान है जो उसे भयावनी विपत्तियों और प्राणघातक वातावरण से सदा पार ले जाता रहा है। हमारे इतिहास की इस विशेषता को कोई अस्वीकार नहीं कर सकता जिसका प्रदर्शन इस समय में भी हो रहा था। दलित और पराजित भारत पुनः उठने लगा था यह असन्दिग्ध है। क्या इसका प्रबल प्रमाण भारतीय भाषा के पत्रों के विकास में ही नहीं मिलता? हम देखते हैं कि ये पत्र जिन्हें 'वर्नाक्युलर प्रेस' कहा जाता है आरम्भ से ही राष्ट्रवादी और राष्ट्रीय स्वतन्त्रता के समर्थक रहे हैं। अपनी इस परम्परा का निर्वाह वे आज तक करते रहे हैं। असहाय और प्रताड़ित जनवर्ग तक पहुँचना उसके उद्बोधन के पुनीत, महान तथा निर्भीक कार्य का बोझ उठाने में वे कभी नहीं चूके। यही कारण है कि भारत को गुलाम बनाकर रखने वालों ने सदा उसे संशक दृष्टि से देखा और उन पत्रों ने भी सदैव उनसे लोहा लियाँ इसके सिवाय एक बात और है जिसके कारण भारत की विदेशी सरकार की नीति सदैव भारतीय भाषा के पत्रों के दमन की रही। उसे कभी यह इष्ट न था कि व्यापक जनसभा जागृत हो। शिक्षा और ज्ञान के प्रसार को इसी कारण रोका जाता रहा।

आवश्यक शिक्षा की योजना को मुख्यतः इसी कारण कभी विदेशी सरकार ने पनपने नहीं दियाँ भारतीय भाषा के पत्र जनसमाज में प्रविष्ट हो जाते और नई चेतना तथा भावना को प्रवाहित करने में जरूर सफल होते, शिक्षा, साक्षरता और ज्ञान के

प्रसार में मददगार होते, अतः उनका दलन करना शुरू से लेकर आज तक समझा जाता रहा है।

जिस युग की बात हम कर रहे हैं उस समय भी इसी मनोवृत्ति का आभास पाते हैं। लार्ड लिटन के कार्यकाल के दौरान जब भारतीय भाषा के पत्रों की उपर्युक्त संख्या में बढ़ोतरी, उनकी लोकप्रियता तथा जनजीवन में उनके प्रभाव को देखकर सरकार संशक हो उठी, यह जरूरी हो गया कि उनके पथ का अवरोधन किया जाएँ

लार्ड लिटन ने भारतीय भाषा के पत्रों की स्वतन्त्रता का हनन कर देने वाले नए कानून की रचना का निर्णयन कियाँ फलतः सन् 1878 ईसवी की 14 मार्च को 'वर्नाक्यूलर प्रेस एक्ट' की घोषणा की गई। इस कानून के अनुसार सरकार को यह अधिकार प्राप्त हुआ कि वह देशी भाषा के किसी पत्र के सम्पादक, प्रकाशक अथवा मुद्रक को यह आदेश दे कि वह सरकार से यह इकरारनामा कर दे कि अपने पत्र में कभी कोई ऐसी बात प्रकाशित न करेगा जो जन-हृदय में सरकार के प्रति घृणा या द्रोह के भाव का सर्जन कर सकती हो। यदि कोई प्रकाशक, मुद्रक या सम्पादक इस इकरारनामे की शर्तों को भंग करेगा तो पहली बार उसे चेतावनी दे दी जाएगी।

दूसरी बार पुनः वही अपराध करने पर उसके प्रेस आदि को ब्रिटिश प्रशासन जब्त कर लेगी। ब्रिटिश सरकार ने यह घोषणा भी कर दी कि जो पत्र इस कानून के खतरे से बचना चाहें वे पत्र में प्रकाशित होने के पूर्व समस्त स्तम्भों के प्रूफ का सेंसर करा ले सकते हैं जिसकी व्यवस्था सरकार की तरफ से कर दी जाएगी।

वस्तुतः अब यह आवश्यक हो गया कि ब्रिटिश सरकार द्वारा बनाये गये उक्त कानून के विरोध में कुछ खास कदम उठाया जाएँ हिन्दी भाषीय पत्रों में इस कानून के विरोध में काफी चिंता व्यक्त की गयी और धीरे-धीरे स्वतंत्रता आंदोलन का रूप उग्र होता चला गया। इस चिंता व क्षोभ की प्रतिक्रिया लन्दन तक में हुई जब संसद की साधारण सभा में तत्कालीन ब्रिटिश उदार दल के नेता ग्लैडस्टन ने उक्त कानून को खत्म कर देने का प्रस्ताव कियाँ यद्यपि ग्लैडस्टन का प्रस्ताव सभा में गिर गया फिर भी जो आन्दोलन हुआ था वह कदापि निरर्थक नहीं गया इतना प्रभाव तो हुआ ही कि एक साल के अन्दर ही कानून का वह अंश निकाल दिया गया, जिसमें प्रकाशन के पूर्व ही प्रकाशनीय स्तम्भों का सेंसर करने की व्यवस्था की गई थी। इतना सब कुछ होते हुए भी कुछ भारतीय समाचारपत्रों पर सेंसर का बुरा प्रभाव पड़ा जिनमें कलकत्ता का 'सोमप्रकाश' प्रमुख था। 'सोमप्रकाश' पण्डित ईश्वरचन्द्र विद्यासागर तथा पण्डित द्वारकानाथ विद्याभूषण का बँगला साप्ताहिक पत्र था, जो अपने समय

के सर्वोत्कृष्ट, प्रतिष्ठित तथा प्रभावशाली पत्रों में अग्रगण्य था। इसी कानून के कारण 'अमृतबाजार पत्रिका' ने अपना कायाकल्प कर डाला। अब तक 'पत्रिका' बंगला भाषा का द्वि-साप्ताहिक समाचार पत्र था। बंगाल के तत्कालीन समाचार पत्र सर आशली इडेन शिशिर बाबू से असन्तुष्ट हो गए थे। कहा जाता है कि आशली इडेन ने पहले शिशिर बाबू को मिलाने की चेष्टा की थी एवं उन्हें प्रलोभन अगर था कि 'पत्रिका' सरकार की टीका-टिप्पणी छोड़कर अगर उसका समर्थन करे तो सरकार उन्हें आर्थिक मदद देने के लिए सहमत है। शिशिर बाबू ने इस प्रस्ताव को अस्वीकार करते हुए गवर्नर से कहा कि, 'क्या आपकी यह इच्छा है कि देश भर में एक भी ईमानदार पत्रकार न रह जाए?' इस घटना के कुछ ही समय पश्चात् उक्त कानून की रचना हुई। बंगाल के गर्वनर ने सबसे आगे बढ़कर सोत्साह उसका स्वागत कियाँ

शिशिर बाबू का मानना था कि बंगाल में इस कानून को लागू करने में जो जल्दबाजी प्रदर्शित की गई है उसका मुख्य कारण 'पत्रिका' है जिससे गवर्नर बुरी तरह रुष्ट हैं। शिशिर बाबू ने इसका उत्तर भी असाधारण ढंग से दियाँ 14 मार्च को उक्त कानून घोषित किया गया और 21 मार्च को पत्रिका का जो अंक प्रकाशित हुआ वह विशुद्ध अंग्रेजी भाषा में हुआ। रातोंरात पत्रिका देशी भाषा के साप्ताहिक से आंग्ल भाषा की साप्ताहिक हो गई। 'वर्नाक्युलर प्रेस ऐक्ट' का विरोध निरंतर तब तक होता रहा जब तक वह विधान के क्षेत्र से बहिर्गत नहीं कर दिया गया। लार्ड लिटन जब तक वाइसराय थे तब तक तो वह कानून जीवित रहा पर उनके जाने के पश्चात् भारत के शासन का सूत्र लार्ड रिपन के हाथों में आयाँ

लार्ड रिपन का शासनकाल उनकी उदारता तथा भारतीयों के प्रति सहानुभूति के लिए विख्यात है। उन्हीं के शासन काल में अखिल भारतीय राष्ट्रीय महासभा इण्डियन नेशनल कांग्रेस की स्थापना हुई जो तब से आज तक भारत का उन्नयन कर रही है। लार्ड रिपन ने भारतीयों को स्थानीय म्युनिसिपल और लोकल बोर्डों की व्यवस्था में हिस्सा लेने का शुरुआती अधिकार प्रदान किया था। हम कह सकते हैं कि विद्रोहोत्तर भारत में लार्ड रिपन का शासन काल भारत के राष्ट्रीय एवं सामाजिक जीवन में होने वाला युगान्तर का सूचक था।

कांग्रेस की स्थापना जिस नई धारा का स्रोत हुई वह आज तक इस देश के जीवन का आलोड़न कर रही है। लार्ड रिपन ऐसे उदारचेता व्यक्ति ने शीघ्र ही यह अनुभव कर लिया कि 'वर्नाक्यूलर प्रेस एक्ट' के समान दमनात्मक कानून भारत तथा ब्रिटेन के पारस्परिक सम्बन्ध को सदैव विषाक्त करता रहेगा। फलतः उन्होंने उसको

खत्म कर देने का निश्चय किया और एतदर्थ 7 दिसम्बर सन्, 1881 ईसवी को यह घोषणा की कि 'सरकार की दृष्टि में 'वर्नाक्यूलर प्रेस एक्ट' की अब कोई जरूरत नहीं रही'। इस प्रकार 'वर्नाक्युलर प्रेस एक्ट' का विलोप हुआ। उन तीन सालों के अन्दर कुछ प्रमुख भारतीय पत्रों का जन्म भी हुआ।

मद्रास में प्रसिद्ध 'हिन्दू' की स्थापना सन् 1878 ईसवी में हुई। अब तक मद्रास में 'दि नेटिव पब्लिक ओपिनियन' और 'दि मद्रासी' नामक दो ही पत्र थे जो भारतीय थे एवं विशुद्ध भारतीय नियन्त्रण तथा स्वामित्व में प्रकाशित हो रहे थे। 'हिन्दू' ने प्रकाशित होकर उनकी संख्या तीन कर दी। शुरुआत में वह साप्ताहिक ही प्रकाशित होता था। 'हिन्दू' की प्रतिष्ठा क्रमशः बढ़ती गई। सन् 1883 में वह अपना साप्ताहिक कलेवर परिवर्तित करके सप्ताह में तीन बार प्रकाशित होने लगा, तथा 1889 ईसवी का आरम्भ होते-होते वह दैनिक हो गया। बंगाल में तो पत्रकारिता द्रुत गति से विकसित हो रही थी। सन् 1879 में ईसवी में स्वर्गीय सुरेन्द्रनाथ बन्दोपाध्याय के सम्पादकत्व में 'बंगाली' का साप्ताहिक स्वरूप प्रकट हुआ।

तत्कालीन बंगाल में 'इण्डियन मिरर' को छोड़कर शेष सभी समाचार पत्र साप्ताहिक ही छपते थे। सुरेन्द्र बाबू का 'बंगाली' अपनी राष्ट्रीयता एवं निर्भीक नीति के कारण शीघ्र ही हिन्दी भाषीय पत्रों में अपनी पैठ जमा ली। सरकार भी उसके बढ़ते हुए प्रभाव से क्षुब्ध हो उठी। सन् 1883 ईसवी में 'बंगाली' में कलकत्ता उच्च न्यायालय के किसी फैसले पर कुछ टीका प्रकाशित हुई। उसी को लेकर सुरेन्द्र बाबू पर अदालत का अपमान करने के अपराध में न्यायालय में मुकदमा चलाया गया और उन्हें दो माह की सजा प्रदान की गयी। इन्होंने इस सजा को यह कहते हुए स्वीकार किया कि 'मैं इसे अपने लिए गौरव की वस्तु समझता हूँ क्योंकि सार्वजनिक कर्त्तव्य का पालन करते हुए जेल जाने का सौभाग्य प्राप्त करने वालों में अपने युग का मैं पहला भारतीय हूँ।' सुरेन्द्र बाबू की तेजस्विता और देशभक्ति ने सामान्यतः सारे देश के और विशेषकर बंगाल के पत्रकार-वर्ग में प्राणसंचार कर दियाँ पत्रकार समूह के मध्य एक नवीन आदर्श का बीज अंकुरित हुआ और देश की सेवा का एक नया मार्ग खुल गया।

19वीं शताब्दी के उत्तरार्द्ध में बंगाल प्रान्त में कुछ नये समाचार पत्रों का प्रकाशन होना प्रारंभ हुआ। बँगला 'बंगवासी' तथा 'संजीवनी' नामक दो साप्ताहिक पत्र प्रकाशित हुए जो कम मूल्य वाले पत्रों की श्रेणी में होने के कारण व्यापक रूप से लोकप्रिय थे। सन् 1897 ईसवी में पत्रकारी के क्षेत्र में स्वर्गीय रामानन्द चटर्जी

का उदय भी हुआ जो 'दासी, 'प्रदीप', 'प्रवासी' और 'मार्डन रिव्यू' के प्रवर्तन का कारण हुआ। अन्ततः वही 'विशाल भारत' के जनक भी हुएँ इसी युग में 'पत्रिका' दैनिक हुई। नरेन्द्र नाथ सेन का 'इण्डिसन मिरर' दैनिक हो ही चुका था।

सुरेन्द्र बाबू के 'बँगाली' नामक समाचार पत्र ने भी दैनिक पत्र का रूप ले लियाँ उधर पूना में लोकमान्य के 'केसरी' की दहाड़ से ब्रिटिश सिंहासन थर्रा रहा था। बम्बई से 'इण्डियन सोशल रिफार्मर' का प्रकाशन होने लगा। सन् 1894 ईसवी में 'बिहार टाइम्स' समाचार पत्र प्रकाशन पटना से श्री सच्चिदानंद सिन्हा के प्रयास से होने लगा। इस युग के पत्रों में हम जागरूकता तथा जन पक्ष के उग्र समर्थन की स्पष्ट प्रवृत्ति पाते हैं। अखिल भारतीय राष्ट्रीय महासभा की स्थापना हो चुकी थी जिसके परिणामस्वरूप भारतीय पत्रकारी को सजीव उत्तर प्राप्त हो गया था। इसका प्रमाण हम तत्कालीन पत्रों में उठे कुछ आन्दोलनों में पाते है। 'अमृतबाजार पत्रिका' ने इसी समय कुछ देशी राजाओं की रक्षा हेतु सरकार के खिलाफ लिखना प्रारंभ कियाँ

महाराज मल्हारराव गायकवाड़, महारानी रीवाँ, बेगम भोपाल आदि के मामलों को उठाकर तथा उनके पक्ष का समर्थन करके 'पत्रिका' ने ख्याति अर्जित की। इसी समय काश्मीर-नरेश महाराज प्रताप सिंह का मामला उठा। भारत सरकार गिलगिट प्रदेश पर अपना अधिकार कायम करना चाहती थी और महाराज प्रताप सिंह के काश्मीर के राजसिंहासन पर रहते हुए यह सम्भव नहीं दिखाई देता था। परिणामतः किसी प्रकार सरकार उन्हें राज्यच्युत करने पर तुली हुई थी जिसके लिए षड्यन्त्र रचे जा रहे थे। 'पत्रिका' ने बड़ी निर्भीकता से इसका भण्डाफोड़ किया जिसमें सरकार को झुकना पड़ा।

यद्यपि सरकार रुष्ट हुई पर स्पष्टतः 'पत्रिका' के खिलाफ कोई कार्यवाही करना सम्भव नहीं था। सन् 1889 ईसवी में इस तात्पर्य का एक कानून बनाकर वह शान्त हो गई कि किसी समाचार-पत्र को यह अधिकार नहीं है कि वह सरकार की गुप्त सूचनाओं या कागजों के आधार पर कोई संवाद प्रकाशित कर दे।'

सन् 1891 ईसवी में 'सहवास-सम्मति-वय' का कानून बनाया गया। इस कानून के खिलाफ ज्यादातर पत्रों में घोर आन्दोलन हुआ। पर सबसे महान् आन्दोलन तो हुआ सन् 1896 ईसवी में जब बम्बई में भयानक अकाल व्याप्त हो गया था। अकाल का पदानुसरण करते हुए प्रलयंकर प्लेग का प्रचण्ड प्रकोप जन-जीवन का नाश करने लगा। इस महामारी से जनता में भयानक आतंक छा गया। सरकार ने रोग को रोकने हेतु जिन उपायों का आश्रय लिया उनसे बीमारी तो न रुकी पर विपत्ति

की मारी जनता में और ज्यादा त्रास छा गया। तत्कालीन समाचार पत्रों ने इसका घोर प्रतिवाद शुरू कियाँ सरकार को यह विरोध सहन न हुआ।

सरकार की नीति से जनता में भी ऐसा क्षोभ फैला कि सरकार के प्लेग-कमिश्नर की हत्या तक हो गई। अब सरकार क्रुद्ध सर्प की भाँति प्रतिरोधियों और विरोधियों पर टूट पड़ी। उन पत्रों का जोरदार दमन शुरू हुआ जो सरकारी नीति के आलोचक थे। लोकमान्य तिलक स्वयं सरकारी कोप भाजन के शिकार हुएँ 'केसरी' में लिखे गए एक लेख के कारण उन पर मुकदमा चलाया गया एवं डेढ़ वर्ष का कारावास का दण्ड प्रदान किया गया। ये तमाम घटनाएँ इस बात की द्योतक थीं कि एक तरफ जहाँ भारतीय पत्रों पर सरकारी प्रहार दिन-दिन बढ़ता तथा उग्र होता जा रहा था वहीं दूसरी ओर हमारे पत्र जन-हित तथा मातृभूमि की सेवा के पुनीत पथ पर दृढ़-संकल्प तथा अदम्य उत्साह के साथ उत्तरोत्तर बढ़ते चले जा रहे थे। इस तरह उन्नीसवीं सदी, काल के अनन्त पट पर अपना स्मृति-चिह्न छोड़ कर खत्म हुई।

20वीं शताब्दी के प्रारंभिक दौर से भारतीय पत्रकारिता जगत में सजीवता की झलक स्पष्ट रूप से परिलक्षित होने लगा। इसी दौरान इस समय बंगाल में 'पत्रिका' तथा 'बंगाली' एवं मद्रास में 'हिन्दू' दैनिक रूप में प्रकाशित हो रहे थे। बम्बई में ऐसे दैनिक के प्रकाशन का समय अभी नहीं आया था। यह श्रेय स्वर्गीय सर फिरोजशाह मेहता को प्राप्त होने वाला था जिन्होंने सन् 1913 ईसवी में 'बाम्बे क्रानिकल' की स्थापना की। वी. जी. हार्निमन शुरू से इसके सम्पादक नियुक्त हुएँ बीसवीं सदी के आरम्भिक काल की कुछ घटनाओं में जिन्होंने भारतीय पत्रकारिता को उत्तेजना और सजीवता प्रदान की, बंग-भंग सबसे अधिक महत्त्वपूर्ण घटना थी। लार्ड कर्जन ने बङ्ग की शस्यश्यामला भूमि को विभाजित करके भारतीय राष्ट्र के हृदय पर वह आघात किया जिसे बर्दाश्त करना उसके लिए संभव नहीं था।

संपूर्ण भारत में बंग-भंग की अग्नि की ज्वाला भड़क उठी जो अंत में जन-आंदोलन में परिवर्तित हो गया। तत्कालीन पत्रों में राष्ट्रीय जीवन की इस धारा का प्रतिबिम्बित होना आवश्यक था। पत्र अगर जनजीवन के दर्पण नहीं हैं तो कुछ नहीं हैं। उन्होंने न सिर्फ देश के हृदय की प्रतिच्छाया उपस्थित की प्रत्युत् उसके भावों के स्वयं प्रतीक बन गएँ बंगाल के पत्रों में 'पत्रिका' एवं 'बंगाली' ने तो इस आन्दोलन का नयन कियाँ उनके कार्यालय तत्कालीन देशभक्त कर्मठों के मिलनस्थल हो गए थे। जन-भाव और जनचेतना से एकात्मता स्थापित करने वाले पत्रों का सामाजिक जीवन में आदरणीय स्थान हो जाना नियत था और उनके प्रभाव में वृद्धि होना

स्वाभाविक था। उस अवधि की परिस्थितियों का यदि अध्ययन किया जाए तो यह स्पष्ट होता है कि जनता भी पत्रों की ओर अत्यधिक प्रभावित हो रही थी और संवाद जानने की उसकी उत्सुकता क्रमशः बढ़ती ही चली जा रही थी। सम्भवतः यही कारण था कि सन् 1905 में 'एसोसियेटेड प्रेस' का संघटन हो सका। 'एसोसिएटेड प्रेस' की स्थापना के बाद भारत में समाचार संकलन और वितरण करने का प्रथम संघटित तथा आधुनिक प्रयास किया गया। इसके संस्थापकों में स्वर्गीय श्री के. सी. राय भी थे जिन्हें हम भारतीय पत्रकारों तथा संवाद-संकलकों में आदरणीय स्थान देने के लिए बाध्य हैं। इस तरह हमारे देश की पत्रकारिता उत्तरोत्तर विकसित होती जा रही थी जब सन् 1909 ईसवी में मार्ले-मिण्टो सुधार भारत को प्राप्त हुएँ

भारतीय राजनीति पर इन सुधारकों का व्यापक प्रभाव हुआ। सुधार ऐसे समय हुए थे जब बंग-भंग सम्बन्धी सरकार की नीति के कारण सारा देश क्षुब्ध हो चुका था। राष्ट्रीय जागृति का निरंकुश दमन करने की चेष्टा करके सरकार ने उस क्षोभ में घृत का ही प्रक्षेपन किया था। भारत में ब्रिटिश शासन के इतिहास पर जब हम दृष्टिपात करते हैं तो एक बात प्रत्यक्ष तौर पर पाते हैं कि उसकी नीति सदा दुरंगी रही है—एक तरफ दमन और दूसरी ओर आप्यायन। जब-जब जनवर्ग जागृत हुआ तब-तब ब्रिटिश शासन ने उसे अपने बल का भान कराने में कुछ कसर उठा नहीं रखा पर एक बार जनजागृति को कुचल देने के पश्चात् सुधारों के नाम पर अधिकार के थोड़े से टुकड़ों को फेंककर वह गत दुःखद तथा क्षोभकारक स्मृतियों तथा क्षतों को मिटाने की चेष्टा करती रही।

मार्ले-मिण्टो सुधार दमन के पश्चात् उसकी आप्यायन की नीति का ही प्रतिफल था। इसका जो परिणाम सरकार हेतु इष्ट है वह प्रकट भी होता है। सुधारों के आते ही भारतीय राजनीतिक वर्ग में दो दल पैदा हो गएँ गरम और नरम दल यद्यपि पूर्व से थे क्योंकि उनका मूल मनुष्य की नैसर्गिक मनोवृत्ति में होता है तथापि इन दोनों का स्पष्ट विभाग एवं बिलगाव एक तरह से इसी युग की घटना है। लोकमान्य तिलक, विपिनचन्द्र पाल, लाला लाजपतराय आदि गरम दल के नेता हो गए और दूसरी ओर गोखले, फिरोजशाह मेहता नरम दल के नेता दिखाई देने लगे। नरम दल के नेताओं का ही प्रयास था जिसके परिणामस्वरूप सन् 1909 में प्रयाग में 'लीडर' की स्थापना हुई। सुधारों के कारण देश में राष्ट्रीय जागृति को भी कुछ सहायता ही मिली।

पत्रों पर उस जागृति की और देश के जीवन पर पत्रों की परस्पर क्रिया-प्रतिक्रिया

हुई जिसके परिणामस्वरूप दोनों की सजीवता प्रकट हुई। सरकार हेतु देश के जीवन की इस गति को सहन करना असम्भव हुआ फलतः जिस तरह उसने जनान्दोलन का दमन किया उसी तरह पत्रों के दमन के लिए भी विशेष उपचार किएँ सन् 1910 ईसवी में उस प्रेस ऐक्ट की रचना की गई जिसके द्वारा किसी छापेखाने के मुद्रक से पाँच हजार रुपए तक की जमानत माँगी जा सकती थी। जमानत माँगने हेतु आधार यह था कि किसी छापाखाने में अगर कोई पत्र प्रकाशित होता हो और उस पत्र में सरकार के प्रति जनता में घृणा या द्वेष फैलाने वाली कोई बात प्रकाशित हो तो सरकार उस छापाखाने के मुद्रक से उक्त रकम तक जमानत के रूप में माँग सकती है। मार्ले-मिण्टो सुधारों के अनुरूप जो व्यवस्थापक सभा बनी थी, उसमें विचारार्थ यह कानून प्रयुक्त किया गया था। स्वर्गीय श्री गोखले-सदृश भारतीय नेता का समर्थन भी उसे मिल गया था। परिणाम यह हुआ कि हमेशा के लिए हिन्दी समाचार पत्रों पर उक्त कानून को लागू कर दिया गया। सन् 1913 में सर्वप्रथम 'अमृतबाजार पत्रिका' इस कानून का शिकार हुआ जब उससे असम के सिलहट जिले के एक डिविजनल कमिश्नर की किसी रिपोर्ट पर टीका करने के कारण पाँच हजार रुपए की जमानत माँगी गई।

उक्त कानून व अधिनियम ने समाचार पत्रों की स्वतंत्रता पर प्रतिबंध लगा दियाँ उनकी सजीवता को नष्ट करने में वह बड़ी सीमा तक सफल हुआ। सरकार ने निस्संकोच भाव से कुछ पत्रों के खिलाफ उसका प्रयोग भी कियाँ पर इतने से ही वह सन्तुष्ट न हुई। 'अदालत का अपमान करने' के नाम पर अब तक न जाने कितने समाचार-पत्रों का प्रकाशन बंद करवा चुका था। तत्कालीन भारत के कुछ पत्र उसके शिकार हुएँ यद्यपि सन् 1922 ईसवी में तत्कालीन केन्द्रीय व्यवस्थापक सभा ने 'प्रेस एक्ट' को खत्म कर दिया था तथापि भारतीय पत्रों की जागृति तथा उनके बढ़ते हुए प्रभाव को रोकने में सरकार ने अपनी सम्पूर्ण शक्ति लगा दी। प्रथम महायुद्ध के छिड़ने पर तो पत्रों की सीमा काफी संकुचित कर दी गई। उनका विस्तृत कार्यक्षेत्र एवं उनकी स्वतन्त्रता दोनों का अवरोधन किया गया।

युद्ध के समय यह स्थिति तो स्वतंत्र राष्ट्रों में उत्पन्न कर दी जाती थी फिर भारत के समान उस समय के परतन्त्र देश की बात क्या कही जाएँ पर तंत्रता का खात्मा होते ही एक बार पुनः राष्ट्रीय जीवन में गहरी हलचल पैदा हुई। युद्ध के बाद एक ओर माण्टेग्यू-चेम्सफोर्ड की चर्चा चलाई गई और दूसरी ओर रौलट-बिल सदृश दमनात्मक विधान की रचना की चेष्टा की गई। युद्धकाल में ब्रिटिश राजनीतिज्ञों एवं

शासकों ने भारतीय स्वतन्त्रता के सम्बन्ध में न जाने कितनी घोषणाएँ की थीं। बार-बार भारतीयों के हृदय में यह विश्वास उत्पन्न करने का प्रयास किया गया था कि युद्धोत्तर विश्व व्यवस्था में भारत स्वतन्त्र स्थान प्राप्त करेगा, उसे आदरणीय पद मिलेगा एवं आत्मनिर्णय का अधिकार होगा। परंतु ये सभी घोषणाएँ एक भाषण बन कर रह गयीं। इन पर कोई अमल नहीं किया गया।

युद्ध की समाप्ति होने पर उन लोगों का, जिनके हाथों में जगत् के भविष्य का सूत्र था, रुख तत्काल ही परिवर्तित हो गया। भारत को भी निर्लज्जतापूर्वक अँगूठा दिखा दिया गया। जो सामने आया वह रौलट बिल था तथा माण्टेग्यू-चेम्सफोर्ड के सुधारों के रूप में सड़ी-गली व्यवस्था थी। भारतीय नेताओं की आँखें खुल गईं। उन्होंने ब्रिटेन की साम्राज्यवादी नीति का घिनौना रूप देखा। एक बार जनजीवन में गहरा क्षोभ उत्पन्न हुआ। भारतीय राजनीति में महात्मा गाँधी के रूप में नई शक्ति का प्रादुर्भाव हुआ। रौलट बिल के खिलाफ उन्होंने सत्याग्रह का प्रस्ताव किया जिसके परिणामस्वरूप पंजाब में ब्रिटिश पशुता ने खुलकर खेलने का मौका पायाँ निरीह और निशस्त्र जनता पर जलियाँवाला बाग में गोलियों की बौछार का होना, अमृतसर की गलियों में सम्भ्रान्त लोगों का पेट के बल रेंगाया जाना और खुली सड़कों पर सार्वजनिक तौर पर लोगों को कोड़ों से पीटा जाना एक तरफ जहाँ भारत की असहाय और पतित स्थिति का द्योतक था वहीं ब्रिटिश बर्बरता, निरंकुशता और दम्भ का नग्न प्रदर्शन था। स्वाभाविक था कि भारत के समान पुरातन देश इस घटना से आमूल विकम्पित हो उठे, उसकी आत्मा हिल उठी।

तत्कालीन पत्र राष्ट्र की इस जीवनधारा से प्रभावित हुएँ उन्होंने जन-क्षोभ को दृढ़ता के साथ प्रतिबिम्बित करना शुरू कियाँ इधर राजनीतिक क्षेत्र में महात्मा गाँधी के प्रवेश ने राष्ट्रीय प्रवाह को नई दशा एवं दिशा प्रदान कर दी। असहयोग और सत्याग्रह की योजना के रूप में भारत की विद्रोही आत्मा सजीव रूप में प्रकट हुई। राष्ट्रीय आत्मसम्मान, अन्याय का प्रतिरोध, निर्भय होकर समस्त पशु शक्ति को ललकारने की वीर-भावना गाँधी के तौर पर मूर्तिमान हुई। परिणामतः तत्कालीन भारत के जीवनाम्बुधि में जिन उत्ताल तरंगों की हिलोर हुई उन्होंने भारत के पत्रों को प्लावित कर दियाँ उसी समय से भारत के, विशेषकर देशी भाषा के पत्रों ने भारतीय विद्रोह का नेतृत्व ग्रहण कियाँ

स्वयं गाँधी जी ने ने इस क्षेत्र में नया आदर्श स्थापित किया और जिस तरह राजनीतिक जीवन में महती शक्ति के रूप में उन्होंने प्रवेश किया उसी तरह

पत्रकारिता के क्षेत्र में भी अवतीर्ण हुएँ उनके 'यंग इण्डिया' एवं 'नवजीवन' ऐसे दो पत्र थे जो देश के करोड़ों नर-नारियों को अपने संकेत पर नचाने की शक्ति रखते थे। 'यंग इण्डिया' में प्रकाशित हुए तीन लेखों हेतु गाँधी जी को 6 वर्ष कारावास का दण्ड भी मिला। इसी समय दिल्ली में 'हिन्दुस्तान टाइम्स' (सन् 1923 ईसवी) तथा इलाहाबाद में स्वर्गीय पण्डित मोतीलाल जी के 'इण्डिपेण्डेण्ट' का सूत्रपात हुआ। जिस समय 'इण्डिपेण्डेण्ट' पर ब्रिटिश सरकार प्रहार किया और उसके प्रकाशन पर भी प्रतिबंध लगा दिया गया तो इस घटना ने सत्याग्रह का रूप पकड़ लियाँ महीनों तक हाथ से लिखकर, साइक्लोस्टाइल पर छापकर 'इण्डिपेण्डेण्ट' प्रकाशित किया गया और स्वतंत्र रूप से इस पत्र की कॉपियाँ विक्रय की गयीं। 'इण्डिपेण्डेण्ट' की उन प्रतियों का प्रकाशन, खरीद, बिक्री सभी को गैरकानूनी घोषित कर दिया गया। उन्हें बेचने वाले स्वयंसेवक गिरफ्तार किए जाते और पुलिस प्रतियों को छीनकर जब्त कर लेती थी। भारतीय पत्रों तथा पत्रकारों का जीवन तो आरम्भ से ही तप और उत्सर्ग तथा कष्ट सहन का जीवन रहा है। पर इस युग से लेकर आज तक उन्होंने देश की भावना के साथ एकात्मता स्थापित करके उपर्युक्त पथ को दृढ़ता के साथ अपनाया है। गत पचीस सालों में महात्मा गाँधी के उज्ज्वल तथा पुनीत नेतृत्व में भारतीय देश ने अपनी अपहृत स्वतन्त्रता को प्राप्त करने हेतु, खोई हुई आत्मा का पुनः साक्षात्कार करने के लिए सतत् प्रयास कियाँ इसी दौरान कुछ प्रमुख आंदोलनों का भी सूत्रपात हो गया था।

भारतीय समाचार पत्रों ने देश के हित में उसके विकास में सराहनीय योगदान दियाँ इसलिए ब्रिटिश हुकूमत का क्रूर प्रहार उन पर होता रहा है। सन् 1930 और 1932 में देश में जो व्यापाक आन्दोलन हुए उनमें भारतीय पत्रों का गौरवपूर्ण स्थान रहा है। यही कारण है कि अपने तूणीर में भारतीय पत्रों का वध करने में समर्थ कई भीषण शरों को रखते हुए भी सन् 1930 में प्रेस आर्डिनेन्स की रचना तत्कालीन वाइसराय लार्ड इरविन ने की। बाद में इस आर्डिनेन्स को 'प्रेस इमर्जेन्सी एक्ट' के नाम से स्थाई कानून बना दिया गया। इसके अनुसार किसी भी अखबार को यह आदेश दिया जा सकता था कि वह पाँच सौ से लेकर दो हजार रुपए तक जमानत के रूप में जमा कर दे।

निर्वासित की गयी जमानत की पूँजी जब्त होने के बाद पुनः जमानत के लिए एक हजार से लेकर दस हजार रुपये की माँग की जा सकती है। इसकी जब्ती के पश्चात् सरकार को यह अधिकार होगा कि वह चाहे तो प्रेस को ही जब्त कर ले।

इस अध्यादेश के द्वारा भारत सरकार ने पत्रों की पूरी हत्या ही कर डालने की चेष्टा की। उसके बनते ही सन् 1931, 1932 ईसवी में कुछ राष्ट्रवादी पत्र उसके शिकार हुएँ उसकी धाराओं की व्यापकता को देखकर कोई समाचार पत्र अपने को सुरक्षित समझ ही नहीं सकता था। देश में तीव्र सत्याग्रह आन्दोलन चल रहा था। पत्र या तो राष्ट्रीय जीवन में उठे उस तूफान से अपने को पृथक् रखते, उसका समाचार प्रकाशित करने और उसका समर्थन करने से दूर रहते अथवा पत्रों का प्रकाशन ही रोक देते।

देश के अधिकतर राष्ट्रवादी पत्रों ने राष्ट्रीय धारा से पृथक् रहने में अपने कर्त्तव्य की अवहेलना देखी। उन्होंने देखा कि इस तरह जीवित रहना ही निरर्थक है। जरूरत के समय राष्ट्र के पार्श्व में अग़र पत्र खड़े होने न पाएँ तो अपना जीवन बनाए रखना ही व्यर्थ है। फलतः सारे देश में एक के पश्चात् दूसरे पत्र बन्द किए जाने लगे। देखते-देखते अधिकतर राष्ट्रीय पत्रों ने अपना प्रकाशन रोक दियाँ इस तरह भारत के राष्ट्रीय पत्रों ने पत्रकारी के आदर्श, पत्रकारों के गौरव और राष्ट्र के मान और उसकी मर्यादा की रक्षा में अपने जीवन की बाजी लगा दी। इसी समय 'यूनाइटेड प्रेस आफ इण्डिया' नामक राष्ट्रीय संवाद-एजेन्सी की स्थापना ही की गई। सन् 1935 के भारत-शासन-विधान के अनुसार देश के समस्त प्रान्तों में लोकप्रिय सरकारों की स्थापना हुई। ज्यादातर प्रान्तों में तो कांग्रेसी मन्त्रिमण्डल भी बने। कांग्रेसी मन्त्रिमण्डलों के शासनकाल में समाचार-पत्रों को पूर्ण स्वतन्त्रता प्राप्त हुई। ब्रिटिश-शासन के प्रायः पौने दो सदी के इतिहास में यह प्रथम अवसर था जब पत्रों ने राहत की साँस ली। उन्हें स्वतन्त्र वातावरण में जीवन-यापन करने का मौका मिला। यह सच है कि कांग्रेसी मन्त्रिमण्डलों के शासन की अवधि मात्र ढाई वर्ष ही रही फिर भी पत्रों ने स्वतन्त्रता का हल्का सा स्वाद पा ही लियाँ खेद की बात यह है कि राष्ट्र के दुर्भाग्य से कतिपय साम्प्रदायिक पत्रों ने प्राप्त स्वतन्त्रता का दुरुपयोग करके राष्ट्रीय जीवन को अकल्पित क्षति पहुँचाई, फिर भी पत्रों की स्वतन्त्रता के आदर्श की रक्षा लोकप्रिय कांग्रेसी सरकारों ने की। यह स्थिति ज्यादा दिनों तक न रह सकी।

द्वितीय महायुद्ध सन् 1939 ईसवी में ही छिड़ गया जिसके परिणामस्वरूप कांग्रेसी सरकारों को पदत्याग करना पड़ा। उनके पदत्याग के साथ-साथ पत्रों की स्वाधीनता भी नष्ट हो गई। युद्ध के नाम पर स्वतन्त्रताहरण का औचित्य भी साबित किया जाने लगा। फिर तो हमारे पत्रों की जो दुर्दशा की गई उसका वर्णन करना कठिन है। अब 1946-47 के बाद स्थिति पूर्णरूपेण परिवर्तित हो चुकी थी। हमारे

पत्रों के स्वतन्त्र विकास के मार्ग का भयंकर रोड़ा विदेशी शासन खत्म हो गया। उसके साथ-साथ वे सम्पूर्ण प्रतिबन्ध तथा दमनकारी कानून भी मृतप्राय हो गए थे जो अब तक समाचार पत्रों की स्वतन्त्रता का गला घोंटते आ रहे थे। 1946 में प्रान्तों में कांग्रेसी मन्त्रिमण्डल कायम हुए और उन्होंने युद्ध के दौरान लगाये गये सभी प्रतिबंधों को हटा कर पत्रों को स्वतंत्र कर दियाँ बाद में केन्द्र में भी जनता की सरकार की स्थापना हो गई। यद्यपि अभी तक प्रेस सम्बन्धी कानूनों में बदलाव नहीं हो पाया है और यह काम शीघ्रातिशीघ्र कर डालने की जरूरत है। फिर भी व्यवहार में आज भारतीय पत्र सरकारी प्रतिबन्धों से स्वतन्त्र है। दुःख का विषय है कि कतिपय पत्रों ने इस स्वतन्त्रता का उपयोग पत्रकारोचित उच्चादर्श के विपरीत कियाँ

भारत में सांप्रदायिकता का जो बीज अंकुरित हुआ उसे ब्रिटिश सरकार ने एक बड़ा वृक्ष बनाने का हरसंभव प्रयास कियाँ अतः कुछ पत्रों के विरुद्ध समय-समय पर सरकार को कार्यवाही भी करनी पड़ी। किन्तु फिर भी कुल मिलकार हमारे राष्ट्र के पत्रों ने स्वतन्त्रता के साथ-साथ आए हुए उत्तरदायित्व का अनुभव किया है। वह दिन दूर नहीं जबकि भारतीय पत्र भी अन्य स्वतन्त्र राष्ट्रों के पत्रों की बराबरी में आ जाएँगे। अब तक भारतीय पत्रकारिता के विकास के सम्बन्ध में जो कुछ लिखा गया है उसे न इतिहास कह सकते हैं न पाठक उसे इतिहास समझें।

यहाँ पर कुछ तथ्यों पर संक्षिप्त प्रकाश डाला गया है जिसका मुख्य आधार उन विद्वानों के कुछ प्रलेख हैं जिन्होंने इस विषय का अन्वेषण कियाँ अब तक जो भी उल्लेख किया गया है वह भारतीय पत्रकारिता के सामान्य स्वरूप के विषय में लिखा गया है। यह जरूरी प्रतीत होता है कि हिन्दी पत्रकारिता के विकास के सम्बन्ध में कुछ पंक्तियाँ विशेष रूप से लिखी जाएँ। सर्वप्रथम सन् 1826 में हिन्दी पत्र का प्रकाशन कलकत्ता में किया गया। कलकत्ता को न सिर्फ प्रथम हिन्दी पत्र को जन्म देने का प्रत्युत् उसे ही हिन्दी की प्रथम गद्य-पुस्तक को भी प्रकाशित करने का श्रेय प्राप्त है। पण्डित लल्लूलाल जी का 'प्रेमसागर' वह प्रथम गद्य-पुस्तक थी जो कलकत्ता में प्रकाशित हुई और जिसे पाठ्य-पुस्तक बना कर तत्कालीन अंग्रेज सिविलियनों को हिन्दी भाषा की शिक्षा दी जाती थी। कलकत्ता में ही सर्वप्रथम 'हिन्दी' अदालत की भाषा स्वीकार की गई। यह घटना सन् 1834 ईसवी की है। फलतः कलकत्ता में ही हम हिन्दी के प्रथम पत्र को प्रकाशित हुआ पाते हैं। कुछ वर्ष पहले तक यह माना जाता रहा है कि हिन्दी का प्रथम पत्र 'बनारस गजट' था जो काशी से सन् 1854 ईसवी में प्रकाशित होता था। इसके संस्थापक काशी के प्रतिष्ठित नागरिक राजा

शिवप्रसाद थे। पर आज की खोजों ने हिन्दी पत्र में जन्म की तिथि कई दशक और पहले सिद्ध कर दी है। 'उदन्त मार्त्तण्ड' नामक हिन्दी साप्ताहिक सन् 1826 ईसवी में कलकत्ता से प्रकाशित हुआ जिसके संस्थापक और सम्पादक श्री युगलकिशोर शुक्ल नामक सज्जन थे। 9 फरवरी, 1826 को इसका डिक्लरेशन दाखिल हुआ था। उर्दू का प्रथम पत्र 'उर्दू अखबार' दिल्ली से बाकर हुसेन के सम्पादकत्व में 1833 ई. में और मराठी का पहला पत्र 'दिग्दर्शन' 1837 ई. में प्रकाशित हुआ। उर्दू में 1822 में 'जाये जहाँनामा' नामक एक साप्ताहिक निकला था पर उसकी सिर्फ 8 प्रतियाँ निकल पाईं। शुक्लजी कानपुर-निवासी थे जो कलकत्ता की सदर दीवानी अदालत में अदालत की कार्यवाही-वाचक (प्रोसीडिंग रीडर) थे। उन्होंने 30 मई 1826 ईसवी को कलकत्ता के कोलूटोला के 37 नं. अमरतल्ला से 'उदन्त मार्त्तण्ड' को प्रकाशित करके हिन्दी समाचार पत्र के प्रथम पत्रकार होने का गौरव प्राप्त कियाँ

'उदन्त मार्त्तण्ड' आठ पृष्ठों का समाचार पत्र था जिसका मासिक मूल्य दो रुपये था। इस प्रथम हिन्दी पत्र में सरकारी कर्मचारियों की नियुक्ति, तबादले, सरकारी विज्ञप्तियाँ, बाजार-दर, देश-विदेश के प्राप्त समाचार आदि छपते थे। अब तक सम्पादकीय लेखों तथा टिप्पणियों की परम्परा आरम्भ नहीं हुई थी। इस पत्र की भाषा 'मध्य प्रदेशीय भाषा' अर्थात् खड़ी बोली थी। यह पत्र प्रायः डेढ़ वर्ष तक जीवित रहने के बाद समाप्त हो गया। 'विश्वमित्र' के 'रजत-जयन्ती विशेषाँक' में प्रकाशित एक लेख में श्री रामाशीष सिंह लिखते हैं कि 'उदन्त मार्त्तण्ड' के प्रथम तथा तृतीय अंक बंग-साहित्य-परिषद में सुरक्षित हैं। शुरुआत के तीन अंकों को छोड़कर पूरी फाइल कलकत्ता के शोभाबाजार के राजा राधाकान्तदेव की पुस्तकालय में सुरक्षित रखी है।' ऐसा ज्ञात होता है कि श्री युगलकिशोर जी प्रकृत्या पत्रकार थे। 'उदन्त मार्त्तण्ड' के पश्चात् उन्होंने पुनः दूसरे पत्र के प्रकाशन की चेष्टा की और 'सामदन्त मार्त्तण्ड' के नाम से उसे प्रकाशित भी किया पर इसका कोई अंक अब तक उपलब्ध नहीं हुआ है। इसके पश्चात् तीसरा हिन्दी पत्र 'बंगदूत' के नाम से कलकत्ता से ही प्रकाशित हुआ जिसके संस्थापक राजा राममोहन राय थे।

'बंगदूत' विशुद्ध हिन्दी समाचार पत्र था। यह त्रैभाषिक पत्र था जो बँगला, फारसी तथा हिन्दी तीनों भाषाओं में प्रकाशित होता था। इसके अनन्तर कितने समाचार पत्र कहाँ-कहाँ से, कब निकले इसकी प्रामाणिक खोज अब तक नहीं हो सकी है। राजा शिवप्रसाद के 'बनारस गजट' का पता जरूर मिलता है जो 'उदन्त मार्त्तण्ड' के प्रायः 20 वर्ष बाद बनारस से प्रकाशित हुआ। सन् 1871 ईसवी में

अल्मोड़ा से भी 'अल्मोड़ा अखबार' का प्रकाशन हुआ। सन् 1872 में कलकत्ता से मासिक रूप में 'दीप्ति प्रकाश' का प्रकाश फैला जिसके सम्पादक श्री कार्त्तिक प्रसाद खत्री थे। इसी समय हम राष्ट्र के अलग-अलग स्थानों से कुछ पत्रों को प्रकाशित हुआ पाते हैं।

कलकत्ता से 'बिहारबन्धु', दिल्ली से 'सदादर्श', सन् 1973 ईसवी में काशी से 'काशी पत्रिका', अलीगढ़ से 'भारत बन्धु', लाहौर से 'मित्रविलास', प्रयाग से पंडित बालकृष्ण भट्ट का 'हिन्दी प्रदीप', शाहजहाँपुर से 'आर्य दर्पण' आदि प्रकाशित हुएँ सन् 1878 ईसवी में पंडित दुर्गाप्रसाद मिश्र और पंडित छोटूलाल मिश्र के प्रयास से 'भारतमित्र' प्रकाशित हुआ। यह शुरुआत में पाक्षिक रूप में निकला। इसके सम्पादक पण्डित छोटूलाल मिश्र और व्यवस्थापक पण्डित दुर्गाप्रसाद मिश्र बने। इसके एक वर्ष पश्चात् 'सार-सुधानिधि' और प्रायः एक दशक बाद प्रसिद्ध 'उचित वक्ता' ने कलकत्ता में जन्म लिया जो तत्कालीन काश्मीर-नरेश महाराज प्रताप सिंह के मामले में सक्रिय हिस्सा लेने के कारण 'पत्रिका' की भाँति विख्यात हो गया था। ऐसा पता भी चलता है कि इसी समय कई पत्र राजपूताने से भी निकलने लगे थे।

उदयपुर का 'सज्जनकीर्ति' पत्र तत्कालीन महाराजा सज्जन सिंह के नाम पर प्रकाशित हो रहा था। जोधपुर से 'मारवाड़ गजट', अजमेर से 'राजस्थान समाचार' राजपूताने से प्रकाशित होने वाले पत्र थे। मिर्जापुर से भी 'नागरी-नीरद' एवं 'आनन्दकादम्बिनी' चौधरी बदरीनारायण द्वारा प्रकाशित होती थी। इसी समय कानपुर से पण्डित प्रतापनारायण मिश्र का 'ब्राह्मण' नामक समाचार पत्र प्रकाशित हो रहा था। बम्बई से प्रकाशित होने वाला 'श्रीवेंकटेश्वर समाचार' भी इन पत्रों का ही समकालीन है जो अब तक जीवित है। जिन पत्रों का वर्णन किया जा चुका है उनके अलावा 'भारतेन्दु', 'पीयुष-प्रवाह', 'दिनकरप्रकाश', 'धर्मदिवाकर', 'मित्र' आदि मासिकपत्र तथा 'चम्पारन-चन्द्रिका' 'मित्रविलास', 'देशबन्धु', 'शुभचिन्तक', 'प्रयाग-समाचार' आदि साप्ताहिक पत्र निकल रहे थे। उन्नीसवीं सदी के अन्तिम चरण में कलकत्ता के 'बंगवासी प्रेस' से 'हिन्दी-बंगवासी' का प्रकाशन होने लगा था। इस प्रकार उन्नीसवीं सदी के आरम्भिक युग से ही आरम्भ होकर हिन्दी पत्रों ने शनैः-शनैः अपना विकास कियाँ

आरम्भ में प्रकाशित हुए पत्र अर्थात् 'उदन्त मार्त्तण्ड', 'बंगदूत' आदि टाइप के प्रेसों में छपकर प्रकाशित होते थे। यह सच है कि उन्नीसवीं सदी के बीच में काशी

से प्रकाशित होने वाला 'बनारस अखबार' यद्यपि लिथो प्रेस में छपता था तथापि कलकत्ता में बहुत पहले ही नागरी टाइप के प्रेस की स्थापना की जा चुकी थी। लोग कहते हैं कि सर्वप्रथम नागरी टाइपों को विलियम केरी नामक एक विद्वान् पादरी ने संस्कृत पुस्तकें मुद्रित करने के लिए ढलवाया था। परिणामतः हम 1806 ईसवी में ही कलकत्ता में श्री बाबूराम द्वारा स्थापित 'संस्कृत प्रेस' का वजूद पाते हैं। श्री बाबूराम का यह प्रेस खिदिरपुर में था। श्री बाबूराम ब्राह्मण थे जो मिर्जापुर के रहने वाले थे। आप ही पहले भारतीय थे जिन्होंने प्रेस की स्थापना की थी।

उल्लेखित है कि 'उदन्त मार्त्तण्ड' के प्रकाशन के समय तक इसी प्रकार के प्रेसों की स्थापना हो चुकी थी जिसमें उक्त सभी पत्र छपते थे। 'उदन्त मार्त्तण्ड' से लेकर 'हिन्दी बंगवासी' तक जैसे-जैसे पत्र विकसित होते गए, वैसे-वैसे हिन्दी भाषा भी विकसित एवं परिमार्जित होती गई, वैसे-वैसे पत्रकार-कला भी अच्छी स्थिति में गई। यह सच है कि 'भारतमित्र' के प्रथम प्रकाशन, अर्थात् 1878 ईसवी तक हिन्दी भाषा उपेक्षित रही। उन दिनों हिन्दी समाचार पत्रों के पाठकों की संख्या भी बहुत कम थी। पण्डित अम्बिका प्रसाद वाजपेयी तत्कालीन स्थिति का वर्णन करते हुए लिखते हैं कि "जब 'भारतमित्र' प्रकाशित हुआ था उस समय उसके प्रतिष्ठाता जब कलकत्ता के हिन्दी भाषा-भाषियों से ग्राहक बनने को कहते तो वहाँ के देशवासी व्यवसायी उत्तर देते कि चन्दा आप भले ही ले जाएँ पर हमारे यहाँ पढ़ने वाला कोई नहीं है। इस पर दुर्गाप्रसाद जी पत्र पढ़कर कई ग्राहकों को सुना भी आया करते थे।" यह स्थिति थी हिन्दी भाषा के पत्रों की उस समय जब उन्नीसवीं सदी अपने वयस के तीन पन समाप्त करके चौथे में पर्दापण कर चुकी थी। उस समय तक समाचार पत्रों का स्वरूप भी सीमित था, पाठक जो भी थे उन्हें पत्र का मूल्य देने में भी कष्ट होता था।

जिस समय 'हिन्दी बंगवासी' नामक पत्र का प्रकाशन होने लगा उस समय कुछ स्थिति में बदलाव आने लगा। 'हिन्दी बंगवासी' अपने पूर्ववर्ती पत्रों की अपेक्षा बड़े आकार में प्रकाशित होता था तथा अपेक्षाकृत सबसे ज्यादा लोकप्रिय भी था। उसकी ग्राहक-संख्या भी अपने समय के प्रायः समस्त पत्रों की अपेक्षा कहीं ज्यादा थी। कांग्रेस की स्थापना के कारण जो राजनीतिक चेतना देश में पैदा हो रही थी उसी ने सम्भवतः भारतीय पत्रों और उनके महत्त्व की तरफ लोगों का ध्यान आकर्षित किया था। हिन्दी भाषा-भाषी जनसमुदाय भी शनैः-शनैः उक्त धारा से प्रभावित होने लगा था। पर यह सब होते हुए भी उस समय तक हिन्दी पत्रकारी का क्षेत्र अति संकुचित तथा पत्र-कला शैशवावस्था में ही थी।

पत्रों में जो समाचार प्रकाशित होते थे वे अंग्रेजी पत्रों से संचित होते थे। अंग्रेजी के अलावा ज्यादातर संवाद बँगला पत्रों की जूठन होते थे। समाचार भी ज्यादातर सामान्य होते थे–कहीं आग लग गई, कही चोरी हो गई, कहीं किसी अफसर का तबादला हो गया। प्रकाशित होने वाले लेखादि भी कहीं भाषा से, कहीं साहित्य-से, कहीं विधवा-विवाह से, कहीं सनातन धर्म तथा आर्यसमाज के झगड़ों से ही सम्बन्धित होते थे। बहुधा वैयक्तिक टीका-टिप्पणी भी होती थी। किसी क्षेत्र के किसी प्रतिष्ठित व्यक्ति पर उसके विरोधी या मतभेद रखने वाले के व्यंगात्मक लेख निकला करते थे। हाँ, इतना स्वीकार जरूर कहना होगा कि उस समय की भाषा तथा लेख की शैली उत्तरोत्तर विकास को प्राप्त हो रही थी। इस तरह हिन्दी-पत्रकारी शनैः-शनैः उन्नत हो रही थी।

देशी भाषा के पत्रों में बँगला पत्रकार-कला काफी समुन्नत हो चली थी जिसकी तुलना में हिन्दी समाचार पत्र नहीं टिक सकते थे। कदाचित् आज भी हिन्दी पत्र वर्तमान बँगला पत्रकार-कला का मुकाबला नहीं कर सकते। पर यह सब होते हुए भी हिन्दी पत्रों का विकास होता जा रहा था। तत्कालीन पत्र-सम्पांदकों में आदर्शवादिता, सेवाभाव तथा अपने राष्ट्र, अपनी भाषा और अपनी संस्कृति के प्रति प्रगाढ़ अनुराग था। पत्रकार-कला की आराधना में उन्होंने एकनिष्ठ भाव से जीवन अर्पण कर दिया था। परिणामतः उनके तप के बल पर पत्रकार-कला का उन्नत्वाभिमुख होना अनिवार्य था। इस तरह उन्नीसवीं सदी तो समाप्त हुई।

बीसवीं सदी के आरम्भ में कतिपय हिन्दी पत्र-पत्रिकाओं ने जन्म ग्रहण कियाँ यह बंग-भंग से उद्‌भूत जागरण का युग था। फलस्वरूप कुछ जागृत और तेजस्वी पत्रों का जन्म हुआ जिन्होंने पत्रकार-कला के क्षेत्र में अपना स्थान बना लियाँ प्रयाग से पूज्यपाद मालवीय जी ने सन् 1900 ईसवी में 'अभ्युदय' प्रकाशित कियाँ कुछ समय पश्चात् नागपुर से 'हिन्दी केसरी' का प्रकाशन होने लगा। लोकमान्य के मराठी, 'केसरी' के लेखों का हिन्दी अनुवाद छापना 'हिन्दी केसरी' का उसी तरह लक्ष्य था जैसे 'हिन्दी नवजीवन' में गाँधी जी के 'यंग इण्डिया' के आलेखों का हिन्दी अनुवाद प्रकाशित होता था।

'हिन्दी केसरी' जब नागपुर से प्रकाशित होता था तो उसकी बड़ी धाक थी। 'हिन्दी बंगवासी' और 'हिन्दी केसरी' ऐसे दो पत्र थे जिनका हिन्दी में प्रकाशित पत्रों में सबसे ज्यादा प्रचार था। अब न 'हिन्दी बंगवासी' जीवित है एवं न 'हिन्दी केसरी'। नागपुर से जब 'हिन्दी केसरी' का प्रकाशन बन्द हुआ तो काशी से कतिपय वर्षों तक

श्री गंगाप्रसाद गुप्त उसका प्रकाशन करते रहे, पर शनैः-शनैः वह क्षीण होता गया और बहुत दिन हुए जब पूर्णतः विलुप्त हो गया। 'अभ्युदय' के पश्चात् तो हिन्दी में साप्ताहिकों ने वह परम्परा और वह आदर्श उपस्थित किया जिस पर किसी भी भाषा भाषी-समुदाय को गर्व हो सकता है।

सन् 1918-19 में हिन्दी भाषा जगत में स्वर्गीय गणेशशंकर जी का 'प्रताप', श्री माखनलाल जी का 'कर्मवीर', श्री सुन्दरलाल जी का 'भविष्य', गोरखपुर के श्रीदशरथ प्रसाद द्विवेदी के 'स्वदेश' आदि साप्ताहिक पत्रों ने जो उपलब्धि प्राप्त की उस पर हिन्दी पत्रकारिता को गर्व था। गत पच्चीस वर्षों में हिन्दी के साप्ताहिकों ने जो प्रगति की है, जिस तरह उन्होंने अपना स्तर ऊँचा किया है और देश के राजनीतिक, सामाजिक और साहित्यिक क्षेत्र में जो विशिष्ट स्थान प्राप्त किया है वह टेलीविजन पत्रकारिता के इतिहास में सदा के लिए अमर हो गया।

हिन्दी दैनिक समाचार पत्रों के विकास का इतिहास कोई प्राचीन इतिहास नहीं है। सन् 1911 ईसवी के नवम्बर से कलकत्ता से दिल्ली दरबार के मौके पर 'भारतमित्र' दैनिक रूप में प्रकाशित होने लगा। परंतु यह पत्र अगले वर्ष जनवरी में बन्द हो गया था तथापि दो ही महीने पश्चात् उसका पुनः प्रकाशन आरम्भ हुआ और तब से वह बराबर 22 वर्षों तक प्रकाशित होता रहा। 'भारतमित्र' के दैनिक प्रकाशन के बाद धीरे-धीरे भारत के विभिन्न क्षेत्रों में कुछ दैनिक पत्रों का प्रकाशन होना आरंभ हो गया। दैनिक पत्रों की परम्परा, उनकी एक शृंखला 'भारतमित्र' के दैनिक प्रकाशन के बाद शुरू होती है। पर इसका अर्थ कदापि नहीं है कि हिन्दी भाषा का प्रथम दैनिक होने का पद 'भारतमित्र' को प्राप्त है।

हालाँकि कलकत्ता से हिन्दी का पहला दैनिक समाचार पत्र का प्रकाशन हुआ था। 'समाचार-सुधावर्षक' नामक द्विभाषिक दैनिक पत्र सन् 1854 ईसवी में कलकत्ता के बड़ाबाजार नामक मुहल्ले से श्री श्यामसुन्दर सेन के सम्पादकत्व में प्रकाशित होता था। यह पत्र हिन्दी तथा बँगला दोनों में प्रकाशित होता था। इसका प्रथम अंक उक्त सन् के जून में प्रकाशित हुआ था। हालाँकि यह पत्र काफी दिनों तक प्रकाशित न हो सका परंतु हिन्दी पत्रों के इतिहास में प्रथम दैनिक होने का श्रेय यह जरूर प्राप्त कर गया। कहते हैं कि इसके फुटकर अंक बंग साहित्य-परिषद, कलकत्ता, इम्पीरियल लाइब्रेरी तथा ब्रिटिश म्यूजियम में सुरक्षित रखे हैं। सन् 1885 में कलकत्ता से हिन्दी का दूसरा 'भारतोदय' नामक दैनिक पत्र प्रकाशित होने लगा।

जब तक 'समाचार-सुधावर्षक' का पता नहीं चला था तब तक यही माना जाता था कि हिन्दी का प्रथम दैनिक कानपुर का वह 'भारतोदय' ही था। इसके संस्थापक श्री सीताराम जी थे। यह पत्र वर्षभर से ज्यादा नहीं चल सका। तीसरा दैनिक 'हिन्दोस्थान' था जिसे प्रकाशित करने वाले कालाकाँकर के विख्यात तथा प्रगतिशील राजा रामपाल सिंह थे। राजा साहब इस पत्र को हिन्दी तथा अंग्रेजी में पहले इंग्लैण्ड से प्रकाशित करते रहे। भारत लौटने पर उन्होंने हिन्दी दैनिक के तौर पर उसका प्रकाशन आरम्भ कियाँ पूज्यपाद मालवीय जी महाराज कुछ समय तक इसके सम्पादक रहे। पुराने कुछ विख्यात पत्रकारों की सेवा इसे प्राप्त हुई थी। पण्डित प्रतापनारायण मिश्र, पण्डित अमृतलाल चक्रवर्ती, श्री बालमुकन्द आदि इसमें काम कर चुके थे। राजा साहब के निधन के पश्चात् उनके उत्तराधिकारियों ने 'सम्राट' नामक दैनिक पत्र श्री बालकृष्ण भट्ट के सम्पादकत्व में प्रकाशित किया जो दो सालों तक चलने के पश्चात् अस्त हो गया। इस तरह बीसवीं सदी के आरम्भ तक हिन्दी दैनिक के प्रकाशन के कतिपय प्रयत्न किए गए पर हम यह देखते हैं कि उनमें कुछ ज्यादा सफलता नहीं मिली।

राजा रामपालसिंह का 'हिन्दोस्थान' अपेक्षाकृत सबसे अधिक समय तक टिका पर इसका कारण उनके समान श्रीसम्पन्न, प्रगतिशील व्यक्ति की मदद और वरदान था। सम्भवतः अभी वह युग नहीं आया था जब जन-समाज दैनिक पत्र को ग्रहण कर सकता। सन् 1897 ईसवी में 'भारतमित्र', जिसका प्रकाशन 1878 ईसवी से ही शुरू हो गया था, दैनिक हुआ पर कुछ महीनों बाद बंद हो गया। दूसरी बार सन् 1898 ईसवी की जनवरी में दैनिक हुआ तथा सालभर चलता रहा पर पुनः बन्द हो गया। यह भी इस बात का प्रमाण है कि दैनिक के युग का प्रवर्तन अब तक नहीं हुआ था। वह युग शुरू होता है उस समय से जब तीसरी बार 'भारतमित्र' का प्रकाशन दिल्ली के दरबार के अवसर पर होने लगा। उसके बाद से शनैः-शनैः दैनिकों का उदय होने लगा। प्रथम महायुद्ध के शुरू होने के बाद तो कलकत्ता समाचार, विश्वमित्र, वेंकटेश्वर समाचार, स्वतन्त्र आदि दैनिक तौर पर प्रकाशित होने लगे। इसके अनन्तर काशी से दैनिक 'आज' का प्रकाशन आरम्भ हुआ। फलतः ऐतिहासिक दृष्टि से हम 'भारतमित्र' को ही हिन्दी के दैनिकों की परम्परा स्थापित करने वाला मान सकते हैं। गत महायुद्ध तथा उसके पश्चात् भारत के राष्ट्रीय जीवन में जिस तरह गति-लहरी उत्पन्न हो चली थी और जिस तरह सार्वजनिक जागृति तथा प्रवृत्ति का विकास होने लगा था उसी प्रकार हिन्दी दैनिक समाचार पत्रों का प्रकाशन होने लगा। समाचार-पत्र अन्ततः

सामाजिक जीवन के रजत-पट हैं जिन पर उनके छाया-चित्र भली-प्रकार प्रतिबिम्बित होते रहते हैं। पर उनका क्षेत्र यहीं खत्म नहीं होता। वे समाज के प्रतिनिधि, उसके सेवक, उसके पथ-प्रदर्शक और उसके हितरक्षक भी होते हैं। फलतः पत्रों का विकास तभी सम्भव होता है जब लोगों में सामाजिक जागृति उत्पन्न होती है।

सामाजिक चेतना एवं जागृति और विकास से पत्र में सजीवता आती है परंतु जहाँ समाज की प्रतिक्रिया से पत्र प्रभावित होते हैं वहीं पत्र अपनी क्रिया में समाज को सजीव करने की चेष्टा करते हैं। ये दोनों परस्पर अन्योन्यभाव से सम्बद्ध हैं, एक-दूसरे पर निर्भर हैं और 'परस्परं भावयन्तः' की प्रणाली से ही जीवनयापन करते हैं। हमारे देश के हिन्दी भाषा-भाषी क्षेत्र में, व्यापक जनसमाज में, प्रथम महासमर की घटनाओं ने जिस जीवन का सर्जन किया, वह दैनिक पत्रों के विकास हेतु अनुकूल आधार हो गया। जनता की जागृति से उद्भूत जिज्ञासा का आप्यायन करने हेतु दैनिकों का प्रकाशन जरूरी हो गया। इसलिए पत्रों का जन्म हुआ और उनकी संख्या में दिनोंदिन वृद्धि होने लगी। केवल संख्या ही नहीं बढ़ी बल्कि विकास की ओर उनके अभियान में एक के बाद दूसरे स्तर भी स्पष्टतः दृष्टिगोचर होने लगे। 'भारतमित्र' से दैनिक पत्रों का जिस प्रकार से उदय हुआ उसे दैनिकत्व की नई कल्पना तथा प्रवृत्ति से ओतप्रोत किया। श्री मूलचन्द अग्रवाल के 'विश्वमित्र' ने जो सन् 1916 ईसवी से प्रकाशित होने लगा, 'विश्वमित्र' के पहले वाले दैनिकों का दैनिकत्व इतना था कि वे सप्ताह में छः दिन प्रकाशित होते रहते थे पर उनमें दैनिक की वह मौलिकता, वह नवीनता, वह आकर्षण, वह स्पन्दन कहाँ था जिसकी कल्पना लेकर लार्ड नार्थक्लिफ ने इंग्लैण्ड में 'डेली मेल' की स्थापना की थी। अब हिन्दी दैनिक समाचार पत्रों की भूमिका सिर्फ इतनी ही थी कि अंग्रेजी भाषा के दैनिक समाचार पत्रों में प्रकाशित हुए संवादों का अनुवाद करके अपने कलेवर को भर दें। पुराने, उच्छिष्ट और सड़े हुए समाचारों को लेकर, अंग्रेजी पत्रों के चिल्लू से पानी पीकर हमारे दैनिक जीवित रहते थे।

प्रारंभ में हिन्दी दैनिक पत्रों में आधुनिक, सामाजिक, राजनीतिक प्रश्नों के सम्बन्ध में न कोई अपनी दृष्टि होती थी और न किसी लक्ष्य से उत्प्रेरित हो करके अपना प्रकाशन करते थे। यह स्थिति तब बदली जब 'विश्वमित्र' का प्रकाशन श्री मूलचन्द्र अग्रवाल के प्रयास से होने लगा। इस पत्र ने सन् 1916 ईसवी में जन्म ग्रहण कियाँ श्री मूलचन्द्र जी ने इस पत्र को वास्तविक अभिप्राय में दैनिक बनाया और उसे अंग्रेजी पत्रों के परावलम्बन से मुक्त कियाँ उन्होंने स्वतन्त्र रूप से तारों को

लेना शुरू किया, पत्र में नवीनता और मौलिकता भरी, वाणिज्य तथा सामाजिक और राजनीतिक सवालों पर स्वतन्त्र रूप से लेखादि प्रकाशित करना आरम्भ कियाँ 'विश्वमित्र' की विभिन्नता और स्वतन्त्रता वास्तव में हिन्दी दैनिकों के क्रमिक विकास के नए स्तर की द्योतक थी। कुछ वर्षों पश्चात् जब काशी से पण्डित बाबूराव विष्णु पराड़कर के सम्पादकत्व में स्वर्गीय श्री शिवप्रसाद गुप्त ने दैनिक 'आज' का प्रकाशन किया तो उसने हिन्दी दैनिकों के सम्मुख नया आदर्श कायम कर दियाँ शिवप्रसाद जी की कल्पना यही थी कि हिन्दी में ऐसा दैनिक प्रकाशित हो जो अंग्रेजी या अन्य किसी भी भाषा में प्रकाशित होने वाले किसी भी उच्च-कोटि के दैनिक के समकक्ष हो। पराड़कर जी ऐसे प्रौढ़, गम्भीर और आदर्शवादी सम्पादक के नेतृत्व में दैनिक 'आज' ने प्रकाशित होकर उस कल्पना की नींव डाली। 'आज' ने भाषा, भाव तथा शैली, विचार, विवेचना तथा विभिन्नता, मौलिकता, नवीनता तथा गम्भीरता, आदर्शवादिता, जनसेवा तथा निर्भीकता की दृष्टि से दैनिक पत्रों के सामने नए धरातल की सृष्टि कर दी। 'आज' के पश्चात् से न जाने कितने दैनिकों का प्रकाशन शनैः-शनैः होता गया। सम्प्रति देश के विभिन्न भागों में अनेक साप्ताहिक तथा दैनिक पत्रों का प्रकाशन होने लगा है।

गत सवा सौ सालों में भारतीय पत्रकार-कला ने लम्बी यात्रा पूरी ही है। उसकी इस यात्रा की संक्षिप्त रूपरेखा उपस्थित करने की चेष्टा की गई है। अपने इस अभिगमन में उसे न जाने कितनी समस्याओं, प्रहारों तथा संघर्षों का सामना करना पड़ा है। प्रतिकूल परिस्थितियाँ, जिनकी जटिलता को भारत में आसीन विदेशी सत्ता ने और भी ज्यादा उग्र कर दिया है, उसका पथावरोधन करती रही है। परन्तु यह सब होते हुए भी वह मन्थर किन्तु स्थिर गति से आगे बढ़ती गई है। आज राष्ट्र में पत्र-पत्रिकाओं की संख्या भी काफी बढ़ चुकी है। 'टाइम्स आफ इण्डिया' के एडेल्फ मायर्स ने लिखा है कि 'आज इस देश में अलग-अलग प्रान्तीय भाषाओं में तथा अंग्रेजी में कुल मिलाकर—दो हजार से ज्यादा दैनिक और साप्ताहिक पत्र निकलते हैं। इनके सिवा तीन हजार से अधिक पाक्षिक, मासिक अथवा त्रैमासिक पत्रिकाएँ भी निकलती हैं जो अलग-अलग क्षेत्रों और भाषाओं के साहित्य तथा ज्ञान को बढ़ा रही हैं।' श्रीमती बार्नस ने 'भारतीय पत्रकार-कला का इतिहास, नामक एक ग्रन्थ लिखा है। इस ग्रन्थ में श्रीमती बार्नस ने भारत में छपने वाले पत्रों की संख्या अत्यधिक कम बताई। श्रीमती बार्नस के अनुसार, 'भारत में अंग्रेजी भाषा के दैनिक पत्र बत्तीस, देशी भाषाओं के दैनिक पचहत्तर और दोनों भाषाओं के साप्ताहिकों की

संख्या कुल एक सौ तीस है।' अतः इन दोनों लेखकों के द्वारा बताई गई पत्रों की संख्या के बारे में हम यह नहीं कह सकते है कि किसकी संख्या सही है परंतु सत्य है कि भारत के विभिन्न क्षेत्रों से हिन्दी समाचार पत्रों का प्रकाशन हो रहा है जो जन-जीवन का, देश की सामाजिक और राजनीतिक धारा का नयन, भाषा, साहित्य तथा ज्ञान की अभिवृद्धि तथा समाज का मनोरंजन कर रहे हैं। परंतु इसका अर्थ यह नहीं है कि हमारी पत्रकार-कला सर्वांगीण तथा समुन्नत हो गई है। यह सर्वविदित है कि वर्तमान में आज इस कला ने जिस स्तर को प्राप्त किया है उससे हम कहीं अधिक नीचे हैं। हिन्दी भाषा की पत्रकारी इंग्लैण्ड, अमेरिका के पत्रों की तुलना तो क्या करेगी वह इसी देश की कई देशी भाषाओं के पत्रों और उनकी पत्रकार-कला का मुकाबला भी नहीं कर सकती। बँगला तथा गुजराती और मराठी के पत्र हमसे कहीं ज्यादा उन्नतावस्था को पहुँच चुके हैं। किंतु इस बात से निराश होने की आवश्यकता नहीं है। भारतीयों का भविष्य उज्ज्वल है। इसका प्रमुखा कारण यह है कि भारतीय पत्रकारों में तप, उत्सर्ग और आदर्शवादिता की कमी नहीं है। जिस गति से हमने अब तक यात्रा की है उसे तीव्र करने की जरूरत मात्र है। कोई कारण नहीं है कि भारतीय राष्ट्र और भारतीय राष्ट्रभाषा के नैष्ठिक आराधक इस वांछनीय तीव्रता का सर्जन न कर सकें। अगर हमारे पत्रकार दृढ़ संकल्प और कठोर अध्यवसाय का आश्रय लेकर अपने पथ पर अग्रसर होंगे तो इष्ट तीव्रता का विकास अपने आप हो जायेगा।

7

टेलीविजन प्रसारण

वर्तमान युग को वैज्ञानिक युग के नाम से पुकारा जा रहा है। इस युग में विभिन्न प्रकार की मशीनों एवं यंत्रों का आविष्कार हुआ है। इन्हीं में टेलीविजन भी एक इलेक्ट्रॉनिक उपकरण अथवा यंत्र है। आज लगभग सभी परिवारों में टेलीविजन का प्रयोग किया जा रहा है। टेलीविजन दृश्य एवं श्रव्य दोनों प्रकार का एक इलेक्ट्रॉनिक उपकरण है जो प्रतिदिन अधिक से अधिक लोगों का मनोरंजन करता है। इस उपकरण ने आज संपूर्ण विश्व को प्रभावित किया है। टेलीविजन के जरिये लोग देश विदेश की खबरें सुन व देख सकते हैं। जनसमुदाय तक टेलीविजन पर समाचार रिपोर्ट, फुटबॉल खेल, फिल्म व विभिन्न प्रकार के धारावाहिकों को प्रसारित करना एक जटिल कार्य है और उसे सभी व्यक्तियों तक प्रेषित करने हेतु नवीन उपकरणों या यंत्रों एवं उच्च दक्षता प्राप्त लोगों की आवश्यकता पड़ती है। इस अध्याय में टेलीविजन प्रसारण संबंधित सभी पक्षों पर प्रकाश निक्षेप किया गया है—

भू-मण्डलीय संप्रेषण तकनीकी

भू-मण्डल को अंग्रेजी में भाषा में टेरिस्ट्रियल तथा संप्रेषण को ट्रान्समिशन कहा जाता है। जब समूचा कार्यक्रम तैयार हो जाता है तो उसे जनसाधारण के बीच पहुँचाने का दायित्व मीडिया का होता है। यहाँ हम टी.वी. में प्रसारण किस प्रकार करते हैं, उस पर विचार करेंगे। किस प्रकार टी.वी. सेट पर आता है। इस पूरी प्रक्रिया में

इलेक्ट्रोमैनेटिक या वे विद्युतीय तरंगे सहायक होती हैं, जो हमारे कार्यक्रम को इलैक्ट्रॉनिक सिग्नल में बदल कर तरंगों का रूप देती हैं और तरंगें हमारे टी.वी. सिग्नल तक पहुँचती हैं, और प्रसारण होता है। सर्वप्रथम हम भू-मण्डलीय सम्प्रेषण का अध्ययन करेंगे।

भूमण्डलीय संप्रेषण दो प्रकार का होता है। पहला, भू-मण्डल द्वारा भू-मण्डल पर ही भू-मण्डलीय स्टेशन निर्मित होती है। इस विधि में सम्प्रेषण हेतु समूचे कार्यक्रम को इलेक्ट्रोमैनेटिक तरंगों में बदल कर हवा में छोड़ दिया जाता है। कुछ दूरी पर अगला स्टेशन होता है, वे उन तरंगों को पकड़कर उन्हें बूस्ट अप या और शक्तिशाली बनाता है, फिर आगे छोड़ देता है। यह प्रक्रिया चलती रहती है। एक टी.वी. से दूसरे टी.वी. स्टेशन में तरंगों को शक्तिशाली बनाकर अपने क्षेत्र में प्रसारण दिखाया जाता है चूँकि विद्युतीय तरंगें एक निश्चित परिधि के अन्दर ही फैलती हैं जब एक टी. वी. स्टेशन से हम तरंगें छोड़ते हैं, तो उसका प्रभाव एक निश्चित दूरी पर ही होता है उसके पश्चात् उसका प्रभाव समाप्त होने लगता है या हमारा टी.वी. का आर.एफ उन सिग्नल को कैच नहीं कर पाता है, इसलिए पर्याप्त दूरी पर नया भू-मण्डलीय स्टेशन बना दिया जाता है, ताकि घटते हुए असर को यथावत् रखा जा सके।

उपग्रह के माध्यम से अन्य प्रकार की भूमण्डलीय सम्प्रेषण की जा सकती है, परन्तु उसमें भी भू-मंडलीय केन्द्रों की सहायता लेनी पड़ती है। इस पर विचार करने से पूर्व हम उस प्रक्रिया को देखेंगे, जिसके द्वारा तरंगों को लिया जाता है और प्रभावशाली बनाकर उन तरंगों को आगे छोड़ जाता है। जब तरंगों को बूस्ट अप करके आगे छोड़ा जायेगा, तो यह कोनकेव लेंस बनायेगा, जिसे अर्धगोलाकार भी कहते हैं। और जब यह तरंगें वापस छोड़ी जाएंगी तो गोले के आकार में बहुत बड़े क्षेत्र को शामिल करता हुआ फैलेगा।

यहाँ पर यह समझना होगा कि भारत में अभी केवल समाचारों को छोड़ कर अन्य किसी भी कार्यक्रम के लिए सैटेलाइट पर सीधे अपलिंकिंग की जाती है उसके पश्चात् सैटेलाइट द्वारा डाउन लिंकिंग करके स्टेशन में भेजा जाता है, फिर वहाँ भू-मण्डल पर बना स्टेशन इन विद्युतीय तरंगों को भू-मण्डल स्थित ट्रांसमीटर में भेजती हैं, जहाँ से विद्युतीय तरंगें आगे फैलती हैं। इसके बाद ही हम अपनी टी. वी. की स्क्रीन पर किसी कार्यक्रम को दृश्य के रूप में देख पाते हैं। एक महत्त्वपूर्ण बात यह है कि ये तरंगें जो अपलिंकिंग की जाती हैं, उनकी गति मैगा हट्र्ज या गीगा हट्र्ज में नापी जाती है। जब अपलिंकिंग किया जाता है तो उसकी शक्ति व पावर अधिक होती है या डाउनलोडिंग होती है तो शक्ति कुछ घट जाती है।

डाउनलिंकिंग के पश्चात् हमारे टी.वी. के आर.एफ. के अनुसार उसके सिग्नल को सेट करके, हमारे टी.वी. तक कार्यक्रम पहुँचते हैं, कभी-कभी यह देखा जाता है कि जो कार्यक्रम टेलीविजन पर आ रहा है वह काफी साफ दिखाई देता है। अधिक साफ होने के कारण पिक्चर फोकस के बाहर हो जाती है। इसका तात्पर्य यह होता है कि हमारे टी.वी. के आर.एफ के अनुसार सिग्नल की गति सेट नहीं है। वह टी. वी. के आर.एफ. से ज्यादा संकेतों की गड़बड़ी के कारण ही हमें अपनी टी.वी की स्क्रीन पर चित्र स्पष्ट रूप से नहीं दिखायी पड़ता है।

पृथ्वी पर स्थापित स्टेशनों या केन्द्रों के जरिये जो सम्प्रेषण होता है उसे भूमण्डलीय संप्रेषण कहा जाता है। पहला भू-मण्डलीय सम्प्रेषण पृथ्वी पर एक केन्द्र से दूसरे केन्द्र पर तरंगों को भेजता है। ये तरंग इलेट्रोमैगनेटिक वेव होती है एवं दूसरा ट्रॉसमिशन सैटलाईट के द्वारा होता है, भूमण्डलीय संप्रेषण की संज्ञा प्रदान की जाती है, क्योंकि इसमें भी पृथ्वी पर बने केन्द्रों की मदद से सम्प्रेषण किया जाता है। प्रथम भूमण्डलीय संप्रेषण का एक बहुत बड़ा दोष यह है कि इसके द्वारा विद्युतीय तरंगों के विस्तार की एक सीमा है। इसलिए पृथ्वी पर बने केन्द्रों द्वारा क्षेत्र विशेष के आधार पर उन्हें इकट्ठा करके शक्तिशाली बनाकर आगे-आगे छोड़ा जाता है। इस विधि में समय की खपत कम होती है। जिससे एक ही समय में प्रसारण संभव नहीं हो पाता। इसी प्रकार जिस भू-मण्डलीय सम्प्रेषण में सैटेलाइट का उपयोग किया जाता है उसमें भी भू-मण्डलीय केन्द्रों की अपनी अहम् भूमिका होती है। इसके प्रसारण में तीव्रता तो होती है परन्तु तरंगे बहुत मुश्किल से पहुँच पाती है।

जिस दौरान कार्यक्रम को विद्युतीय तरंगों में बदलकर अपलिंकिंग किया जायेगा, तो सैटेलाईट इलेक्ट्रोमैगनेटिक वेब के पश्चात् वे कार्यक्रम हमारे घरों तक डिश ऐंटिना की सहायता से पहुँचते हैं। सैटेलाईट ट्राँसमिशन को समझने से पूर्व डिश ऐंटिना का कार्य कि वह किस प्रकार इलेक्ट्रोमैगनेटिक वेब को पकड़ता है और किस प्रकार हमारे टी.वी. पर कार्यक्रम आता है? केबल ऑपरेटर, के द्वारा अपने टी.वी. का आर.एफ सेट कराकर, ऑप्टिकल फाइबर या फिर ट्राँस वायर की मदद से टेलीविजन के पर्दे पर विभिन्न प्रकार के कार्यक्रमों को देखा जा सकता है।

डिश ऐंटिना इलेक्ट्रोमैगनेटिक वेब के सिस्टम को एक उदाहरण के माध्यम से समझा जा सकता है जैसे– वी.एस.एन.एल. के द्वारा हमने किसी कार्यक्रम को अपलिंकिंग किया और पूरा कार्यक्रम विद्युतीय तरंगों या इलेक्ट्रोमैगनेटिक सिग्नल सैटेलाइट पर छोड़े जाएँगे। फिर सैटेलाइट उन इलेक्ट्रोमैगनेटिक वेब को डाउन लिंकिंग करके नीचे फेंकते हैं, और वहाँ हमारे डिश ऐंटिना लगे हुए हैं जिनका कार्य,

है, इन इलेक्ट्रोमैगनेटिक सिग्नल को पकड़ना और डिश एँटिना पर बने एल.एन.बी. पर फोकस करना। जब सारे सिग्लन एल.एन.बी. पर एकत्र हो जाते हैं तो एल.एन. बी. से ही एक तार निकलती है, जिसके माध्यम से एक ही वायर से सभी सिग्नलों में आ जाते हैं। इसके पश्चात् सिग्लन को बूस्ट अप किया जाता है। टी.वी. के आर. एफ. के अनुसार संकेतों को ऑप्टिकल फाइबर अथवा छोटी ट्रंक केबल की सहायता से घर-घर में पहुँचायी जाती है।

उपग्रह की मदद से डाउन लिकिंग करने की एक संक्षिप्त विधि है तथा हमारे डिश एँटिना उसको कैच करके व बूस्टअप करके उसको आगे तक पहुँचाते हैं। यहाँ यह जानना आवश्यक है कि एक केबल ऑपरेटर की छत पर आठ-दस डिश एँटिश लगे होते हैं, उनकी क्या आवश्यकता होती है? इसमें ध्यान देने योग्य बात यह है कि ज्यादातर हर चैनल की अलग सैटेलाइट पर अपलिंकिंग और डाउनलिंकिंग होती है, **उदाहरणार्थ**— मान लीजिए, स्टार के 11 चैनल होते हैं, स्टार प्लस, स्टार न्यूज, स्पोर्टस, स्टार मूवी, ईएसपीएन, डिस्कवरी, स्टार गोल्ड आदि इन सभी के कार्यक्रमों की इलेक्ट्रोमैगनेटिक वेब द्वारा अपलिंकिंग होती है। एक ही उपग्रह पर सभी तरंगों को भेजा जाता है।

उदाहरणार्थ एशिया सेट पर स्टार की अपलिंकिंग की जाती है। वहाँ से डाउन लिंकिंग होने के बाद डिश से सारे स्टार के कार्यक्रम कैच करता, दूसरे डिश ने किसी दूसरे सैटेलाइट जैसे एशिया नेट का एक अन्य सैटेलाइट हैं, जो उसके कार्यक्रम कैच करता है, तीसरे ने पोलर ए के किये। चौथे ने जे.एस. सेट के, पाँचवें ने थोर के सिग्नल कैच किए जो अलग-अलग डिश ने अलग-अलग सैटेलाईट के इलेक्ट्रोमैगनेटिक सिग्नल कैच किए एक कारण तो यह है कि डिश ऐंटिना ज्यादा क्यों लगाए जाते हैं। दूसरा कारण सिग्नल को देखकर भी लगाये जाते हैं। मान लीजिए एशिया सेट पर ही हमारा आज तक अपलिंकिंग कर रहा है, वहाँ हमारा ए.टी.एन. की करता है। पर हो सकता है, जिस दिशा में हमारा डिश लगा है, वह मात्र आज तक को ही सही कैच करता हो। ऐसी स्थिति में डिश की दिशा घुमा कर उसे कोण से लगाई जाती है, जिस पर वह साफ इलेक्ट्रोमैगनेटिक वेब को कैच करे। विद्युतीय तरंगें जब डिश के एल.एन.बी. पर नब्बे डिग्री का कोण बनाती है तब उसे सही दिशा माना जाता है।

इस प्रकार उपग्रह संप्रेषण के विषय में ज्ञान प्राप्त करना काफी सरल हो जाता है। जब इलेक्ट्रोमैगनेटिक वेब को सैटेलाइट पर अपलिंकिंग किया जाता है तो डिश

एँटिना की मदद से केबल ऑपरेशन की मदद से कार्यक्रम हमारे टी.वी. सेट तक पहुँचता है। सह भी स्मरणीय है कि इलेक्ट्रोमैगनेटिक वेब गीगा हट्र्ज और मेगा हट्र्ज की गति से भेजी जाती है और वापस आती हैं, परन्तु भेजने की जो गति होती है, उसकी तुलना में वापसी की गति कुछ कम हो जाती है, जैसे हमारे अपलिंकिंग के ट्राँसमीटर विभिन्न प्रकार के होते हैं जिनमें सी. बैंड, एस. बैंड तथा के.यू. बैंड प्रमुख हैं।

चूँकि इलेक्ट्रोमैगनेटिक वेब भिन्न-भिन्न सैटेलाइट पर भिन्न-भिन्न कोण बनाती हुई डाउनलिंकिंग होती हैं परंतु यह पता नहीं लगाया जा सकता है कि कौन सी तरंग या वेब किस डिश के एल.एन.बी. पर सीधा फोकस करेंगी। इसलिए अलग-अलग दिशाओं में डिश लगाये जाते हैं। डिश में लगा एल.एन.बी. सभी विद्युतीय तरंगों को प्राप्त करता है और बूस्ट अप करके ऑप्टिकल फाइबर, वायर या फिर ट्रंक केबल द्वारा सिग्नल टी.वी. के आर.एफ. के अनुसार सेट करके आगे प्रेषित किये जाते हैं। इन सभी कार्यों को सम्पन्न करने के उपरांत ही टेलीविजन पर कोई कार्यक्रम प्रसारित हो पाता है।

इस प्रकार भू-मण्डलीय प्रसारण के अस्तित्व को उपग्रह प्रसारण ने समाप्त कर दियाँ आप बहुत बड़े भाग को कवर करके प्रसारण कर सकते हैं। लेकिन भू-मण्डनीय सम्प्रेषण में यह सुविधा नहीं होती है, सैटेलाईट से प्रकाशित किये जाने वाले कार्यक्रमों में दृश्यात्मक चित्र अधिक स्पष्ट व साफ होते हैं और संकेतों को किसी अवरोध का सामना नहीं करना पड़ता है। जब कोई चीज नीचे से ऊपर भेजी जाती है और वह ऊपर जाकर स्थित किसी निश्चित तत्त्व से जुड़ जाती है, तो उसे अपलिंकिंग कहते हैं, और नीचे आकर किसी तत्त्व से लिंक हो जाये, या फिर जुड़ जाये, उसे डाउनलिकिंग की संज्ञा प्रदान की जाती है। जब ऊपर जाना, फिर नीचे आने की गति गीगा हट्र्ज या मेगा हट्र्ज में आती है। अपलिंकिंग में गति ज्यादा होती है और डाउनलिंकिंग में वह कम हो जाती है। इस प्रकार विद्युतीय तरंगें नीचे से ऊपर सैटेलाइट पर भेजी जाती हैं। सैटेलाइट में ट्रांसमीटर लगे होते हैं जो मुख्य रूप से सी. बैंड, एस. बैंड, के. यू. बैंड तीन तरह के ट्रांसमीटर होते हैं। ये डाउनलिंकिंग करने के लिये होती है। सर्वाधिक पावर का जो ट्रांसमीटर होता है, वह के. यू. बैंड होता है। इस तरह अपलिंक में प्रोग्राम को इलेक्ट्रोमैगनेटिक वेब में परिवर्तित कर ऊपर भेजा जाता है, और उन्हीं इलेक्ट्रोमैगनेटिक वेब को सैटेलाइट द्वारा डाउन लिंक करते हैं। जो हमारे डिश एँटिना कैच करते हैं, और एल.एन.बी. द्वारा उन्हें प्राप्त करके,

टी.वी. के आर.एफ की आवति के बराबर करके, रिसीवर के माध्यम से ग्रहण करके टेलीविजन के पर्दे पर भेजा जाता है।

अतः सैटेलाइट से जब इलेक्ट्रोमैगनेटिक वेब डाउनलिंकिंग होगी, तो उसके बाद उसका सीधा कार्यक्रम घरों में देखा जा सकता है। इसके लिए प्रत्येक चैनल को अपने अलग डिश की आवश्यकता होगी। विद्युतीय तरंगें इसके माध्यम से ग्रहण की जायेंगी। इसमें हर चैनल का अपना छोटा डिश होगा और विद्युतीय तरंगों के अंश डिग्री के कोण पर उसे सेट किया जाएगा और उसी में एक रिसीवर होगा जो टी. वी. के. आर.एफ. के अनुसार सिग्नल को परिवर्तित करेगा। यह विधि बहुत ही खर्चीली विधि है। इस तरह के बल द्वारा प्रसारण की आवश्यकता समाप्त हो जायेगी एवं उपग्रह से सरलतापूर्वक सीधा सम्पर्क स्थापित किया जा सकता है।

उपग्रह प्रसारण

विगत कुछ वर्षों से देश में उपग्रह प्रसारण सेवा में अभूतपूर्व बदलाव आया है। उपग्रह प्रसारण में सिग्नल को ट्रांसमीटर से रिसीवर तक जाने में समय लगता है, क्योंकि सिग्नल को 72,000 किमी॰ गोलाकार घूमना पड़ता है। पूरी दुनिया में राष्ट्रीय एवं अन्तर्राष्ट्रीय उपग्रह अधिक लोकप्रिय होते जा रहे हैं। उपग्रहों का अधिक लोकप्रिय प्रयोग वीडियो संचार है, जिसमें मुख्य रूप से टेलीविज़न प्रसारकों के लिए कार्यक्रम सम्मिलित होते हैं। लेकिन दूरवर्ती शिक्षा तथा टेलिकान्फरेंसिंग के लिए भी इनका प्रयोग किया जाता है। आधुनिक युग में ये सभी कार्यक्रम शहरी केन्द्रों में स्थित बड़े-बड़े स्थलीय प्रेषाभिग्राहित्र द्वारा किए जाते थे जो सभी की पहुँच में नहीं थे। उन्हें केवल वे ही उपयोग कर सकते थे जिनके पास टी॰ वी॰ आर॰ ओ॰ (TV Receive Only) ऐन्टेना उपलब्ध होते थे अतः अधिकांश ग्रामीण क्षेत्र उस प्रसारण का लाभ नहीं उठा पाते थे किंतु आज विश्व के सभी देशों में व्यापक रूप से घर-घर में इस कार्यक्रम व प्रसारण उपलब्ध हो रहा है। इसके अलावा कुछ ऐसे उपग्रहों की स्थापना की जा रही है जो अधिक शाक्तिशाली सिग्नल प्रसारित कर सकते हैं। आजकल ज्यादा अत्याधुनिक संवेदी अभिग्रहण उपस्करों का विकास किया जा रहा है। एक नये डिज़िटल हैंडहेल्ड वीडियो के लिए विश्वव्यापी डी. टी. एच. उपग्रह श्रव्य प्रसारण सेवा भी उपलब्ध है। भारत में, सिग्नल अभिग्रहण करने के लिए टी. वी. आर. ओ. का प्रयोग किया जाता है और फिर इन्हें अल्पशक्ति टी.वी. ट्रांसमीटर द्वारा अनुप्रेषित (Relay) किया जाता है।

वेरी स्मॉल एपर्चर टर्मिनल (वी.एस.ए.टी.)

वी. एल. ए. टी. एक इलेक्ट्रॉनिक यंत्र है। अधिक महँगा होने के कारण यह यंत्र सामान्य लोगों तक उपलब्ध नहीं हो सका है। परंतु राष्ट्रीय और अन्य बड़े संगठनों के पर्याप्त प्रयत्नों से उपस्कर का आकार तथा लागत कम हो गए हैं। फलस्वरूप आज वेरी स्मॉल एपर्चर टर्मिनल (वी.एस.ए.टी.) निर्भर पद्धति अत्यधिक प्रसिद्ध हो चली है। यहाँ तक कम व्यापार वाले जगहों पर भी, जैसे कि एक छोटे-से शहर में बैंक की एक शाखा को उसके प्रधान कार्यालय से जोड़ने के लिए इसका प्रयोग होने लगा है। स्टार टोपोलॉजी पद्धति वैकल्पिक मेश टोपोलॉजी से विपरीत है जहाँ हर केन्द्र पर बड़े ऐन्टेना प्रयोग किए जाते हैं, जिससे मूल्य में वृद्धि हो जाती है, लेकिन इससे सीधा बराबर प्रसारण होता है और केन्द्र हब द्वारा प्रेषण आवश्यक नहीं होता।

वर्तमान दौर में व्यापक हब केन्द्रों व स्टेशनों की स्थापना की जा रही है। इनके माध्यम से एपर्चर टर्मिनल पद्धति से निर्माण कार्य टर्मिनल मानस्टिरिंग चैनल निर्धारण करना इत्यादि कार्य किए जाते हैं। सामान्यतया इसका ऐन्टेना बहुत बड़ा होता है (लगभग 20 मीटर) जबकि 10 मीटर सामान्य होता है और सम्पूर्ण सेटअप बनाने में लगभग एक मिलियन डॉलर लगते हैं, लेकिन अतिरिक्त क्षमता और कौशल स्विचिंग युक्त उच्च क्षमता प्रणाली में दस मिलियन डॉलर तक लग सकते हैं।

विगत वर्षों में वी.एस.ए.टी. एवं हब के बीच संचार साधन एक ही आपूर्तिकर्त्ता से ख़रीदे जाते थे। परिणामस्वरूप वी.एस.ए.टी. यन्त्र के आपूर्तिकर्त्ता स्थलीय केन्द्र हब इस आशय के साथ प्रदान करते थे कि टर्मिनल की बिक्री बढ़ जाएगी। तथापि अब कई विभिन्न हब और वी.एस.ए.टी. का विकास किया जा रहा है जो अन्तर्राष्ट्रीय व्यापार प्रणाली (I.B.M.) मानक का प्रयोग करते हैं, जिससे अलग-अलग आपूर्तिकर्त्ताओं के उपस्कर लगाए जा सकते हैं। कोई जरूरी नहीं है कि वी.एस.ए.टी. प्रणाली स्थापित करने के लिए हब का निर्माण किया जाएँ विदेशों में हब का इस्तेमाल नहीं किया जाता है। उत्तरी अमेरिका और कई यूरोपियन देशों में विभिन्न हबों में ऐसी सुविधाएँ हैं। लेकिन इन्टरनेट से जोड़ने के लिए हब की पहुँच स्थानीय उच्च बैन्डविड्थ इन्टरनेट सेवा तक होनी चाहिएँ अधिकतर हबों की अधिकतम अपलिंक क्षमता 512 की होती है जबकि कई हब 8 एम. बी. पी. एस. तक चैनल प्रदान कर सकते हैं।

सामान्य रूप से प्रशिक्षित व्यक्तियों द्वारा वी.एस.ए.टी. यूनिटों को निर्मित किया जाता है। वी.एस.ए.टी. से सम्बन्धित खास बात यह है कि इसकी प्रक्रिया बेहद सरल है। ऐन्टेना को प्रारम्भ करने के लिए एक कम्पास और जी॰ पी॰ एस॰ यूनिट की ज़रूरत होती है और प्रणाली को फाइन ट्यून करने के लिए डी॰ बी॰ वोल्टमीटर की जरूरत पड़ती है।

उपग्रह की प्रक्रिया

विभिन्न प्रकार के उपग्रहों द्वारा दूरसंचार के लिए अनेक रेडियो प्रेषित ग्रांहित्र होते हैं, जिन्हें साधारण रूप से ट्रांसपोंडर कहा जाता है। ट्रांसपोंडर की संख्या जितनी अधिक होगी, उपग्रह पर उपलब्ध बैन्डविड्थ भी उतनी ही अधिक होगी जो सामान्यतया 36 मेगाहट्र्ज़ और 54 मेगाहट्र्ज़ के मध्य होती है। उपग्रह पर विभिन्न ट्रांसपोंडरों की स्थिति, पृथ्वी पर फुटप्रिंट पैटर्न निर्भर करता है जिसमें उपग्रह व्यवहार्थ सेवा (Usable Service) दे सकता है। कुछ ट्रांसपोंडर किरणें अभेद्य रूप से प्रकाश देती हैं, जो फुटप्रिंट का क्षेत्र कम कर देती हैं लेकिन भूमि पर ऐन्टेना की शक्ति तथा अपेक्षित आकार को कम कर देती है। ट्रांसपोंडर किरणें विभिन्न प्रकार की होती हैं जो फुटप्रिंट के आकार को निर्धारित करती हैं जिनमें हेमिस्फेरिक किरणें 20%, ग्लोबल किरणें पृथ्वी का 40%, स्पॉट किरणें 10% तथा ज़ोन किरणें लगभग 10% कवर करती हैं।

फुटप्रिंट की सीमा का निर्धारण करना संभव नहीं है। केन्द्र से फुटप्रिन्ट की परिधि, सिग्नल क्षमता में क्रमिक हानि को इंगित करती है। जहाँ बड़े ऐंटिना और अधिक पावर वाले उपकरणों की आवश्यकता होती है वहाँ यह आवश्यक नहीं है कि हब और रिमोट टर्मिनल एक ही फुटप्रिंट में हो—एक क्षेत्र पर लक्षित ट्रांसपोंडर से विविध क्षेत्र पर लक्षित दूसरे ट्रांसपोंडर पर ट्रैफिक को बढ़ा सकता है।

जोन और स्पॉट किरणें

व्यापक ग्लोबल और हेमिस्फेरिक किरणें सामान्यतया सी-बैन्ड (4-7 गिगाहट्र्ज़) में प्रसारित होती हैं और इन्हें 1.8 मीटर से 10 मीटर के मध्य का ऐंटिना चाहिएँ सी-बैन्ड के बाज़ार में लगभग 70% संस्थापित उपस्कर, ह्युग्स नेटवर्क सिस्टम के हैं। वर्तमान दौर में ब्रॉडबैन्ड उपग्रह प्रणाली के लिए 20-30 मेगाहट्र्ज के मध्य वेबबैन्ड का प्रयोग किया जा रहा है। विनियामक निकाय को ग्लोबल कवरेज़ और क्षेत्रीय कवरेज़ की सात प्रणालियाँ प्रस्तुत की गई हैं। इन प्रणालियों का

बैन्डविड्थ और चैनल क्षमता वर्तमान कार्यक्षेत्र में मौजूद किसी भी प्रणाली से अधिक होगी। प्रमुख रूप से के.यू. बैंड में हाइड्रोमेट्र्योर उपग्रह सेवा को बाधित करना पड़ता है। इससे तूफ़ान के समय सेवा में निरन्तर रुकावट आती है। परिणामस्वरूप अधिकांश डाटा संचार व्यवस्था की विश्वसनीयता के लिए सी-बैन्ड का चयन किया जाता है। तथापि, सी-बैन्ड की फ्रिक्वेंसी कुछ स्थलीय माइक्रोवेब़ प्रणाली की फ्रिक्वेंसी से काफी मिलती-जुलती है। इसी कारण अगर के.यू. बैंड यदि समीप होगा तो बाधाएँ उत्पन्न हो सकती हैं।

ट्रांसपोंडर को एक-एक करके पर्दे पर प्रस्तुत करने के लिए उपग्रह का मालिक प्रयोग करता है। अथवा बाज़ार दर पर बड़ी संस्था में ट्रांसपोंडर देनेवाले विक्रेता से मिल सकता है। अधिक समय लगने के कारण, उपग्रह ऑपरेटर दीर्घकालीन अनुबन्धों पर रियायत देते हैं। अधिक संवेदी केन्द्रों पर सिग्नल देने के लिए उपग्रह को कम शक्ति की ज़रूरत होती है, इसलिए उपयोग किए गए ऐन्टेना को देखते हुए सर्किट की दर परिवर्तित हो सकती है।

प्रायः इन्टरेक्टिव टेलीविजन एवं इन्टरनेट हेतु चैनलों की आवश्यकता पड़ती है। एक चैनल स्थलीय केन्द्र हब से उपग्रह तक आउटरूट, और दूसरा उपग्रह टर्मिनल से उपग्रह तक इनरूट। इन दोनों चैनलों की बैन्डविड्थ सम होना कोई ज़रूरी नहीं है यह सामान्य रूप से विषम रूप में पाया जाती है। बहुधा इन्टरनेट एवं इन्टरेक्टिव टी॰वी॰ में सूचना अधिकतर आती है, जाती नहीं है।

उपग्रह केन्द्र के प्रकार

सामान्यतः उपग्रह के मुख्य रूप से तीन अंग होते हैं—ऐंटिना या डिश, आउटडोर यूनिट तथा इनडोर यूनिट। डिश और आउटडोर यूनिट प्रसारण एवं ग्रहण का कार्य करते हैं। इनडोर यूनिट उपभोक्ता के यन्त्र से मिलने और डिज़िटल सिग्नल को एनलॉग में परिवर्तित करने का कार्य करते हैं।

सामान्य साधन

उपग्रह और केन्द्र के मध्य प्रयोग किए जाने वाले दो प्रकार के प्रोटोकॉल होते हैं—टाइम डिवीजन मल्टीपल एक्सेस (टी. डी. एम. ए.) और सिंगल चैनल पर कैरियर (एस. सी. पी. सी.)। टी. डी. एम. ए. निर्भर संरचना की कीमत अधिक नहीं होती, परन्तु इन्टरनेट हेतु उपयोगी नहीं है। यह स्टैटिसटिकल मल्टीप्लैंक्स डिमान्ड कन्टेन्शन आधारित प्रणाली है जहाँ हब को प्रदत्त बैन्डविड्थ, सभी

वी॰एस॰ए॰टी॰ के मध्य वितरित किया जाता है। इससे सभी स्थलीय केन्द्रों से सिग्नल आने पर ठीक से प्रसारण नहीं हो पाता। इसके अलावा डबल उपग्रह हॉप से जोड़ने पर सिग्नल ऑन में ज्यादा देर लगती है। नेटवर्क मैनेजमेन्ट सिस्टम संरचना प्रबन्धन प्रणाली के साथ इसे जोड़ने में न्यूनतम 2 सेकेण्ड और कई बार 4 सेकेण्ड की भी देरी हो जाती है। परिणामस्वरूप टी॰डी॰एस॰ए॰ क्रेडिट कार्ड के सत्यापन जैसे डॉटा के कार्य संचालन में अत्यधिक उपयोगी होता है।

भू-मण्डलीय सुविधा की भाँति एस.सी.पी.जी पर निर्भर कार्यक्रम निर्धारित उपयुक्त बैन्ड विड्थ करता है। 8 एम॰बी॰पी॰एस॰ तक सर्किट दिए जा सकते हैं, परन्तु साधारण वी॰एस॰ए॰टी॰ यन्त्र हेतु ज़्यादातर अधिकतर 2 एम॰बी॰पी॰एस॰ ही अत्यधिक उपयोगी है। एस॰ सी॰ पी॰ सी॰ डिमान्ड एसाइन्ड मल्टीपल एक्सेस (डी॰ए॰एम॰ए॰) अपेक्षाकृत नई सेवा है, प्रयोगकर्त्ता की इच्छानुसार बैन्डविड्थ प्रदान करती है। तथापि, यदि इन्टरनेट सेवा के लिए बैन्डविड्थ चाहिए तो टी॰सी॰पी/आई॰पी॰ के कारण कुछ सीमाएँ निश्चित हैं।

डाटा प्रसारण की शक्ति

अधिकतर ऐसा देखने को मिलता है कि जब कोई प्रसारण किया जाता है तो वे एकात्मक विलुप्त हो जाते हैं। दूसरी ओर से पावती सूचना प्राप्त होने तक एक प्रति सुरक्षित रखी जाती है। डाटा जो स्टेशनरी कक्ष तक पहुँचने के लिए लगभग 250 मिलीसेकेण्ड लेता है, और पावती वापस आने तक 250 मिलीसेकेण्ड और लगते हैं, इसलिए डाटा की प्रति लगभग 500 मिलीसेकेण्ड तक सुरिक्षत रखी जाती है चूँकि डाटा का तब तक प्रसारण करना संभव नहीं है कि जब तक कि उसे बफर में संकलित न कर लिया जाए और बफर में डाटा की सीमित संख्या ही रखी जा सकती है, पूर्व के डाटा को हटाए बगैर किसी भी नये डाटा को भेजना संभव नहीं है। टी॰सी॰पी./आई॰पी॰ का बफर आकार 32 के॰ बी॰ है और इसका तात्पर्य है कि किसी भी समय, केवल 32 के॰बी॰ प्रसारित किए जा सकते हैं और पावती की प्रतीक्षा कर सकते हैं। फलस्वरूप, चैनल की क्षमता से निरपेक्ष किसी भी 32 के. बी. की पावती प्राप्त होने में लगभग आधा सेकेण्ड लगेगा। अतः प्रति आधा सेकेण्ड का अधिकतम डाटा प्रसारित होने की दर 32 के.बी. है।

टेलीविज़न पिक्चर

टेलीविजन सेट में टेलीविजन पिक्चर का महत्त्वपूर्ण स्थान है। टेलीविज़न

पिक्चर विद्युत सिग्नलों से रेडियो तरंगों की तरह आती है। रंगीन टेलीविज़न कैमरा आपके टेलीविज़न स्क्रीन पर पिक्चर बनाने की प्रक्रिया प्रारम्भ करता है। यह कैमरा टेलीविज़न पिक-अप यन्त्रों पर चित्रों को फोकस करता है जो कि प्रकाश ऊर्जा को विद्युत ऊर्जा में बदलता है। रंगीन टेलीविज़न के कैमरे में तीन प्रकार के पिक-अप यन्त्र होते हैं। ये लाल, हरा और नीला प्राइमरी रंग के लिए होते हैं। टेलीविज़न पिक्चर समानान्तर रेखाओं से बनी होती है न कि फ़िल्म पिक्चर की भाँति जो "होल स्क्रीन इमेज" होती है। इस प्रक्रिया में एक बार में एक लाइन प्रसारित होती है जिसे स्कैनिंग कहा जाता है। भारत में प्रत्येक पिक्चर का निर्माण आपके स्क्रीन पर सेकेण्ड का 1/25वाँ भाग में तथा 525 रेखाओं से की जाती है।

(1) स्कैनिंग—टेलीविज़न पर प्रदर्शित होने वाले चलचित्रों को प्रसारित करने के लिए रंगीन टेलीविज़न कैमरा को, प्रत्येक छाया के लिए 625 लाइनों को स्कैन करना पड़ता है। प्रति सेकेण्ड में 25 बार स्कैनिंग होती है। इसके लिए कैमरे को सिंगल टेलीविज़न पिक्चर में एक लाइन में एक किनारे से दूसरे किनारे में स्कैन करने के लिए एक सेकेण्ड का 640 लाख का समय लेता है। टेलीविज़न कैमरे में तीन अलग प्रकार के संकेतों को इनकोड किया जाता है जिसे कैमरे से वीडियो रिकॉर्डर या सीधे स्टेशन के ट्रांसमीटर को भेजा जाता है। टी. वी. एन्टीना के माध्यम से ट्रांसमीटर पिक-अप करने के लिए प्रसारण सिग्नल भेजता है। तब टी.वी. सेट उस संकेत की इलेक्ट्रॉनिक आवेग को रंगीन प्रतिबिम्ब में परिवर्तित कर देता है।

यह समानान्तर स्कैनिंग प्रक्रिया नीचे की ओर बढ़ती है। जब तक 241 समानान्तर स्कैन पूरे नहीं होते हैं और बीम लगभग एक सेकेण्ड के 1/800 समय के लिए ऊपरी दिशा में बढ़ती है तब तक बीम पुनः पिक्चर क्षेत्र के ऊपरी भाग के लाइन 2 पर नहीं पहुँचती है। बीम 21 बार आगे और पीछे निरन्तर समानान्तर में बढ़ती रहती है। यह वर्टिकल रिट्रेसिंग कहलाती है। इसके माध्यम से उत्पन्न की जानेवाली छाया को वर्टिकल रिट्रेस जिसमें 262-1/2 लाइनें हैं, 1/60 सेकेण्ड में घटित होती है। यह एक प्रकार की फील्ड होती है। अगली फ़ील्ड की स्कैनिंग पिक्चर के ऊपरी मध्य में आरम्भ होती है और पहले की तरह समानान्तर बढ़ती है। हालाँकि इस बार पिक्चर ट्यूब पहले फ़ील्ड के दौरान स्कैन की गई लाइनों के मध्य स्कैन करता है। दूसरा वर्टिकल रिट्रेस 21 समानान्तर लाइनों का होता है। जहाँ पर स्केनिंग पुनः ऊपरी बाएँ भाग पर शुरू होती है और प्रथम स्कैन के ढंग से बढ़ती है।

(2) इंटरलेस्ड स्कैनिंग— इंटर लेस्ड स्कैनिंग के माध्यम से छाया को एक बार स्कैन कर लेने के बाद प्रथम स्कैनिंग लाइनों के बीच में दुबारा स्कैन किया जाता

है। दो क्रमानुसार फ़ील्डों द्वारा उत्पन्न की गई छाया एक टेलीविज़न फ्रेम कहलाता है। जब आप एक सीधा प्रसारित टेलीविज़न कार्यक्रम देख रहे होते हैं तो यह प्रक्रिया कैमरा और पिक्चर ट्यूब दोनों में एक समान होती है।

वर्तमान दौर में टेलीविजन शिक्षा के क्षेत्र में टेलीविजन कैमरा का महत्त्वपूर्ण योगदान है। सिन्क्रोनाइजिंग संकेत, लम्बवत् (वर्टिकल) और समानान्तर सिंक के नाम से जाने जाते हैं। इन्टरलेसिंग का उद्देश्य पिक्चर को बचाना होता है। यदि स्कैनिंग इन्टरलेस नहीं की गई होती तो पूरी 625 लाइनें स्क्रीन को प्रत्येक सेकेण्ड में 30 बार प्रकाशित करतीं। जब पिक्चर लगभग 45 बार प्रति सेकेण्ड की दर से स्कैन होती हैं, नेत्र फ्लैशिंग पिक्चर को मिलाना (Blending) शुरू करते हैं। यह दर्शकों को निरन्तर प्रकाश प्रतिबिम्ब का प्रभाव प्रदान करती है।

(3) कलर एडिटिव सिस्टम—जब टेलीविज़न की माँग अधिक होने लगी और इसकी बिक्री भी काफ़ी बढ़ गई तो रंगीन टी॰वी॰ का निर्माण किए जाने पर विचार किया गया। एक प्रकार की कलर एडिटिव होती है जिसका प्रयोग रंगीन टेलीविजन के निर्माण में होता है। कलर एडिटिव सिस्टम, लाल, नीले और हरे रंग के प्राथमिक रंगों पर आधारित है। सबका मिश्रण करने पर ये प्राइमरी रंग मेजंटा, तथा पीले रंगों में बदल जाते हैं। जब समस्त तीनों रंगों को आपस में मिलाया जाता है तो उनसे सफ़ेद रंग बनता है। इस प्रकार एक रंगीन टेलीविज़न पद्धति सृजित करने के लिए तीन प्राथमिक रंगों को स्कैन, ट्रांसमिट और प्रदर्शित किया जाता है।

(4) सेफ टाइटल एरिया—जिन रिसीवरों का घरों में प्रयोग किया जाता है, उनमें पंक्तिबद्ध प्रतिबिम्ब में भिन्नता की वज़ह से छाया (Screen) के किनारे के चारों तरफ 15 प्रतिशत भाग किसी महत्त्वपूर्ण सूचना को रखने के लिए असुरक्षित समझा जाता है। शेष 85 प्रतिशत भाग सेफ टाइटल एरिया समझा जाता है। टेलीविजन के लिए ग्राफ़ के दौरान आकृति अनुपात तथा सेफ टाइटल एरिया का मुख्य ध्यान रखना होता है। ग्राफ़िक का डिज़ाइन तैयार करते समय 4/3 आकृति अनुपात का विचार रखने से पिक्चर स्क्रीन पर सर्वोत्तम फिट होती है। इसी प्रकार ग्राफ़िक का वह भाग जो सेफ टाइटल एरिया के बाहर होगा वह टेलीविज़न सेटों पर प्रदर्शित नहीं होगा।

(5) सिन्क्रोनाइजिंग सिग्नल—वीडियो पिक्चर को प्रसारित करने के दौरान वीडियो सिग्नल के साथ एक सिन्क्रोनाइजिंग सिग्नल भी छोड़ा जाता है। इसका उद्देश्य टी॰वी॰ मॉनिटर के स्कैनिंग सर्किट को नियन्त्रण में रखना होता है।

(6) हॉरिजेन्टल सिंक—प्रत्येक लाइन स्कैन के अंत में हॉरिज़ेन्टल ब्लैकिंग सिग्नल शुरू होने के ठीक बाद, हॉरिज़ेन्टल सिंक पल्स को ब्लैकिंग अन्तराल के दौरान शामिल करते हैं। यह अल्पावधि की निगेटिव गोइंग पल्स है जो किरण को वापस भेजती है, ताकि यह सक्रिय स्कैन को प्रारंभ करने हेतु यथास्थान पर प्रवेश कर जाएँ

(7) आकृति अनुपात—आकृति अनुपात किसी पिक्चर छाया की चौड़ाई एवं ऊँचाई का अनुपात होता है। एन॰टी॰एस॰सी॰ में आकृति अनुपात 4:3 का होता है और इसे नैरो गेज फ़िल्म के आकृति अनुपात से मिलाने के लिए बनाया गया था।

(8) ब्लैकिंग—यह एक संकेतक है, जिसे कैमरा वीडियो आउटपुट से जोड़ दिया जाता है। प्रत्येक हॉरिजेन्टल स्कैन के अंत में हॉरिजेन्टल ब्लैकिंग होती है। प्रत्येक फ़ील्ड के अंत में वर्टिकल ब्लैकिंग सिग्नल का प्रयोग किया जाता है।

(9) वर्टिकल सिंक—इस सिंक का प्रयोग फील्ड के अंत में किया जाता है। यह 6 चौड़ी नकारात्मक पल्सों की नज़दीकी स्पेस्ड शृंखला है, जिसे एक टी॰वी॰ रिसीवर में वर्टिकल स्कैनिंग भाग द्वारा महसूस किया जाता है। वे वर्टिकल स्कैन सर्किट को ट्रिगर करते हैं, ताकि वह पीछे जाकर नए फ़ील्ड की स्कैनिंग की शुरुआत कर सके। टी॰वी॰ सेट पर वर्टिकल होल्ड इस वर्टिकल सिंक सिग्नल पर आधारित है।

एन॰टी॰एस॰सी॰ कलर प्रणाली

एन. बी. सी. ने इस विधि के विकास के दौरान तीन प्राइमरी रंगों की खोज की थी। उन्होंने 59 प्रतिशत हरा, 30 प्रतिशत नीला और 11 प्रतिशत लाल रंगों के सम्मिश्रण से श्वेत-श्याम सिग्नल कों, इस बेस सिग्नल में बदलना शुरू कियाँ यह बेस सिग्नल "Y" कहलाता है। "Y" श्वेत-श्याम सेट पर काले और सफ़ेद को उत्पन्न करता है। चूँकि "Y" की बैन्डविड्थ में कोई परिवर्तन नहीं किया गया था, इस कारण से टी॰वी॰ सिग्नल का हॉरिज़ेन्टल रिजोल्यूशन 340 लाइनों का ही रहा। एन॰बी॰सी॰ का अगला कदम कलर डिफ्रेन्स सिग्नलों का विकास था जो। 'I' और "Q" के नाम से जाने गएँ "I" और "Q" सिग्नल 3.58 मेगाहट्र्ज़ पर एन॰टी॰एस॰सी॰ सिग्नल से इस प्रकार जोड़े जाते थे कि वे सिग्नल के साथ व्यवधान पैदा न कर सकें। "I" और "Q" लाल, हरा और नीले रंगों के प्रतिबिम्ब हैं। रंगीन टेलीविज़न सेट "I" और "Q" के प्रयोग से रंग को पैदा करते हैं। "I" और "Q" को मिलाने के लिए टेलीविज़न सिग्नलों की स्कैनिंग गति 30 फ्रेम प्रति सेकेण्ड

से 29.87 फ्रेम प्रति सेकेण्ड करनी पड़ी। इससे विद्यमान श्वेत-श्याम रिसीवरों पर कोई प्रभाव नहीं पड़ा।

इस कलर प्रणाली व विधि में प्रमुख दो समस्याएँ पायी जाती हैं जो निम्नवत् हैं–

1. "I" और "Q" सिग्नलों को उत्पन्न करने के लिए प्रयुक्त संपीडन तकनीक पूरी तरह से कलर रिप्रोडक्शन नहीं करती है। एन॰टी॰एस॰सी॰ के लिए गहरे नीले और गहरे परपल छाया चित्रों को पुनः निर्मित करना कठिन है।

2. दूसरी कमी को आर्टिफैक्ट कहा जाता है जो विस्तृत छायाचित्रों के ऊपर एक रंगीन मोयर के रूप में परिलक्षित होती है। ऐसा इसलिए होता है, क्योंकि "I" और "Q" को ल्युमिनेन्स के समान आवृत्तियों पर मॉड्यूलेट किया जाता है। टेलीविज़न वार्डरोब और सेट डिज़ाइन पर ध्यान देकर आर्टिफैक्ट की समस्याओं का समाधान किया जा सकता है।

एन॰टी॰एस॰सी॰ मानक

एन. टी. एस. सी. मानक का आविष्कार सन् 1954 में किया गया था जिसका प्रयोग वर्तमान समय में किया जा रहा है। फ्रेम दर : 29.97 फ्रेम प्रति सेकेण्ड, लाइन दर : 525 लाइनें प्रति फ्रेम, 15,734 लाइनें प्रति सेकेण्ड, इन्टरलेसः 2:1,2 फ़ील्ड प्रति फ्रेम तथा फ़ील्ड दर : 262-1/2 लाइन प्रति फ़ील्ड, 59.94 फ़ील्ड प्रति सेकेण्ड में इस मानक की व्याख्या की गई है।

अन्य विश्व-मानक

उपर्युक्त वर्णित मानकों के अलावा कुछ अन्य विश्व मानक भी हैं जिसे नीचे के बिंदुओं में स्पष्ट किया गया है–

पाल–इस मानक का प्रयोग सन् 1996 में किया गया जिसका श्रेय इंग्लैण्ड, जर्मनी और हॉलैण्ड को जाता है। यह मानक एन॰टी॰एस॰सी॰ द्वारा उत्पन्न कलर ख़राबी को सुधारता है। पाल सेट में एन॰टी॰एस॰सी॰ मॉडल की भाँति, ह्यू नियन्त्रक नहीं होता है। इसमें 625 लाइन प्रणाली होती है जो 50 फ़ील्ड प्रति सेकेण्ड, फ्रेम पर स्कैन करता है।

सेकैम–सेकैम एक प्रकार की ऐसी पद्धति है जिसमें 719 लाइनें होती हैं। इसकी स्कैन गति 50 फ़ील्ड (25 फ्रेम) है। सेकैम मानक फ्रांस द्वारा शुरू किया गया था। फ्रांसवासियों ने अन्य यूरोपियों द्वारा अपनाए गए मानक पाल को

सामान्य करार देते हुए अपनाने से मना कर दियाँ वे महसूस कर रहे थे कि टेलीविज़न के लिए सेकैम को विकसित कर वे स्वयं अपना बाज़ार विकसित कर सकेंगे, किन्तु सेकैम को सम्पादित करना इतना जटिल कार्य था कि अक्सर इसके लिए टी॰वी॰ सिग्नल को पाल में परिवर्तित करना पड़ता था। सेकैम स्टैण्डर्ड की समस्याओं के बाद भी इसे सोवियत संघ, यूरोप और मिडल ईस्ट के कई हिस्सों में ग्रहण किया गया। एन॰टी॰एस॰सी॰ से कलर से सम्बन्धित समस्याओं से निपटने के लिए भी इस सेट को पसन्द किया गया। यह स्टैण्डर्ड बहुत साधारण वीडियो टेप के साथ कार्य करने के लिए तैयार किया गया, जो टाइम बेस त्रुटियों को दूर करने के लिए अभेद्य था।

टेलीविज्ञन परिदृश्य से सम्बन्धित व्यक्ति

सामान्यतः घर बैठे टेलीविजन तथा रेडियो पर विविध कार्यक्रमों को देखते हुए दर्शक समझते हैं कि टेलीविजन कार्यक्रम आसानी से तैयार किया जा सकता है लेकिन यह सच नहीं है। सच्चाई तो यह है कि रेडियो या टी॰वी॰ कार्यक्रम को तैयार करने में बहुत-से अन्य उच्च दक्षता प्राप्त लोगों का योगदान होता है। इसमें कोई शक नहीं कि कोई कार्यक्रम तैयार करने के लिए अभिनेता, प्रस्तुतकर्त्ता, समाचार वाचक तथा संवाददाता की आवश्यकता होती है। लेकिन जब वे कैमरा के सामने होते हैं तो इससे पहले उन्हें सही वेश-भूषा में तैयार करने का उत्तरदायित्व वॉरड्रोब विभाग का होता है। मेक-अप आर्टिस्ट उनका मेक-अप करता है। कभी-कभी तो कुछ लोग जिनका साक्षात्कार लिया जा रहा होता है, प्रसारण से पहले उन्हें भी मेक-अप कर तैयार किया जाता है।

टेलीविजन के प्रत्येक कार्यों के लिए अलग-अलग विभाग एवं प्रबन्धों की व्यवस्था की जाती है, जिसका प्रमुख कार्य सभी कार्यक्रमों का ब्योरा समाचार-पत्रों एवं पत्रिकाओं में देना होता है। टाइम स्लाट में कार्यक्रम भी इसका एक प्रमुख कार्य होता है, इसलिए कार्यक्रम प्रबन्धक को दर्शकों की अभिरुचि एवं विचारों का ज्ञान होना चाहिएँ प्रोडक्शन विभाग में प्रोडक्शन प्रबन्धक सभी केन्द्रों के स्थानीय सजीव प्रसारण कार्यक्रम की उपादेयता, विशेषता, क़िस्म, रूप-रेखा, प्रस्तुतीकरण एवं कार्यक्रम प्रतिभा के लिए तथा सामान्यतः कार्यक्रम बजट हेतु भी उत्तरदायी होता है। प्रत्येक टी.वी. एवं रेडियो केन्द्रों के तहत तकनीकी विशेषज्ञ यंत्रों का रखरखाव एवं देखरेख के दायित्व की भूमिका निभाते हैं।

सभी व्यावसायिक टी.वी. केन्द्रों में एक विक्रय समूह होता है जिसका इस

केन्द्र में महत्त्वपूर्ण स्थान होता है। यह केन्द्र विज्ञापनदाताओं को विज्ञापन समय की बिक्री कर अपनी आमदनी प्राप्त करते हैं। सेल्स रिप्रेजेन्टेटिव विज्ञापनदाताओं को लुभाने हेतु प्रस्ताव तैयार करते हैं। इसलिए विज्ञापन के उत्पादन, विपणन एवं व्यापार योजना तथा केन्द्र की श्रोता प्रोफाइल तथा इसकी उत्पादन सुविधाओं दोनों के विषय में अच्छा ज्ञान होना चाहिएँ

डी॰वी॰डी॰ वीडियो

डी.वी.डी. वीडियो एक ऐसा इलेक्ट्रॉनिक माध्यम है जिसके द्वारा मनचाहा कार्यक्रम देखा जा सकता है। इसी कारण आज भारत में इसका प्रयोग एक व्यापक स्तर पर किया जा रहा है। डी॰वी॰डी॰ वीडियो घरेलू मनोरंजन में नई पहल है जिनसे हम घरों में फ़िल्में और म्यूजिक वीडियो देखते हैं। डी॰वी॰डी॰ वीडियो डिस्क पारम्परिक का पैक्ट डिस्क (सी॰डी॰) के आकार का होता है। उच्च गुणवत्ता, डिज़िटल साउण्ड ध्वनि की सुस्पष्टता एवं उच्च रिजोल्यूशन वीडियो के साथ, एक अकेला डी॰वी॰डी॰ वीडियो डिस्क, एक संपूर्ण फिल्म को समाहित कर सकता है।

उपयोगिता

ऑडियो सी.डी. को डी.वी.डी. प्लेयर के माध्यम से सुगमता से चलाया जा सकता है। इसके अलावा इसकी पिक्चर और ध्वनि अच्छी होती है। वी॰ एच॰ एस॰ वीडियो टेपों की तुलना में डी॰ वी॰ डी॰ वीडियो डिस्क छोटा है और आसानी बड़े पर्दे पर प्रयोग फिल्मी ट्रेलर कमेन्ट्री और परफार्मर बायोग्राफी का आनन्द, विभिन्न कैमरा कोणों का चुनाव तथा अभिनेताओं एवं निदेशकों से एक्सक्लूसिव कमैन्ट्री या विदेशी फ़िल्मों की ध्वनि अपनी भाषा में सुनी जा सकती है। इसके अलावा इसके माध्यम से उपशीर्षक एवं कराओके ट्रैक का आनंद भी उठाया जा सकता है। यह ज्यादा टिकाऊ एवं कम कीमत की होती है।

प्रसारण में सहायक यंत्र

प्रसारण में विभिन्न उपकरणों या यंत्रों की आवश्यकता पड़ती है जिसमें से कुछ इस प्रकार हैं–

सैटेलाइट

सन् 1990 में सैटेलाइट यंत्र की शुरुआत हुई। 1990 के खाड़ी युद्ध में सी.

एन.एन. नामक टी.वी. कम्पनी की जबर्दस्त उपस्थिति ने भारत में डिश एँटिना को एक नये संचार यंत्र की तरह आवश्यक बना दियाँ देखते ही देखते, मुहल्लों, होटलों सामुदायिक भवन शृंखलाओं में सी.एन.एन. के प्रसारण दिखाने लायक डिश लिए गये।

सन् 1991 में स्टार टी.वी. के ड़िश एँटिना ने चार चैनलों का प्रसारण प्रारम्भ कियाँ स्टार ने पहले से मौजूद केबल टी.वी. के संजाल को एक डिश एँटीना की मदद के पाँच चैनल वाले जबर्दस्त प्रसारण को अंतर्राष्ट्रीय माध्यम में बदल दियाँ दूरदर्शन के दर्शक बड़ी तेजी से बी.बी.सी., स्टार प्लस, प्राइम स्पोर्ट्स और एम.टी.वी. की ओर मुड़े। दूरदर्शन के प्रायोजक और विज्ञापक भी उधर लपके। इस प्रकार से इन चैनलों के प्रसारण ने दूरदर्शन के समझ चुनौतियाँ खड़ी कर दीं।

दूरदर्शन के इतिहास में यह पहली चुनौती थी जो डिश एँटिना और नई सैटेलाइट तकनीक ने दी थी। दूरदर्शन को लगा कि उसके अल्पशक्ति वाले टावर डिश एँटिना और केबल से मात खाते हैं। यह किसी एक हद तक सच भी था। टावरों का रख-रखाव महँगा तो था ही, नित बदलती तकनीक, समय के हिसाब से निर्वहन योग्य भी नहीं था।

केबल टी.वी. ने यह साबित कर दिया कि दर्शक दूरदर्शन के अतिरिक्त मनोरंजन चाहते हैं। बाद में सी.एन.एन और स्टार टी.वी. के आने से केबल की माँग बढ़ गई।

शुरुआत में दूरदर्शन ने केबल प्रसारण पर पाबंदी लगानी चाही, लेकिन ऐसा होना मौजूद कानून के अन्तर्गत असम्भव था। मद्रास हाई कोर्ट ने 1990 में केबल संचालन को प्रतिबंध से मुक्त होने योग्य प्रणाली बतायाँ

बहु-चैनलीय तकनीकी जिस सैटेलाइट डिश टी.वी याँत्रिक पर आधारित है उसका आविष्कार पश्चिमी उपभोक्तावादियों द्वारा किया गया है। हमें इस तथ्य पर विशेष रूप से ध्यान देना होगा कि तकनीकी के संबंध में पश्चिम पूँजीवादी देश तकनीकी वर्चस्ववाद के पुजारी हैं और अन्य देशों को तकनीकी रूप से पूरी तरह आत्मनिर्भर नहीं होने देना चाहते। अतएव वे तकनीकी को निरन्तर बदलते रहते हैं और दूसरे देशों की तकनीकी को पिछड़ा एवं अपने ऊपर निर्भर रखते हैं। अपने अनुभव से हम खुद समझ सकते हैं कि उन्होंने आरम्भ में जो टी.वी प्रसारण तकनीक थी, बाद में सैटेलाइट डिश टी.वी के जरिये उसे बदल दिया याँत्रिकी के इस युग में तकनीक परिवर्तित होती रहती है।

भारत में 8वीं पंचवर्षीय योजना के दौरान दूसरे चैनल की संकल्पना पर विशेष रूप से ध्यान दिया गया। इस योजना में सैटेलाइट प्रसारण पर भी जोर दिया गया। खाड़ी युद्ध के बाद से देखते-देखते भारत में डिश एँटिना एवं सैटेलाइट टी.वी. का प्रयोग किया जाने लगा।

सैटेलाइट तकनीकी का विकास हो चुका है जो देश की सीमाएँ लांघने वाली तकनीकी है। आसपास के रास्ते तरंगों के सहारे सैटेलाइट टी.वी. ने सीधे अपने दर्शक ढूंढ निकालें। यह तकनीकी इतनी आगे बढ़ चुकी है कि तरंगों को नहीं अपने में रोका जा सकता है। 1991 तक सैटेलाइट प्रसारणों की सही दर्शक-संख्या बी. बी. सी. – 70 प्रतिशत, एम. टी. वी. – 53 प्रतिशत, विदेशी संजाल देखने वाले– 75 प्रतिशत और प्राइम स्पोर्ट्स – 61 प्रतिशत थी।

वास्तव में खाड़ी युद्ध सैटेलाइट के प्रयोग को शीघ्र कर दिया, जो अपनी उपयोगिता शायद धीरे-धीरे दिखाते। जो काम सी.एन.एन. ने एक खेल की भाँति प्रारंभ किया जो आज दैनिक रूप पकड़ लिया है। इस प्रयोग का यह नतीजा निकलेगा इतना तो सी.एन.एन. कम्पनी ने कभी कल्पना भी नहीं की थी, जितनी आशातीत सफलता इसे मिली है, खाड़ी युद्ध होने के बाद सैटेलाइट टी.वी कम्पनी की बाढ़ सी आ गई और प्रतिस्पर्धा बढ़ गई। आज सी.एन.एन के साथ एशिया टी. वी. एवं स्टार टी.वी. संयुक्त रूप से कार्य कर रहे हैं।

भारत में कारपोरेट चैनलों के बढ़ते प्रभाव से दूरदर्शन की समस्याएँ और बढ़ा दी हैं। सैटेलाइट युग को नव साम्राज्यवाद युग कह सकते हैं। सैटेलाइट तकनीक ने दरअसल एक नये युग की शुरुआत कर दी है। सैटेलाइट टी.वी. ने बरसों पहले भारतीय बाजार को फेल कर दिया है। दस साल में चार करोड़ टी.वी सेट फेल हो गएँ साढ़े पाँच सौ से ज्यादा टी.वी. टावर बेकार हो गये। अरबों की पूँजी लग गई। सैटेलाइट टी.वी. का सीधा अर्थ हम यह निकाल सकते हैं कि दूरदर्शन के समान्तर संचार व्यवस्था की जा सकती है। इस सच्चाई को नकारा नहीं जा सकता है कि जिस भारत को अंग्रेज सीधे शासन से कभी नहीं जीत पाये, उसे आकाश मार्ग से जीत लियाँ सैटेलाइट ने प्रसारण अंतर्राष्ट्रीय स्तर पर शुरू किया है, अब हम अपने देश से सम्बन्धित ही नहीं अपितु अन्तर्राष्ट्रीय सूचनाओं का सीधा प्रसारण भी देख सकते हैं। यह सिर्फ सैटेलाइट के द्वारा सम्भव हो पाया है।

भारत में ऐसा कोई स्रोत नहीं है जहाँ सैटेलाइट के माध्यम से कार्य न किया जाता हो। हमारे प्रिंट माध्यम में 'हिन्दू' (अंग्रेजी) सर्वप्रथम एक ऐसा अंग्रेजी पत्र है जिसने सैटेलाइट तकनीकी का प्रयोग शुरू कियाँ इसमें हिन्दू अपने मुख्य कार्यालय

में सूचनाएँ कम्प्यूटर के माध्यम से अपने शाखा कार्यालय में पहुँचाता था, वह कम्प्यूटर से अपलिंक करता था। सैटेलाइट पर उसकी सूचनाओं की तरंगें गईं, वहाँ से सैटेलाइट ने डाउनलोड की शाखा कार्यालय के कम्प्यूटर में उसको लोड किया गया एवं एक जगह की सूचनाएँ, मात्र विद्युत तरंगों के द्वारा आसानी से भेजा जा सकता है। हमारे आसमान में सूचनाओं का जाल फैला हुआ है जो विद्युतीय तरंगों में है, उसे हम सैटेलाइट के माध्यम से अपने कम्प्यूटर में डाउनलोड करके प्राप्त कर सकते हैं। उदाहरण के लिए डॉट कॉम नामक तहलका, सिर्फ भारत में ही नहीं विदेशों में भी इसकी सूचना प्राप्त की गई होगी। सैटेलाइट के द्वारा कुछ भी छिपा नहीं है। अगर किसी को सूचना प्राप्त करनी हो तो विद्युत तरंगों को डाउन लोड करके ऐसा कर सकता है।

उपर्युक्त जैसे एक सैटेलाइट प्रणाली बताई गई है। दूसरी प्रणाली इस प्रकार है, मान लीजिए दिल्ली के इण्डिया गेट पर 'जी' न्यूज का संवाददाता है। वह कोई लाइव सूचना दे रहा है, उसके सामने कैमरा लगा है, वह जो बोल रहा है, कैमरे का लिंक सीधे सैटेलाइट से है, सैटेलाइट उस वक्तव्य को पकड़ेगा स्टूडियो में उस सैटेलाइट से सूचना प्राप्त की जाएगी, स्टूडियो फिर अपलिंकिंग करेगा, सैटेलाइट पर पहुँचेगा सैटेलाइट से डाउनलोड होकर केबल ऑपरेटर तक पहुँचेगा और लोगों तक वह डिश एन्टिना की मदद से पहुँच जाता है।

अतः सैटेलाइट प्रणाली में किसी प्रकार की कोई असुविधा नहीं है, विद्युतीय तरंगों के माध्यम से आकाश मार्ग से सूचनाएँ प्राप्त हो जाती हैं।

वर्तमान समय में सभी चैनल के प्रसारणों में सैटेलाइट का योगदान काफी सराहनीय है। आज यह तकनीकी दिनों-दिन विकास की ओर उन्मुख हो रही है। तकनीकी प्रगति के मार्ग पर अग्रसर है।

कम्प्यूटर

कम्प्यूटर एक ऐसा यंत्र है जिसने संपूर्ण विश्व को एक मंच पर लाकर खड़ा कर दिया है। इस यंत्र या उपकरण में विभिन्न प्रकार के डाटा का निवेश किया जाता है। एक तरह से कम्प्यूटर में पूरा आफिस खुला हुआ है। आज कम्प्यूटर इतना विकास कर चुका है कि इसने विभिन्न क्षेत्र में क्रान्ति फैला दी है। जो कार्य मानव को करने में कई घंटे लग जाते थे, कम्प्यूटर द्वारा उसे कुछ मिनटों में किया जा सकता है। सम्पूर्ण विश्व व्यवस्था कम्प्यूटर नेटवर्क से जुड़ी हुई है। पहले यदि हमें **दिल्ली**

से मुम्बई तक सूचना देनी होती थी, तो पत्र या कोरियर का सहारा लेना पड़ता था। जिसमें कम से कम 24 घंटे तक का समय लगता ही था। लेकिन कम्प्यूटर, इंटरनेट, के द्वारा हम सिर्फ एक बटन दबाकर देश के किसी भी कोने में सूचनाएँ भेज सकते हैं। हमारे दैनिक जीवन को छोड़कर मीडिया में भी कम्प्यूटर ने उल्लेखनीय सफलता प्राप्त की है, चाहे वह हमारा प्रिंट माध्यम हो या फिर इलेक्ट्रॉनिक माध्यम। कम्प्यूटर के बिना आज प्रतिस्पर्धा की दौड़ में अपने को स्थापित करना संभव नहीं है।

उपयोगिता

कम्प्यूटर की उपयोगिता एवं महत्त्व को प्रमुख दो भागों में विभाजित किया जा सकता है जिसमें पहला इलेक्ट्रॉनिक मीडिया और दूसरा प्रिंट मीडियाँ इन दोनों में कम्प्यूटर की क्या भूमिका है इस पर संक्षिप्त प्रकाश नीचे डाला जा रहा है–

इलेक्ट्रॉनिक मीडिया–इस मीडिया में टेलीविजन, रेडियो आदि को सम्मिलित किया जाता है। इस मीडिया के हर क्षेत्र में कम्प्यूटर का प्रयोग किया जा रहा है। जितने भी आजकल टी.वी. में प्रभाव दिखाये जाते हैं, वे सब कम्प्यूटर के ही परिणामस्वरूप होते हैं। सबसे पहले तो न्यूज के कार्य की वही प्रक्रिया है, जो हमारे प्रिंट मीडिया में अपनाए जाते हैं। सारा न्यूज कम्प्यूटर में फीड रहता है। आज कम्प्यूटर में ही समाचार वाचक सभी खबरों को पढ़ने की प्रैक्टिस कर सकता है। साथ ही हमारे न्यूज से सम्बन्धित मैटर और सुपर भी कम्प्यूटर में ही फीड होते हैं। कम्प्यूटर के द्वारा ग्राफिक्स का कार्य भी किया जाता है। इलेक्ट्रॉनिक मीडिया की नॉन लीनियर एडिटिंग भी कम्प्यूटर तकनीक पर आधारित है। इसमें बार-बार आगे पीछे शॉट करके सेट करने की आवश्यकता नहीं होती है। कम्प्यूटर के पर्दे पर लगभग 12-15 शॉट आते हैं। उसी स्क्रीन पर शॉट की क्रमबद्धता का चुनाव कर लिया जाता है। इस प्रक्रिया से एडिटिंग शीघ्र होती है तथा जनरेशन गैप की सम्भावना नहीं रहती।

कम्प्यूटर में इसके अलावा एक नया तकनीक खोजा गया है जिसे कम्प्यूटर एनीमेशन कहा जाता है। इसकी सहायता से प्रभाव प्रस्तुत किये जाते हैं। आज हम जितनी भी आश्चर्यजनक चीजें स्क्रीन पर देखते हैं वे सब कम्प्यूटर की ही देन हैं। विभिन्न चैनल के 'पॉगोज' जो हमें इतने आकर्षक ढंग से देखने को मिलते हैं वह सब एनीमेशन के द्वारा होते हैं। आजकल हर एक प्रकार की कार्टून एनीमेशन के माध्यम से ही बनाई जा रही है एवं पर्दे पर प्रदर्शित की जाती है। वह हमें जितनी

फुटेज देती है, वह भी कम्प्यूटर के द्वारा रिकार्ड की जाती है तथा साथ में प्राप्त होती है। इस प्रकार हम कह सकते हैं कि कम्प्यूटर ने हमारी मीडिया प्रणाली को सरल बना दिया है। वह इन सभी के साथ काफी उपयोगी है।

प्रिंट मीडिया—प्रिंट मीडिया में कम्प्यूटर की उपयोगिता बहुत ज्यादा बढ़ गई है। चाहे वह समाचार पत्र का क्षेत्र हो या पत्रिका का, पोस्टर, हैण्डबिल, पैम्फलेट, ब्रोशर इत्यादि का कहने का तात्पर्य यह है कि कम्प्यूटर का वर्चस्व इन सभी में दिखाई देता है। पहले समाचार पत्र प्रकाशित करने की प्रक्रिया बहुत श्रमसाध्य तथा जटिल थी। जब कम्पोजिंग की जाती थी तो हम एक ब्लॉक बनाते थे और उस ब्लॉक को मशीनों में सेट किया जाता था। आज कम्प्यूटर ने हाथ द्वारा होने वाले कामों को अपने ऊपर ले लिया है। अब की बोर्ड की सहायता से कम्पोजिंग होती है तथा प्रिंट आउट एवं निगेटिव तैयार किए जाते हैं। एक बार कागज लगा दिये जाते हैं और आसानी से छपाई हो जाती हैं। यदि कोई गलती रह गई हो तो उसको कम्प्यूटर की स्क्रीन पर ही सही कर दिया जाता है।

कम्प्यूटर में इसके अलावा अलग-अलग फाइल तथा डायरेक्ट्री होती हैं। अलग-अलग फाइल में अलग-अलग मैटर टाइप किया जाता है अर्थात् किसी भी कार्य की खिचड़ी नहीं बनती। सबकी भिन्न-भिन्न फाइल होती है। पूरा मैटर सुरक्षित रख लिया जाता है। भविष्य में कभी भी उसकी आवश्यकता पड़े, तो वह प्राप्त किया जा सकता है। कम्प्यूटर में 'पेजमेकर' नामक प्रोग्राम ने समाचार पत्रों का प्रकाशन बहुत आसान कर दिया है। पूरे पृष्ठ के आठ कॉलम बने होते हैं। उन्हीं में सीधे सामग्री को कम्पोज किया जाता है। पूरे आठ कॉलम तैयार हो जाने पर कम्प्यूटर में ही पेज मेकअप किया जाता है और फाइनल प्रिंट निकालकर दे दिया जाता है। हेडिंग को छोटा-बड़ा करने में भी किसी समस्या का सामना नहीं करना पड़ता।

कम्प्यूटर का आविष्कार होने के पूर्व जो चित्र व कार्टून हाथ से बनाये जाते थे आज उन्हीं चित्रों व कार्टून को कम्प्यूटर के पेंट ब्रुश से बनाए जाते हैं। आजकल विभिन्न समाचार समितियाँ फोटो भी दे रही हैं। हम अपने कम्प्यूटर पर सीधा प्रिंट निकाल सकते हैं। आजकल इतनी सुविधा हो गई है कि टेलीप्रिंटर की जगह सीधे कम्प्यूटर में न्यूज भेजा जाता है। इसके लिए एक यंत्र (मॉडम) की आवश्यकता पड़ती है। अन्य शब्दों में यह कहा जा सकता है कि वर्तमान विश्व में कम्प्यूटर ने पत्र प्रकाशन का कार्य बहुत आसान कर दिया है। इसी प्रकार हर कार्यालय में विभिन्न कम्प्यूटर होते हैं, जो सभी को एक सूत्र में जोड़े रखे रहते हैं।

उदाहरण के लिए मान लीजिए कि एक व्यक्ति ने एक कार्टून बनाया और किसी दूसरे व्यक्ति को उसे चैक करना है तो वह अपना कम्प्यूटर खोलेगा, सीधे उस फाइल में जाकर उस न्यूज को देखकर उसमें गलत पर निशान लगा देगा।

वर्तमान सभी बड़ी-बड़ी व्यावसायिक कम्पनियों के कार्यालयों में मात्र अंदर ही नहीं बल्कि आफिसों के बाहर भी कम्प्यूटर बेवसाइटों से जुड़ी रहती हैं। पत्र की वेबसाइट खोलकर आप आवश्यक जानकारी प्राप्त कर सकते हैं। इसी प्रकार प्रिंट में पोस्टर की स्थिति है। पहले पोस्टर हाथ से लिखे जाते थे, परंतु आज यह कार्य कम्प्यूटर के द्वारा बड़ी सरलता से सम्पन्न किया जा सकता है। कम्प्यूटर के 'कोरल ड्रॉ' में किसी भी प्रकार की डिजाईन आसानी से बनाई जा सकती है। कम्प्यूटर ने मीडिया में एक अच्छा स्थान बना लिया है। जिसके अभाव में युग को पचास साल पीछे ले जाने वाली बात होगी। आज शायद ही कोई ऐसा स्थानीय पत्र होगा, जो कम्प्यूटर का प्रयोग न करता हो। आज स्थिति यह है कि घरों में भी कम्प्यूटर की पहुँच है। इसके अलावा हमारे प्रिंट विज्ञापनों में भी कम्प्यूटरर का बहुत अधिक प्रयोग किया जाने लगा है। विभिन्न प्रभाव कम्प्यूटर द्वारा ही दिए जाते हैं।

कम्प्यूटर एनीमेशन

कम्प्यूटर एक ऐसा इलेक्ट्रॉनिक यंत्र है, जिसमें विभिन्न प्रकार की डायरेक्टरी और फाइल होती है, जिसके अन्तर्गत हम हजारों वर्ष पुरानी जानकारी भी रख सकते हैं। इसमें पूरा कार्य मशीनी रूप में होता है। माउस की सहायता से पूर्ण जानकारी प्राप्त की जा सकती है। अन्य शब्दों में कम्प्यूटर चलता-फिरता एक कार्यालय है। इस प्रकार अब हम देखेंगे कि एनीमेशन क्या होता है? वास्तव में एनीमेशन का अर्थ है, किसी निर्जीव वस्तु में सजीवता प्रदान करना। एनीमेशन का शाब्दिक अर्थ सजीवता प्रदान करना या प्राण संचरण होता है।

इसके पश्चात् हम जानने का प्रयास करेंगे कि किस प्रकार कम्प्यूटर एनीमेशन का प्रयोग आज इलेक्ट्रॉनिक मीडिया में किया जा रहा है तथा प्रत्येक कार्य के लिए कम्प्यूटर की मदद से किया जा रहा है। आज मीडिया खासकर इलेक्ट्रॉनिक मीडिया में एनीमेशन का बहुत अधिक प्रयोग किया जा रहा है, हर कार्य अब कम्प्यूटर की मदद से किया जाने लगा है। कई बार या अक्सर हम फिल्मों में देखते हैं, कि दो हवाई जहाज आपस में टकराये, यह सब कुछ वास्तविकता में नहीं होता बल्कि कम्प्यूटर द्वारा एनीमेशन करके प्रभाव उत्पन्न किया जाता है। निर्जीव वस्तु में प्राण संचरण या एनीमेशन किस प्रकार से किया जाता है। इसके लिए एक तरीके का

प्रयोग होता है। उदाहरणार्थ : कम्प्यूटर में कोई आकृति बनाई और आकृति स्थायी रहती है। पीछे पृष्ठभूमि को चला दिया, तो ऐसा प्रतीत होता है, कि आकृति चल रही है पर वास्तव में पृष्ठभूमि चल रही होती है। इस तरह परस्पर दो फ्रेम में दो हवाई जहाज बनाए, एक की पृष्ठभूमि दायीं तरफ तथा दूसरे की पृष्ठभूमि बायीं तरफ चलाई जाती है और ऐसा प्रतीत होता है कि दोनों जहाज आपस में टकरा गये। कम्प्यूटर के द्वारा सृजन करने के लिए यह सब कार्य किये जाते हैं।

किसी कारणवश जहाँ शूटिंग करना संभव न हो, वहाँ पर विशेष तौर पर कम्प्यूटर एनीमेशन का प्रयोग किया जाता है। कम्प्यूटर एनीमेशन ने मीडिया का कार्य बहुत आसान कर दिया है। इसे एक उदाहरण द्वारा आसानी से समझा जा सकता है। कम्प्यूटर के आने से पूर्व भी हमारे यहाँ कार्टून शो दिखाए जाते थे, पर क्या कभी यह सोचा है कि वे गतिशील रूप में किस प्रकार स्क्रीन पर दिखाई देते हैं। सर्वप्रथम जब एनीमेशन का प्रयोग किया जाता था तब एनीमेशन के लिए स्क्रैच हाथ के बने होते थे। फिर कैमरे से उसकी शूटिंग की जाती थी, अलग-अलग आकृतियाँ अलग-अलग पृष्ठ पर बनाकर कैमरे के द्वारा चलाई जाती थीं। इतनी तेजी से शूट किया जाता था, कि आकृति चलती मालूम होती थी लेकिन वास्तव में कैमरे का भ्रम होता था। अब तो आकृति कम्प्यूटर पर बना दी जाती है, और उसके पीछे की पृष्ठभूमि को चलाया जाता है, महसूस होता है कि दृश्य ही चल रहा है, इसी प्रक्रिया को कम्प्यूटर एनीमेशन के नाम से संबोधित किया जाता है।

एनीमेशन एक प्रकार की नवीन पद्धति है जो वस्तुओं में एक तरह की गति उत्पन्न करती है। वर्तमान समय में सभी प्रकार की फिल्मों में एनीमेशन पद्धति का प्रयोग किया जा रहा है। अंग्रेजी फिल्म जुरासिक पार्क में जो डाइनासोर दिखाया गया है, वह सब कुछ कम्प्यूटर से तैयार किया गया है। इसी प्रकार The Last World, The Last Empire, सभी कम्प्यूटर एनीमेशन द्वारा प्राप्त निष्कर्षों के आधार पर तैयार की गई फिल्में हैं। आज पश्चिम देशों में जितनी भी फिल्में बन रही हैं, वह सब कम्प्यूटर एनीमेशन द्वारा ही तैयार की जाती हैं। इसके अलावा एक प्रकार की togo's चैनल भी होती है इसे भी एनीमेशन के द्वारा ही तैयार की जाती है। जैसे दूरदर्शन में पूरी पृथ्वी दिखाई जाती है, उसके आसपास दूरदर्शन लिखा जाता है। यह सब कम्प्यूटर द्वारा ही तैयार किया जाता है, कम्प्यूटर द्वारा पूरी पृथ्वी का मॉडल बनाकर ग्राफिक्स डालकर पीछे के दृश्यों को गोलाकार रूप में घुमाया जाता है।

वर्तमान दौर में कम्प्यूटर एनीमेशन का उपयोग वैज्ञानिक विधि से किया जा रहा है। जैसे कोई आकृति आती है, वह दूसरी आकृति का रूप लेकर स्क्रीन से

ओझल हो जाती है, यह सब एनीमेशन का ही प्रभाव है। इसी के साथ ही दाँतों का विज्ञापन दिखाया तो दाँतों की आकृति बहुत बड़ी दिखाई गई, या फिर आँख के अन्दर की चीजें दिखाई गईं, वे सब कम्प्यूटर के अंतर्गत उस आकृति का अलग-अलग प्रभाव डाला जाता है, जो मात्र एनीमेशन के द्वारा ही करते हैं। फिल्म में ट्रेन उलटी Industries में आग लगी, पूरी बिल्डिंग गिर गई, बाढ़ आ गई, भूकंप आया, कम्प्यूटर एनीमेशन द्वारा इन सभी को संभव किया जा सकता है।

कम्प्यूटर आविष्कार के पहले किसी प्रभाव को विकसित करने के लिए हाथों से रंगों को भरकर पृष्ठभूमि बनायी जाती थी परंतु आज मात्र (Key) कुँजी को प्रेस करते ही सारे प्रभाव प्रदर्शित होने लगते हैं। आजकल, सोनी, स्टार प्लस आदि चैनल पर जितने भी स्क्रीन 'लोगो' आते हैं, वे सब एनीमेशन के द्वारा ही दिखाये जाते हैं। स्टार बना हुआ है, बीच में लिखा हुआ आता है, यह भी ग्राफिक्स एनीमेशन है। आठ की आकृति जी.टी.वी. में आई थी। आई, ऊपर नीचे दायें-बायें घूमकर ओझल हो गई, यह भी कम्प्यूटर एनीमेशन कहलाता है। इसी प्रकार डिब्बे में सोनी आया, और उलट-पुलट कर डिब्बा गायब हो गया। ये सारी चीजें एनीमेशन है, इस प्रकार हम कह सकते हैं कि आज के संदर्भ में जितनी भी फिल्में बन रही हैं, वह सभी एनीमेशन पर ही आधारित हैं। एनीमेशन का सबसे बड़ा लाभ यह है कि समय की पर्याप्त बचत होती है। पूरा काम सुव्यवस्थित तथा सफाई के साथ होता है। तथा इसके प्रयोग से विभिन्न चीजों को अलग-अलग प्रभाव युक्त दिखाने में सुविधा होती है।

निष्कर्षतः कम्प्यूटर एनीमेशन ने मीडिया क्षेत्र में क्रांति ला दी। दिन-प्रतिदिन इसका विस्तार क्षेत्र बढ़ता ही चला जा रहा है।

ऑप्टिकल फाइबर

ऑप्टिकल फाइबर एक प्रकार की काँच की पतली छड़ होती है, जिसमें से विभिन्न विद्युतीय तरंगों को फेंका जाता है। इसमें इन्फ्रा रैड किरणों द्वारा तरंगें फेंकी जाती हैं, और इस लाइट की गति तीन लाख कि.मी प्रति सेकेण्ड होती है अर्थात् ऑप्टिकल फाइबर के भीतर विभिन्न कोणों से तरंगें फेंकी जाती हैं, जो बिना किसी दूसरी तरंगों के साथ टकराये आगे बढ़ जाती हैं, तथा एक भिन्न कोण का निर्माण करती हैं।

आजकल ऑप्टिकल फाइबर का इस्तेमाल बहुत ज्यादा बढ़ गया है। हमारे केबल ऑपरेटर आजकल ऑप्टिकल वायर का ही प्रयोग कर रहे हैं। इसका लाभ यह

होता है, कि सिग्नल अधिक साफ आते हैं, और बिना किसी रुकावट के सभी सिग्नल अपना-अपना कार्य करते रहते हैं। प्रायः ऑप्टिकल फाइबर को एल.एन.बी में लगाया जाता है और केबल ऑपरेटर इन सिग्नलों को प्राप्त करता है और बूस्ट अप करके जब उन्हें दर्शकों तक पहुँचाते हैं, तो ऑप्टिकल फाइबर वायर का प्रयोग किया जाता है। हमारे टेलीविजन में भी अब ऑप्टिकल वायर का प्रयोग किया जाता है। जब कभी टी. वी. में तस्वीर या वीडियो साफ नहीं होता तो इसका तात्पर्य यह होता है कि सिग्नल कहीं न कहीं आपस में टकराए हैं, जिससे रुकावट होती है। इस प्रकार की समस्या ऑप्टिकल फाइबर में दिखाई नहीं देती है क्योंकि इसमें इन्फ्रारेड लाइट का इस्तेमाल किया जाता है। वास्तव में यह तार बॉल की मोटाई से भी पतली होती है, जिससे हजारों इन्फ्रा रेड किरणों या तरंगें तीन लाख कि.मी. प्रति सेकण्ड की गति से आगे बढ़ती हैं और प्रत्येक तरंगें अपना-अपना कोण बनाते हुए आगे जाती हैं। इस तरह मीडिया में हमारे कम्प्यूटर, सैटेलाइट डिश एल.एन.बी में केबल ऑपरेटर प्रोडक्शन कन्ट्रोल रूम में इसी प्रकार के ऑप्टिकल फाइबर का इस्तेमाल होता है।

कैमरा

टेलीविजन पत्रकारिता जगत में कैमरे का महत्त्वपूर्ण स्थान है। कैमरे की सहायता से किसी भी वस्तु का फोटो लिया जा सकता है। हालाँकि जबसे इलेक्ट्रॉनिक मीडिया की शुरुआत हुई है, तभी से कैमरों का प्रयोग किया जाने लगा है, उससे पूर्व वी.एच.एस. पर थोड़ी बहुत शूटिंग कर ली जाती थी। बहुत पहले हमारी अपनी स्टिल फोटोग्राफी थी, जिसका प्रयोग बाद में हमने समाचार पत्रों में करना शुरू कियाँ इसका एक लाभ यह हुआ कि घटना के साथ जब चित्र दे दिया जाता है, तो उसकी विश्वसनीयता और अधिक बढ़ जाती है, और अशिक्षित व्यक्ति भी बड़ी सरलता से इसके बारे में बड़ी सरलता से समझ लेता है।

कैमरे ने पत्रकारिता तथा इलेक्ट्रॉनिक मीडियाँ के क्षेत्र में एक क्रांतिकारी बदलाव ला दिया है। घटनास्थल के प्रत्येक क्षण को हू-ब-हू अपने कैमरे में कैद करके दिखाना वास्तव में अपने आप में एक महत्त्वपूर्ण उपलब्धि है। आजकल तो डिजिटल कैमरे की मदद से न्यूज का पूरे का पूरा पैकेज तैयार किया जाता है।

विभिन्न फिल्म शूटिंगों में एक कुशल एवं योग्य कैमरामैन की आवश्यकता पड़ती है क्योंकि वह एक ऐसा व्यक्ति होता है, जो अपनी कलात्मकता के जरिये, किसी भी वस्तु में प्राण फूँकता है। वह अपने कार्य में जितना सफल और निपुण होगा, उसकी पहचान टी.वी. पर आसानी से हो सकती है। अनुभव इसमें बहुत मदद

करता है। सोचने-समझने की शक्ति जिसमें जितनी अधिक होगी, उसकी फोटोग्राफी उतनी अधिक मँझी हुई होगी। जब कभी कोई कैमरा मैन शूटिंग के लिए जाता है, तो उसे अपनी दृष्टि चारों ओर रखनी चाहिएँ अनेक बार कुछ चीजें ऐसी आ जाती हैं, जो विशेष महत्त्व की होती हैं।

प्रत्येक टी. वी. चैनलों में कैमरामैन मेरुदण्ड की भाँति होते हैं। घटनास्थल पर पहुँच कर रिपोर्टिंग करके स्टोरी लाना एक अलग बात है, लेकिन वहाँ की उपस्थिति को कैमरे में कैद करके लाना और शीघ्र प्रसारित करना दूसरा तथ्य है। इस क्षेत्र में स्टार न्यूज अग्रणी है। इसके साथ ही न्यूज के अलावा आज जितना भी एक्सपोज हो रहा है, इन सबके पीछे कैमरे का ही योगदान है। आज आप फीचर फिल्म, डॉक्यूमेंट्री फिल्म, सीरियल में जहाँ-जहाँ शूटिंग देखते हैं, शायद जिन्दगी में कभी वहाँ जाने का सपना पूरा नहीं कर पाएँगे। आजकल लगभग जितनी फिल्म बन रही हैं, उनकी शूटिंग अमेरिका, पेरिस, स्विट्जरलैण्ड आदि जगहों पर होती हैं।

कैमरे का इस्तेमाल डिस्कवरी चैनल ने अपने आपको मील का पत्थर साबित किया है। किस तरह कैमरे को समुद्र के पानी के भीतर लगाकर वहाँ की जानकारियाँ प्राप्त की जाती हैं। विभिन्न प्रकार के जीव-जन्तु को दिखाकर उनके बारे में महत्त्वपूर्ण जानकारियाँ उपलब्ध कराई जाती हैं। यह सारा कुछ कैमरे के द्वारा ही सम्भव हो पाया है, आज इतनी खूबसूरती से जो हर चीज प्रस्तुत की जा रही है, वह कैमरे की ही देन है। एक आकृति का विभिन्न रूप दिखाना यह सब कैमरे की वजह से ही सम्भव हो पाया है। इन सब कार्यों के लिए कुशल कैमरा मैन का होना अति जरूरी है, क्योंकि शूटिंग के समय अनेक ढंग से शॉट्स लेने पड़ते हैं। कभी लॉग शॉट्स, कभी मीडियम शॉट्स, कभी जूमिंग करनी पड़ती है। इसके लिए यह बहुत आवश्यक है कि कैमरा मैन को अपने कार्य का पूरा ज्ञान होना चाहिए, क्योंकि कैमरा आगे-पीछे करते समय कहीं फोकस न बिगड़ जाय, इसका बहुत अधिक ध्यान रखना पड़ता है। जो कैमरा मैन अपने कार्य के प्रति जितना समर्पित व ईमानदार होगा, उसका कार्य उतना ही बेहतर आयेगा। उसे एक ही शॉट विभिन्न कोण से लेना चाहिए ताकि सम्पादन के समय शॉट उचित लिया जा सके। यह कहना अतिशयोक्ति न होगी कि असम्भव समझी जाने वाली तस्वीरें कैमरा मैन आसानी से ले सकता है।

सर्वप्रथम इलेक्ट्रॉनिक कैमरा ''आइकोनोस्कोप कैमरा था। इसके चित्र चमकीले, स्पष्ट और साफ थे, किन्तु यह कैमरा बहुत भारी होता था, स्टूडियो के अंदर ही इसका प्रयोग किया जाता था। उसके लिए अधिक प्रकाश की भी व्यवस्था करनी पड़ती थी, इसके चलते कलाकारों को खास परेशानी का सामना करना पड़ता था, जिसके लिए

नये इलेक्ट्रॉनिक कैमरे की खोज होने लगी। आइकोनोस्कोप कैमरे के पश्चात् इमेज आर्थिकन कैमरे का प्रादुर्भाव हुआ। इसके लिए कम प्रकाश की आवश्यकता होती थी, किन्तु बाहर से जाकर शूटिंग करना इसके लिए भी सम्भव नहीं था। विडिकन कैमरे की मदद से बाहरी दृश्यों की तस्वीर बेहद सुन्दर ढंग से ली जाने लगी। ये बहुत छोटे कैमरे थे। इनका व्यास 3 और लम्बाई 15 से.मी. थी किन्तु इसके चित्र बहुत साफ नहीं होते थे। इसलिए स्टूडियो के अन्दर इमेज आर्थिकन कैमरे का ही प्रयोग किया जाता है।

टी. वी (टेलीविजन) कैमरे के अंतर्गत प्रमुख रूप से चार प्रकार के लेंस लगे होते हैं। ये लेंस गोल चकरी पर लगे होते जो चारों तरफ घूमते रहते हैं। कैमरा मैन इसे ट्रेट कहते हैं। ये चारों लेंस एक ही आकृति को चार अलग-अलग बिन्दुओं से दर्शाते हैं, पहला लेंस इसका क्लोजअप लेता है, दूसरा लेंस मीडियम शॉट लेता है, तीसरा लॉग शॉट होता है और चौथा उस फोकस की गई आकृति के साथ जरूरत व स्थिति के अनुसार शॉट लेता है। यह कार्य वह फ्लोर मैनेजर की मदद से करता है। कैमरे को दायें बायें घुमाने की विधि को पेन कहते हैं। इसके साथ ही लेंस को आगे-पीछे खिसकाकर अनेक कोणों से आकृति को देखते हैं। इस क्रिया को जूमिंग के नाम से संबोधित किया जाता है।

शॉट

शॉट उसे कहते हैं जो चित्र या आकृति अल्प समय हेतु पर्दे पर आती-जाती है और उसका स्थान कोई अन्य आकृति ले लेती है। कोई भी कार्यक्रम इन्हीं शॉट्स की क्रमबद्ध श्रृंखला है। सभी कैमरे निम्नलिखित तीन भागों में विभाजित होते हैं जिसमें पहला पिक्चर ट्यूब कई दर्पणों और प्रिज्म से बनती है और दूसरा व्यूह फाइण्डर जो कैमरे द्वारा उत्पन्न दृश्यों को वैसे ही प्रस्तुत करता है और तीसरा भाग लेंस कहलाता है जो किसी भी आकृति की ऑप्टिकल इमेज प्रस्तुत करता है। इन तीनों से मिलकर कैमरा हैड बनता है, इसके अतिरिक्त भी छोटा कैमरा, कैमकोडर, एच आई-8, 8-एम. एम. आदि हैं, जो स्वयं में पूर्ण हैं। इसके अलावा ई. एन. जी और ई. एम. पी. यानी इलेक्ट्रॉनिक न्यूज गैदरिंग और इलेक्ट्रॉनिक फील्ड प्रोडेक्शन भी उपरोक्त श्रेणी के कैमरे हैं। इन सबका प्रयोग कार्यक्रम को प्रसारित करने के लिए किया जाता है।

कैमरा माउंट

कैमरा माउंट को प्रमुख रूप से चार भागों में विभाजित किया जा सकता है—

(1) पेडस्टल—इस माउंट का प्रयोग स्टूडियो के अंदर भारी कैमरे को चलाने के लिए किया जाता है। यह बहुत ही लचीला माउंट होता है।

(2) ट्राईपॉड डाली—इसका प्रयोग मुख्य रूप से किया जाता है। कैमरे की विभिन्न गतियाँ इससे संचालित की जाती हैं। इसके लिए अभ्यास आवश्यक होता है।

(3) ट्राईपॉड कैमरा माउंट— ट्राईपॉड कैमरा माउंट की मदद से स्टूडियो की बाहरी दृश्यों की शूटिंग की जाती है। विभिन्न शॉट्स के लिए इसको ऊपर-नीचे व्यवस्थित किया जा सकता है। यह तीन पैरों वाला होता है और इसके तीनों पैर एक दूसरे से जुड़े होते हैं, यह पोर्टेबल होता है अर्थात् इसे फोल्ड करके छोटे से स्थान पर रखा जा सकता है।

(4) मोनोपैड कैमरा माउंट—यह माउंट एक हल्का माउंट होता है। हल्के कैमरे के लिए इसका प्रयोग किया जाता है।

टेलीविजन के मूल शॉट्स

टेलीविजन के मूल शॉट्स मुख्यतः तीन भागों में बाँटा जा सकता है जो निम्नलिखित है—

(1) लॉग शॉट्स—बड़े आकार वाले शॉट्स दो प्रकार के होते हैं। पहला एक्स्ट्रीक शॉट्स, दूसरा लॉग शॉट्स एक्सट्रीम लाँग शॉट्स को कवर शॉट्स या इस्टेबिलिशिंग शॉट्स भी कहते हैं। एक्सट्रीम लाँग शॉट्स से तात्पर्य है कि जिस मूल आकृति का शॉट्स हमको लेना है, उसके साथ उसके बैकग्राउंड की भी फिल्म या अन्य डॉक्यूमेंट्री की शुरुआत हो। इसमें आकृति की पहचान करना अपेक्षाकृत मुश्किल होता है। पास-पड़ोस की सभी चीजों का इसमें समावेश किया जाता है। इसके बाद इस्टेबिलिशिंग शॉट्स को हम एक प्रकार से और स्थापित करते हैं। जैसे मान लीजिए हमें किसी डॉक्टर का साक्षात्कार लेना है तो इसके लिए हम पहले हॉस्पिटल की बिल्डिंग दिखायेंगे एवं साथ ही उसकी गैलरी को भी दिखाया जाएगा। जहाँ से डॉक्टर के कमरे का रास्ता है। आगे की तरफ से डॉक्टर को चलते हुए दिखायेंगे और वहीं से ऑडियो डालेंगे। अगला शॉट कट करके डॉक्टर का इन्टरव्यू शॉट कर देंगे, तो आसानी से अनुमान लगाया जा सकता है, कि हॉस्पिटल के अन्दर डॉक्टर से साक्षात्कार लिया जा रहा है। पूरे वातावरण की जानकारी दी जाती है, यही इस्टेबिलिशिंग कवर या एक्सट्रीम लाँग शॉट है। इसके बाद लाँग शॉट वह शॉट होता

है जब कोई आकृति नख से शिख यानी ऊपर से नीचे पूरी दिखाई जाती है और वह स्पष्टतः पहचान में आ सकने वाली होती है।

(2) मीडियम शॉट्स—लाँग शॉट्स के उपरांत मीडियम शॉट्स लिए जाते हैं। मीडियम शॉट और मिड शॉट दो प्रकार के होते हैं। मिडियम शॉट वह होता है, जो कमरे के कुछ नीचे से लिया गया शॉट होता है और मिड शॉट कमर या कोहनी तक लिया गया शॉट होता है।

(3) क्लोजअप शॉट्स—इस शॉट्स को टाइम क्लोजअप-बिग क्लोजअप या मिड क्लोजअप में देखा जा सकता है। टाइम क्लोजअप का अर्थ यह होता है कि व्यक्ति या अन्य किसी की आकृति के सिर्फ एक भाग को दर्शाया जाना। उदाहरण के लिए व्यक्ति की आँखों का टाइम शो लेना है, तो पूरी स्क्रीन पर सिर्फ दो आँखे ही नजर आयेंगी। बिग क्लोज़अप उस शॉट्स को कहा जाता है जिस शॉट्स में गर्दन से लेकर ऊपर तक का एक भाग पूरा दिया जाता है। इसके लिए पूरा संतुलन बनाया जाता है ताकि स्पेस छोड़ा जा सके। मिड क्लोजअप का अर्थ यह है कि पूरे स्क्रीन पर केवल चेहरा ही दिखाया जाता है।

टेलीविजन के अन्य शॉट्स

उपर्युक्त शॉट्स के अलावा भी कुछ अन्य शॉट्स होते हैं जो निम्नवत् होते हैं—

पी. ओ. वी. शॉट्स

जब किसी वस्तु को प्रदर्शित करना होता है तो उस शॉट्स का प्रयोग किया जाता है। अन्य शब्दों में किसी दूसरे व्यक्ति द्वारा उस चीज को किस नजरिये से देखा जा रहा है। मूवमेन्ट की जानकारी के लिए पी.ओ.वी. का मुख्य रूप से इस्तेमाल किया जाता है। उदाहरण के लिए माना कि कार दौड़ रही है, अब कार के ड्राइवर के नजरिये से सड़क किस प्रकार लग रही है, इसमें कार के नीचे ठीक पहिये के पास कैमरा लगाया जाता है, और जिस प्रकार लहराती हुई सड़क दिखाई देती है, वह पी. ओ. वी. शॉट है। एक इसे हम दूसरे उदाहरण से भी समझ सकते है। जैसे हाथी जिस मस्ती से झूमता हुआ चलता है, उसे जंगल का पथ कैसे दिखता है, लहराता हुआ प्रतीत होता है, यह पी. ओ. वी. शॉट है। इसको लेने के लिए कैमरा मैन झूमता हुआ स्वयं हाथी के पद चिन्हों पर चलते हुए शॉट लेता है।

हाई शॉट्स और लो शॉट्स

प्रायः इस शॉट्स को लेने हेतु सामान्य शॉट्स का इस्तेमाल किया जाता है।

हाई शॉट्स वह शॉट्स कहलाता है, जो ऊपर से नीचे के दृश्य को लिया जाता है, जैसे जब एम्बुलेंस में किसी बीमार व्यक्ति को ले जाया जाता है, तो हमेशा ऊपर से दिखाया जाता है, यह हाई शॉट्स द्वारा प्रदर्शित किया जाता है। हाई शॉट में ऊपर से पूरी जनता कवर होती है– फिर स्टेज और अनॉउन्सर को कवर करता हुआ फोर्ट में आता है। इसी तरह लो शॉट्स नीचे से लिया गया कोई शॉट्स होता है। उदाहरण के लिए यदि कुतुबमीनार की लम्बाई दिखानी है, तो कुतुबमीनार का सबसे नीचे वाले शॉट्स दिखाने होंगे, जिसे लो शॉट्स कहते हैं।

कैन्टेड शॉट्स

कैन्टेड शॉट्स पी.ओ.वी. शॉट्स से मिलता हुआ शॉट्स होता है। इसमें किसी सामने वाले व्यक्ति की किसी खास परिस्थितियों में देखने का नजरिया क्या होता है, वह दिखाया जाता है। जैसे बेहोशी की हालत से उठे व्यक्ति के सामने जब रोशनी पड़ती है, तो उसे पहले धुँधला, फिर हल्का साफ, फिर बिल्कुल स्पष्ट कैसे दिखता है। इसी प्रकार जब दिमाग पर चोट खाये व्यक्ति को पूरी धरती कैसे हिलती दिखाई देती है, वह शॉट कैन्टेड शॉट्स से उत्पन्न किया जाता है। इसमें कैमरामैन ठीक उसी पोजिशन से गिरता है, जैसे व्यक्ति गिरता है। इन सभी चीजों की तस्वीर लेने में कैमरा सक्षम होता है।

ओवर द शोल्टर शॉट्स

ओवर द शोल्टर शॉट्स मीडियम शॉट्स के तहत किया जाता है। स्क्रीन पर दो आकृतियाँ या दो व्यक्ति होते हैं, सिर्फ कमर तक तथा दूसरे का आगे का हिस्सा दिखाया जाता है, जो बोल रहा होता है। दोनों के शॉट्स मिड शॉट्स ही रहते हैं, मात्र पीछे वाले व्यक्ति का एकतरफा भाग ही दिखाई देता है, जिसे ओवर शोल्टर शॉट्स कहा जाता है।

'नी' शॉट्स

नी शॉट्स मीडिया शॉट्स के अंतर्गत किया जाता है। जब किसी व्यक्ति की पहचान करनी होती है, तो यह शॉट दिखाया जाता है। जैसे पैरों से शॉट करके नी तक लाकर रोक दिया जाता है। इसी प्रकार जब ऊपर चेहरे से नी तक का शॉट्स दिखाया जाता है तो यह नी शॉट्स कहलाता है।

बस्ट शॉट्स

जब किसी व्यक्ति का फोटो लेना होता है तब इस शॉट का प्रयोग किया जाता है। इसमें एक तो साइड पोज होता है, आधा कोहनी तक मीडियम शॉट्स होता है, व्यक्ति का एक भाग ही नजर आता है, वह बस्ट शॉट्स कहलाता है।

बस्ट शॉट्स को एक विशिष्ट प्रकार का शॉट्स कहा जाता है। परन्तु ऐसा नहीं है, कि ये शॉट्स सर्वमान्य व अन्तिम हैं। निर्देशक अपनी सुविधानुसार उसमें नए शॉट्स का समावेश भी कर सकता है और सुविधा अनुसार उसमें नए नाम भी डाल सकता है, कि उसको कैसा शॉट चाहिए, इस प्रकार शॉट्स की कोई सर्वमान्य व्याख्या नहीं है।

इन सभी तस्वीरों को कैमरे के माध्यम से सरलता पूर्वक दर्शाया जा सकता है। अब कैमरा कैसे कार्य करता है, या उसकी गति कैसे चलती है और कैसे-कैसे शॉट्स लेता है।

फॉलो शॉट्स

किसी एक आकृति का पल-पल का शॉट दिखाना फॉलो शॉट्स कहलाता है। उसके पीछे चलता फोलो शॉट्स हमेशा मूवमैन्ट में लिया जाता है। व्यक्ति का एक ही प्रोफाइल रहता है, उसी प्रोफाइल का जूमिंग होता है, फोकस आउट नहीं होता। उदाहरण के लिए यदि घोड़े की रेस का शॉट्स दिखाना है, तो सामने से घोड़ा भागता हुआ आयेगा, कैमरा पीछे जायेगा, जिससे घोड़े की प्रोफाइल यानी सहज आकृति उसी हिसाब से रहेगी, फोकस आउट नहीं होगा। क्रिकेट में भी फॉलो शॉट्स का प्रयोग किया जाता है।

डोली इन/आउट शॉट्स

इन शॉट्स में स्टैंड के ऊपर कैमरा लगा होता है। फोकस सेट नहीं किया जाता, शॉट्स के लिए कैमरा आगे-पीछे किया जाता है।

पैन राइट/लैफ्ट शॉट्स

इस शॉट्स का अर्थ यह है कि कैमरे को दॉयें और बॉयें घुमाना और इसमें कैमरा माउंट हैड के ऊपर घुमता है।

टाईल्ट अप/डाउन शॉट्स

कैमरा से ऊपर की ओर ले जाते हुए शॉट्स दिखाना एवं ऊपर से नीचे के शॉट्स दिखाना।

पैन राइट लैफ्ट/टाईल्ट अप डाउन

एक विशिष्ट प्रकार का प्रभाव उत्पन्न करने के लिए टाईल्ट अब डाउन का प्रयोग किया जाता है जिसमें पैनिंग और टाईल्स दोनों साथ में की जाती हैं। मतलब आकृति नीचे से ऊपर को जा रही है, साथ ही साथ राइट या लैफ्ट में भी माउंट कर रही है, ऐसा शॉट्स कम्पोजिट शॉट्स कहलाता है। उदाहरण द्वारा यह आसानी से समझा जा सकता है।

किस प्रकार चील का फॉलो शॉट्स लेते हुए टाईल्स और पैनिंग हो रहा है। फिर टाईल्ट अप होता हुआ पैनिंग लैफ्ट हो रहा है। इसे कम्पोजिट शॉट्स कहते हैं।

जूम इन/आउट

इस शॉट्स को जूम शॉट्स भी कहा जाता है। जूम का अर्थ शॉट्स को किसी स्थिति में निकालना है। जैसे उदाहरण द्वारा यह बात आसानी से समझी जा सकती है। यदि मान लें कि किसी जंगल के रास्ता चलते हुए सड़क पर आते हैं, सड़क के शॉट्स लेते हुए किसी हवेली के अंदर जाते हैं, वहाँ के शॉट्स लेते सीधे रूम में बैठ जाते हैं। शॉट्स चलते हुए तो यह किसी स्थिति में प्रवेश है, ठीक उसी प्रकार जब आपको स्थिति से बाहर निकलना है तो जूमिंग आउट करनी पड़ती है। इसकी वजह से पीछे नहीं जाया जाता लेकिन सिर्फ स्क्रीन पर जाया जाता है। जिससे सम्पादन बढ़िया हो, कभी कट करके जूम आउट किया जाता है, कभी सीधे बाहर निकला जाता है। एक्टिंग में मुख्यतः कट के साथ जूम आउट दिया जाता है। कई बार एक्टिंग की जूम आउट बहुत मुश्किल होती है। उदाहरण के लिए जूम आउट देखिये-एक्टर ने एक्टिंग समाप्त की, उसकी शक्ल के साथ ही वायलिन बजा या सारंगी बजी, धीरे-धीरे एक्टर की शक्ल से सारंगी का शॉट लिया, हल्की पैनिंग करते हुए, टाइल्स नीचे करते हैं और उस स्थिति से बाहर निकल जाते हैं।

विजुअल ट्रांजिशन

विजुअल ट्राजिशन का प्रयोग एक दृश्य के बाद दूसरे दृश्य को लाने के लिए किया जाता है। इसके दो तरीके हैं, या तो कट करके, दूसरा सीन लिया जाए या फिर एक सीन आया एक सेकेण्ड से भी कम के लिए पूरी स्क्रीन ब्लेक हो गई, और नया शॉट आएगा।

क्रेन अप/डाउन

यह एक ऐसी तकनीक है जिसके द्वारा कैमरे को क्रेन के ऊपर रखकर शाट लेते हैं। बहुत ऊपर से नीचे का शॉट लेना हो या नीचे से बहुत ऊपर का तो क्रेन का इस्तेमाल किया जाता है। जैसे—'इश्क' पिक्चर में जब आमिर खान डंडे पर चलता है तो उसकी शूटिंग क्रेन अप/डाउन द्वारा की जाती है।

बूम

बूम का प्रयोग कैमरे को चालू करने के लिए किया जाता है। बहुत लम्बी सी रोड लगी होती है, जिसकी सहायता से कैमरा को घुमाकर शॉट्स लिये जाते हैं।

वाईप

वाईप शॉट्स के माध्यम से किसी दृश्य को मिटाकर दूसरा दृश्य बनाया जाता है। सैकड़ों हजारों तरीकों, से वाईप किया जाता है, जैसे चौकोर बनती हुई आकृति स्क्रीन से मिट जाना और अन्य आकृति का स्क्रीन से मिट जाना और अन्य आकृति का स्क्रीन पर आ जाना।

क्रोमा की

क्रोमा शॉट्स के द्वारा किसी एक दृश्य के ऊपर दूसरे दृश्य को सेट किया जाता है। उदाहरण के लिए किसी को एक्टिंग करनी है और वह एक्टिंग करने की स्थिति में नहीं है। ताजमहल पृष्ठभूमि के आगे एक्टिंग करनी है तो ऐसी स्थिति में क्रोमा के द्वारा प्रभाव उत्पन्न किया जाता है। जैसे ताजमहल के शॉट के लिए उसके बाद जब स्टूडियो में एक्टिंग करवाई जाती है तो पीछे नीले रंग की प्लेन पृष्ठभूमि देकर एक्टिंग कर ली जाती है। उसके पश्चात् नीले प्रभाव को खत्म करके इस आकृति को ताजमहल के ऊपर दर्शाया जाता है, तो यह क्रोमा इफेक्ट क़हलाता है।

डिजोल्व

यह वह शॉट्स कहलाता है जब किसी एक शॉट्स को दूसरे शॉट्स में ले जाया जाता है। यह कट के द्वारा भी होता है, साथ ही पैनिंग के द्वारा एक आकृति चलाते-चलाते जब दूसरी आकृति आती है, तो डिजोल्विंग के नाम से संबोंधित करता है।

पैडिस्ट्रिल

पैडिस्ट्रिल एक तरह का स्टेण्ड होता है जिससे ऊपर-नीचे के शॉट्स लेने के लिए पूरे स्टेण्ड को ऊपर/नीचे किया जाता है।

कट

कट का प्रयोग एक प्रकार का साधारण प्रभाव उत्पन्न करने के लिए किया जाता है। जिसे अक्सर प्रयोग किया जाता है, इसमें शॉट आता है कट होता है, दूसरा आ जाता है, बिना किसी वाईप पैनिंग के शॉट्स बदल दिया जाता है।

फेड इन/आउट

रिक्त स्क्रीन पर शॉट लाना फेड इन कहलाता है और फेड आउट का तात्पर्य है, स्क्रीन एकदम ब्लैक हो जाना और फिर नया शॉट आना।

ट्रेक राईट/लैफ्ट

ट्रेक राईट/लैफ्ट के द्वारा ट्रेक के ऊपरी भाग पर स्टैंड रखकर कैमरे को दायें-बायें घुमाया जाता है और शॉट्स लिया जाता है, ताकि व्यक्ति का प्रोफाइल वही रहे, फोकस न बनाना पड़े।

अतः पूरे ग्राउंड को कवर करना होगा, शॉट्स लिये जाऐंगे, सुविधानुसार दो या तीन कैमरे सेट किये जा सकते हैं।

जे.आई.बी.

जे.आई.बी. का प्रयोग मुख्य रूप से सामान्य परिस्थितियों में किया जाता है। इसमें कैमरा चलाने के लिए दूर किसी स्थान पर रिमोट सिस्टम लगा होता है। जैसे–मान लीजिए पिक्चर या शॉट कैमरा मैन की पहुँच तक नहीं है या उनकी जान को खतरा है या फिर वह स्थान उनके लिए नुकसानदायक है, ऐसे में जे. आई. बी. का प्रयोग किया जाता है, कैमरा सेट कर दिया जाता है। 10-20 कि.मी. पर कैमरा रिमोट सिस्टम के द्वारा चलाया जाता है।

कैमरे के प्रकार

कैमरे निम्नलिखित प्रकार के होते हैं–

U Matic High Band, U Matic Low Band, Beta Cam 'S.P', Beta Cam 'Digital', Beta Cam, E.N.G. (Electronic News Gathoring),

E.F.P. (Electronic Field Production), Steadi Cam, Concoder's, V.H.S, Digital, M.H.II, HI-8, 8 M.M and (S) V.H.S. (Super V.H.S) आदि कैमरे के प्रमुख प्रकार हैं–

टेलीविजन कैमरे की कार्य पद्धति

ऑप्टिकल छवि को विद्युतीय तरंगों में परिवर्तित करना और विद्युतीय तरंगों को पुनः परिवर्तित कर टी.वी. सेट की स्क्रीन पर छवि करना कैमरे का प्रमुख कार्य है। जब भी किसी वस्तु पर प्रकाश डाला जाता है, तब प्रकाश उस वस्तु से टकराकर वापस आती है। कैमरे में लगा लेंस उन किरणों को संगृहीत कर इमेज डिवाइस पर फोकस करता है, जो किरणों को विद्युतीय तरंगों में परिवर्तित करती है और विद्युतीय तरंगों को पुनः परिवर्तित करती हैं, और छवि तैयार की जाती है।

माइक्रोफ़ोन

माइक्रोफोन एक प्रकार का इलेक्ट्रॉनिक यंत्र है। ध्वनियों को संकलित करके उसे विद्युत आवेग में बदलना माइक्रोफोन का प्रमुख कार्य है। माइक्रोफ़ोन में ऐसे तत्त्व का प्रयोग होता है, जो एकाउस्टिक ऊर्जा को विद्युत ऊर्जा में बदल देता है। माइक्रोफ़ोन का वर्गीकरण उनके निर्माण में प्रयुक्त तत्त्व की क़िस्म के अनुसार किया जाता है। माइक्रोफोन का प्रयोग तीन रूपों में किया जाता है।

डाइनामिक माइक्रोफ़ोन–इसे मूटिंग क्वायत माइक्रोफोन भी कहा जाता है। डाइनामिक के माइक्रोफ़ोन में तरंगें एक डायफ्राम, जो एक तार की क्वायल के साथ जुड़ा होता है, से ध्वनि तरंगें डायफ्राम पर प्रहार करती हैं, क्वायल चुम्बकीय क्षेत्र में आगे-पीछे घूमता है। इस माइक्रोफोन से बहुत ज्यादा विद्युत धारा पैदा होती है। इस विद्युत करंट को सहस्त्र गुना बढ़ाकर आगे प्रेषित किया जाता है। डाइनामिक माइक को अत्यधिक परिष्कृत व्यावसायिक माइक्रोफ़ोन के रूप में लिया जाता है। इस प्रकार के माइक्रोफोन का चुनाव स्टूडियो में ध्वनि की रिकॉर्डिंग, क्षेत्र निर्माण तथा इलेक्ट्रॉनिक समाचार एकत्रित करने के लिए किया जाता है। डाइनामिक माइक्रोफ़ोन तीव्र एवं अचानक उत्पन्न ध्वनि प्रभावों जैसे धमाके एवं विस्फोट को रिकॉर्ड करने के लिए काफ़ी प्रभावी है। इस माइक्रोफ़ोन के सम्बन्ध में यह उल्लेखनीय है कि उच्च शोर होने पर ये खराब नहीं होते बल्कि उच्च शोर को धीरे-धीरे कम कर देते हैं।

कन्डेन्सर माइक्रोफ़ोन–यह कन्डेन्सर या कैपीसटर के समान एक प्रकार का

कन्डेन्सर माइक्रोफोन है। इसके अन्दर एक पतले धातु के डायफ्राम को एक सपाट धातु या सेरेमिक के एक टुकड़े के ऊपर लगा दिया जाता है। ध्वनि तरंगों द्वारा डायग्राम पर चोट करने से विद्युत प्रभार में उतार-चढ़ाव होता है। यह विद्युत प्रभार एक विद्युत स्रोत का प्रयोग कर बनाए रखा जाता है। विद्युत प्रभार की शक्ति में वृद्धि के लिए एक प्रकार की प्री-एम्प्लीफायर का प्रयोग किया जाता है। प्री-एम्प्लीफायर, माइक्रोफ़ोन हाउसिंग के अन्दर या एक अतिरिक्त इलेक्ट्रॉनिक पैक में स्थित होता है। प्री-एम्प्लीफेयर को चलाने के लिए अधिकतर कन्डेन्सर माइको को विद्युत स्रोत की आवश्यकता होती है। ये विद्युत स्रोत ए॰सी॰ विद्युत या बैटरियों से प्रदान की जाती है। बहुधा ए॰सी॰ विद्युत, मिक्सर या ध्वनि कार्ड से प्रदान की जाती है। इसको फैन्टम पावर कहते हैं।

प्रायः दो प्रकार की सूक्ष्म कन्डेन्सरों का प्रयोग एक साथ किया जाता है। एक माइक के ख़राब हो जाने पर तत्काल दूसरे माइक को चालू कर सकते हैं। इस डबल माइक्रोफ़ोन तकनीक को दोहरा रिडनडैन्सी कहते हैं।

कन्डेन्सर माइक्रोफ़ोन की प्रमुख विशेषता है—छोटा आकार, श्रेष्ठ अति संवेदनशीलता तथा सर्वोत्तम है।

रिबन माइक्रोफ़ोन—इस माइक्रोफोन में एक बहुत पतली धातु की पत्ती लगी होती है जो ध्वनि के कम्पन्न को नियंत्रित करती है। डाइनामिक माइक्रोफ़ोन की तरह ही रिबन माइक में कम्पन्न द्वारा विद्युत धारा उत्पन्न होती है। रिबन माइक्रोफोन के डिजाइन बड़े होने के कारण ये बहुत कमजोर होते हैं और अकसर इनका उपयोग ध्वनि रिकॉर्डिंग स्टूडियों में ही होती है। यह माइक्रोफ़ोन अपनी उत्कृष्ट क्वालिटी के कारण लोगों के बीच काफ़ी लोकप्रिय है।

दिशात्मक माइक्रोफोन—दिशात्मक माइक्रोफ़ोन को अन्य दिशाओं की तुलना में कुछ दिशाओं में अधिक सवेदनशील बनाने के लिए बनाया जाता है। अन्य शब्दों में दिशात्मक माइक्रोफ़ोन किसी सिग्नल को ग्रहण करेगा और अन्य दिशाओं से आते सिग्नल को ग्रहण नहीं करेगा। एक पोलर चित्र किसी भी माइक्रोफ़ोन की दिशात्मक विवरण को प्रदान करता है। माइक्रोफ़ोन का प्रदर्शन 0° अक्ष के सामने किया जाता है 180° अक्ष माइक्रोफ़ोन के पृष्ठ का प्रदर्शन करता है। इसमें तीन प्रकार की दिशात्मक प्रणालियाँ होती हैं, जिन पर संक्षिप्त प्रकाश नीचे के बिंदुओं में डाला जा रहा है—

(1) ओमनी दिशात्मक माइक—यह एक ऐसा माइक है जो सभी ओमनी माइक सभी दिशाओं से आ रही ध्वनियौं के लिए समान संवेदनशील होते हैं। इसकी

उपयोगिता बहुत अधिक होती है और एक ओमनी को कहीं भी किसी भी स्थिति में प्रयोग किया जा सकता है। यह माइक किसी भी स्थान या दशा में उपयोग कर ध्वनि ग्रहण कर सकता है। ओमनी दिशात्मक माइक विभिन्न उद्देश्यों के लिए बनाए जाते हैं। ओमनी दिशात्मक माइक का प्रयोग कैमरे में भी होता है। इस तरह से एक व्यक्ति श्रव्य एवं दृश्य दोनों का अभिग्रहण कर सकता है। यह माइक संगोष्ठियों में ज़्यादा प्रयोग किया जाता है तथा इसे वक्ता के जेब या कपड़े से लगा देते हैं। इस प्रकार वक्ता को हाथ में माइक लेने की जरूरत नहीं होती है। यह माइक संगोष्ठियों में बहुधा प्रयुक्त होता है। यह लेवेलियर माइक, ओमनी दिशात्मक माइक का ही एक स्वरूप है।

इसकी प्रमुख विशेषता यह है कि यह अनुकूल ध्वनियों को आसानी से ग्रहण कर सकती है। उदाहरणार्थ, जब एक स्टूडियो में बहुत-से लोग एक माइक्रोफ़ोन के चारों ओर खड़े होकर या बैठकर किसी विषय पर चर्चा कर रहे हों, तब चर्चा की रिकॉर्डिंग के लिए यह माइक उपयोगी होता है। सामान्यतः इस प्रकार के माइक का प्रयोग वीडियो निर्माण में नहीं किया जाता क्योंकि इसकी ध्वनि ग्रहण क्षमता बहुत ज़्यादा होती है। कैमरे के पीछे से उत्पन्न शोर, स्थान में उपस्थित शोर आदि अवांछनीय को भी ग्रहण कर लेता है। उन सभी परिस्थितियों में जहाँ वक्ता/कलाकार माइक के सामने उपस्थित है, ओमनी दिशात्मक माइक का प्रयोग करते हैं।

(2) द्वि-दिशात्मक माइक—द्वि-दिशात्मक माइक को "आकृति 8" नाम से भी जाना जाता है। इस माइक की अतिसंवेदनशीलता प्रक्रिया पोलर है और प्राथमिक तौर पर माइक दो दिशाओं, आमने-सामने से आ रही ध्वनियों के लिए ज़िम्मेदार है। इस ध्वनि प्रक्रिया के साथ, माइक सीधे आगे की ओर (0° अक्ष) और सीधे पीछे की (180° अक्ष) ध्वनि को पकड़ता है। आम तौर पर इसका प्रयोग नाटक एवं साक्षात्कार के लिए किया जाता है, जहाँ लोग एक टेबल पर बैठकर एक-दूसरे से बातचीत करते हैं। द्वि-दिशात्मक माइक्रोफ़ोन का टेलीविज़न में प्रयोग कम होता है क्योंकि अधिकांश कलाकार अभिनय के वक़्त कैमरे का सामना करते हैं। इस वज़ह से इस प्रकार का माइक्रोफ़ोन कलाकारों से आ रही ध्वनि के साथ ही कैमरे से उत्पन्न शोर को भी अर्जित करेगा।

3. एकदिशीय माइक—एक दिशीय माइक किसी एक दिशा से आ रही ध्वनि को ग्रहण करता है। इन्हें प्रमुखतः चार भागों में विभाजित किया जा सकता है जिन पर संक्षिप्त प्रकाश निम्न बिंदुओं में डाला गया है—

(क) कार्डियोड—प्रमुख रूप से ध्वनि को नियंत्रित करने के लिए कार्डियोड का इस्तेमाल किया जाता है। अधिक दूर से आने वाली ध्वनि को भी यह ग्रहण कर सकता है। लेकिन माइक के पीछे से आ रही ध्वनियों को अपेक्षाकृत नहीं ग्रहण कर पाते। कार्डियोड माइक का नामकरण, जो एक उल्टे हृदय जैसा होता है, इसके ग्रहण प्रक्रिया पर किया गया है। इसका प्रयोग स्टूडियो में गायक मण्डली की आवाज़ को रिकॉर्ड करने में किया जाना लाभकारी होता है। इसका मुख्य कारण इसके सामने की चौड़ा पोलर प्रक्रिया है। तथापि, कार्डियोड माइक्रोफ़ोन अधिकांशतः टी॰वी॰ स्टूडियो में प्रयोग नहीं होते। जब इसे स्पीकर से लगभग 8 फुट या अधिक की दूरी पर रखा जाता है तो यह अवांछनीय, आसपास की ध्वनियाँ सहित, दीवारों से आ रही प्रतिध्वनि को भी खींच लेता है।

(ख) हाइपर कार्डियोड—इस माइक का प्रभाव सिर्फ एक क्षेत्र व दिशा में होता है। कुछ उच्च दिशात्मक शाटगन माइकों को हाइपर कार्डियोड श्रेणी में रखा जाता है। यह सिर्फ़ एक सीमित कोण के तहत आने वाली आवाज़ों को ही ग्रहण करता है। अतः इन माइकों को सही तौर पर ध्वनि स्रोतों की ओर नियत करने की ज़रूरत होती है। कलाकारों के एक स्थान पर स्थिर न होने पर माइक्रोफ़ोन को निरंतर निवेशित करना पड़ता है।

(ग) पैराबोलिक माइक—इस माइक की सहायता से पोलर पैटर्न का निर्माण करने हेतु 1 फुट से 3 फुट के व्यास का एक पैराबोलिक रिफ्लेक्टर का उपयोग होता है। एकदिशीय माइक पैराबोलिक रिफ्लेक्टर के केन्द्र बिन्दु पर लगाया जाता है, क्योंकि यह रिफ्लेक्टर पैराबोलिक आकार का है। सभी ध्वनियाँ रिफ्लेक्टर से परावर्तित होकर माइक्रोफ़ोन की ओर गमन करती हैं। इसलिए माइक्रोफ़ोन एवं रिफ्लेक्टर का संयोग एक उच्च दिशात्मक माइक प्रदान करता है। इस प्रकार के माइक की ध्वनि ग्रहण क्षमता 300 फीट से भी ज़्यादा है। सामान्य कार्यक्रम निर्माण के लिए ये माइक व्यावहारिक तौर पर पसन्द नहीं किए जाते हैं। विशेष रूप से इस माइक का प्रयोग खेलों में किया जाता है।

(घ) सुपर कार्डियोड—ध्वनि अर्जित करने में कार्डियोड की तुलना में सुपर कार्डियोड की क्षमता अधिक है। सुपर कार्डियोड माइक की संवेदनशीलता प्रक्रिया मनुष्य के कानों की तरह पोलर है। माइक को ध्वनि स्रोत की तरफ़ स्थापित करने पर अन्य दिशाओं से आने वाली ध्वनियाँ तिरोहित हो जाती हैं। शॉटगन माइक्रोफ़ोन सुपर कार्डियोड का एक स्वरूप है। इन माइको का व्यापक तौर पर उपयोग, ऑन लोकेशन वीडियो निर्माण के लिए किया जाता है। इस माइक की

दिशात्मक प्रक्रिया का अत्यधिक प्रभाव तब होता है, जब इसका उपयोग वार्ताकार से 8-15 फीट की दूरी पर किया जाता है।

हैंडी माइक्रोफ़ोन

लगभग 8 से 16 इंच की दूरी के उपयोग हेतु इस माइक का निर्माण किया जाता हैं। फिर भी निष्पादक उच्च शोर की स्थिति में इस दूरी को और कम करते हैं। ध्वनि के अतिभार को सही रूप में संचालित करने हेतु प्रायः इन डाइनामिक माइको का प्रयोग होता है। ये अधिक दूरी से ध्वनि ग्रहण करने में सक्षम नहीं होते हैं, इन माइकों को मुख के काफ़ी नज़दीक रखकर सीधे बोला या गाना गया जाता है। इसमें अनावश्यक सिसकारियों का भी सृजन हो जाता है। जैसे उच्च आवृत्ति 'स' की ध्वनि का अतिरंजन एवं विकार, स्पर्श ध्वनि–प्रारम्भ के साथ शब्द 'प' एवं 'ब' और अवांछनीय निकटता प्रभाव। इस समस्या से निपटने के लिए हाथ से पकड़ने वाले अनेक माइकों में पॉप फिल्टर प्रयोग किए जाते हैं। कई पॉप फिल्टरों में उच्च आवृत्ति को कम कर दिया जाता है। बाद में ध्वनि की उच्च आवृत्तियों को 2 या 3 डी॰ बी॰ (DB) बढ़ा देते हैं। साथ ही एक विंडस्क्रीन, जो एक छोटा-सा आवरण होता है, का सामान्यतः प्रयोग स्पर्श आवाज़ के प्रभाव को कम करने के लिए किया जाता है। यह विंड स्क्रीन, स्पर्श ध्वनि का प्रभाव कम करने के अलावा माइक्रोफ़ोन की जाली के आर-पार बहनेवाली हवा के प्रभाव को भी समाप्त करने में सक्षम है। इस माइक्रोफ़ोन को मुख के लम्बवत् 30° पर झुकाकर प्रयोग किया जाता होता है।

फोल्ड प्रोडक्शन में एक व्यापक विंडस्क्रीन का इस्तेमाल किया जाता है। इनका निर्माण आमतौर पर फोम द्वारा किया जाता है और ये कई रंगों में उपलब्ध होते हैं। गहरे रंग, वीडियो निर्माण के लिए सर्वोत्तम होते हैं। उच्च दिशात्मक माइक, फोम एवम् फर के एक डिब्बे में बन्द होते हैं। आमतौर पर इस प्रकार का माइक फिशपोल से कलाकार के सामने लटका दिया जाता है। एक बड़े फिशपोल को बूम कहते हैं। बूम एक प्रकार की विशिष्ट माइक्रोफ़ोन स्टैंड है जिसमें माइक को कैमरे का सामना करते कर्मी के सामने रखने में सहायक होता है। माइक्रोफ़ोन को शॉट से बाहर रखने के लिए इन स्टैंडों के ऊँचाई एवम् कोण को निर्धारित किया जाता है। इसके अतिरिक्त माइक्रोफ़ोन को किसी भी दिशा से आती आवाजों को ग्रहण करने के लिए 300 डिग्री तक घुमाया भी जा सकता है। इस प्रकार के माइकों का प्रयोग ई॰एफ॰पी॰/ई॰एन॰जी॰ के साथ-साथ संगीत कार्यक्रमों में भी किया जाता है।

हेड सेट माइक

इस माइक में एक पॉप फिल्टर लगा होता है। अतः इस माइक का प्रयोग व्यापक स्तर पर किया जा रहा है। इस प्रकार के माइक को ज़्यादातर वे लोग प्रयोग में लाते हैं जो किसी कार्यक्रम का आँखों देखा हाल बताते हैं। चूँकि माइक को हेंडसेट के साथ संयोजित किया गया है, माइक मुँह से लगातार बराबर दूरी बनाए रखता है। आँखों देखा हाल बतानेवाले का हाथ खाली रहता है और उसके हिलने-डुलने या स्थान परिवर्तन से, ध्वनि में भी परिवर्तन नहीं होता है। डबल इयरफ़ोन कार्यक्रम ऑडियो तथा निर्देशक के संकेत दोनों को वहन करता है।

बेतार माइक

वर्तमान समय में बेतार माइक का प्रयोग विभिन्न कार्यक्रमों में किया जा रहा है क्योंकि इस माइक में तार/केबल न होने से, इसे उपयोग करनेवाला एक निश्चित दूरी के तहत भ्रमण कर सकता है। इस समय आर॰एफ॰ माइकों का उपयोग स्टूडियो तथा कार्यक्रम निर्माण स्थल, दोनों में ही व्यापक रूप में हो रहा है। इसका इस्तेमाल इतना ज्यादा किया जाता है कि इस समय बनने वाले कैमकार्डरों में बेतार माइक के सिग्नल को ग्रहण करने की क्षमता होती है। वायरलेस माइक्रोफ़ोन में डाइनामिक या केन्डन्सर माइक के सिग्नल को निम्न शक्ति एफ॰एम॰ सिग्नल में परावर्तित कर दिया जाता है। सिग्नल को एक आन्तरिक एवं बाह्य ऐन्टिना के माध्यम से एक गोल आकृति में ट्रांसमिटिंग किया जाता है।

अधिकांशतः एफ.एम. रेडियो बैन्ड, आर.एफ. माइक की मानक आवृत्तियों से ऊपर की आवृत्ति पर ट्रांसमिट करते हैं। वी॰एच॰एफ॰ या यू॰एच॰एफ॰ बैन्ड में ट्रांसमिट करना उसका प्रमुख उदाहरण है। क्योंकि यू॰एच॰एफ॰ आवृत्तियौं का इस्तेमाल अन्य रेडियो सेवाओं के माध्यम से भी किया जाता है, व्यावसायिक वायरलेस माइक विभिन्न आवृत्तियौं को चुनने की अनुमति देता है। प्रायः निर्माता 450 एवं 960 के मेगाहट्र्ज के मध्य आवृत्तियों का इस्तेमाल बेतार माइक के लिए करते हैं। किसी अन्य यन्त्र के साथ आर॰एफ॰ व्यवधान को दूर करने हेतु माइक की आवृत्ति का चयन किया जा सकता है। अनुकूलित स्थिति के तहत वायरलेस माइक 1000 फुट की परिधि में अधिक विश्वसनीय तौर पर ट्रांसमिट कर सकता है। आसपास के वातावरण में ऐसी वस्तुएँ हैं, जो आर॰एफ॰ के गति में अवरोध करने वाली वस्तुएँ होने पर तो यह परिधि 250 फुट या उससे भी कम हो जाती है।

ट्रांसमीटर इनपुट गेज ही बेतार माइक की कार्यक्षमता को प्रभावित करने में सक्षम है। इसको इस तरह से रखा जाता है कि संकेत और शोर का अनुपात अधिकतम हो। इस समय अपनी डाइनामिक क्षेत्र में और वृद्धि करने हेतु अनेक बेतार एनालॉग कम्पैन्डिंग का प्रयोग कर रहे हैं। कम्पैन्डिंग एक पद्धति है जिसका उपयोग सिग्नल के संपीडन एवं पुनर्विस्तार के लिए किया जाता है। ऑडियो सिग्नल को ट्रांसमीटर में संपीडित किया जाता है। इस संपीडित सिग्नल को आर॰एफ॰ कैरियर पर अधिमिश्रण कर इसे ट्रांसमिट किया जाता है। इसके बाद इस सिग्नल को इसके मूल रूप में विस्तारित किया जाता है।

सब कम्पौन्डिंग का प्रयोग बेतार माइक में कर डाइनामिक रेंज बढ़ायी जाती है। इस लक्ष्य को प्राप्त करने हेतु दूसरी विधि आर॰एफ॰ कैरियर के डेवियेशन बढ़ाने का हो सकता है, परन्तु इसमें बैंडविड्थ बढ़ जाता है। बेतार माइक दो तरह के होते हैं। एक में समस्त उपस्कर एक ही डिब्बे में बंद होते हैं, जो सेल्फ कन्टेंड यूनिट कहलाता है। दूसरे में यह दो डिब्बों में होता है जो टू पीस यूनिट कहलाता है, हाथ से पकड़े जानेवाले सेल्फ कन्टेंड यूनिट माइक में ट्रांसमीटर, बैटरी और ऐंटिना, माइक्रोफ़ोन के साथ ही होते हैं तथा टू पीस वायरलेस यूनिट में माइक एक अलग ट्रांसमिटिंग यूनिट से सम्बन्धित है।

स्टीरियो माइक

स्टीरियो बनाने में प्रमुखतः दो प्रकार की विधियाँ प्रयोग होती हैं। एक का उपयोग ऑल इन वन स्टीरियो माइक के लिए होता है जिसमें मूलतः दो माइकों को एक ही कवर में आरूढ़ किया जाता है। दूसरे में दो भिन्न-भिन्न माइकों का इस्तेमाल किया जाता है। आल इन वन स्टीरियो माइक का प्रयोग आन लोकेशन रिकॉर्डिंग हेतु किया जाता है। आदर्श स्टीरियो (बाएँ और दाएँ स्टीरियो चैनलों के बीच एक स्पष्ट एवं सुस्पष्ट विभाजन) प्रभाव को बनाने हेतु, आल इन वन स्टीरियो माइक की क्षमता कम है। इस कारण अत्याधुनिक स्टीरियो के निर्माण में दो माइको का प्रयोग किया जाता है।

प्रोडक्शन की सहायता से अनेक प्रकार के स्टीरियो प्रभाव विकसित अथवा निर्माण किया जाता है। एक निर्मित स्टीरियो में, इसका प्रभाव इलेक्ट्रॉनिक यन्त्रों का प्रयोग कर उत्पन्न किया जाता है। इस विधि में एक मोनो ऑडियो का भी इस्तेमाल किया जाता है। इस ध्वनि की प्रतिध्वनि या इको इफेक्ट द्वारा दो चैनल

स्टीरियो सिग्नल बनाया जाता है। उच्च-स्तर की स्टीरियो माइक की क्षमता सीमित है इस कारण अत्याधुनिक स्टीरियो निर्माण में प्रमुख रूप से तीन प्रकार के माइकों का प्रयोग किया जाता है। जिन पर संक्षिप्त प्रकाश निम्न बिदुंओं में डाला गया है–

(2) एक्स वाई तकनीक–इस तकनीकी की अंतर्गत दो माइक्रोफ़ोनों को उनके सिरों को एक साथ कर आड़ा-तिरछा रखा जाता है। ये माइक एक-दूसरे से दूर होते हैं। दो माइको के बीच का कोण स्पीकर के दूसरी ओर इंगित करते हुए, 60° से 120° पर रखा जाता है।

(1) स्पेस्ड तकनीक–किन्हीं दो चैनलों के मध्य अनुकूल परिस्थिति उत्पन्न करने के लिए व्यक्ति तथा माइक्रोफ़ोन के बीच में जितनी दूरी रखी जाती है, उससे तिगुनी दूरी माइक्रोफ़ोन के बीच में रखी जाती है।

(3) एम.एस. माइसिंग तकनीक–इस प्रकार की तकनीकी में दो दिशा और एकदिशीय सुपर कार्डियोड माइक एक साथ प्रयोग किए जाते हैं। द्वि-दिशात्मक माइक का पोलर पैटर्न का आकार कुछ-कुछ आकृति अंग्रेजी अंक आठ की भाँति होता है। इसको अति संवेदनशील दृश्य के समानान्तर सावधानी से रखा जाता है अर्थात् न्यूनतम अतिसंवेदनशीलता का क्षेत्र दृश्य के केन्द्र की ओर होता है जिसे कैमरे को निचले भाग में लगाया जाता है। निष्प्राण जगह इस प्रकार का होता है कि कैमरे के पीछे की आवाज कम-से-कम ग्रहण की जाती है। एकदिशात्मक माइक को दृश्य के केन्द्र में लगाया जाता है। इन दोनों माइकों से उत्पन्न आवाज, एक जटिल ऑडियो मैट्रिक्स सर्किट से निकलती है। इसका इस्तेमाल बाएँ और दाएँ चैनलों को उत्पन्न करता है। इस सर्किट में शक्ति होती है कि प्रत्येक स्टीरियो प्रभावी रूप से विभिन्नता उत्पन्न कर देता है।

परिवर्ती ध्वनियाँ–परवर्ती ध्वनियों को उत्पन्न करने के लिए स्टीरियों को 120° के क्षेत्र में ग्रहण करने के लिए करते हैं। परिवर्ती ध्वनि एवं क्वाड्रोफोनिक ध्वनि पद्धतियाँ श्रोताओं के सामने की एवं पिछली ओर की ध्वनियों को, 360° ध्वनि परिप्रेक्ष्य में प्रदत/ग्रहण करती हैं। आस-पास की ध्वनि एवं क्वाड्रोफोनिक ध्वनि को ग्रहण करने हेतु न्यूनतम चार स्पीकरों की आवश्यकता होती है।

क्वाड्रोफोनिक माइक

क्वाड्रोफोनिक माइक में एक सिंगल आवरण में चार प्रकार की माइक होती

हैं, जिससे 360° परिप्रेक्ष्य में ध्वनि का पता लगा सकते हैं। प्रतीकात्मक रूप में, एक ऊपरी कैप्सूल में दो माइक निहित होते हैं और ये बाएँ, सामने तथा दाहिने पिछवाड़े से ध्वनि ग्रहण करते हैं। दूसरा कैप्सूल, दायाँ, अग्रभाग तथा बाएँ तरफ़ पीछे से ध्वनि ग्रहण करता है। ये चार ऑडियो ट्रैक पर रिकॉर्ड की जाती हैं।

फोम विंडस्क्रीन

फोम विंडस्क्रीन का इस्तेमाल धीमी गति से चलने वाली वायु को सूखा करने के लिए किया जाता है यह निम्न गति की हवा निष्पादनकर्त्ता (Producer) के माइक पर बोलते वक्त श्वास छोड़े जाने से भी उत्पन्न हो सकती है। फ्रोम विंड स्क्रीन, कमरे की हवा की गति से संवेदनशील माइकों को भी सुरक्षा प्रदान करती है। रूम में वायु एकत्र होने के कारण रोशनदान या वातानुकूलन से प्राप्त हवा भी हो सकती है। बूमपोल पर माइक्रोफ़ोन लगाने के दौरान भी माइक हवा अर्जित कर सकता है। इनसे बचाव के लिए हाथ से पकड़े जाने वाले माइक, बिल्ट-इन विंड या पॉप प्रोटेक्शन यन्त्रों के साथ पाए जाते हैं।

इस माइक का इस्तेमाल रंग बदलने के लिए भी किया जाता है। कार्यक्रम बनाने वाले, टेप के सफ़ेद बैण्ड को विंडस्क्रीन के सामने रखते हैं। यह कैमरा ऑपरेटर को, कम प्रकाश व्यू फाइन्डर के माध्यम से माइक्रोफ़ोन की पहचान करने में मदद भी करता है अन्यथा इसे तेज चमकीली रोशनी के हेतु भी प्रयोग किया जाता है।

टेलीविज़न में प्रयोग होने वाले एरियल

टेलीविजन में प्रयुक्त होने वाले एरियल को ज़मीन में तार के द्वारा लगाया जाता है या इसे एक बेरा इन्सुलेटर पर लगाया जाता है। टावर की लम्बाई, रेडियो केन्द्र के वेव्रलेन्थ के आधे या चौथाई के बराबर होती है।

एरियल मैचिंग नेटवर्क

फीडर के इम्पीडेंस को ऐंटिना के इम्पीडेंस को समानान्तर करने हेतु एरियल मैचिंग नेटवर्क का प्रयोग किया जाता है। इससे ट्रांसमीटर से निकला अधिक-से-अधिक पावर मीडियम में प्रसारित हो जाता है और अल्प-से-अल्प शक्ति या पावर लौट जाती है। इन्डक्टेंस एवं कैपेसिटेन्स से इस नेटवर्क का निर्माण किया जाता है। इसे ऐंटिना के जड़ (Base) के पास ही स्थापित किया जाता है। ज्यादातर ये छोटे कमरे में रखे जाते हैं। इनका निर्माण करना कभी-कभी मुश्किल हो जाता है। यह एक तथ्य पर

निर्धारित करता है कि ऐंटिना दिशात्मक है या यह कितने पावर का है। यह नेटवर्क मीडियमवेब़ के लिए प्रयुक्त होता है। एक नेटवर्क द्वारा ज्यादा से ज्यादा आवृत्ति के प्रभाव में लाया जा सकता है।

रेडियल

रेडियल एक ऐसा इलेक्ट्रॉनिक यंत्र व उपकरण है जो अपने आस-पास की जमीन में अधिक से अधिक क्षमता पैदा करता है। यदि पृथ्वी उच्च गुणों से युक्त होती तो इसका प्रतिरोध शून्य होता और पृथ्वी में रेडियेशन का ह्रास नहीं होता। किन्तु ऐसा नहीं है। अतः पृथ्वी में छीजत (Loss) बचाने के लिए ताम्बे के रेडियल तारों का जाल बिछाया जाता है। इनकी लम्बाई लगभग 0.25 वेव़लेन्थ के बराबर होता है और इन्हें मास्ट के जड़ से जोड़ दिया जाता है। 60 से 120 रेडियल चारों ओर बराबर-बराबर मात्रा में फैलाये जाते हैं।

अभिग्रहण ऐटिंना

(1) फोल्डेड डाइपोल—फोल्डेड डाइपोल के प्रयोग से सिग्नल में होने वाली परेशानियों से निपटने में उपयोगी है कि डाइपोल की प्रतिबाधा—ए॰सी॰ के लिए एक प्रकार की रेज़िस्टेन्स, फीडर केबल तथा रिसीविंग सेट से मेल खाती है। इसकी प्रतिबाधा पर ऊपर चर्चा की गई है। यह प्रतिबाधा लगभग 75 ओम (Ohm) है। अक्सर प्रतिबाधा को केबल तथा रिसीविंग सेट के साथ मैच करने के लिए परिवर्तित करने की आवश्यकता होती है। प्रतिबाधा के इस बदलाव के राड को फोल्ड कर प्राप्त किया जाता है ताकि इसकी मोड़ी गई लम्बाई वेब़लेन्थ की आधी रहे।

(2) हाफ वेब़ डाइपोल—हाफ वेव़ डाइपोल एक ऐसा यंत्र है जो रेडियो एवं टी.वी. सेट से जुड़े हुए सिग्नलों को ग्रहण करने में महत्त्वपूर्ण भूमिका का निर्वहन करता है। ऐटिना के साधारण डिज़ाइन में मात्र एक डाइपोल होता है। रिसीवर के तरफ़ दो तार जाते दिखाए गए हैं। यू॰एच॰एफ॰ और वी॰एच॰एफ॰ के लिए एक तार कॉपर कोर और दूसरा कोएक्सियल केबल का बाहरी तार होता है। आगे बढ़ने से पूर्व हम गेन की विवेचना करेंगे। गेन की तकनीकी परिभाषी है "ऐंटिना के सिग्नल को प्रभावी ढंग से प्राप्त करने की क्षमता"। डाइपोल की अभिग्रहण पद्धति को स्पाट करती है। मध्य का क्षेत्र वह है जहाँ सामान्य की तुलना में गेन अधिक है, डाइपोल केन्द्र में स्थित है। हम अन्य तत्त्वों को मिलाकर एरियल के अनुर्दिशत्व को बदल सकते हैं, उन्हें निष्क्रिय तत्त्व कहते हैं। इस डाइपोल में

विद्युत धारा बिल्कुल नहीं होती है। इनमें निष्क्रिय दो प्रकार के होते हैं जिनका उल्लेख निम्न बिंदुओं में किया गया है–

(i) डायरेक्टर–डायरेक्टर एरियल की दिशा की शक्ति में परिवर्तित होता है ताकि डाइपोल के ठीक सामने एरियल के 'गेन' में सुधार हों। ज्यादातर एरियलों में अनेकों डायरेक्टर होते हैं। अधिक डायरेक्टर होने से एरियल अपेक्षित स्रोत से सिग्नल चुनते समय अन्य कोणों के सिग्नलों को अस्वीकार करने लगता है। डायरेक्टरों के मध्य के रिक्त स्थान प्रथम डायरेक्टर ट्यूब का व्यास और डाइपोल के बीच की दूरी, डाइपोल के व्यवहार को नियन्त्रित करते हैं। डायरेक्टरों की लम्बाई, एरियल के बैन्डविड्थ को रोकती है लेकिन अधिकांश उपयोग में, डायरेक्टर की लम्बाई, डाइपोल की लम्बाई का लगभग 75% होता है। डाइपोल का गेन डायरेक्टरों की दिशा में वृद्धि करता है। इससे अभिगृहीत सिग्नल ज़्यादा प्रभावी हो जाता है। ज़्यादा प्रभावी होने के लिए नए डायरेक्टर को मिला दिया जाता है। व्यवहार में एक एरियल में 18-20 तक डायरेक्टर सम्मिलित होते हैं। उसके अलावा भी एरियल के पीछे अभी भी सिग्नल उपलब्ध हैं। अभी भी यह पीछे के सिग्नलों को प्राप्त कर सकता है। इसको तकनीकी भाषा में 'लो फ्रन्ट टू बैक अनुपात' कहा जाता है।

(ii) परावर्तक–आगे से पीछे के अनुपात में सुधार हेतु एक अन्य प्रकार के निष्क्रिय तत्व परावर्तक को जोड़ सकते हैं। इसके लिए परावर्तक को आगे-पीछे घुमाते हैं। परावर्तक एरियल, पीछे से आने वाले सिग्नल को वापस भेजने का कार्य करता है। इससे एन्टेना का 'गेन' बढ़ जाता है। इस डिज़ाइन को, इसके निम्नकर्त्ताओं के नाम पर, यागी-उदा (Yagi-Uda) ऐरे की संज्ञा दी गयी है। परावर्तक की दूरी, आकार एवं स्थिति, एरियल की कार्यक्षमता को प्रभावित करती है। परावर्तक धातु प्लेट का रूप भी ले सकता है। (इसमें सुराख कर, हवाओं का दबाव कम किया जा सकता है)। साधारण रूप में डाइपोल के मध्य से कई रॉडों को समान दूरी पर लगाया जाता है।

8

टेलीविजन हेतु लेखन

विगत कुछ वर्षों से टेलीविजन का महत्त्व व उपयोग अधिक बढ़ा है और दिनोंदिन इसका महत्त्व बढ़ता ही जा रहा है। टेलीविजन एवं दूरदर्शन के क्षेत्र में लेखन प्रक्रिया का प्रमुख स्थान है क्योंकि लेखन के आधार पर ही दूरदर्शन के कार्यक्रमों का निर्माण किया जाता है। अतः इन कार्यक्रमों को प्रस्तुत करना कोई सरल कार्य नहीं होता है। कभी-कभी भ्रम की स्थिति बन जाती है, जब इसके कार्यों को सतही समझा जाता है। दूरदर्शन कार्यक्रमों हेतु कार्यक्रम की मूल अवधारणा पहला सोपान होता है। इसके बाद अवधि के अनुरूप कार्यक्रम बनाने की समस्त योजना का निर्माण किया जाता है जिसमें कार्यक्रम का स्वरूप, केन्द्रीय विषय-पात्र एव उनकी भाषा एवं संवाद, सिलसिलेवार जानकारी देती वृहद् स्क्रिप्ट तथा संयोजन हेतु मूल स्क्रिप्ट तथा कार्यक्रम प्रस्तुतीकरण हेतु स्थान, पात्र, भूमिकाएँ एव तदनुरूप प्रस्तुति आदि प्रमुख तत्वों को सम्मिलित किया जाता है।

कार्यक्रम रूप लड़ाई को जीतने के लिए स्क्रिप्ट का हथियार आवश्यक है। स्क्रिप्ट में पात्र-संवाद-स्थिति-संयोजन आदि के पहलू सम्मिलित होते हैं।

टेलीविजन लेखन हेतु यह आवश्यक है कि दूरदर्शन की भाषा एवं प्रकृति को भली-भाँति समझा जाए, सुलझे स्वरूप में दूरदर्शन की लेखन-शैली वह है, जो अपने बिंबों से वह तथ्य प्रस्तुत कर दे जिसकी लेखक अपने मस्तिष्क में संरचना बनता

है। इसके लिए यह ध्यान रखा जाना आवश्यक है कि दृश्य-संयोजन में कहीं शिथिलता न हो, अचेतन व गतिहीन स्थितियाँ न पनपने पाएँ, पात्र जो बोली-बोले वह दूरदर्शन में भाषाई स्वरूप में रूपांतरित हो सके। साथ ही दृश्यों की स्वाभाविक तारतम्यता भी जुड़ी रहे।

अतः यह एक स्क्रिप्ट होती है जिसके द्वारा कार्यक्रम निर्माता एवं निर्देशक भिन्न-भिन्न प्रकार के दृश्याँकन के लिए योजनाओं का निर्माण करते है एवं उन संभावनाओं व स्थितियों को संयोजित करते हुए कार्यक्रम की रूपरेखा को आयाम देते हैं।

टी. वी. कार्यक्रमों हेतु लेखन

दूरदर्शन के के विस्तृत प्रसार में प्रमुख रूप से खेल, सूचना, शैक्षणिक, समाचार व समसामयिक, मनोरंजन, प्रचारार्थ तथा प्रेरक कार्यक्रमों में विभाजित कर लिया जाता है। अतः लेखन कार्यों में उपयुक्त समस्त कार्यक्रमों के प्रस्तुति के अनुसार उतार-चढ़ाव आता है किन्तु मूल रूप से सभी के स्रोत बिन्दु एक ही हैं। वैसे भी दृश्य-श्रव्य कार्यक्रमों में प्राथमिक प्रभाव दृश्य का ही पड़ता है, ध्वनि उस प्रभाव को व्यापक कर देती है। इसी दृष्टिकोण को लेकर सामान्य रूप में टी.वी. कार्यक्रमों के लिए लेखन की प्रक्रिया निम्न प्रकार से सम्पन्न की जाती है–

1. विभिन्न नियमनकारी कानूनों, वर्जनाओं व गोपनीयता का खंडन न हो।
2. दर्शकों की रुचि व आवश्यकता के मध्य अटूट सम्बन्ध स्थापित किया जाएँ
3. राष्ट्रीय/सांस्कृतिक मूल्यों की रक्षा हो व देश की सम्प्रभुता पर कोई खतरा न पहुँचे।
4. नवीनता, रोचकता व सामयिकता के तत्त्वों को पुट दिया जाए, जिससे दर्शकों में जुड़ाव की भावना महसूस हो।
5. सरलता, संक्षिप्तता व स्पष्टता का ध्यान रखा जाए, क्योंकि आधी बात तो चित्र स्वयं कह देता है।
6. जन-मानस के रचे-बसे शब्दों व संदर्भों के उपयोग कों प्राथमिकता दी जाएँ उदाहरण के लिए–वर्तमान में जम्मू-कश्मीर चुनावों के समाचार के क्रम में प्रमुख समाचार की लीड थी 'बुलेट पर बैलेट हावी'।
7. भाषा बहुत जटिल न हो क्योंकि टेलीविजन आम से खास वर्ग तक अपनी पहुँच रखता है।

8. लेखन में दृश्य के कथ्य का स्पष्टीकरण हो।
9. भाषा एवं दृश्य के समुचित तालमेल को बैठाएँ ताकि कार्यक्रम सरल हो सके।
10. कार्यक्रम की प्रस्तुति के अनुरूप भाषा का पुट हो। जिस वर्ग की आवश्यकता के लिए कार्यक्रम का निर्माण हो रहा है, उस वर्ग की मूल अभिवृत्ति का ध्यान रखा जाएँ

फीचर्स लेखन कला

यह एक प्रकार की स्वतंत्र लेखन कला है। इसमें लेखक को लिखने के लिए व्यापक छूट दी जाती है। किसी भी अच्छे फीचर हेतु यह आवश्यक है कि कार्यक्रम सम्पादक व आलेख लेखक मिल-बैठकर फीचर्स के विभिन्न बिन्दुओं पर विचार-विमर्श कर लें। इससे यह तय हो जाता है कि दृश्य पक्ष क्या हो? कार्यक्रम प्रस्तुति किस प्रकार हो? आलेख-प्रस्तुति व विवरण कैसे हो? प्रस्तुतीकरण कैसे किया जाए? तथा तकनीकी पक्ष क्या हो?

उपरोक्त बातों को निर्धारित करने के पश्चात् फीचर का लक्ष्य, समय-सीमा, दृश्य-सामग्री आदि के आधार पर मूल स्क्रिप्ट के विवरणानुसार दृश्यों की शूटिंग की जाती है। स्क्रिप्ट की माँग के अनुरूप दृश्य व दृश्य-ध्वनि होने के साथ की स्थितियों का चयन किया जाता है। तत्पश्चात् दृश्यों के तारतम्य व प्रस्तुति के तकनीकी पक्ष को ध्यान में रखते हुए फीचर हेतु लेखन किया जाता है। फीचर लेखन में प्रमुख रूप से वार्ता व विवरण आदि में मूल आलेख को ही प्रयोग किया जाएँ संवादों में कृत्रिमता न हो। वाक्य छोटे व प्रभावी हों, इसके अलावा लेखन में सहजता, प्रभाव, सरलता व वाक्यों के समावेश का समुचित ध्यान रखा जाए ताकि विवरण को लिपिबद्ध करते समय रुकावट, अटकाव व असहजता न हो। तकनीकी पहलुओं में शब्दावली आम बोलचाल व सहज प्रयोग की जाने वाली परिस्थितियों के अनुसार होना चाहिए तथा सामाजिक पदों, मुहावरों, लोक-रीति, सहज उद्धरणों आदि का प्रयोग विवेकानुसार किया जाएँ शब्द व प्रस्तुति रोचक, सहज, प्रभावी व सरल हो। विवरण इतने ही हों कि दर्शक, दृश्य के प्रभाव को आत्मसात् कर लें। शब्दों व लेखन की प्रकृति फीचर की प्रकृति से मेल खाए और टिप्पणी, मतों, चर्चा में सरकारी रीति-नीति, निषेधों आदि का उल्लंघन नहीं किया जाना चाहिएँ

वृत्तचित्र

फीचर फिल्मों की भाँति वृत्तचित्र के लिए लेटाम पक्षों का होना आवश्यक है। वृत्तचित्र हेतु गहन अनुसंधान व विमर्श के बाद वृत्तचित्र की सामग्री का चयन किया

जाता है। इस स्रोत साम्रगी से तकनीकी व दृश्यात्मक पहलुओं के अनुसार प्रारम्भिक स्क्रिप्ट लिखी जाती है, जिसमें सम्पूर्ण विचरण, दृश्य व तकनीकी पहलू होते हैं।

लेखक शूटिंग के उपरांत प्राप्त चित्रों व दृश्यों का भली प्रकार से अध्ययन करता है। दृश्यों व विचरणों की प्रकृति के अनुसार वह उनके बीच की योजना कड़ी को संयोजित करके दूसरी विस्तृत स्क्रिप्ट लिखता है। उस स्क्रिप्ट को ध्वनि व संगीत के प्रभावों के साथ वृत्तचित्र के दृश्यों में गूँथा जाता है।

जिस स्थान व क्षेत्र में विशेष दक्षता की जरूरत पड़ती है वहाँ निपेक्ष्य से विवरणकर्त्ता की आवाज वृत्तचित्र के विवरण लेख को पढ़ती है। श्रोता-दर्शक दृश्य व ध्वनि के योग से पूरी स्थिति से अवगत होते हैं।

भाषा की सहजता, शब्द-चयन, वाक्य-विन्यास, उद्धरण, विवरण, सटीकता आदि वृत्तचित्र लेखन के वह पहलू हैं, जो इसे रोचकता व नयापन प्रदान करते हैं।

वृत्तचित्र के प्रकार

वृत्तचित्र मूल रूप से यूँ तो प्रस्तुति एवं विषयों को लेकर विभिन्न प्रकार के होते हैं जिनमें ग्राम्य विषयक, अन्वेषणात्मक, शैक्षिक, विकासपरक, अपराधपरक, साहित्यिक, सांस्कृतिक, राजनीतिक, आर्थिक, धार्मिक, वैज्ञानिक, संसदीय, स्वास्थ्य विषयक, फिल्मपरक, विधिक, खेल विषयक, महिला विषयक, बाल संदर्भ तथा सन्दर्भ विषयक।

दूरदर्शन पत्रकारिता के क्रम में समाचार-लेखन के पहलू विविध अवसरों पर मुखरित होते हैं। लेखन में यदि विशिष्टता व सम्बन्धित पहलू नहीं होंगे तो लेखन अधूरा प्रतीत होगा। लेखन क्रम में प्रमुख विशेषता यही है कि व्यक्ति एक बार जब उसे दूरदर्शन समाचार के रूप में सुने तो यह बाध्य हो जाना चाहिए कि वह उसे अंत तक ही सुने। वैसे तो भाँति-भाँति के खबरों में उनके पक्षों के अनुरूप भाव-पक्ष होता है पर उनमें कहीं मानवीय भावनाएँ होती हैं तो कहीं विश्लेषण, कहीं सूचना और कहीं काव्य की स्थिति पनपती हैं। श्रोताओं की रुचि एक समान नहीं होती है। अतः किसी की रुचि खेल में है तो किसी की संगीत में, कोई साहित्य प्रेमी है तो कोई राजनीति में दखल-रखता है। इस प्रकार दूरदर्शन समाचार लेखन में प्रत्येक पक्ष की जिम्मेदारी गहरी हो जाती है। समाचार की रोचकता में बढ़ाने में सत्यता, समीपता, संक्षिप्तता, स्पष्टता, सुरुचि, आत्मीयता, सामयिकता तथा मानवीय रुचि के पक्ष आदि तत्वों की महत्त्वपूर्ण भूमिका होती है।

टेलीविजन के अध्ययन से विभिन्न प्रकार की सूचनाओं व खबरों को प्रसारित

किया जाता है। यह 'आँख', 'कान', 'मन' तीनों पर एक साथ प्रभाव डालता है। यही कारण है कि इसकी प्रभाविता सहज ही होती है। समाचार पत्र में संवाददाता खबरें संकलित करते हैं और सम्पादक द्वारा उन्हें सम्पादित किया या छापा जाता है। आकाशवाणी में खबरों को संकलित कर सुनाया जाता है किन्तु दूरदर्शन में कैमरा आपको उस स्थान पर ले जाता है, जहाँ खबर घटित हुई है जहाँ से समाचार की नींवं डाली जाती है।

परंतु तकनीकी दृष्टिकोण से यह कार्य काफी कठिन है। विभिन्न तकनीकी विशेषज्ञों व सहयोगिया) की मेहनत से दूरदर्शन समाचार अस्तित्व में आता है। इस माध्यम में जहाँ दर्शकों को लुभाने की सर्वोत्कृष्ट कला है, वहीं दृश्यौं व कथ्य का समन्वय भी विशेष महत्त्वपूर्ण है। कई बार ऐसा होता है कि समाचार प्रस्तुति अपनी दिशा से भटक जाती है। ऐसी स्थिति के लिए समाचार वाचक को सतर्क रहना होता है। जब समाचार सुनते समय दर्शक समाचार को देखते हुए समाचार वाचकों के हँसते-मुस्कराते चेहरे देखते हैं, तो कोई यह कल्पना नहीं करता है कि समाचारवाचक किस तनावपूर्ण वातावरण से गुजर रहा है। इस माध्यम की व्यापकता की वजह से मात्र छोटी सी भूल चिनगारी की भाँति व्यापक ध्वंसलीला की रचना करती है।

दूरदर्शन के लिए समाचार लिखने के सभी तत्व रेडियो लेखन की तरह ही होते हैं, पर जो अन्य विशिष्टताएँ हैं, उनमें राष्ट्रीय, सामाजिक एवं सांस्कृतिक मूल्यौं की रक्षा, नवीनता, रोचकता एवं सामयिकता तथा सरलता, स्पष्टता व संक्षिप्त प्रस्तुति (शाब्दिक) प्रमुख हैं।

वार्तालेखन कला

वैसे तो वार्ता के लिए लेखन का महत्त्व कम हो गया है, लेकिन इसका प्रयोग बुनियादी दृष्टियों से करना पड़ता है। प्रभावशाली लेखन से सम्बन्धित कुछ सुझावों में जैसे—सन्दर्भों, आँकड़ों, सूचनाओं के स्रोतों को लिख लें ताकि प्रश्नोत्तर के साथ वे प्रयोग हो सकें। मुख्य एवं पूरक प्रश्नों को क्रमानुसार अलग-अलग लिख लें। समय शेष रह जाने पर पूरक प्रश्नों का प्रयोग किया जा सकता है। शुरुआत व अन्त के लिए विषय से सम्बन्धित प्रमुख उक्तियाँ, उद्धरण आदि रोचकता हेतु लिख लें। आधार उपलब्ध होने से इन्हें यथास्थान प्रयुक्त किया जा सकता है। तारतम्यता व प्रवाह बनाए रखने के लिए एक खाका व बिन्दु तय कर लें ताकि वार्ता का क्रम व गति सुचारु रूप से हो सके। वार्ता में पूछे जा सकने वाले प्रश्नों का मसौदा लिखित

रूप से रख लें ताकि आवश्यकता के अनुसार उनका प्रयोग हो सके आदि तत्वों पर विशेष ध्यान देना चाहिएँ

भेंटवार्ता लेखन

दूरदर्शन भेंटवार्ता प्रस्तुति की एक अद्‌भुत कला है। इंटरव्यू अपनी प्रस्तुति में अधिक स्वाभाविक एवं गतिशील होता है। दर्शकों की जिज्ञासा को वह अपने सवालों के माध्यम से पूछता है। प्रश्न पूछने का तरीका, शब्द चयन, उसकी अभिव्यंजनाएँ, हाव-भाव भी इसमें बहुत महत्त्व रखते हैं।

भेंटवार्ता के दौरान कल्पना युक्त, खोजबीन प्रधान, विषय आधारित, संवेगात्मक तथा व्यक्तित्व आदि तथ्यों के द्वारा भेंट वार्ता को बड़ी सरलता से देखा व सुना जा सकता है। इसलिए इनका अस्तित्व बढ़ जाता है। यदि वह किसी कारणवश परेशान भी है, तो उस माध्यम की प्रस्तुति के कारण मुस्कुराते रहते हैं। वह लगातार कैमरे की निगाह से दर्शकों से रूबरू होता रहता है। अतः उसकी प्रस्तुति, हाव-भाव, बातचीत इत्यादि सभी का एक खास पहलू ही दर्शकों को मिल पात्रा है। भेंटवार्ता की उपयोगिता व कार्यकारी प्रारूपों पर कोई ढाँचा या कार्यक्रम बनाना बहुत ही जटिल कार्य है। उसकी अधिकांश सफलता प्रश्नों के चयन पर निर्भर करती है। प्रश्न पूछे जाने का तौर-तरीका वार्ता का क्रमिक विकास व सटीक प्रस्तुति आदि यूँ तो पूर्व-निर्धारित प्रारूप में ही होता है, पर समय व परिस्थिति के अनुसार समायोजन आवश्यक है। यदि परिकल्पना व प्रारूप को पूर्व-निर्धारित नहीं किया जाए, तो कार्यक्रम में बिखराव आ जाने की संभावना रहती है।

एक प्रभावशाली भेंटवार्ता के प्रमुख पहलू

भेंटकर्त्ता अतिथि से किसी प्रकार की प्रतियोगिता न रखे बल्कि वह यह प्रयास करे कि सामान्य व सहज वातावरण के अन्तर्गत भेंटवार्ता का दौर चले। भेंटकर्त्ता का प्रयास यह होना चाहिए कि वह कम से कम बोले। अतिथि के मत व विचारों के लिए अधिक समय रखा जाएँ अगर तीखे, विवादास्पद व जरूरी प्रश्न भी 'शिष्टता' के नाम पर न पूछे जाएँ तो यह बात भी गलत है। अतः कार्यक्रम की भूमिका के अनुरूप व दर्शकों के प्रति न्याय करते हुए उचित प्रश्न पूछे जाने चाहिएँ। वार्ता का प्रारंभ व अंत दोनों ही सटीक व सुखद होने चाहिएँ तभी वार्ता प्रभावशाली है। भेंटवार्ता की शुरुआत परिचय व नरम सवालों से की जानी चाहिएँ ठोस, तार्किक

व कठिन मुद्दों के प्रश्नों में शिष्टता व प्रोफेशनलिज्म का ध्यान रखा जाना चाहिएँ अतिथि की रीति-नीति, शिक्षा-परिवार, अभिरुचियों आदि का पूर्व अनुमान करना भेंटवार्ता को समृद्ध करता है व वार्ता में नवीनता व रोचकता आती है। औपचारिक स्थितियों व व्यवहार से वार्ता का माहौल खुशगवार बनाया जाना चाहिएँ समय सीमा के अनुरूप तैयारी करनी चाहिएँ अन्तिम समय के प्रश्न विकल्प के तौर पर रखे जाएँ समय बचने पर उनका इस्तेमाल उचित होगा।

उपरोक्त बातों के अलावा वार्ता के विभिन्न प्रकारों के अनुरूप भी कार्य एवं परिस्थितियाँ बदलती हैं।

व्यक्तिगत भेंटवार्ता लेखन

यह एक प्रकार की ऐसी भेंटवार्ता है जिसमें दो या दो से अधिक व्यक्तियों को शामिल करने की आवश्यकता पड़ती है। किसी विशेष मुद्दे या घटना के प्रति भी विभिन्न स्थलों पर पहुँच कर अनेक उपयुक्त व्यक्तियों से इंटरव्यू लेना उचित विकल्प है।

इस उद्देश्य के लिए कई व्यक्तियों से वार्ता कर बातचीत व चित्रों को अनेक दृष्टिकोणों से कवर कर लिया जाता है। बाद में कार्यक्रम की आवश्यकता के अनुसार उन्हें सम्पादित कर संयोजित कर दिया जाता है। बातचीत व शब्दों के साथ कार्यक्रम की माँग पर उपयुक्त दृश्य डाले जा सकते हैं।

उपरोक्त दृश्यों को इच्छानुसार स्थान देना एक जटिल कार्य है। इसके लिए कल्पना, समय, दक्षता, सटीक व क्रिएटिव होना आवश्यक हैं। भेंटवार्ताएँ प्रायः बिना स्क्रिप्ट व रिहर्सल की जाती हैं। अतः प्रसंग, विजुअल्स व वार्ता का तालमेल आवश्यक है। क्रमों के इधर-उधर होने से समूची भेंटवार्ता स्वादहीन हो जाती है। अतः इस प्रयोजनार्थ अतिरिक्त सतर्कता की आवश्यकता होती है। इस प्रकार की भेंटवार्ताओं में निर्देशक द्वारा यह ध्यान रखा जाना चाहिए कि किसी भी व्यक्ति के विचारों की भावना, उसका उद्देश्य, तारतम्य व तथ्य-कथ्य में अन्तर न आने पाएँ विचारों को तोड़-मरोड़कर या इस प्रकार सम्पादित करना कि वह अनर्थ प्रस्तुत करें, उचित नहीं हो। साथ ही यह व्यावसायिक व नैतिक पाप भी है।

पैनल चर्चाओं हेतु लेखन

इसका आयोजन क्षेत्र विशेष, घटना समसामयिक पहलू आदि के लिए की जाती है। इसमें भेंटकर्ता एक पक्ष को लेकर अलग-अलग व्यक्तियों से चर्चा करता

है। अन्तर केवल इतना सा है कि भेंटवार्ता में वार्तालाप सवाल-जवाब की शैली में होता है और पैनल चर्चा में सभी से केवल विषय केन्द्रित सवाल ही रखे जाते हैं। सभी भाग लेने वालों को एक ही दर्जा और महत्ता दी जाती है।

पैनल चर्चा में भिन्न-भिन्न क्षेत्रों के प्रसिद्ध व जाने-माने विशेषज्ञ भाग लेते हैं। इन भाग लेने वालों का एक ही बराबर 'पद' और 'स्टेटस' का होना अति आवश्यक माना जाता है। भाग लेने वालों का चयन कार्यक्रम निर्माता केवल खुले विभाग, सूझबूझ, ध्यान व कल्पना शक्ति से ही कर सकता है।

अक्सर वैनल चर्चा में बहुचर्चित एवं विवादास्पद मसलों को उठाया जाता है। साथ ही जिस पर वाद-विवाद, टिप्पणियाँ आदि की गुंजाइश हो। ऐसे विषय राजनीतिक, सामाजिक, आर्थिक, भौगोलिक कुछ भी हो सकते हैं। इन पर चर्चा के समय विरोध व विपक्ष भी हावी होता है, पर यही इस चर्चा की विशेषता है। 'भेंटवार्ता' से इसका रूप थोड़ा भिन्न होने पर भी कमोबेश उसी प्रारूप पर कार्य करता है। साथ ही अगर इसमें शामिल किए गए मुद्दे प्रखरता से उठाए जाय तो लोगों के द्वारा इसे अधिक पसन्द किया जाता है।

टी. वी. नाटक लेखन

नाटक एक प्रकार की लोकप्रिय विधा है जिसके माध्यम से मनुष्य में आयी विसंगतियों की जीवंत प्रस्तुति कर जनसाधारण के मन पर अधिकार कर सच्चे मनुष्य बनने की प्रेरणा देती है। नाटकों के जिन चार तरहों से हम परिचित हैं, जैसे रेडियो, रंगमंच, टी.वी. और फिल्म। उनमें रेडियो नाटक को छोड़कर जो केवल ध्वनियों और संवादों का साधन है शेष तीन रूप, श्रव्य तथा दृश्य के मिश्रित साधन हैं। इन तीनों रूपों में भी रंगमंच नाटक का स्वरूप बिल्कुल भिन्न है, जहाँ अभिनेता और दर्शक के बीच साक्षात् सीधा और जीवंत संपर्क एवं सामंजस्य स्थापित हो जाता है और फिर अभिनेता अपने बलबूते पर नाटक को उठाता है अथवा गिराता है।

वैसे तो फिल्म और टी.वी. पर एक ही जैसे लगते हुए भी दोनों के बीच पर्याप्त अंतर को समझना आवश्यक होता है।

हालाँकि टेलीविजन और फिल्म दोनों माध्यमों में कैमरे का इस्तेमाल किया जाता है। वर्तमान दौर में अधिकांश टी.वी. नाटक और धारावाहिक जो बाहरी प्रोड्यूसरों द्वारा बनाए जाते हैं, फिल्म की तकनीक से ही बनते हैं। ऐसा करने से उनकी अपनी सुविधा का अधिक और माध्यम की जरूरत का कम विचार होता है।

दूरदर्शन की यह सबसे बड़ी मजबूरी ही मानी जायेगी कि कैमरे का इस्तेमाल करने के अलावा भी फिल्म नहीं बना सकता है। दूरदर्शन रंगमंच भी नहीं है जबकि रंगमंच के ही जैसा इसमें हमेशा निरंतरता बनी रहती है। इसे हम यह भी कह सकते हैं कि सिनेमा तथा रंगमंच के कुछ प्रमुख तत्वों के समावेश से नाटक के इस स्वरूप का जन्म हुआ है।

प्रमुख रूप से टेलीविजन नाटक स्टूडियो में उपलब्ध संसाधनों के आधार पर ही बनाता है किंतु फिल्म तथा फिल्मी तकनीक से बनाए गए धारावाहिकों आदि में इस बंधन की कोई आवश्यकता नहीं होती। फिल्म बनाने में एक ही कैमरे को उपयोग में लाया जाता है परंतु टी.वी. में कम से कम दो या तीन और जरूरत एवं सुविधा होने पर पाँच से सात कैमरे तक एक साथ उपयोग किये जाते हैं। फिल्म की प्रोसेसिंग एवं शूटिंग के पश्चात् उसे काटकर व जोड़ कर पृथक्-पृथक् शॉट्स को क्रम बनाकर फिल्म की गति व निरंतरता प्रदान करता है जबकि टी.वी. नाटक का सम्पादन प्रोड्यूसर के निर्देश पर, प्रोडक्शन पैनल से निरंतर किया जाता रहा है, जिसे विजन मिक्सिंग की संज्ञा प्रदान की गयी है। बेहतर टी.वी. नाटक प्रसारण या रिकार्डिंग के समय निर्देशक कलाकारों या कैमरामैनों के साथ सेट पर नहीं रहता जैसा कि फिल्म की शूटिंग में होता है वह प्रोडक्शन पैनल से सभी कैमरों का संचालन सम्पादन, ध्वनि प्रभाव अथवा संगीत के उपयोग के लिए लगातार निर्देश करते रहता है चूँकि टी. वी. नाटक में यह सभी कार्य एक साथ किए जाते हैं। फिल्म को बड़े पर्दे पर लांग शॉट्स के द्वारा अपना अर्थ और सुन्दरता दर्शकों तक पहुँचाने में योग्य है, जबकि टी.वी. स्क्रीन का छोटा आकार लांग शाट्स की सुन्दरता और सार्थकता को भी छाँट देते हैं। अतः टी.वी. को क्लोजअप का साधन माना गया है जो आज हम सभी लोगों के समक्ष है।

जैसा कि पूर्व में स्पष्ट किया जा चुका है कि रंगमंच पर नाटक के प्रस्तुत होने पर दर्शकों को जीवंत अनुभवों की प्राप्ति होती है वहीं दूसरी ओर दर्शक एक खास स्थान पर बैठा हुआ, एक विशालकाय फ्रेम में घट रही गतिविधियों को एक निर्धारित पृष्ठभूमि में निरंतर एक ही दृष्टिकोण से देखने के लिए मजबूर भी है। लेखन टी. वी. कैमरा अनवरत् चलता रहता है और दर्शक की आँख बनकर किसी भी कोण से दर्शक को निर्देशक की इच्छानुसार पूरा दृश्य या इसका कुछ अंश प्रदर्शित कर सकता है। अन्य शब्दों में रंगमंच के नाटकों के मुहावरे को दोबारा व्यस्थापित किया जा सकता है। रंगमंच का नाटक लेखक से निर्देशक के हाथों में और वहाँ से अभिनेता के हाथों में चला जाता है। अतः नाटक की सफलता व विफलता में अभियंता की

महत्त्वपूर्ण भूमिका होती है। जबकि टी.वी. का नाटक शुरू से आखिर तक निर्देशक के अधीन होता है तथा सभी कार्यों का जिम्मेदार उसी को ठहराया जाता है। यही कारण है कि रंगमंच को अभिनेता का माध्यम माना जाता है लेकिन फिल्म और टी.वी. निर्देशक के माध्यम माने जाते हैं– टी.वी. को निर्देशक का साधन बताकर लेखक को गौण करना। मेरा निवेदन मात्र इतना है कि लेखक द्वारा रचित मानसिक बिम्बों और चरित्रों को निर्देशक स्थूल रूप देता है, मूलभाव की दृश्यात्मक व्याख्या करता है, विजुअल लैंग्वेज में नाटक की पुनर्रचना करता है। अन्य शब्दों में कहा जाए तो यह आत्मा को शरीर प्रदान करता है। फिल्म और टी.वी. में लेखक और निर्देशक हाथ में हाथ डालकर काम करने वाले होते हैं। अतः दोनों का एक दूसरे से गहरा संबंध होता है।

उपरोक्त सभी तत्वों को श्रेणीबद्ध करके नाटक का निर्माण किया जाता है। यह सर्वविदित है कि नाटक चाहे टी.वी. का हो या मंच का या फिर फिल्म या रेडियो का सबका मूल आधार एक ही है, कहानी। सिर्फ माध्यम के अनुरूप कहानी कहने का तरीका पृथक्-पृथक् होता है और कहानी कहने का अंदाज ही उसे रोचक या उबाऊ बना सकता है। हमें विवादास्पद मुद्दों से बचते हुए उन मुद्दों पर विचार करना चाहिए जिनकी हमें बेहतर समझ है। यही बात नाटक लेखन में भी लागू होती है। नाटक लिखते समय अथवा नाटक द्वारा कोई विचार या विषय संप्रेषित करने के लिए हम केवल एक विषय अथवा थीम का चयन करने की बात कर रहे हैं। यह विषय या थीम कहाँ से आते हैं–

मानव जीवन एक गतिशील प्रक्रिया है जो मृत्यु के बाद ही रुक सकती है कि जब तक जीवन अपने प्रवाह में होती है तो लगातार नई-नई चीजों को जन्म देती रहती है। यही प्रक्रिया कहानी के बीज तैयार करती है। हमारे अनुभव से हमारी दृष्टि से हमारे कानों से गुजरी हुई प्रत्येक घटना हर चरित्र प्रत्येक विषय वह बीज है, जो लेखक रूपी किसान का संरक्षण चातुर्य और श्रम पाकर कविता, कहानी चित्र, मूर्ति अथवा नाटक की फसल लहलहा देता है। इसके बाद ही एक और कठोर सत्य भी स्वीकार करना पड़ेगा कि हरएक बीज में उगने की क्षमता नहीं होती या उगने के बाद भी उसका सबके लिए कोई अर्थ नहीं होता। अतः नाटककार के लिए कथावस्तु अथवा चयन इसी आधार पर करना जरूरी है कि वह सर्वग्राह्य हो। स्वान्तः सुखाय या आत्मतुष्टि के लिए नाटक लिखने को मैं महत्त्व नहीं देता। नाटक वह जो खेला जाय और जब खेला जाय तो देखा भी जाय, यानी नाटककार अपने स्तर पर ही नाटक को दर्शक से जोड़ने की बात लेकर चले। टी.वी. नाटक

की बात करते हुए यह जिक्र करना प्रासंगिक होगा कि टी.वी. नाटक के दर्शकों की संख्या काफी ज्यादा है। स्थानीय प्रसारण में दिखाए जाने वाले नाटक की दर्शक संख्या अब प्रदेशव्यापी है।

ऐसे विशाल दर्शकों के समूह में सभी आयु के सामाजिक, मानसिक और बौद्धिक वर्ग के लोग सम्मिलित हैं। इतनी विभिन्नता वाले इतने बड़े दर्शक समुदाय को अपनी मुट्ठी में बाँधना कोई साधारण काम नहीं। इसके साथ ही हमें यह कथन भी स्वीकार करके चलना चाहिये कि हम सभी दर्शकों की पूरी प्रकार संतुष्ट नहीं कर सकते। इस बात का ध्यान रखना पड़ता है कि नाटक दर्शकों के कुप्रवृत्तियों की प्रशंसा करने वाली न होकर बल्कि कुप्रवृत्तियों से संघर्ष करने की प्रेरणा देता है। क्योंकि नाटक की नींव लेखक को ही रखनी है इसलिए उसे ही इस बात को भी ध्यान में रखना जरूरी है और यह काम पहले चरण में विषयवस्तु अथवा टीम के चुनाव के साथ ही हो जाता है।

द्वितीय चरण में विषयवस्तु के साथ पात्रों का समावेश है, जबकि किसी भी कथावस्तु या घटना के साथ प्रत्यक्ष या परोक्ष रूप में किसी न किसी मनुष्य का हाथ रहता ही है। इस तरह पात्र हमें मिल जाते हैं और इस तरह एक कहानी तो बन ही जाती है, जो सुनाई जा सके लेकिन वह आम रूप में एक सपाट सड़क के समान होती है, जिस पर आसानी से चला जा सकता है। इस बात का जरूर ध्यान रखें, दर्शक कि शारीरिक और मानसिक तमाशबीनी के लिये वहाँ कुछ भी नहीं है। इसलिए इस सपाट समतल सड़क पर कुछ गड्ढे खोदने की जरूरत है ताकि चलने वाले गिरें तो देखने वालों को आनन्द आएँ ऐसा करने के लिए कथानक को पात्रों समेत किसी कठिनाई से जोड़ दीजिएँ परेशानियों से निपटने के दौरान ही भावों को अभिव्यक्ति मिलती है।

नाट्य शास्त्र तथा पिंगलशास्त्र ने नव रसों की अवधारणा की है आदमी किसी भी देशकाल, समाज अथवा वर्ग से संबंध रखता हो उसका जीवन और अभिव्यक्ति इन्हीं नौ मूल भावों द्वारा नियंत्रित होती है और इन भावों के परस्पर संघर्ष से नाटक या कहानी का प्रादुर्भाव होता है।

संघर्ष—आकाश की तरफ लोगों का ध्यान जल्दी नहीं जाता है परंतु यदि बिजली चमकती है तो लोगों का ध्यान उस तरफ शीघ्र ही चला जाता है, इसे ही संघर्ष या टकराव कहते हैं। अन्य उदाहरण, रास्ते में आते-जाते सैकड़ों लोग बिना एक दूसरे पर ध्यान दिये गुजरते रहते हैं, जबकि अगर कहीं झगड़ा हो जाता है तो फौरन कुछ लोग उसमें शामिल हो जाएँगे, कतिपय बीच-बचाव करेंगे, कतिपय दूर खड़े-खड़े रह

कर तमाशहीन बने रहेंगे और कुछ लोग दो-चार मिनट देखकर अपना रास्ता लेंगे। इससे यह स्पष्ट होता है कि इस एक्शन से वहाँ-मौजूद दर्शक नाटक को टकटकी निगाहों से देखने लगते हैं। नाटककार को दर्शक को बाँधने वाले इसी तत्व टकराव की पहचान होनी अत्यंत आवश्यक है। यह संघर्ष प्रमुख रूप से दो प्रकार का होता है जिसमें पहला आंतरिक जिसे अंतर्द्वन्द कहते हैं और दूसरा बाह्य जिसे शारीरिक संघर्ष कहते हैं। किसी भी रूप में यह दर्शक के लिए आश्चर्य का विषय है। नाटक लेखक ऐसी दशाओं को अधिक उभारने का उन्हें विजुअल रूप देने का कार्य करता है। यहाँ यह कहा जा सकता है कि जीवन में ऐसे कई अवसर आते हैं। तो मैं निवेदन करना चाहूँगा कि यद्यपि नाटक का जन्म जीवन से ही होता है जबकि फिर भी नाटक जीवन नहीं है वरन् जीवन के कुछ क्षणों का कुछ पात्रों का व्यापक रूप है जिन्हें लेखक अपने ढंग से देखता और रूपायित करता है। यदि यह माना जाए कि नाटक में व्यक्तियों को और स्थितियों को आपस में लड़ाते रहना ही नाटककार दर्शक को बाँधे रखने का अपना स्वार्थ सिद्ध करता है, तो यह गलत नहीं है क्योंकि उसी उद्देश्य हेतु नाटक में तत्व को शामिल किया जाता है। यही खेलतत्व कहीं खलनायक बन जाता है और कहीं स्थिति रूप में ही नायक के लिए समस्या पैदा करता है।

अतः इसी तरह के तत्व लघु नाटकों एँव हास्य प्रसंगों को सजीवता व सौन्दर्य का रूप देते हैं। यहाँ मैं अपनी एक हास्य नाटिका 'गले की घंटी' का उदाहरण प्रस्तुत करना चाहूँगा। हमारे नायक मामू शमशीर बहादुर बुजुर्ग और मक्कार किस्म के व्यक्ति हैं। छोटी-छोटी बातें भी उन्हें परेशान करती हैं। वर्तमान में वे इस बात से परेशान हैं कि जो भी आता है, दरवाजा एक दिन टूट ही जायेगा। वह बिजली की घंटी की व्यवस्था वाले हैं। अब घंटी बजा करती है। यहाँ तक कि भिखारी भी आता है तो वह भी घंटी बजा देता है। एक दिन मुहल्ले के शरारती बच्चे पुशबटन में एक लकड़ी का छोटा टुकड़ा फँसा देते हैं एवं घण्टी बिना रुके निरन्तर बजती चली जाती है। जबकि दरवाजे पर कोई नहीं दिखाई देता। परेशान होकर मामू घंटी उखड़वाने का फैसला कर लेते हैं और दरवाजे पर एक बोर्ड टाँग देते हैं कि कृपया घंटी न बजाएँ, कुण्डी भी न खड़काएँ, सिर्फ आवाज लगाएँ। हम वादा करते हैं कि आवाज सुनी जाएगी। बड़े नाटकों अथवा गंभीर नाटकों के लिए बड़ी स्थितियों अथवा बड़े पात्रों की आवश्यकता होती है, जो घटना क्रम को जन्म दे सकें, उन्हें गति प्रदान कर सकें।

विश्व प्रसिद्ध कथाकार श्री भीष्म साहनी का बहुचर्चित नाटक "हानूश" आज से लगभग 500 वर्ष पूर्व चेकोस्लोवाकिया के एक गरीब ताला बनाने वाले लुहार की कहानी है, जिसे अपने देश की पहली घड़ी बनाने का गौरव हासिल हुआ था। सत्रह

वर्षों के लगातार मेहनत के पश्चात् उसने घड़ी तैयार की। उसे देश से महत्त्व प्राप्त हुआ राज दरबार में स्थान मिला लेकिन इसके साथ ही कीर्ति राजा ने उसकी दोनों आँखें निकलवा दीं जिससे वह दूसरी घड़ी बना कर राज्य की इकलौती घड़ी का महत्त्व कम न कर सके।

यहाँ पर इन विवेचित बिन्दुओं के संदर्भ में हानूश पर ध्यान देने की आवश्यकता है। यह कथानक बराबर रुचि का है। कहानी सुनकर इस नाटक को देखने की अति रुचि भी होती है। कथानक के साथ मुख्य पात्र हानूश भी लेखक को मिल गया। वर्तमान संदर्भ में इस प्रकार के पात्र बहुत कम देखने को मिलते हैं। तीसरे नम्बर पर नाटक ने शुरू में ही एक समस्या खड़ी कर दी है कि हानूश अपना ताले बनाने का काम छोड़कर घड़ी बनाने में लग गया है। इसलिए घर खर्च की मुश्किल पैदा होगी ही उसकी पत्नी परेशान है जो थोड़ीं बहुत आर्थिक मदद गिरजाघर की तरफ से मिल रही थी। वह सत्रह साल बीत जाने पर कार्य अधूरा रह जाने के कारण बंद कर दी गई है। अनवरत् समस्याओं से जूझते हुए हानूश की जिन्दगी आम जनमानस को कठिनाइयों से जूझने की प्रेरणा देती है और टकराव की ये स्थितियाँ नाटक को शुरू में रुचिकर बनाने के साथ चरित्र को उजागर करती चलती है और नाटक दर्शक को बाँधे रखने में सफल होता है।

टी.वी. नाटककार की कथानक के विकास के साथ ही दूसरी बड़ी जवाबदेही जुड़ी है, विजुअलाइजेशन। मत भूलो तुम स्क्रीन के लिए लिख रहे हो तथा कान आँखों से चार अंगुल पीछे हैं। यदि पूरा नाटक संवादों से ही सुना जाए तो उसे देखने का क्या मतलब होता है तथा वह रेडियो व किताबी नाटक की भाँति ही रह जाता है। संवाद बहुल स्थितियों से बचें। क्योंकि पूर्व में स्पष्ट किया जा चुका है इस साधन में कैमरा दर्शक की आँख बनकर बोलने वाले अभिनेताओं के अलावा किसी भी वस्तु पात्र या पृष्ठभूमि पर पहुँच सकता है और दृश्य को अर्थ दे सकता है अथवा उसे असर में शुरू कर सकता है। ऐसे बिम्बों और प्रतीकों का समावेश लेखक को भी अपनी कथा में करना चाहिये। यह बोले जाने वाले संवादों की पूरक भाषा होती है तथा दर्शक में देखने को संतोष भी प्रदान करता है। मीडिया विशेषज्ञों के अनुसार हमारे सबसे शक्तिशाली भाव तीन हैं जो हममें जाग्रत होते हैं भय, दुःख अथवा पीड़ा और हास्य। इन भावों के निरूपण में नाटकीयता बड़ी आसानी से घुल मिल जाती है। अतः नाटक में इनका समावेश करने से नाटक की सफलता व रोचकता में वृद्धि की जा सकती है। आपके पात्र भावों के संवाहक होते हैं, जो आपके माध्यम से निर्मित कथासरोवर में उतार दिये जाते हैं। अब उनको तैरने देने अथवा डूबने देने का फैसला

और ढंग भी आप को तय करना होता है। इसी ढंग को निश्चित करने में ही आपकी जय या पराजय है। पहले कह आये हैं कि नाटक जीवन नहीं है वरन् उसके कुछ अंशों का ब्लोअप है। अतः हमारे पात्र भी हमारे आस-पास के वास्तविक चरित्रों जैसे होते हुए भी उनसे एकाध शेड गहरे ही होते हैं। उन्हें थोड़ा अतिरंजित बनाना जरूरी है।

जो नाटक सिद्धांत एवं व्यवहार की कसौटी पर किया जाता है वह नाटक निर्देशक, कैमरामैन तथा प्रस्तुति शिल्प से संबद्ध सभी लोगों को अपनी क्षमता के पूर्ण प्रयोग की प्रेरणा तथा नाटक को सफल बनाने की शक्ति भी प्रदान करता है। अगर नाट्यालेख खराब है, चरित्र चित्रण कमजोर है तो उक्त सभी तत्व हरसंभव प्रयास करने के बाद भी नाटक को सफल बनाने में कामयाब नहीं हो सकते हैं।

आज के इस प्रतिस्पर्धा के युग में चैनलों की संख्या बढ़ती ही जा रही है। उपग्रह संचार द्वारा न जाने कितने चैनल्स अब लेखकों का तथा निर्माताओं के लिए अपना भाग्य आजमाने का अवसर प्रदान कर रहे हैं, सब चैनल की अपने विधि हैं। दूरदर्शन के भी अपने विधि और नीतियाँ हैं जो राजकीय संरक्षण के अधीन हैं। दूरदर्शन के लेखक के लिये कतिपय बंधनों का अनुपालन जरूरी है, जिसकी नीचे व्याख्या की गयी है।

वैसे तो नाटक 10 मिनट से 40-45 मिनट तक की अवधि के होते हैं, जबकि सामान्य रूप से 30 मिनट की अवधि स्तर की मानी गई है। लम्बे नाटकों और धारावाहिकों को भी 30 मिनट के खण्डों में बाँटा जाता है। समय का बन्धन होने के कारण मुख्य कथानक से ज्यादा के निर्वाह की गुंजाइश नहीं होती। धारावाहिकों के प्रकार में उपकथा तथा अन्तर्कथाओं के विकास की संभावना नहीं होती है। चरित्र विकास में कलाकार के अभिनय तथा संवादों के अतिरिक्त एक्शन एवं अन्य विजुअलों का उपयोग होता है। कुल मिलाकर टी.वी. नाटक में पात्रों की संख्या बनाये रखने के लिए दबाव डालते हैं। आधे घण्टे के नाटक में पाँच से सात पात्र तक काफी हो जाते हैं। सदैव याद रखना चाहिए कि आप दृश्य माध्यम का भी उपयोग कर रहे हैं। नाटक को केवल संवादों से बोझिल मत बनाइये। विजुअल तत्व द्वारा भी अपनी बात कहनी चाहिएँ संवाद लेखन में भी भाषा पात्रानुकूल होने के साथ ही सर्वग्राह्य हो। कहाँ घटना घट रही है यह तो आप ही निर्णय करेंगे, जबकि बहुत ज्यादा लोकेशन्स के उपयोग से बचें। अधिक से अधिक दो-तीन सेट तक ही सीमित रहें। ऐसे स्थल भी न रखें जिन्हें स्टूडियो में नहीं बनाया जा सकता जैसे हवाई अड्डा, बन्दरगाह इत्यादि फिल्म स्क्रिप्ट में आप इनका उपयोग कर सकते हैं। अनावश्यक

रूप से दृश्यों की संख्या न बढ़ाइये। छोटे-छोटे कई दृश्य नाटक की लय को बिगाड़ सकते हैं। आधे घण्टे के नाटक में 3-4 दृश्यों में कथानक का निरूपण आसानी से और प्रभावपूर्ण तरीके से किया जा सकता है। प्रायः टेलीविजन नाटकों के पास फंड तथा बजट में धन कम होते हैं। इसका जरूर ध्यान रखना चाहिएँ बहुत महँगे सेट, वेशभूषा, सजावट, और आडंबरयुक्त विषय को अपने नाटक के लिए न चुनें। किसी धर्म, किसी जाति, किसी देश अथवा व्यक्ति विशेष अथवा राजनीतिक दल अथवा सरकारी नीतियों पर अनावश्यक टिप्पणी अथवा आक्षेप दूरदर्शन के नियमों के अनुरूप नहीं हैं। किसी तरह की विकलांगता अथवा विभिन्न भाषा, भाषी लोगों के बोलने के ढंग को हास्य अथवा विद्रूप का साधन बनाना अशोभनीय है और ऐसा निषेधपूर्ण होना चाहिएँ गाली-गलौज के उपयोग की आदत नहीं है। इसके साथ जरूरत पड़ने पर आप दूरदर्शन के अपने प्रोड्यूसर से सलाह ले सकते हैं। एक सूत्र भेंट है। नाटक शुरू होते ही दर्शक को बाँध लें और जब समाप्त हो दर्शक उससे प्रभावित होकर उठें।

डाक्यूमेन्ट्री लेखन

डाक्यूमेन्ट्री का टी.वी. दूरदर्शन के विभिन्न विधाओं में अत्यधिक महत्त्व होता है। अंग्रेजी शब्दकोशों के अनुसार "डाक्यूमेन्ट्री शब्द का संबंध डॉक्यूमेंट शब्द से है। डॉक्यूमेंट का कोशीय अर्थ होता है यानी लेख का सुबूत पत्र। इसके साथ डाक्यूमेन्ट्री के हिन्दी रूपान्तरण वत्तचित्र, के सम्बन्ध में कोश में उल्लिखित है शिलालेख, विशिष्ट घटना अथवा कार्य की जानकारी के लिए दिखाया जाने वाला सिनेमा चित्र (न्यूजरील)। उक्त परिभाषा का अध्ययन करने से यह स्पष्ट होता है कि "डाक्यूमेन्ट्री" एवं वृत्तचित्र शब्द में प्रथम दृष्टया कोई समानता नहीं दिखायी पड़ती, परन्तु जब गम्भीरता से विश्लेषण किया जाता है तो सबूत एवं सत्यता इन दोनों अर्थों में एक तत्व में समान परिस्थिति होती है। "डीड" सरकारी स्वीकृति मौजूद प्रामाणिक प्रपत्र है और "न्यूज" भी सत्यता और प्रमाण की माँग करती है। शिलालेख प्रचार के प्रामाणिक, ऐतिहासिक साधन होते हैं और घटना का घटित होना सत्यता पर जोर देता है। लेख में यथार्थ तथ्यों तथा साक्ष्यों का अत्यधिक महत्त्व होता है।

उपरोक्त तथ्यों का विश्लेषण करने से यह स्पष्ट होता है कि डाक्यूमेन्ट्री वह विधा है जो कि किसी कथन सूचना, सत्य घटना, व्यक्तित्व और परिस्थिति पर आधारित होती है तथा जिसका सत्य मनोरंजन की अपेक्षा में शिक्षा और सूचना देना

अधिक होता है। जब यह कार्य दृश्यों द्वारा जाता है, तो इस प्रक्रिया को फिल्म या टेलीविजन डाक्यूमेन्ट्री कहते हैं और जब ध्वनि साधन द्वारा प्रस्तुत किया जाये तो ध्वनि अथवा रेडियो डाक्यूमेन्ट्री कहलाती है। ध्वनि अथवा रेडियो डाक्यूमेन्ट्री रेडियो की विधा है जिनका एक दूसरे से गहरा संबंध है।

दूरदर्शन केन्द्रों से संगीत चित्र मिश्रित डाक्यूमेन्ट्री का रिले अत्यधिक किया जाता है जबकि यह स्मरणीय है कि यह आवश्यक नहीं है कि डाक्यूमेन्ट्री हमेशा संवादात्मक हो अथवा कमेन्ट्री द्वारा प्रस्तुत की जाये बल्कि लक्ष्य के अनुसार इसे मूक रूप में भी प्रस्तुत किया जा सकता है। डाक्यूमेन्ट्री के साथ सामान्यतः तीन ट्रीटमेन्ट होते हैं। प्रथम डाक्यूड्रामा शैली, द्वितीय जीवंत दृश्यों का संकलन तथा तृतीय स्थिर चित्रों में एकजुटता। डाक्यूड्रामा शैली में पात्र खुद कहानी कहते हैं, लेकिन अन्य दोनों विधाओं में कथा स्पष्ट होते हुए भी उद्घोषक अथवा कमेन्टेटर की सहायता से कथ्य को सम्प्रेषणीय बनाया जाता है। इसके अलावा एक और बात महत्त्वपूर्ण है कि डाक्यूमेन्ट्री में संकलन और तारतम्यता का तत्व विशेष रूप से समाहित है। उदाहरण स्वरूप सिनेमाघरों में फिल्म शुरू होने से पूर्व दिखायी जाने वाली न्यूजरील की चर्चा की जा सकती है जो कि डाक्यूमेन्ट्री की विधा है। इसमें साप्ताहिक या मासिक या वार्षिक घटनाओं को एकत्रित करके क्रमबद्ध प्रस्तुत किया जाता है यानी डाक्यूमेन्ट्री में अन्य दृश्य विधाओं की प्रकार शॉट, सीन व सीकवेन्स का अत्यधिक महत्त्व है।

टेलीविजन के लिए डाक्यूमेन्ट्री लिखने के लिए सबसे पहले विषय का चुनाव करना अति जरूरी होता है। इसके पश्चात् डाक्यूमेन्ट्री के प्रयोजन पर विचार किया जाना चाहिएँ लक्ष्य का निर्धारण दर्शक वर्ग पर निश्चित होता है। डाक्यूमेन्ट्री के साथ सबसे बड़ी परेशानी यह है कि यह समय के बंधनों में जकड़ी रहती है। इसका निर्धारण लेखक को ही करना पड़ता है परंतु यह सभी निर्णय लेने के लिए लेखक स्वतंत्र नहीं होता वरन् निर्माता की आर्थिक स्थिति तथा प्रस्तुतकर्त्ता विषय विशेषज्ञ इत्यादि से मिलकर किया गया विचार-विमर्श अंतिम होता है। इसी विचार विमर्श में विषय की प्रस्तुति अथवा यूँ कहें कथ्य के साथ किये जाने वाले ट्रीटमेंट का निर्धारण करना होता है यानी यह निर्धारित किया जाता है कि प्रस्तुति डाक्यूमेन्ट्री शैली में होगी या कमेन्ट्री द्वारा या एनीमेशन द्वारा। कभी-कभी ऐसे भी समय आते हैं कि किसी विशेष अथवा जगह को प्रयोजन बनाकर कैमरा टीम भेज दी जाती है और जब दृश्य बंधीकरण करके स्टूडियो में आ जाता है तो उसे देख कर लेखक करता है और फिर उन एकत्रित दृश्यों को क्रमबद्ध करके, प्रस्तुति योग्य बनाता जाता है।

समय के बन्धनों में बंधी डाक्यूमेंट्री प्रस्तुत करने से पहले काफी शोध एवं प्रैक्टिस करनी पड़ती है। तथ्य एकत्रित करने के बाद उन्हें एक आलेख के तौर पर प्रस्तुत किया जाता है। उदाहरण के लिए यदि आप फुटबाल बनाना चाहते हैं। इस वृत्तचित्र को बनाने के लिए अवधि को ध्यान में रख पृथक्-पृथक् पहलुओं पर विचार करना पड़ेगा। सर्वप्रथम फुटबाल का महत्त्व लोक प्रचलन का वर्णन करने के लिए सामग्री एकत्रित करनी पड़ेगी, फुटबाल खेलने वाले देशों व खिलाड़ियों का उल्लेख करना पड़ेगा, मुख्य समारोह गिनाने पड़ेंगे और यही नहीं विषयानुसार समय में फुटबाल बनाने की प्रक्रिया, बनाने की सामग्री, उसका बाजार, कारीगरों की स्थिति इत्यादि का भी वर्णन करना उचित होगा। इसके पश्चात् पटकथा लेखक, कैमरामैन, ध्वनि व्यवस्थापक, अभिनेतों, रंगदीपक, मंच व्यवस्थापक इत्यादि की आवश्यतानुसार संकेतों का वर्णन करते हुए, आलेख को पटकथा में परिवर्तित करना पड़ेगा।

पटकथा लेखक के लिए आवश्यक है कि वह दूरदर्शन पद्धति का ज्ञाता एवं चिन्तन-मनन करने वाला हो क्योंकि उसे अपने मस्तिष्क में दृश्यों की काल्पनिक संरचना करते हुए संबद्ध व्यक्तियों को संकेत देने पड़ते हैं। जैसे कैसा होगा? उसकी उम्र, वेशभूषा, हाव-भाव, जाति, वर्ण, वातावरण संस्कृति कैसा होगा? इसका संकेत भी देना पड़ता है। उसे कैमरामैन को संकेत देना होगा कि उसे कब क्लोजअप लेना है, कब बिग क्लोजअप लेना है, कब मिड शॉट और कब क्लासरूम शॉट इत्यादि? अभिनेता से यह भी उम्मीद की जाती है कि किए गये व्यापार व्यवहार आदि के माध्यम से पटकथा लेखन के अनुसार अभिनय करें। इसके साथ ध्वनि व्यवस्थापक को कैसी ध्वनि देनी है, किस समय शूटिंग करनी है कौन कौन से दृश्य होंगे इत्यादि संकेत भी देने पड़ते हैं। इतना ही नहीं क्योंकि पटकथा लेखक के मस्तिष्क में अपने प्रोजेक्ट का खाका तैयार होता है इसलिए उससे यह भी आशा की जाती है कि अगर प्रस्तुति में वर्जित स्थान पर जाने के लिए किसी विशेष जानकारी की जरूरत हो तो उससे भी सदस्यों का परिचय करा दें, तो उचित है। जैसे कि सूर्योदय कब होगा अथवा सूर्यास्त कब होगा? वहाँ का मौसम कैसा होगा? जाने के लिए कौन-कौन से सामान जरूरी हैं, इत्यादि। कहने का मतलब यह कि पटकथा लेखक पर काफी जिम्मेदारी होती है।

लेखक को भाषा पर अधिक वर्क करना पड़ता है। वैसे तो मीडिया के लिए सामान्य नियम है कि भाषा आम बोलचाल की हो, संक्षिप्त वाक्य-विन्यास हो, स्वाभाविकता, सहजता विद्यमान हो। लेकिन दूरदर्शन पर प्रस्तुत डाक्यूमेन्ट्री में लेखक

को शब्द उपयोग में कंजूसी करनी चाहिए चूँकि दूरदर्शन कानों का नहीं आँखों का साधन है। वैसे भी सुनी हुई बात की अपेक्षा में देखी गई बात ज्यादा देर तक जिंदा रहती है। दूरदर्शन पर दृश्य सब कुछ स्वयं कहते हैं। इसलिए लेखक से यह आशा की जाती है कि वह अनावश्यक शब्दों के उपयोग से बचे लेकिन यह भी आवश्यक है कि दृश्य अधिक संवेदनशील जो दर्शक को प्रभावित करें, इसलिए दृश्य और शब्द के बीच समन्वय होना काफी इसलिए है, क्योंकि अगर बोले हुए शब्द और दिखाए हुए दृश्य में तालमेल नहीं होगा तो कार्यक्रम निष्फल सिद्ध होंगे।

डाक्यूमेन्ट्री वर्गीकरण

प्रचलन एवं तकनीकी के आधार पर डाक्यूमेन्ट्री को निम्नलिखित वर्गों में वर्गीकृत किया जा सकता है—

(6) सामाजिक—जब किसी तत्व में होने वाले परिवर्तनों तथा परिवर्तनों के अनुरूप लोगों की बदलती मानसिकता को दिखाया जाता है, तो उसे सामाजिक डाक्यूमेन्ट्री कहा जाता है। गहन विचार और सच्चाई पर विशेष रूप से ध्यान दिया जाता है। इस विधा के माध्यम से लोगों की सामूहिक रूप में एवं राष्ट्रीय रूप में सहभागिता दिखायी जाती है। इतना ही नहीं, सामाजिक विचारधारा एवं दुःख-सुख को कथनों के साथ-साथ अथवा कृत्रिम दृश्यों के माध्यम से प्रस्तुत किया जाता है जिससे दर्शकों के अंदर मानवीय भावनाएँ, शिक्षा, देशप्रेम, जन जागरूकता तथा जन आन्दोलन की भावना जागृत हो। इस प्रकार के वृत्तचित्रों को दिखाये जाने का लक्ष्य सामाजिक बदलाव लाने के लिए प्रेरित करना होता है।

(7) शोधपरक—शोधपरक डाक्यूमेन्ट्री का प्रमुख उद्देश्य समस्या प्रधान विषयों का गहन अध्ययन कर समस्या में छिपी हुई सच्चाइयों को ढूँढ़ निकालना होता है उसके पश्चात् डाक्यूमेन्ट्री प्रस्तुत की जाती है। भारत की पूर्व प्रधानमंत्री इंदिरा गाँधी की हत्या इस शोधपरक डाक्यूमेन्ट्री का एक प्रमुख उदाहरण है। नकली शराब पीने से होने वाली मौतों को सबके सामने रखना भी ऐसा ही है। कभी-कभी चरित्रों द्वारा अभिनय करवा कर असली स्थिति को काल्पनिक ढंग से दर्शाया जाता है, ताकि वही वातावरण प्रस्तुत किया जा सके।

(4) ऐतिहासिक—इस प्रकार के डाक्यूमेन्ट्री कथ्य को पूरी तरह ऐतिहासिक तथ्यों में दर्शाया जाता है। इसके तहत किसी भी बात को कृत्रिम पात्रों और काल्पनिक विश्लेषणों से नहीं किया जाता है। ऐतिहासिक कथ्यों में व्यक्तित्व एवं

सामाजिक चेतना और संस्कृति एवं सामाजिक वित्तीय घटनाओं को भी उसी परिप्रेक्ष्य में दिखाया जाता है।

(5) सूचनात्मक--आज के दौर में यह डाक्यूमेन्ट्री अत्यधिक प्रसिद्ध है। इन्हें तथ्यों के आधार पर प्रस्तुत किया जाता है। किसी बारे में आधारित तथ्यों का चुनाव कर और अग्रणी मानकर उसी तथ्य को सबूतों की सहायता से आगे बढ़ाया जाता है। जैसे-जैसे तथ्य रखे जाते हैं, वैसे-वैसे डाक्यूमेन्ट्री का असर लोगों पर पड़ता जाता है। इस प्रकार के डाक्यूमेन्ट्री का उद्देश्य व्यक्तियों को ज्ञान एवं कुछ सीखने का मौका प्रदान करना होता है। इस तरह के वृत्तचित्र लोगों को मानसिक व्यायाम कराने के साथ-साथ उनके आत्मविश्वास को बढ़ाने में सहायता करते हैं। इसलिए यह कह सकते हैं कि तथ्यों द्वारा सूचना देते हुए दर्शकों को कुछ सीखने का मौका देते हैं। इसलिए देने वाले वृत्त चित्र सूचनात्मक वृत्तचित्र कहलाते हैं।

(1) कहानी--वर्तमान समय में कहानी डाक्यूमेन्ट्री का प्रचलन कुछ खास नहीं है। चूँकि इसका स्वरूप फीचर फिल्मों से काफी समानता रखता है। इस विधि में एक चरित्र के द्वारा कहानी को दर्शाया जाता है। उस चरित्र को सहायक चरित्रों तथा तथ्यों द्वारा उभारा एवं विकसित किया जाता है। दर्शक इन चरित्रों को अपने से पृथक् नहीं मानते हैं चूँकि ये चरित्र काल्पनिक होते हुये भी सत्यता से भरे हुए होते हैं। इस तरह की डाक्यूमेन्ट्रीज कल्पना से उद्भूत के संदर्भ में तैयार की जाती है।

(2) न्यूज--न्यूज डाक्यूमेन्ट्री का प्रचलन आज के दौर में अत्यधिक है। इसमें प्रचलित एवं प्रसिद्ध विशेष तत्वों को गंभीरता तथा गहराई से दर्शाया जाता है। इसमें विशेषज्ञ संबंधित कारणों, होने वाले प्रभाव और घटनाओं को ज्यों का त्यों प्रस्तुत करता है जैसे घटित होते हैं अथवा हुए हैं।

(3) यात्रा वृत्तान्त--इस डाक्यूमेन्ट्री का रूप पूर्व वृत्तचित्रों से कुछ अलग होता है। इसमें तथ्य पहले से संकलित नहीं किये जाते वरन् स्थान अथवा उद्देश्य निर्धारित होने के बाद विशेषज्ञ, कैमरामैन इत्यादि को लेकर निकल पड़ता है। निश्चित विषय के अनुसार उसे जो भी सामग्री, दृश्य, घटनाएँ, साक्षात्कार आदि उपयोगी लगते हैं, वह उन्हें संकलित करके स्टूडियो ले जाता है। जहाँ पटकथा लेखक उस संकलित दृश्यों को देखकर एक वृत्तचित्र के लिए कमेन्ट्री लिख देते हैं। जैसे एक गोताखोर समुद्र के अन्दर जाकर गहराई में जो जीवन तथ्य जानकारी मिलेगी उसे वह अपनी आँखों से देखेगा तथा कैमरे के माध्यम से दृश्याँकन कर लेगा। इस डाक्यूमेन्ट्री में यात्रायें, आने वाली परेशानियों, मौसम, दृश्य, स्थान, लोगों का चरित्र, वहाँ का

खान-पान निवासियों के तथ्य, वृत्तान्त इत्यादि को संगीत, चित्रों एवं ध्वनि के साधनों से दिखायी जाने वाली चित्र कथा, इस डाक्यूमेन्ट्री में सम्मिलित किया जाता है।

उपर्युक्त वर्णित तथ्यों का अध्ययन करने से यह स्पष्ट होता है कि टेलीविजन डाक्यूमेन्ट्री का क्षेत्र अत्यधिक व्यापक है। यह डाक्यूमेन्ट्री किसी भी विषय पर शिक्षा, सूचना, ज्ञान या मस्तिष्क व्यायाम के लिए किसी भी बिन्दु को आधार मानकर लिखी जा सकती है। इसके लिए लेखक में सर्जनात्मकता तथा कल्पना के साथ-साथ कर्मठता, समयबद्धता, इत्यादि के गुण विकसित होने चाहिएँ इन महत्त्वपूर्ण बातों को लेखक अपने जीवन में उपयोग कर व्यावसायिक सफ़लता की बुलन्दियों को बड़ी आसानी से छू सकता है।

9

टेलीविजन की भाषा

प्रभावी एवं सुव्यवस्थित एवं बेहतर संचार के लिए हमें उसी भाषा का प्रयोग करना चाहिए जिसे दर्शक, पाठक तथा श्रोता भलीभाँति व सरलता से समझ सकें। बोलचाल की भाषा का आज अत्यधिक महत्त्व है। यह एक विचारणीय प्रश्न है कि हिन्दी में बोलचाल की भाषा को कभी भी गंभीर अध्ययन का विषय नहीं बनाया जबकि अंग्रेजी भाषा में स्पोकन इंग्लिश में अत्यधिक काम हुआ है। शायद इसका एक प्रमुख कारण यह है कि कुछ विद्वानों का आम जनता की भाषा व बोली को गंवार समझता रहा। भाषा के इतिहास का अध्ययन करने से यह स्पष्ट होता है कि सामान्य व्यक्ति ने समय-समय पर अपनी जरूरतानुसार भाषा में बदलाव लाया और उसे समृद्धशाली बनायाँ टेलीविजन पत्रकारिता के संदर्भ में बोलचाल की भाषा की चर्चा क्यों महत्त्वपूर्ण बन जाती है। टेलीविजन एक जनसंचार माध्यम है जिसके श्रोता ना केवल सामान्यजन हैं बल्कि वे अलग-अलग सामाजिक-सांस्कृतिक पृष्ठभूमि के हैं और टेलीविजन पत्रकारिता का मूल उद्देश्य भाषा की विद्वता का बखान करना नहीं बल्कि खबरों को लोगों तक पहुँचाना है। वैसे तो प्रत्येक व्यक्ति तक पूर्ण संचार करना असंभव है, लेकन हमारी कोशिश रहती है कि कैसे अधिक से अधिक स्पष्टता से समाचारों को लोगों तक पहुँचाया जाए और यह केवल तभी संभव हो सकता है जब हम अपने संदेश के लिए उन्हीं प्रतीकों और शब्दों का प्रयोग करें

जिनसे श्रोता भी वाकिफ हों। जब भाषाओं की इतनी विविधता हो तो बोलचाल की भाषा का मानक तय कर पाना सच में काफी मुश्किल काम है। लेकिन टेलीविजन पत्रकारों को यही काम करना पड़ता है। अगर हमें वर्तमान बोलचाल की गहरी समझ हासिल करनी है तो हमें बीते अतीत के इतिहास के आईने में झांकना होगा।

यह भारत के लिए दुर्भाग्य है कि प्राचीन काल से यहाँ के जनवासियों को संस्कृत पढ़ने-समझने पर पाबन्दी लगी हुई थी। क्योंकि कुछ ही लोग पढ़ाई-लिखाई के सारे काम करते थे। बड़े-बड़े वेद-पुराण संस्कृत में हैं और संस्कृत के जानकार लोग उनका अध्ययन करके आम लोगों को उनकी जानकारी देते थे। दूसरे शब्दों में कहें तो ज्ञ।न की कुँजी कुछ खास लोगों तक ही सीमित थी। आम लोगों की अपनी अलग बोलियाँ थीं। मुगल, भारत में फारसी अपने साथ लाएँ फारसी काफी दिनों तक दरबारी भाषा बनी रही, जिससे भारत में हिन्दू-मुस्लिम एकता के रूप में हिन्दी-उर्दू की एकता का उत्कर्ष हुआ। इसी तरह अंग्रेजों के साथ ही अंग्रेजी भाषा भी भारत में आयी। भारतीयों ने अंग्रेजी के भी अनेक शब्द अपने बोलचाल में शामिल कर लिये।

आधुनिक युग के प्रारम्भ में देश में नगरीकरण की प्रक्रिया की शुरुआत हुई। ग्रामीण काम की तलाश में बड़े शहरों की ओर प्रस्थान करने लगे तो वो भी अपने साथ अनेक बोलियों के ठेठ देशज शब्द ले गये। ये प्रक्रिया बड़े ही व्यापक स्तर पर भाषाओं और बोलियों के मेलजोल की प्रक्रिया थी जो आज भी अनवरत् जारी है। वास्तव में कहा जाए तो आज खड़ी बोली का जो रूप उत्तर भारत के लोग प्रयोग करते हैं उसका विकास सैकड़ों वर्षों की मिली-जुली संस्कृति का परिणाम है। हम हिन्दी नहीं बोलते बल्कि इसके लिए बेहतर शब्द हिन्दुस्तानी है।

प्रायः बोलचाल की भाषा लगातार अपना रूप एवं शृंगार बदलती रहती है। समय और जरूरत के मुताबिक विकसित और समृद्ध होती रहती है। नये शब्द जुड़ते जाते हैं और कुछ शब्दों का प्रयोग छूटता जाता है या कम हो जाता है। किसी भी भाषा के विकास की ये एक सहज प्रक्रिया है। हरेक भाषा को बदलते वक्त के साथ खुद की उपयोगिता को साबित करते रहना पड़ता है। बोलचाल की भाषा को हमें इसके इसी बदलते स्वरूप में समझना और स्वीकारना होगा। जन संचारक होने के नाते एक पत्रकार को पॉपुलर भाषा की नब्ज़ पर हाथ रखना सीखना पड़ेगा।

इस बात की झाँकी हमें अतीत के इतिहास से मिलती है जिसमें बड़े-बड़े संत और नेता हुए हैं। वे अपने काल के अच्छे संचारक थे। महात्मा बुद्ध ने अपने विचार फैलाने के लिए संस्कृत की बजाय आम लोगों की पाली और प्राकृत को अपनायाँ कबीर ने अवधी और ब्रज के घालमेल को ही अपने दोहों का माध्यम बनायाँ सूरदास ने ब्रज चुनी। आधुनिक युग में विवेकानन्द, गाँधी, माओत्से तुंग और रजनीश अपने समय के अच्छे संचारक रहे और उन्होंने अपने समय की सरल और बोलचाल की भाषा में दर्शन की गूढ़ बातों पर चर्चा की है।

सामान्य बोलचाल की भाषा का एक नजरिया यह भी है जिस, पर बहुत कम ध्यान दिया गया है वो है लिखित भाषा के शब्दकोश में लाखों शब्द हो सकते हैं, लेकिन हम सारे शब्दों का इस्तेमाल बोलचाल के दौरान नहीं करते। अमूमन एक सामान्य व्यक्ति अपने दिन भर के सारी बोलचाल में केवल 2000 शब्दों से ही काम चला लेता है।

जनसंचार लेखन की भाषा

विभिन्न जनसंचार साधनों में टेलीविजन का सबसे अधिक महत्त्व है। यह जनसंचार साधन आज आम लोगों से परोक्ष रूप से जुड़ा हुआ है। दर्शकों में विभिन्न पृष्ठभूमि के लोग शामिल हैं। अनपढ़ और पढ़े-लिखे दोनों प्रकार के लोग टेलीविजन देखते हैं। इसीलिए टेलीविजन के लिए लिखना सामान्य लेखन से कठिन माना जाता है। जनसंचार की दृष्टि से भाषा के दो रूप होते हैं- मुद्रित और श्रव्य। मुद्रित भाषा के लिए शिक्षित व्यक्ति का होना अति आवश्यक है जबकि श्रव्य भाषा के लिए यह जरूरी नहीं कि व्यक्ति साक्षर हो, क्योंकि टेलीविजन रेडियो की तरह एक श्रव्य माध्यम है अतः इसकी कुछ विशेषताएँ समाचार लेखन के संदर्भ में रेडियो से भी मेल खाती हैं। इसमें भी रेडियो की तरह बोलचाल की भाषा का उपयोग किया जता है। बोलचाल की भाषा एवं लिखित भाषा पर ध्यान दिया जाए तो यह स्पष्ट होगा कि बोलचाल की भाषा में सरल एवं तद्भव शब्दों का प्रयोग अधिक किया जाता है जबकि लिखित भाषा में तत्सम शब्दों का प्रयोग होता है। वैसे लेखन में लालित्य और स्वाभाविकता लाने में तद्भव शब्द काफी सहायक होते हैं।

सदियों से मानव की यह अवधारणा रही है कि वह कम कार्य करके

अधिक ज्यादा लाभ ले। यही वजह है कि आज बहुत से ऐसे काम हैं जो कम श्रम करके ज्यादा से ज्यादा प्रतिफल देते हैं।

बोलचाल की भाषा में असंख्य उदाहरण ऐसे हैं जब हम बहुत ही कम शब्दों का इस्तेमाल करते हुए अपनी बात दूसरों को समझा जाते हैं। जैसे किसी व्यक्ति के नाम के संदर्भ में बात करें तो ग्रामीण इलाकों में ये खास आदत होती है कि वे किसी भी बड़े नाम को अपनी सुविधानुसार छोटे रूप में पुकारने लगते हैं। बतौर उदाहरण लक्ष्मण नाम को लच्छु कह कर पुकारना। इसी तरह जो शब्द बोलने में अधिक कठिनाई होती है, उन्हें भी लोग आसान रूप में बोलते हैं जैसे सारी हिन्दी पट्टी की बोलियों में श के स्थान पर स का उच्चारण किया जाता है और प्रकार को परकार, स्कूल को सकूल या इस्कूल, गर्म को गरम आदि पुकारा जाता है।

उदाहरण के लिए दिल्ली परिवहन निगम के बस चालकों ने अपनी माँगों को लेकर हड़ताल की थी, लगभग सभी न्यूज़ चैनलों ने इस खबर में बस ऑपरेटरों, बस चालकों, बस मालिकों ने हड़ताल कर दी..... इन शब्दों का प्रयोग किया लेकिन एक चैनल ने बहुत ही सामान्य शब्दों में लिखा कि बस वालों ने हड़ताल कर दी। भरतमुनि ने भी अपने नाट्य शास्त्र में नाटकों की लोकप्रियता को बरकरार रखने के संदर्भ में कहा है कि, भाषा ऐसी हो जिसमें मृदु ललित शब्दों के समूह हों, ... गूढ़ता अर्थ में ना हो व जनपद को आसानी से समझ में आ जाएँ ठीक यही बात संचार की दृष्टि से टेलीविजन समाचारों पर भी लागू होती है। कहना चाहिए कि समाचारों की शब्दावली अगर साहित्यिक, अलंकरित या गूढ़ होगी तो उसका पूरा लाभ जनसामान्य नहीं उठा पाएँगे। बेहतर हो अगर टेलीविजन लेखक भी उसी भाषा का इस्तेमाल करे जिसे देश की आम जनता व दर्शक भलीभाँति समझते हों।

दृश्यों के लिए लेखन की भाषा

टेलीविजन एक दृश्य साधन है। इस लेखन का संबंध टेलीविजन पर प्रसारित होने वाले समाचार से है। जहाँ भी दृश्य और नरेशन में सामंजस्य नहीं होगा वहीं सम्प्रेषण की दृष्टि से वह माध्यम विफल हो जाएगा। ज्यादातर टेलीविजन समाचारों में ऐसे उदाहरण मिल जाएँगे, जब स्क्रिप्ट का मुख्य आधार खबर के दृश्य ही होते हैं। जैसे—आँखें हैं तो जहान है, लेकिन अगर इन आँखों से आप

अपने जहान को इतना ही देख पाएँ तो आपको कैसा लगेगा। आज देश में हज़ारों की संख्या में लोग दृष्टिदोष के शिकार हैं और मोतियाबिन्द से पीड़ित हैं।

यदि हम इन्हें दृश्यों के साथ जोड़कर देखें तो हमें कुछ दोष व कमी जरूर पता चलेगी किंतु दृश्यों को ओझल कर दिया जाए तो स्क्रिप्ट में इतना ही देख पाएँ.... को समझना मुश्किल होगा। दरअसल, दृश्य में कैमरे ने डिफोकस रूप में विजुअल रिकार्ड किये थे जो मोतियाबिन्द के धुँधलेपन को दिखा रहे थे। इस प्रकार के अनेक उदाहरण हैं जिनसे समाचार पत्र एवं टेलीविजन की स्क्रिप्ट दोनों के मध्य पाये जाने वाले अंतरों को स्पष्ट किया जा सकता है। टेलीविजन स्क्रिप्ट की भिन्नता को दर्शाया जा सकता है। टेलीविजन में अखबार की तरह शब्द की स्वतंत्र सत्ता नहीं होती बल्कि उसे दृश्यों के साथ मिलकर चलना पड़ता है। दोनों के बीच तालमेल ही एक न्यूज़ स्टोरी को यादगार बनाने में सहायक होते हैं। दृश्य जहाँ भावनात्मक स्तर पर काम करते हैं वहीं शब्द तथ्यों को प्रकाश में लाते हैं

टेलीविजन खबरों की भाषा

हिन्दी फिल्मों एवं टेलीविजन कार्यक्रमों ने हिन्दी के प्रचार-प्रसार में अत्यधिक योगदान दिया है। यही कारण है कि जो काम केन्द्रीय सरकार कानून बनाकर नहीं कर पायी वो काम बहुत ही सहज तरीके से पूरा होने की तरफ बढ़ रहा है। ये काम है हिन्दी का एक राष्ट्रीय भाषा के रूप में बनकर उभरना। आज देश के दक्षिण प्रांत हों या पूर्वोत्तर सब जगह ना केवल हिन्दी समझी जाती है बल्कि हिन्दी टेलीविजन कार्यक्रम चाव से देखे जाते हैं। हिन्दी फिल्मों द्वारा शुरू किये गये इस अभियान को अब टेलीविजन आगे बढ़ा रहा है।

वर्तमान दौर में टेलीविजन चैनलों के मध्य प्रतियोगिता बढ़ती जा रही है। निरंतर बदलती आवश्यकताओं के अनुरूप हिन्दी में नये प्रयोग किये जा रहे हैं। कई मायने में ये प्रयोग शुभ हैं तो कई अर्थों में ये काफी चिंताजनक और विचारणीय भी। स्पष्ट है कि भारत में सबसे अधिक हिंदी भाषा होने के कारण अब बाजार ने हिन्दी के महत्त्व को सवीकार कर लिया है। पहली बार बाजार हिंदीमय हो रहा है। विज्ञापन हो या ग्रीटिंग कार्ड सभी कुछ हिंदी में पहले से

ज्यादा सहज लग रहे हैं। अधिकांश टेलीविजन चैनल एक के बाद एक हिन्दी की शरण में चले गये हैं। ये हिन्दी का जमाना है। पॉपूलर हिन्दी का। टेलीविजन की पॉपूलर हिंदी का विकास चैनलों के विकास से सीधा जुड़ा हुआ है।

समाचार की भाषा

दीर्घकाल से दूरदर्शन की सरकारी हिंदी और प्रारम्भिक दिनों में ज़ी न्यूज़ की इंग्लिश के बाद लगभग सभी टेलीविजन पत्रकारों ने ये स्वीकार कर लिया है कि ज्यादातर दर्शकों के चहेता बनना है तो हिन्दुस्तानी भाषा को अपनाना होगा। हिन्दुस्तानी यानी विशुद्ध हिन्दी के स्थान पर हिन्दी, उर्दू, संस्कृत, अंग्रेजी और बोलियों का व्यावहारिक मिश्रण। न्यूज चैनल ने ठेठ मुहावरों और देसज शब्दों का प्रयोग करके टेलीविजन समाचारों की भाषा को और अधिक सरल और ग्रहणीय बनायाँ हिन्दी अब टेलीविजन समाचारों में पूरी तरह स्थापित हो चुकी है और अपना मुहावरा स्वयं गढ़ रही है। चैनल आम लोगों से ठेठ देहाती जुमलों और अभिव्यक्तियों को ले रहे हैं तो साथ ही उन्हें अनेक नये शब्द भी सिखा रहे हैं।

भारत में टी.वी. चैनलों ने हिन्दी की लोकप्रियता में महत्त्वपूर्ण भूमिका निभाया है। पॉपूलर यानी लोगों की लोकप्रिय जुबान- जो ना तो उनकी अपनी पुरानी बोली जैसी है और ना ही शुद्ध हिन्दी। ये किताबों में जड़ कर दी गयी भाषा न होकर निरंतर बहने वाला दरिया है। हर क्षण मीडिया और आम आदमी इसमें नये प्रयोग कर रहे हैं। कोई सख्त बंधन नहीं बस अभिव्यक्ति ही मूल मंत्र है। कभी आम आदमी मीडिया को नये जुमले और अभिव्यक्ति देता है तो कभी मीडिया किसी शब्द को एकाएक आमजन में प्रचलित कर देता है। शब्द भी एक फैशन बन गया है। प्रतिदिन नये शब्द फैशन में आते हैं तो पुराने शब्दों के अर्थ बदलते रहते हैं। भाषा पर दबाव है कम शब्दों में अधिक बात कहने का। बिना किसी कठिनाई के बोले जाने वाले शब्द अधिक लोकप्रिय हो रहे हैं तो कठिन लेकिन ताकतवर शब्द मात खा जाते हैं। ट्रक मालिकों की हड़ताल के समय कई चैनलों ने ट्रक ऑपरेटर, ट्रक ड्राइवर, ट्रक मालिक शब्द का इस्तेमाल कियाँ लेकिन बहुत जल्दी ही आम लोगों द्वारा इस्तेमाल की जाने वाली अभिव्यक्ति-ट्रक वालों की हड़ताल – चैनलों ने प्रयोग की। सरल शब्द भले ही

अंग्रेजी का हो अपना लिया जाएगा। भाजपा के स्थान पर बीजेपी का प्रचलन ज्यादा हो गया है।

प्रतियोगिता के कारण टेलीविजन समाचारों की भाषा में जो नये प्रचलन सामने आये हैं वो ना केवल चिंताजनक हैं बल्कि हिन्दी पर इनके दूरगामी असर पड़ने वाले हैं। अकादमिक हलकों में मीडिया भाषा का गंभीर और गहरा अध्ययन समय की माँग है। बाजार ने बिकने को इस समय सबसे बड़ी न्यूज़ वैल्यू बना दिया है। बिकने का दबाव भाषा से रोचक और सनसनीखेज होने की माँग करता है। खबरों को सनसनीखेज बनाने के प्रयास में पत्रकार अधिकाधिक हिंसात्मक शब्दों का इस्तेमाल करने लगे हैं। जैसे खेल में भारत ने पाकिस्तान को सात एक से रौंदा। पेट में चाकू घुसेड़ा। गोलियों से भून दिया आदि। शब्द यदि मन में विजुअल पैदा करते हों तो और भी अच्छा। टेलीविजन भावनात्मक माध्यम भी है। भाव और विजुअल पैदा करने वाले शब्दों का इस्तेमाल अधिक हो रहा है। बजट की हैडलाइन देखिये - चाशनी से सराबोर जसवंती बजट (आम बजट), चुनावी पटरी पर नीतीश की रेल (रेल बजट)। भाव उत्पन्न करते ये शीर्षक- दिल्ली दहली, (बम धमाके) तपने लगा है सूरज, जलाने लगी है बिजली।

भाषा में सामंती झलक

मानव अपने उद्‌भव काल से भाषा को सतत् विकसित तथा समृद्धशाली बनाता चला आ रहा है। समस्त राजनैतिक व्यवस्था ने अपने लिए अलग शब्दावली गढ़ी है। ऐतिहासिक तौर पर भारत में लोकतांत्रिक व्यवस्था सामंतवाद के विरुद्ध अभियान छेड़ कर नहीं बल्कि समझौते से स्थापित हुई है। इसलिए स्वतंत्रता के इतने वर्ष बीत जाने के उपरांत भी हम सामाजिक जीवन के हर क्षेत्र में सामंती युग के अवशेष साफ तौर पर देख सकते हैं। मीडिया और इसकी भाषा भी कोई अपवाद नहीं है। पत्रकारों की भाषा में यह बात साफ झलकती है।

टेलीविजन कवरेज के समय निर्वाचन जनतांत्रिक गतिविधि न होकर बल्कि एक युद्ध का क्षेत्र बन गया है। राजनैतिक नेता लोकतंत्र में जनता के प्रतिनिधि होने के बजाय सामंतवादी लहजे में महारथी, बाहुबली, मराठा लॉबी, राजा, राजमाता, सन्यासिन या महारानी के रूप में पुकारे जा रहे हैं। राजनैतिक कार्रवाईयों में

रणनीति तैयार करने, धावा बोलने, हमला बोलने, आड़े हाथों लेने, धूल चटाने, बिसात बिछाने, दाँव पेंच, रणभेरी या बिगुल बजाने इत्यादि रूप में प्रकट किया जाता है। लगभग इस वातावरण से खेल जगत भी अछूता नहीं रह गया है। खेल समाचारों को सनसनीखेज बनाने के लिए उसे एक युद्ध के रूप में दिखाया जाता है। क्रिकेट विश्व कप के दौरान इराक युद्ध चल रहा था। दोनों ही घटनाओं के समाचारों की भाषा काफी एक दूसरे से मिलती जुलती थी।

अधिकांश मीडिया वाले इस प्रकार की भाषा का प्रयोग अनजाने में कर रहे थे। ऐसा करने में उनकी मंशा भाषा को अधिक रोचक बनाने की रहती है। उन्हें मालूम ही नहीं है कि शब्दों के चयन में दरअसल वे एक विचार को प्रसारित कर रहे हैं। यह जरूरी नहीं है कि मीडिया इस बात के लिए जिम्मेदार हो क्योंकि मीडियाकर्मी किसी न किसी रूप में समाज में समाज के चेहरे को दिखा रहे होते हें। समाज में अनेक जगह राजाओं के पूर्वज आज भी राजा की तरह पूजे जाते हैं। अनपढ़ जनता सामंती मूल्यबोधों को ढ़ोने को मजबूर है। नागरिक चेतना और साक्षरता के अभाव में लोकतांत्रिक आत्मबोध सिरे से गायब है। इस स्थिति में मीडियाकर्मियों को चाहिए कि वे जनता को जनतांत्रिक मूल्यों का बोध करायें। भाजपा की मध्यप्रदेश चुनाव में जीत पर एक लोकप्रिय अखबार ने शीर्षक बनाया- सन्यासिन को ताज, राजा को वनवास। एक दिन पहले ही एक प्रेस कॉंफ्रेंस में जब एक पत्रकार ने इसी भाषा में सवाल पूछा तो उमा भारती ने साफ कहा कि मैं अब सन्यासिन नहीं जनता की सेवक हूँ और ये ताज नहीं जिम्मेदारी है जिसे मुझे निभाना है।

भाषा का खेल या खेल की भाषा

भाषा का दूसरा पहलू तब नजर आता है जब चुनावों में प्रभावशाली कवरेज की जाती है। राजनीति को मनोरंजक बनाने के लिए इसमें खेल के शब्दों का भरपूर इस्तेमाल किया जाता है। मानों चुनाव एक रोचक तमाशा हो और मदारी की भूमिका दर्शकों के सामने एँकर निभा रहे हों। किस्सा कुर्सी का, कुर्सी की दौड़, सिंहासन का सेमीफाइनल, सिंहासन डोलना ये सब ऐसे उदाहरण हैं जो कुछ नया करने की कोशिश में जाने-अनजाने खबरों की गंभीरता कम करने वाले साबित हो रहे हैं। इस जुमलेबाज़ी में मूल कथ्य कहीं गुम हो जाता है। कहा जाता है कि टेलीविजन स्टाइल का माध्यम है और इसमें भाषा भी लच्छेदार

होनी चाहिए इसीलिए कॉपी राइटर का ध्यान मूल कथावस्तु से हटकर उसकी भाषाई प्रस्तुति पर अधिक रहता है।

इसके अतिरिक्त भाषा को अत्यधिक मनोरंजक एवं हल्का बनाने के चक्कर में अनेक बार टेलीविजन कॉपी राइटर बहुत ही चलताऊ ढंग से जुमलों या मुहावरों का प्रयोग करने लगे हैं। खासकर खबरों के दौरान स्क्रीन के सुपर या एस्टन पर नजरों को बाँधे रखने के लिए चार-पाँच शब्दों का सहारा लिया जाता है। जैसे– पंजाबी पॉप गायक दलेर मेंहदी की गिरफ्तारी की खबरों में उसके शॉट्स दिखाने की बजाय बार-बार उसके गानों के लंबे टुकड़े ही दिखाये गये। उसके गानों की शब्दावली को भी मजाकिया रूप में प्रयोग किया गया। जब दलेर ने जमानत के लिए अर्जी दी तो सुपर बनाया गया ना ना ना ना ना रे। कौन बनेगी करोड़पति के बाद इसी अंदाज में शीर्षक बनाए गए– कौन बनेगा इराकपति, कौन बनेगा मुख्यमन्त्री आदि। आज तक ने चुनाव में नारा नाटक, नखरा नाम से कार्यक्रम बनायाँ एम.एल.ए. की क्लास, वोट एक्सप्रेस, वोटों की बंदर बांट इत्यादि कुछ और आकर्षक उदाहरण हैं।

तुकबंदी की भाषा

वास्तव में टेलीविजन को एक विजुअल माध्यम कहा जाए तो कोई अतिश्योक्ति नहीं होगी। शब्द भी विजुअल का सहयोग करते हैं। शब्द सुनने के लिये लिखे जाते हैं। अतएव शब्द सुनने में भी रोचक लगे इस बात का पूरा ध्यान रखा जाता है। तुकबंदी की कविता सुनने में मधुर लगती है। ठीक इसी कारण दर्शकों को लुभाने के लिए टेलीविजन चैनल तुकबंदी वाली हेडलाइन का अधिकाधिक प्रयोग करने लगते हैं। उदाहरणार्थ जैसे–ट्रक हड़ताल से सड़कें सुनसान-जयपुर से चैन्नई तक भारी नुकसान। तुकबंदी में कई बार तो अर्थ को भी उतना महत्त्व नहीं दिया जाता जितना उसके रोचक और कर्णप्रिय होने को दिया जाता है। तुकबंदी ना बन पाये तो अलंकारों का इस्तेमाल किया जाता है। उदाहरण के लिए सचिन का बल्ला, देश में आंतकवाद का कहर, क्रांग्रेस में विघटन। इसी प्रकार महाराष्ट्र में शिवसेना और क्रांग्रेस के बीच तना-तनी। इसी तरह उत्तर प्रदेश में मायावती और मुलायम के बीच रस्साकसी के खेल पर टेलीविजन चैनलों और समाचारपत्रों ने काफी (आकर्षक) शीर्षक बनाये-बाल ठाकरे का उत्तरवासियों पर कहर, क्रांग्रेस ने फेंका, बाल ठाकरे पर जाल फंसा, शिव सेना कांग्रेस के जाल में आदि।

हिन्दी टेलीविजन का भविष्य

मीडिया वालों की हिन्दी टेलीविजन में महत्त्वपूर्ण योगदान रहा है। यदि पूर्व के लगभग दस वर्षों का अध्ययन किया जाए तो मालूम चलेगा कि इसकी लोकप्रियता निरन्तर बढ़ती गई है। पूरी दुनिया में अंग्रेजी के साथ इस समय इंटरनेट (ई मेल और चैटिंग) और एस एम एस के जरिये इसी प्रकार का प्रयोग चल रहा है। भाषा को छोटा और सरल बनाया जा रहा है। हिन्दी पहली बार इतने बड़े पैमाने पर प्रयोगशाला बनी है। कई मायने में ये प्रयोग नये नहीं हैं। हिन्दी के कवि एवं साहित्यकार इस प्रकार के प्रयोग करते रहे हैं। बस फर्क ये है कि इस बार ये सब बड़े पैमाने पर जनसंचार माध्यमों की मदद से हो रहा है।

फंसे तोगड़िया (तोगड़िया पर रोक), चुनावी आंगन में तुलसी (तुलसी का चुनाव प्रचार), पंजे की पौ बारह - कमल मुरझाया (हिमाचल चुनाव परिणाम), सर्द सुबह, ठिठुरता दिन और कोहरे में लिपटी रात (सर्दी) जैसे शीर्षक पत्रकारों के मन में छुपा कवि ही लिख सकता है। लेकिन ये साहित्य काफी जल्दबाजी में लिखा हुआ है। मीडिया अब हिन्दी को अपना बना चुका है। हिन्दी के लिए ये परीक्षा की घड़ी है। वो दिन दूर नहीं जब हिन्दी भाषा पूरे विश्व में लोकप्रिय भाषा बन जायेगी।

टेलीविजन खबरों की शब्दावली

सामान्य बोलचाल की भाषा में नई-नई भाषाओं का प्रयोग लोगों द्वारा किया जा रहा है। लेकिन दुर्भाग्य की बात है कि इन शब्दों के मूल को हम नहीं समझ पाते। कैसे उन शब्दों ने उनकी बोलचाल में स्थान बनायाँ किस प्रकार वे शब्द इतने करीबी हो गये कि अब उन्हें अपनी बोलचाल की भाषा से हटाना मुश्किल है। असल में इस बोलचाल की हिन्दी को हिन्दुस्तानी कहना बेहतर होगा। उदाहरण के लिए:—

"ये एक ऐसी भाषा है जो संस्कृतनिष्ठ हिन्दी नहीं है, ना ही यह प्राचीन रूप वाली पश्चिमी हिन्दी या डिंगल-पिंगल वाली हिन्दी और ना ही मैथिल-कोकिल-विद्यापति वाली हिन्दी है बल्कि भारतीय भाषाओं और विदेशी भाषाओं के शब्दों से मिलकर बनी हिन्दी भाषा है।" (जनसंचार माध्यमों में हिन्दी, चन्द्र कुमार, 2001, पेज 19)

हिन्दी भाषा का विकास एवं इतिहास को मात्र कुछ शब्दों में व्यक्त कर देना इसके स्वरूप के साथ खिलवाड़ करना होगा। इसलिए हिन्दुस्तानी भाषा के विस्तृत परिचय के लिए इसकी ऐतिहासिक आधारशिला को टटोलना आवश्यक है। भारत बहुधर्मी, बहुसंस्कृति, बहुभाषी देश है जिसका कारण है यहाँ समय-समय पर विदेशियों का आगमन, आक्रमण और फिर भारत में उनका शासन कायम होना। इस प्रकार यहाँ विभिन्न जाति, धर्म और समुदाय के लोगों के रहन-सहन, खान-पान और उनकी भाषा ने मिलकर एक मिश्रित संस्कृति को जन्म दियाँ इसका काफी प्रभाव यहाँ की भाषा पर भी पड़ा।

संस्कृत भारत की प्राचीन भाषा है। हालाँकि कुछ विद्वानों के मुताबिक संस्कृत और वैदिक दोनों भाषाएँ भारत की प्राचीनतम भाषाएँ हैं। समय-समय पर इन भाषाओं में भी काफी परिवर्तन हुए हैं, चूँकि संस्कृत भाषा का ज्ञान कुछ ही विद्वानों तक सीमित रहा। अतः आम लोगों ने अपनी भाषा में बदलाव लायाँ बौद्धकाल में इसी प्रकार पाली, प्राकृत और अपभ्रंश का जन्म हुआ। इसी शृंखला में मध्यकाल में मुगल शासक अपने साथ फारसी और अरबी लाये। लंबे समय तक इन दोनों भाषाओं में ही मुगल दरबारों का कामकाज होता रहा। स्थानीय भाषाओं के साथ इन विदेशी भाषाओं के होने से उर्दू भाषा का विकास हुआ। प्रमुख रूप से उर्दू एक तुर्की भाषा का शब्द है जिसका शाब्दिक अर्थ बाजार होता है। दरअसल बाजार में खरीद-फरोख्त के दौरान इस मिश्रित भाषा का जन्म हुआ।

16वीं सदी में अंग्रेजों ने अपनी भाषा काफी सुधार लायाँ 20वीं सदी के शुरुआती दौर में भारत में शहरीकरण की प्रक्रिया प्रारम्भ हुई। ग्रामीण लोग काम की तलाश में शहरों की ओर प्रस्थान करने लगे तो वे भी अपने साथ अनेक ठेठ शब्द ले आये। यह प्रक्रिया बड़े ही व्यापक स्तर पर भाषाओं और बोलियों का मेलजोल थी जो आज भी थमी नहीं है। सार रूप में कहा जाए तो आज खड़ी बोली का रूप उत्तर भारत के लोग प्रयोग करते हैं। उसका विकास सैकड़ों सालों के मेलजोल के बाद हुआ है।

यह सर्वविदित है कि हिन्दी शब्द का विकास मुगलों द्वारा ही किया गया। इसी प्रकार हिन्दी भाषा में प्रयोग होने वाले शब्दों को परखें तो वे भी काफी संख्या में आयातित हैं। हिन्दी और हिन्दुस्तानी में एक सबसे बड़ा फर्क यही है कि हिन्दी में संस्कृतनिष्ठ शब्दों की प्रधानता है जबकि हिन्दुस्तानी भाषा अरबी,

फारसी, पुर्तगाली, तुर्की, डच, पश्तो और अंग्रेजी शब्दों का सम्मिश्रण है। भाषा विकास की इस प्रक्रिया में जनसंचार माध्यम भी अपनी भूमिका निभा रहे हैं। फिल्म, रेडियो, टेलीविजन और समाचारपत्र अब लोगों में एक लोकप्रिय भाषा का प्रार्दुभाव करने में जुटे हुए हैं। परंतु आज भी हिन्दी भाषा पर पूरे भारत में मतभेद विद्यमान हैं। साहित्यिक वर्ग का एक हिस्सा आज भी हिन्दुस्तानी को स्वीकारने को तैयार नहीं है, अगर हम साहित्यिक रचनाओं को उठाकर देखें तो ऐसे गूढ़ शब्दों का प्रयोग किया जाता है जिनको समझ पाना आम आदमी के लिए कठिन है। जैसे लम्बे समय तक संस्कृत पढ़ने, लिखने और समझने की अनुमति कुछ लोगों को थी और ज्ञान कुछ लोगों तक ही सिमट कर रह गया था। आज भी कहीं न कहीं ये संकुचित भावना कुछ विद्वानों में मौजूद है। वे इस बात को स्वीकार करने को तैयार नहीं हैं कि जटिल होना भाषा की प्रकृति नहीं बल्कि उसकी विकृति है। ऐसा नहीं है कि हिन्दी भाषा में कोई दोष या कमी पायी जाती है। साहित्य में प्रयुक्त भाषा की अपनी गरिमा है परन्तु जनसंचार माध्यमों में भी उन्हीं गूढ़ अर्थों वाले साहित्यिक शब्दों का प्रयोग किया जाता है तो श्रोता या दर्शक सूचना प्राप्त करने के बजाय शब्दों का अर्थ ही खोजता रहेगा।

वर्तमान दौर में टेलीविजन जैसे अन्य समाचार साधन आम बोलचाल की भाषा में हिन्दी का प्रयोग अधिक कर रहे हैं जो भारत के लिए एक खुशी की बात ही कही जायेगी। शायद ये उनकी मजबूरी भी है। समाचार चैनलों में पत्रकार खबरों को सरलतम तरीके से प्रस्तुत करने के लिए लोगों की जुबान का प्रयोग कर रहे हैं। वो आम लोगों के मुहावरों और कहावतों का सहारा ले रहे हैं। मोटे तौर पर शब्दों के मूल आधार पर हम समाचारों में प्रयुक्त होने वाले शब्दों को चार हिस्सों में बाँट सकते हैं—तत्सम, तद्भव, देसज, विदेशज।

टेलीविजन समाचारों में मुहावरे एवं अलंकार

टेलीविजन समाचारों में मुहावरों एवं अलंकारों का प्रयोग करने से भाषा आकर्षक एवं सुंदर बनती है। इनके प्रयोग से भाषा चुस्त एवं जीवंत हो जाती है। लोकोक्ति और वाग्धाराएँ वाक्य या वाक्याँश का वह सुगठित एवं परिष्कृत रूप हैं जिसमें किसी भी प्रकार का फेरबदल संभव नहीं है। वह जिस रूप में चल पड़ता है। उसी रूप में प्रभावी होता है। अक्सर मुहावरे और कहावत को

पहचानने में भ्रम की स्थिति बनी रहती है। इसके लिए दोनों में अंतर समझना बहुत अनिवार्य है। कहावत एक पूरे वाक्य के रूप में होती है। जिसका आधार कोई कहानी या घटना विशेष होती है। किसी भी विषय को स्पष्ट करने के लिए कहावतों का प्रयोग होता है साथ ही खास बात यह है कि कहावतों का प्रयोग बिल्कुल स्वतंत्र रूप में होता है। जबकि मुहावरों का प्रयोग वाक्यों के अंतर्गत ही संभव है। हिन्दी भाषा में मुहावरों की अपनी एक स्वतंत्र पहचान होती है। नीचे हम मुहावरे और अलंकार दोनों के विषय में अध्ययन करेंगे।

मुहावरे—मुहावरा अरबी भाषा का रूपान्तर है जिसका अर्थ अभ्यास या बातचीत से लगाया जाता है। मुहावरा एक ऐसा वाक्याँश है जो सामान्य अर्थ का बोध ना कराकर किसी विलक्षण अर्थ का बोध कराता है। मुहावरे का शब्दार्थ नहीं अपितु उसका भावार्थ ही ग्रहण किया जाता है।

अलंकार—अलंकार दो शब्दों अलम्+कार इनसे बना है जिसमें अलम् का अर्थ भूषण, सजावट अर्थात् जो अलंकारित या भूषित करे वह अलंकार है। कहना चाहिए अलंकार भाषा का शृंगार है इनके द्वारा अभिव्यक्ति में स्पष्टता, प्रभावोत्पादकता और चमत्कार आ जाता है। अलंकार मोटे तौर पर दो तरह के होते हैं पहला अर्थालंकार और दूसरा शब्दालंकार।

शब्दालंकार के अंतर्गत अनुप्रास, यमक और श्लेष अलंकार आते हैं। और अर्थालंकार में मुख्यतः उपमा, रूपक, उत्प्रेक्षा, अतिश्योक्ति और अन्योक्ति अलंकारों को शामिल किया जाता है। नीचे दी गयी अलंकारों के विषय में संक्षिप्त जानकारी प्रदान की गयी है—

(1) यमक—जब एक ही शब्द दो या दो से अधिक बार वाक्य में आये और उसका अर्थ हर बार भिन्न हो तो वहाँ यमक अलंकार होता है। उदाहरणार्थ—कमाल ने खेली कमाल की पारी।

(2) श्लेष—टेलीविजन स्क्रिप्ट में इसका शाब्दिक आशय है चिपकना। जहाँ एक शब्द एक ही बार प्रयोग **होने पर दो अर्थ दे** वहाँ **श्लेष अलंकार होता है।** जैसे— कमाल की पारी।

(3) अतिश्योक्ति—जहाँ किसी वस्तु, पदार्थ अथवा कथन का वर्णन लोक-सीमा से बढ़ाकर प्रस्तुत किया जाए, वहाँ अतिश्योक्ति अलंकार होता है। जैसे— भारत का पहाड़ सा स्कोर।

(4) उत्प्रेक्षा–जहाँ उपमेय में उपमान की संभावना अथवा कल्पना कर ली गयी हो, वहां उत्प्रेक्षा अलंकार होता है। जैसे– मानों, ज्यों।

(5) रूपक–जहाँ गुण की अत्यंत समानता के कारण उपमेय में ही उपमान का अभेद आरोप कर दिया गया हो, वहां रूपक अलंकार होता है। उदाहरण के लिए बोफोर्स का भूत कांग्रेस का पीछा नहीं छोड़ रहा।

(6) उपमा–अत्यंत समानता के कारण पूरी तरह भिन्न होते हुए भी जहाँ एक वस्तु या प्राणी की तुलना दूसरी **प्रसिद्ध** वस्तु या प्राणी से की जाती है वहाँ उपमा अलंकार होता है। उदाहरण के लिए राम में श्याम जैसी चोरी करने की आदत हो गयी है।

(7) अनुप्रास-वाक्य में जहाँ व्यंजनों की बार-बार आवृत्ति हो वहाँ अनुप्रास अलंकार होता है। उदाहरण के लिए– पवार बिना प्रचार।